U0890555

“博学而笃志，切问而近思。”

（《论语》）

博晓古今，可立一家之说；

学贯中西，或成经国之才。

复旦博学 · 复旦博学 · 复旦博学 · 复旦博学 · 复旦博学 · 复旦博学

作者简介

樊勇明，男，1949年8月生于上海，现为复旦大学国际关系与公共事务学院教授，博士生导师。长期从事国际经济问题研究和教学，著作有《中国的工业化与外国资本》、《日本的大国梦》、《中国的金融改革》、《西方国际政治经济学》等，发表学术论文多篇。

杜莉，女，1972年5月生，现为复旦大学经济学院副教授、博士。合作主编的《现代公共财政学》（复旦大学出版社出版）一书获上海市优秀教材二等奖。在《金融研究》、《世界经济文汇》等国家权威及核心期刊发表财政、金融方面的论文多篇。

复旦博学·MPA系列

公共经济学

（第二版）

樊勇明　杜　莉　等编著

复旦大学出版社

内容提要

公共经济学是MPA专业教学的核心课程之一，亦是大专院校行政管理类专业本、专科的基本必修课程。本书共分十章，系统、全面阐述了公共经济学的基本概念与原理，包括资源配置与政府职能、公共产品与公共选择理论、国家预算、公共支出与公共收入的理论与实践、收入分配与社会保障、公共经济与国民经济调节以及地方公共经济等内容。全书从经济学的角度解释、分析了市场经济体制下，政府应具有的职能与作用。

本书第二版对第一版中不少概念和原理的阐述进行了进一步的修正和完善，并充分吸收了近年来学术界在公共经济学领域的一些最新成果。

本书既可作为MPA课程的基本教材，亦可供大专院校政治与行政类专业作为专业课程教材使用。

目　　录

第一章　导　　论

本章要点

1. 公共经济学由财政学发展而来,它研究政府的财政收支以及财政收支对社会经济的影响,探讨公共部门经济行为的合理性与必要性。
2. 公共经济学是一门新兴的交叉学科,不仅与宏观经济学和微观经济学有密切联系,同时从政治学、社会学乃至伦理学中汲取了丰富的学术营养。
3. 公共经济学由两大理论支柱、六大核心内容组成。公共产品理论和公共选择理论是其理论支柱;市场与政府的相互关系、公共支出、公共收入、预算管理、收入再分配和国民经济宏观调控是其核心内容。
4. 公共经济学是深化中国的改革开放,推动政府职能转变的有力思想武器。

一、公共经济学的定义

什么是政府？政府必须做什么？以及政府应该怎样做？这三大问题是

现代社会中客观存在的现实问题。公共经济学就是从经济学的角度来解释、分析和规范政府的职能和作用的科学。中国正处于由计划经济向社会主义市场经济转变的历史变革时期,经过多年的改革开放,社会主义市场经济已经有了很大的发展,政治改革也在稳步进行。公共经济学在深化改革、扩大开放中具有重要的理论指导作用,学习和研究公共经济学,规范政府的经济行为是时代的要求,是建设社会主义市场经济的要求。

本章简略介绍公共经济学的定义、研究内容及其与其他经济科学的联系与区别。

(一) 公共经济学的定义

公共经济学是研究政府经济行为的科学。

从严格意义上来说,公共经济学应该称为公共部门经济学。这是从其英文名称(Public Sector Economics)直译过来的。所谓公共部门是指政府及其附属物。有时,人们把公共经济学也称为政府经济学。

在市场经济条件下,政府也是一个独立的经济主体。西方经济学把所有经济主体分为公共部门(Public Sector)和私人部门(Private Sector)两大类。公共部门是指政府及其附属物,私人部门是指企业和家庭。无论政府还是企业和家庭,都以各自的方式参与国民经济运行,影响着国民经济的发展方向和速度。

在西方宏观经济学的核心理论,即关于国民收入决定的理论中,就把政府、企业和家庭看作三个平等的主体,相互关联,而又各有自己的运行规律。如不考虑国际市场的因素,一国国民经济就取决于这三者的经济活动。家庭向企业提供劳动、资本、土地、企业家才能等各种生产要素,并从企业取得相应的报酬。居民再以这些报酬向企业购买商品和劳务。企业向家庭购买各种生产要素并向家庭提供各种商品和劳务。政府通过税收和政府支出来与企业和家庭发生联系,参与国民经济。经济要保持正常运行,不仅要使企业的投资等于家庭的储蓄,而且要使政府从企业和家庭取得的税收与其向企业和家庭提供的产品和劳务相等。国民经济运行出现不均衡时,政府可以通过调节税收和财政支出,居民可以通过调节消费与储蓄,企业可以改变投资与生产来使国民经济重新恢复稳定。

虽然政府与企业、家庭一起共同参与国民经济,但是其行为方式和目的却是大相径庭的。企业和居民作为私人部门是以收益最大化为前提和目标的。政府却不能,它的经济活动一方面不能忽视收益与成本;另一方面又必须以全社会公正和公平为前提和目标。市场经济是有生命力的,但并不是任何时候都有效的。市场也有其失败之处,而政府有时可以弥补市场的不足与失灵。在市场经济条件下,政府的作用主要有三个,即收入再分配功能、社会资源配置功能和宏观经济稳定功能。

换而言之,政府是以自己独特方式和规律与企业、居民一起参与和影响国民经济的。公共经济学就是经济学中专门研究政府经济行为特殊规律的分支学科,是论述各级政府部门及其附属物(如国有企事业)的存在意义和行为方式,回答政府必须做什么以及应该怎样做的学问。

(二)公共经济学的研究对象

从定义中可知,公共经济学的研究对象是公共部门,即政府及其附属物。

所谓政府是国民经济中唯一通过政治程序建立的,在特定区域内行使立法权、司法权和行政权的实体。政府除对特定区域内居民负有政治责任以外,还参与非市场性的社会生产活动和社会财富再分配。政府参与的非市场性生产活动是指政府为满足居民的公共消费需要,通过向社会成员征税和强制转移财富的办法来筹措资金,不以营利为目的从事生产和提供诸如国防、治安、教育、卫生、文化等公共服务。政府所从事的社会财富分配是指为了保证特定区域内全体社会成员的公平与公正,维护社会的稳定,采取税收或其他强制手段对各社会成员的财富进行重新分配。

公共部门的内涵是十分丰富的。一般而言,公共经济学中对公共部门,也即政府的含义分成四个层次加以理解。

第一个层次是狭义政府。这是涵盖范围最狭小的公共部门。一国中央政府的各部、委、办及其内部各厅局、附属机构是公共部门的核心层次。

第二个层次是广义政府。这个层次的公共部门不仅包括中央政府,而且还包括各级地方政府及其附属机构。

第三个层次被称为统一公共部门。这个层次的公共部门在广义的政府之上,又加上了非金融的公共企业。也就是说,除了中央政府与地方政府之外,第三层次的公共部门还包括中央和地方政府出资兴办的各种企事业,例如医疗卫生机构、教育机构及电讯等。不少国家把中央政府出资兴办的企事业称之为国有(国营)企事业,把地方政府出资兴办的企事业称之为公营企事业。

第四层次被称为一般公共部门。这一层次的公共部门在中央和地方政府及其各自兴办的企事业之外又加上了政策性金融机构。这些金融机构是为了实现特定的目标而由中央或地方政府出资兴办的。一般以进出口银行、开发银行等形式出现。之所以把政府兴办的金融机构从第三个层次的官办企事业中专门单列出来,是因为金融企业的特殊性所致。第三个层次中的非金融企事业只是在国民经济特定领域内提供产品和劳务,相当多的官办企事业只是个别政府机构职能的延长和扩大,对国民经济影响有限。然而,金融性的政府企业是超越个别政府机构的职能,对整个社会的资源配置直接起作用,对国民经济有着极大的影响。

简言之,公共经济学的研究对象是中央政府的经济行为、地方政府的经济行为,以及包括官方金融机构在内的所有由中央与地方政府出资兴办经营的企事业的存在意义和经济行为。

在中国,如何界定政府出资兴办经营的企事业是公共经济学的一个新课题。中国正处于从计划经济向社会主义市场经济转变的过程中。以政企分开为目的的经济体制改革使政府正从无所不包的责任和义务中解脱出来。不仅一般国有企业,而且国有商业银行都在转制,引进股份制,完全按市场经济机制展开生产和经营。转制后的国有企业虽然由于历史原因国家还拥有一定的股份,甚至控股,但从经营方式而言,国有企业,包括将来的一部分国有商业银行与一般意义上的私人部门并无本质上的区别。因此,本书在讨论问题时,已经把国有企业和国有商业银行排除在外,只讨论广义政府和官办政策性银行。即本书在讨论中国的公共经济问题时,只研究中央政府的经济行为、地方政府的经济行为、中央和地方政府出资兴办和经营的按公共经济规则行事的政策性金融企业。对于上述第三层次中所讲到的非金融性公共企业则作为中央或地方政府经济活动的附属企业来看待。

在明确了中央政府、地方政府及中央和地方政府兴办经营的企事业是公共经济学的研究对象之后,还必须对上述主体的经济行为作一界定。

一般而言,从上文提出的政府三大功能出发,研究政府经济行为也有三个层次的内涵。

第一层次是研究财政收支。即根据法律征收的各种税费,根据政治程序决定的预算支出各项费用是政府经济行为的核心。既然政府也是一个经济主体，其财政收支也应该讲究收益与成本。

第二层次是研究财政收支对国民经济的影响。财政收支原来只是维持政府人员生存和政府机构运作的非生产性开支。但是随着政府作用的不断扩大，不仅为自身存续所必需的收支在国民经济中所占比重越来越大，同时由于受凯恩斯主义功能财政思想的影响，财政的作用不只限于维持政府自身的存续，而且已经成为调节国民经济的重要手段。

第三层次是研究包括财政收支在内的公共部门经济的合理性与必要性。战后各国政府出于调节经济和扩大社会福利的需要，出资兴办经营的企事业不断增加，连同财政收支一起成为国民经济中一个庞大的部门。因此，人们不得不对如此庞大的公共经济的合理性和必要性作认真研究，弄清楚为什么要维持如此庞大的公共经济，如何使其发挥应该起到的作用。

二、公共经济学的发展

公共经济学是从财政学发展过来的。财政学的研究范围局限于财政收支，特别专注于税收问题。公共经济学研究范围大大扩展，不仅研究财政收支本身，而且还研究财政对整个国民经济的影响。严格意义上的公共经济学是在20世纪60年代才问世的经济学分支学科，是一门相当年轻的学科。财政学则早在公元16世纪就已经有专著。从这个意义上来说，公共经济学是一门历史渊源十分久远，而又十分年轻的科学。

（一）财政学是公共经济学的起点

经济学是研究社会的生产、交换、分配和消费等经济活动、经济关系和经济规律的科学，是探索解决有限资源与无穷需求之间矛盾的科学。经济学从它一诞生起就与国家、政府联系在一起。在中国，经济一词是“经邦济世”、“经国济民”的略称。在西方，早期的知名经济学家无不把国家的经济行为作为自己最主要的研究对象。早在1615年，法国经济学家A·D·蒙克莱田把他的著作定名为《献给国王和王太后的政治经济学》。进入自由资本主义后,经济学更是与政治密切相关。威廉·配第(William Petty, 1623—1687)在1662年发表了《赋税论》。配第把国家经费分为6个项目:(1)军费;(2)官员俸禄和司法费用;(3)宗教事务经费;(4)大学及其他学校经费;(5)孤儿赡养费和无工作人员的生活救济费;(6)修路架桥费用和其他公共福利费用。配第在这本书中分析了上述6项国家经费增加的原因,人民对赋税的反对和税收征课的办法,以及国家筹集资金的方式与手段,从而开创了西方财政学的先河。西方经济学的另一位巨人亚当·斯密(Adam Smith, 1723—1790)在其1776年发表的巨著《国富论》中也详细地谈到了国家财政问题。亚当·斯密虽然主张经济自由,政府不要干预私人经济活动,但他同时又强调政府仍然是必要的。他指出,在市场经济中,政府负有保卫本国安全、维持社会治安、建设和维持公共工程和公共事业的职责。为了使这些职能得到充分的行使,政府必须支出和筹集经费。为此亚当·斯密详细地分析了政府收入的来源,征税的原则和方法与时间,以及政府通过发行公债来筹集资金的必要性与可能性。

(二)公共经济学的兴起

财政学成为一门独立学科以后的很长一段时间内只研究财政收支的本身,而对财政收支的研究又集中于对税收的研究。这是与当时的社会背景有密切联系的。18世纪是新兴资产阶级开始勃兴,逐步登上政治舞台的时代。亚当·斯密等人所创立的古典经济学是自由资本主义的学术结晶,其理论基础是"自由经济",主张"最好的政府便是最少的干预",反对封建皇室的横征暴敛。这反映了新兴的资产阶级要求摆脱封建残余对其的制约,放手扩展市场的内在需要。

20世纪初,自由资本主义演变为垄断资本主义,资本主义制度固有的矛盾逐渐暴露。经济危机开始周期性地袭击和破坏资本主义的物质成果。克服和消除危机成了经济学家孜孜以求的研究目标。20世纪30年代的大萧条使经济学发生重大变革。英国经济学家凯恩斯在其鸿篇巨著《就业、利息与货币通论》一书中对自由经济提出疑问,主张国家干预。美国罗斯福总统推行的新政(New Deal)为凯恩斯的国家干预论提供了完整的注释和成功的典范。在实践和理论的推动下,西方社会中,政府的经济作用日益扩大,从单纯的财政收支增减到对经济进行全面调节和管理。政府开始直接进入生产领域,并形成相当规模的公共企事业。这样就给财政学提出许多新的课题。据美国经济学家斯蒂格里茨(Joseph E. Stiglitz)的归纳,这些课题主要有:

第一,要搞清公共部门应该从事哪些活动以及这些活动是如何组织的;

第二,尽可能地理解和预测政府经济活动的全部结果;

第三,评价政府的各种经济政策。

很明显,这都不是财政学所能回答的。于是,公共经济学便应运而生。上述三个问题也就成为公共经济学的主要研究内容。1959 年,美国经济学家 R · A · 马斯格雷夫(Musgrave, R. A.)出版了《财政学原理:公共经济研究》(*The Theory of Public Finance: A Study on Public Economics*)。该书首次引入了“公共经济”这一概念。马斯格雷夫在这本书的一开始就指出:“的确,我一直不愿把本书看作是对财政理论的研究。从很大程度上说,问题不是财政问题,而是资源利用和收入分配问题……因此,最好把本书看成是对公共经济的考察。围绕着政府收入-支出过程中出现的复杂问题,传统上称为财政学。……虽然公共家庭(政府)的活动涉及收入和支出的倾向流量,但基本问题不是财政问题。它们与货币、流动性和资本市场无关,而是资源分配、收入分配、充分就业以及价格水平稳定与经济增长的问题。因此,我们必须把我们的经验看成是研究公共经济的原理,或者更准确地说研究的是通过预算管理中出现的经济政策问题。”①

在马斯格雷夫的带动下,大多数著名财政学家如 M · S · 费尔德斯坦(Feldstein, M. S.)、斯蒂格里茨、A · B · 阿特金森(Atkinson, A. B.)、P · M · 杰克逊(Jackson, P. M.)等纷纷将自己的著述改称为公共经济学。

1966 年起,又有了在公共经济学名义下召开的定期会议和阿特金森主持的公共经济学会及会刊。

概括起来讲,相对财政学而言,公共经济学增加了两大领域的内容:一是增加了关于政策选择和政府决策的内容。公共经济学认为国家是经过政治程序产生的,主张研究其政治程序的经济效应;二是增加了关于政府政策对经济影响的内容。

推动财政学向公共经济学转变,不仅是上述研究内容的变化,而且还有

① 详细请参见〔英〕彼德 · M · 杰克逊主编《公共部门经济学前沿问题》,郭庆旺、刘立群、杨越翻译,中国税务出版社、北京腾图电子出版社,2000 年 1 月第 1 版,第 2 页。

研究方法的变化。

相对财政学而言,公共经济学全面采用了现代经济分析方法,既注重实证分析方法,又注重规范分析方法。实证分析方法是通过量化分析来验证命题和假设,是弄清“已经发生了什么”。规范分析方法则是从道德标准和价值观出发研究“应该怎么办”。规范分析虽然不如实证分析严谨、科学和可验证,但是规范分析体现了经济学的人文精神和伦理观念,是经济学及其他社会科学不可缺少的分析工具。在公共经济学中,实证分析主要用于考察政府活动的范围和各种政策的结果,规范分析则用于评价各种将要付诸实施的政策和政府形式的选择。

总而言之,时代和经济环境变化了,要求人们从更广泛的范围,更深层次上去研究政府的经济活动。光研究财政收支已经无法解释和说明现代国家对国民经济的影响及其政府本身经济活动的合理性。再加上研究方法的改进,从而推动在财政学的基础上形成了公共经济学。

三、公共经济学的地位

公共经济学是经济学中既古老又年轻的分支学科。它的形成与发展与经济学中的既有成果有十分密切的关联。各个学科的相互交叉融合是当代社会科学发展的显著特征。公共经济学从本质上说是经济学的分支,但同时又受到政治学、伦理学、社会学等其他非经济学科的影响和渗透。本节将就对公共经济学影响较大的微观经济学、宏观经济学、福利经济学、政治学和伦理学的主要理论观点作一简单介绍,以勾画出公共经济学在经济学乃至社会科学中的地位和作用。

(一)公共经济学和微观经济学

微观经济学以单个经济单位为研究对象,通过研究单个经济单位的经济行为来说明市场经济如何通过价格机制来解决社会资源配置问题。

微观经济学的理论由价格理论、消费者行为理论、生产者行为理论、分配理论及包括价格管理体制、消费与生产调节、收入分配平均化等政府政策的理论共五个基本方面组成。

在微观经济学看来，最基本的单个经济单位是居民和厂商，前者是经济中的消费者，后者是经济中的生产者。根据经济学关于每个经济单位的经济行为的基本目标是为了实现最大化理论出发，微观经济学对于居民的研究，是从居民如何将有限收入用于各种物品的消费上实现效用（也即满意程度）最大化而展开的。微观经济学对厂商的研究是从厂商如何将有限资源用于生产实现利润最大化而展开的。微观经济学通过对居民的效用最大化和厂商的利润最大化的研究，来探索整个社会的资源最优配置。每个经济单位都实现了最大化，整个社会的资源配置也就达到最优化了。

价格机制是市场经济条件下实现资源配置最优化的核心手段，俗称是“一只看不见的手”。居民、厂商的行为均受其支配。正是在价格和成本的驱使下，居民和厂商才不得不以效用最大化和利润最大化为目标而理性地作出每一个经济选择。微观经济学在十分强调价格机制和竞争的同时，又十分重视分配问题，所谓分配问题是指产品是如何在社会各阶级、各集团之间进行分配的问题。微观经济学认为，工人、资本家、土地所有者和企业家是社会生产要素的提供者，就必然相应获得工资、利息、地租和利润。微观经济学不仅研究这种收入是如何决定的，还关心各种收入在总收入中的份额大小。

公共经济学与微观经济学之间有两个连接点。第一个连接点是公共经济学把政府本身也看成是一个单个经济单位，对其经济行为是否实行最大化进行分析。在公共经济学看来，政府本身既是一个巨大的消费者又是一个巨大的生产者，它本身也需要解决最大化问题。研究政府的经济行为也是社会资源配置最优化的组成部分。

第二个连接点是公共经济学完全引进了微观经济学中的成本—收益分析。在某种意义上，公共经济学把税收看成是政府的成本与价格，通过对财政收支的研究来弄清纳税人的每一笔税金是否实现了最大化，政府的每一笔开支是否实现了最大化。

除此之外，微观经济学的一些主要分析工具：如个量分析；经济变量的单项数值是如何确定、变动的以及个量之间的相互关系；需求与供给及理论、成本—收益分析；均衡理论；边际效应理论等也在公共经济学中被广泛使用。

(二) 公共经济学与宏观经济学

宏观经济学以整个国民经济为研究对象,通过研究国民经济中各有关总量的决定及其变化来说明如何充分利用资源。

宏观经济学由国民收入决定理论、就业与通货膨胀理论、开放经济理论、经济周期与经济增长理论以及宏观经济政策五个基本方面组成。

宏观经济学通过经济总量决定和变化来寻找国民经济的运行方式和规律。它以资源最优配置为理论前提,研究现有资源尚未充分利用的原因,探索被闲置的资源充分利用的途径,以实现充分的经济增长。在宏观经济学中,国民收入理论居中心地位,把国民生产总值(GNP)作为研究的出发点,以 GNP 的变化来分析整个国民经济的运行方式和规律,寻求资源的充分利用。

不言而喻,"二战"后以来相当长的时间内,宏观经济学是以凯恩斯的有效需求论和国家干预论为主导的。尽管在 20 世纪 70 年代以后货币主义和供给学派占了上风,但是凯恩斯主义仍然对宏观经济学和各国经济政策有重大影响。即使货币主义和供应学派也从未主张完全不要国家干预。它们与凯恩斯主义之间的争论只是国家干预的程度和方式之争。

公共经济学与宏观经济学之间的渊源似乎更深。在上文分析公共经济学兴起时已经提到凯恩斯主义,这里不再继续展开。要强调的是政府的职能与宏观经济学的联系。经济发展是一个从非均衡到均衡的过渡,在从非均衡到均衡的不断过渡中实现量的扩张和质的提高。在微观层次上主要起作用的是价格。市场价格调节生产和消费。在完全的市场经济条件下政府尽管可以管制价格和工资,通过税收来调整所得分配,但作用有限,有的只是一时一地有效,而非全局长期有效。然而到了宏观层面,政府调节十分重要。在宏观经济层次上相当多的是靠非价格调节,也就是靠一个能代表全民意志的集体来调节。这个集体就是政府。

正因为如此,马斯格雷夫把政府的职能和经济行为归纳为配置、稳定和分配三方面。配置功能强调的是公共部门和私人部门之间的资源有效配置;稳定功能强调的是税收、公共支出以及国债的利用,以实现对经济的短期供需管理,从宏观角度来减少资源浪费,提高全社会资源的使用效率;分配功能强调的是运用公共权力在社会的每个人之间重新分配收入。这三大功能是与宏观经济学中提出的充分就业、物价稳定、长期经济增长和国际收支平衡等宏观经济政策目标相一致的。

(三)公共经济学与福利经济学

福利经济学是由 H·C·庇古(Pigou, H. C.)创立,C·J·希克斯(Hicks, C. J.)、N·卡尔多(Kaldor N.)和 A·P·拉那(Lerner A. P.)等发展起来的关于社会福利和个人分配最大化的经济学分支学科。

福利经济学在理论上是围绕下述三个命题构建起来的。

第一,共同利益问题。试图回答在一个相互竞争的经济体系中,买者和卖者之间是否有共同利益。

第二,公平分配问题。即在一个经济体系中,分配方案是有眼光的统治者制定的。他们在制定分配方案时必须考虑共同利益是通过对市场机制的补充来获得,还是共同利益与市场机制完全对立,以致为了共同利益而必须取消市场机制。

第三,社会福利问题。所谓社会福利是指个人对日益增长的社会物质文明和精神文明的满足程度。那么,社会福利的提高和公共利益的实现是通过市场机制还是通过政治过程(投票等)呢?

福利经济学同其他经济学科的共同点都是以研究如何增加社会财富为出发点。但福利经济学更关心在增加国家财富基础上增加社会福利问题,也即研究个人如何从全社会的财富增长中获得更多的满足。

福利经济学认为,增加社会福利首先要使社会资源配置达到最优化,从而实现全社会财富的增加。福利经济学强调,国民收入的增加不能损害穷人的绝对份额,或增加穷人的份额而不至于影响国民收入总量,因此主张减轻社会分配不公是增进社会财富和社会福利的必要条件。由于分配机制是统治者制定的,政府总是要干预资源的分配与再分配。福利经济学的根本任务就是评估各种资源的配置和分配的方式。

福利经济学中的帕累托最优原则(Pareto Optimum)已经成为公共经济学的重要组成部分。所谓帕累托最优是指资源的配置已经到了在不损害别人的前提下就无法改善的境地。福利经济学以帕累托最优原则揭示了资源分配的有效性问题。帕累托最优原则在经济学中有着广泛运用,在公共经济学中亦然。为了实现社会财富的增长和社会福利的增加,帕累托最优原则是公共部门从事经济管理的基本原则。

(四) 公共经济学与政治学、伦理学

现在,“经济学帝国主义”现象随处可见,经济学不断“入侵”其他社会科学。公共经济学也不例外,它一方面从非经济学以外的其他社会科学中汲取营养;另一方面又向非经济学的社会科学渗透和入侵。公共经济学作为经济学的分支,同样与政治学、伦理学、社会学的关系十分密切。本书第三、四章所要阐述的公共产品理论和公共选择理论就是公共经济学与政治学之间的理论桥梁。

在西方国家,如果说凯恩斯的国家干预理论是纠正市场缺陷的理论的话,那么J·M·布坎南(Buchanan J. M.)创立的公共选择理论则是纠正国家缺陷的理论。国家,也即政府通过财政收支、经济政策和公营企事业来提供公共产品和干预市场。但是,这种公共干预也是有缺陷,是需要完善的。就财政收支这一公共经济学中最古老的问题而言,公共选择是十分必要的。现实中的政府的经济行为是一种政治过程,是政治权力的反映。因此,公共经济学有必要从规范政府经济行为的角度引入公共选择理论,把政府的经济行为同人们的政治投票联系在一起考虑。主张由选民用选票来决定生产什么公共产品,生产多少公共产品,让选民用投票来选择符合大多数选民愿望的政府经济行为,不合之者则废弃,合之者则兴存。三权分立下的选举虽然是有限的民主,但是仍然有可能对政府经济行为作出约束和规范。西方社会中,为了使社会福利不断增加和分配上的合理,公共选择理论提出了抉择、交换与讨价还价、调查和民意测验等观察与参与政治进程的方法,为选择合理的政府公共经济行为、合理的财政开支和税收、合理的公共企事业和合理的经济政策提供了理论基础。

在选择过程中,必然会涉及伦理标准和社会结构问题,从而使公共经济学又与伦理学和社会学有了内在的联系。

四、公共经济学的体系概要

公共经济学在西方的历史虽然不长,但已经发展成为一门体系完整、结构严

谨、内容丰富的学科。大体上可以用两大理论支柱、六大块主要内容来概括。

两大理论支柱是指公共产品理论和公共选择理论。

公共产品理论是关于政府作用的理论,也即是用来解释政府为什么会存在,政府是干什么的理论。公共产品理论的核心是政府是为了向所有社会成员提供满足其共同需求的产品与劳务而存在。换言之,生产、提供和实现公共产品的有效供给是政府的存在价值和主要任务。

公共选择理论是关于政府如何运作、如何决策的理论。公共选择理论的核心是把政府也看成一个"理性的人",按照"利益最大化原则"行事的经济体,从而对政府决策的合法性和合理性作出经济学的解释。公共选择理论实际上是对在三权分立政治体制之中,通过选举和投票来实现多数决策的经济分析,既论述了以投票为核心的民主多数决策的合法性和合理性,又揭示了民主多数决策的内在弊病和缺陷。

六大块主要内容是:市场与政府的相互关系、公共支出、公共收入、预算管理、收入再分配和国民经济宏观调控。

市场与政府的相互关系主要体现在对资源配置优化过程中市场和政府各自的优劣利弊分析之中。也即是对资源配置优化中的"市场失灵"和"政府失灵"作出解释和理论分析。本书的第二章"资源配置与政府职能"将逐一解释和分析资源配置及其优化、市场经济的定义、市场完全竞争前提条件的缺失和扭曲、市场行为的外部性以及政府干预的必要性、政府干预的局限性等基本概念和基本理论,从而明确提出市场与政府必须相互合作、相互补充才能实现资源配置的优化。

公共支出,也即政府的财政支出。政府财政支出的不断攀升和扩大是世界各国的共同现象,是一条客观规律。由于社会经济的发展,政府的活动范围在不断扩大,政府活动的深度在不断深化,需要投入更多的人力、物力和财力。社会经济的发展是分阶段有序渐进的,发展阶段不同,政府开支的重点和投入的规模也不同,社会经济发展程度越高,对政府的财力要求也就越高。同时,公共部门的非效率性也是政府开支增长的重要原因。

公共收入,也即是政府取得收入的形式和途径。一般而言,政府收入由税、费、债三大来源构成,其中税收,特别是个人所得税在政府收入中占有重要地位。税收制度实际上是根据市场竞争原理而设定的财政制度中的"自动稳定器"。充分、便利和中性是税收制度设计中要首先加以考虑的因素。

预算管理,也即是通过一张或几张表来反映政府在一定时间内所有收入和支出计划的制度。均衡预算理论、功能预算理论和结构性预算理论是现今西方主要市场经济国家从事预算编制和预算管理的主要指导原则。三种理论的先后出现,反映了西方国家对政府干预经济方式的变化,折射了由凯恩斯主义和供给学派、货币主义的巨大转变。

收入再分配和社会保障是政府履行公平职责的重要组成部分。市场管效率,政府管公平。对于什么是公平,功利主义、正义论、机会均等论、倒U型理论和新老福利经济学给出了不同的答案,提出了政府对收入分配进行调节的不同思路。政府在利用税收对收入分配进行调节的同时,还需花大力气去建立和健全完整的社会保障体系,以编织一张无所不在的"社会安全网",以求得社会的稳定和发展。

国民经济的宏观调控,也即是政府通过政府采购、发行债券等形式来刺激或压抑社会的消费和投资,以使国民经济保持稳定增长。尽管战后凯恩斯主义泛滥使许多西方国家在一些方面或领域大大减少了对经济的干预,但没有一个国家的政府不对宏观经济进行调控。政府有必要,也有可能运用财政政策和金融政策来调节社会总供给和社会总需求,使经济增长率、失业率、通货膨胀率和国际收支都能保持在社会公众所期望的水平之上。

除了上述六大核心内容以外,本书还专设一章对地方政府的经济职责和行为方式作了相当分析和论述。中国是一个大国,地方政府注定要成为公共经济学研究的重要对象。在第十章"地方公共经济"一章内,不仅提出了地方公共产品的概念,而且对中央与地方政府之间的相互关系作了深入探讨。在对西方国家的地方分权理论作深入探讨的同时,还对各主要国家地方公共经济的模式及实践作了介绍。

公共经济学是一个整体,既需要从理论上来探讨,更需要从实践上去探索。公共经济学在中国还是一个新事物,还有待不断完善。上述所概括的两大理论支柱、六大核心内容只是供初学者进入这一领域的钥匙,而绝非是公共经济学的全部。

五、公共经济学与中国改革开放

公共经济学是从经济角度研究政府职能的科学。这对于正处于从计划经济向社会主义市场经济转变中的中国来说，对公共经济学的学习和研究更有其必要性和重要性。可以说，学好用好公共经济学对深化改革开放有直接的促进作用。这一点可以通过对公共经济在中国的发展历程，特别是对改革开放以来政府职能的变迁的回顾得到充分证明。

（一）改革开放前的中国公共经济

公共部门统治一切是1949年以来到1979年改革开放以前中国经济的基本特点。中华人民共和国建立不久，就实行了高度集中的计划经济。公共部门经济得到了空前的加强，其职能和范围扩展到有史以来的最大限度。其基本模式是公共经济部门以中央计划为主导，国家财政为载体，处于整个国民经济的总管地位，掌握了全社会大部分资源的配置、利用和分配。严格来说，当时的计划经济并非是真正意义上的公共经济。此处为行文方便，姑且称之为改革开放前的中国公共经济。改革开放前，公共经济垄断一切具体表现为以下三个方面：

第一，公共部门垄断了几乎所有社会资源。由于公有制覆盖全社会，公共经济的资源配置能力也扩展到全社会。中央计划无所不包，国家财政在严格控制全社会所有投资的同时也严格控制绝大部分消费。在城市，根据低工资高福利的原则，除了维持职工最低限度的生活所需之外，无论是集体所有制企业，还是国有企业所创造财富的绝大部分全部上交国家财政，由政府去决定其使用。在农村，通过"政社合一"的人民公社形式，农民除了极其有限的自留地产品之外，所有的生产经营活动也都直接或间接地被纳入国家计划之中。简言之，在改革开放前，公共部门就是中国经济的一切，从宏观控制到微观经营，无所不在，无所不包。

第二，公共部门对社会财富拥有绝对支配权。国家财政涵盖面极其广泛，除了满足国防、外交、行政管理、文化教育和医疗卫生、社会基础设施等一般意义上的公共支出之外，还严格控制国有企业的设备投资和技术改造、员工的工资福利。企业是计划的执行者，财政的延长线。国家财政虽然不过问农民的收入，但是农产品的统购统销几乎把所有剩余农产品纳入了国家计划的框架之中。计划和财政是一切生产要素及其报酬的最终支配者。

第三，公共部门是国家管理经济的主要渠道。改革开放前，不仅国家财政开支在国民经济中占有绝对份额，而且还维持了庞大的国有企业体系。

集体所有制企业和人民公社虽然不属国有也非国营,但实际上是国有经济的附属和国有经济的延伸。属于市场调节的部分少得可怜。不仅城市居民的火柴、针线需凭票供应,连农民自留地上的剩余瓜果蔬菜也不能公开拿到集市上自由出售。因此,计划财政的权威和影响无所不在。不仅国民经济中的积累和消费比例是由计划决定,而且连企业生产什么,生产多少都要由计划和财政来决定。

这种公共部门垄断国民经济的高度集权计划模式给中国经济带来极大的消极影响。20 世纪 50 年代末的“大跃进”,60 年代的三年自然灾害和 70 年代三线建设以及“文革”中的经济崩溃,固然有许多政治因素,但是公共部门垄断一切不能不说是一个重要原因。

(二) 1979—1993 年的双轨制改革

1978 年 12 月中共十一届三中全会决定实行改革开放政策以来,迄今已近 30 年。改革开放的基本目标是建立社会主义市场经济。但是从改革内容来看,大体上可以分为两个阶段,1979—1993 年的 14 年可看作是双轨并行期,即以计划和财政一统天下的格局开始变化,市场开始形成。但是公共部门仍然在社会经济生活中占主导地位。1994 年以后可看作是转制规范期,即社会主义市场经济体系已经基本建立,公共经济的规模和职能正在逐步缩小,走向规范。

1979—1993 年的双轨并行期的主要特征是国家财政对国有企业和地方政府放权让利。1983 年末国务院发布文件决定在扩大国有企业经营自主权的基础上,实行国有企业利改税的办法。这是中国公共经济改革的第一步。在旧体制下,财政对国有企业实行统收统支。国有企业把一切利润全部上交国家财政,然后再由国家财政拨付职工工资、福利,根据计划下拨设备投资款和技术改造款。“利改税”后,国有企业除按法律规定向政府纳税之外,不再向财政上缴利润。这是国有企业从财政的附属物向独立法人迈出的关键一步。1985 年 1 月 1 日起,国务院又决定凡是由国家预算安排的基本建设投资全部由财政拨款改为银行贷款。“拨改贷”又使国有企业同政府进一步“断奶”。在公共经济体系中占有重要地位的国有企业开始从公共经济中逐步脱离出来。其后,又实行了国有企业的经营责任承包制。

与此同时,中央政府和地方政府从 1980 年开始分灶吃饭,实行地方财政包干。

至于农村，人民公社已经解体。以家庭生产责任承包为特征的农村市场经济格局已经形成。农民和农村经济基本上脱离了中央计划和国家财政的直接控制，自己按照市场要求组织生产经营。

这一段时间内，尽管中央计划和国家财政在社会经济生活中仍占有主导地位，但就公共部门来说，其改革的步子已经迈出，并且具有不可逆转之势。一个原来浑然一体的公共经济逐渐向中央财政、地方财政和国有企业三元并立的格局初步迈进。

（三）1994年以后的政府职能转变

1994年以来改革的主要特征是由过去的局部性生产关系调整进入整体性市场经济建设。就公共经济而言，改革分四个方面展开。

第一是建立新的财税机制，1994年1月起全国实行中央与地方的分税制。内容是：（1）按税种划分中央与地方财政收入；（2）中央和地方分设税务机构分别收税；（3）中央先集中大部分财力，然后对地方实行税收返还和转移支付。与此同时，确立了复式预算制度，加强了对财政支出的管理。作为公共经济中最核心部分的财政收支基本规范，并逐渐与国际接轨。

第二是国有企业改革的深化。把国有企业改革从扩大经营自主权深入到所有权层次上，通过引入股份制来实现所有权与经营权的分离，彻底改变国有企业是政府的附属物的状况，使其真正成为市场经济中的主体。国家除对少数大中型骨干国有企业控股之外，不少国有企业被以各种形式进行改制。现代企业制度的建立，使中国的公共经济中存在的政企不分问题基本解决。

第三是政府机构改革。1998年开始的国家机构改革是建国以来第七次，也是改革开放以来的第四次。这次机构改革与以往不同，不只是精简机构，减少人员，其重点是转变政府职能。建国以来政府机构设置的基本框架是在计划经济条件下逐步形成的，虽然经过多次调整和改革，但是由于历史条件限制，许多问题没有得到根本解决，机构设置同社会主义市场经济发展的矛盾日益突出。1998年开始的机构改革，是按照社会主义市场经济的要求，转变政府职能，实现政企分开，把政府职能切实转变到宏观调控、社会管理和公共服务上，一个"小而精"的政府正在形成。通过机构改革，政府与市场的关系得到了重大调整,政府的职能由过去什么都管转向只管诸如宏观调控、产业政策、基础设施整治和公共服务等市场不能做或做不好的事情。

第四是明确提出建立公共财政体系的目标。早在1999年3月的九届二次人大会议上,时任财政部长的项怀诚提出,要转变财政职能,逐步建立公共财政的基本框架。这是中国第一次提出建立公共财政体系的目标。项怀诚在会上明确表示,为了适应建设有中国特色的社会主义市场经济体制的需要,政府要通过公共财政体系,为国民提供公共服务,增进市场效率。不久,在中共十六届三中全会通过的《中共中央关于完善社会主义市场经济体制若干问题的决定》中,更为明确地提出建立健全公共财政体制是建设社会主义市场经济的重要组成部分。该决定提出,建立公共财政体制的基本任务是:政府应当进一步地有效增加公共产品的供给;规范市场,消除市场行为中的外部性;逐步完善社会收入分配与社会保障体系。这些目标和原则又写进了在2006年3月十届人大第四次会议通过的第十一个五年计划之中。财政部长金人庆一再表示要让公共财政的阳光照到每一个人身上。

通过以上的回顾,可以清楚地看到公共经济的改革在中国改革开放中占有极其重要的地位,既是改革的对象,同时又是改革的动力。

六、学习借鉴西方公共经济学

由于长期的高度集中的计划经济的影响,在中国,对公共经济的学习和研究十分薄弱。公共经济学这一名称的出现也只是近几年来的事。本书框架结构和主要内容也是参考西方学术界关于公共经济学的论述而成的。虽然作者在每章都设立了与中国相关的部分,力图使国外的理论与中国国内实际相结合。但是这种结合是不够的,不成熟的。建立和完善具有中国特色的公共经济学是一个长期的任务。现阶段首先要做的是立足中国国情,认真学习、消化、吸收和借鉴西方公共经济学中有益的东西。

从本质上说,西方经济学从总体上是维护资本主义制度的学术体系之一,公共经济学也不例外。但是,不可否认,西方经济学也反映了市场经济中某些带有普遍性、规律性的东西,有些是不少国家驾驭市场经济的成功经验的理论总结。中国已经明确把建立社会主义市场经济作为改革开放的基本目标，为了实现这个目标，必定要善于学习研究和解决市场经济中的共性问题，汲取别人的教训，借鉴他国成功经验。在这个前提下，本书介绍了西方公共经济学的基本理论和重要观点，以期对改革开放起到借鉴作用。当然，西方的理论和观点是以一个充分竞争的资本主义市场，一个资产阶级的三权分立议会民主制度为前提的，这一点与当前中国的国情有着根本的不同，希望读者在阅读学习时予以注意。

就中国现状而言，公共部门经济，即中央财政、各级地方财政、中央与地方政府出资兴办企事业，无论在形式和规模上离比较完善的社会主义市场经济的要求还有很大差距，还要付出艰辛努力，进行坚持不懈的改革才行。由高度集中的计划经济向社会主义市场经济转变是一项极其复杂和繁重的历史任务。中国的改革开放已经取得重大进展，但是今后改革的任务仍十分艰巨，难度更大。公共经济的规范事关国家职能的重要制度变迁。历史已经证明，即使市场机制已经发达的国家中，公共经济的规范化和效率化仍是一个尚未解决的难题，更遑论还在转型的发展中国家。在市场发育不足的中国，根据社会经济的发展重新设计国家（政府）的职能并使之有效运转恐怕需要几代人的努力。正是这一点才需要我们去认真学习、消化、吸收和借鉴西方的有益经验，摒弃其不好的一面，从而建立和形成完整的具有中国特色的公共经济学体系。

思考题

1. 公共经济学的定义是什么？其研究的内容是什么？
2. 政府在市场经济中的地位作用是什么？
3. 政府定义的四个层次是什么？
4. 财政学与公共经济学的相互关系如何？
5. 公共经济学与微观经济学的关系怎样？
6. 公共经济学与宏观经济学有什么关系？
7. 公共经济学与福利经济学是什么关系？
8. 请结合政府职能转变来谈谈学习公共经济学的必要性和可能性。

第二章　资源配置与政府职能

本章要点

1. 广义的资源最优配置要解决的问题包括效率、公平和稳定三方面的内容,这也是评价社会经济活动的三条基本原则。
2. 习惯、命令和市场是三种典型的资源配置方式。在理想的完全竞争的市场结构下,经济效率可以自发地得到实现。
3. 实际市场经济运行中所产生的无效率、不公平以及宏观经济失衡等市场失灵现象要求政府从多种方面介入社会经济运行,从而现代的社会经济制度要求同时发挥市场机制和政府机制作用。
4. 社会主义市场经济要求市场成为资源配置的基础,正确发挥和加强政府对市场经济的管理和调控作用,同时,社会主义市场经济体制是同社会主义基本制度结合在一起的。

一、资源配置方式

资源稀缺的问题是经济学研究的逻辑起点。任何社会可用来生产的资源无论在质还是在量上都是有限的,如土地(自然资源)、劳动力和资本。然而人类的需求是无限的、多样的。于是产生了有限的资源如何去满足人类无穷欲望的问题。资源的有限性和欲望的无限性之间的矛盾导致了资源配置优化的历史性命题。应该用何种方式来作出资源配置的决策,政府应该如何促进社会资源的最优配置,这正是公共经济学要回答的基本问题。

(一) 资源最优配置的含义

在研究资源配置决策之前,有必要先对资源最优配置的含义作一介绍。

对资源配置优化的定义有广义和狭义之分。狭义的资源配置优化主要是指经济学的三个基本问题:土地和自然资源、劳动、资本等要素应用来生产什么,如何生产,为谁生产。也就是说,怎样用有限的要素生产出尽可能多的产品,生产什么样的产品更符合人们的偏好,在消费者的收入一定的情况下这些产品应在消费者之间怎样交换才能使他们获得最大限度的满足。这三个基本问题事实上是通常所说的"效率"问题,它并不考虑初始的要素如何在人们之间分配以及生产成果(收入)如何在人们之间分配的问题。当然,在一个连续运转的经济体系中收入分配反过来决定着要素的分配。收入应如何在社会成员之间"公平"分配在很大程度上决定于一个社会的价值判断,但它却是经济学无法回避的。此外,一个经济体系的正常运行不仅涉及微观领域的效率和公平,宏观经济的"稳定"也是至关重要的。因此,广义的资源最优配置要解决的问题包括效率、公平和稳定三方面的内容,这也是评价社会经济活动的三条基本原则。

效率原则

1. 帕累托最优状态。经济学意义上的效率是指资源配置已达到了这样一种境地,无论作任何改变都不可能使一部分人受益而没有其他的人受损。也就是说,当经济运行达到了高效率时,一部分人改善处境必须以另一些人处境恶化为代价。这种状态被称为"帕累托最优"或称"帕累托有效"(Pareto Efficiency)。这一概念是以19世纪末、20世纪初意大利经济学家帕累托(Vilfredo Pareto)的名字命名的,他在《政治经济学讲义》一书中首先提出了生产资源的最适度配置问题。

经济效率的定义比较抽象,人们可以借助图2-1来进一步说明帕累托最优的含义。假定社会中只有A、B两个人,横轴代表A的福利水平,纵轴代

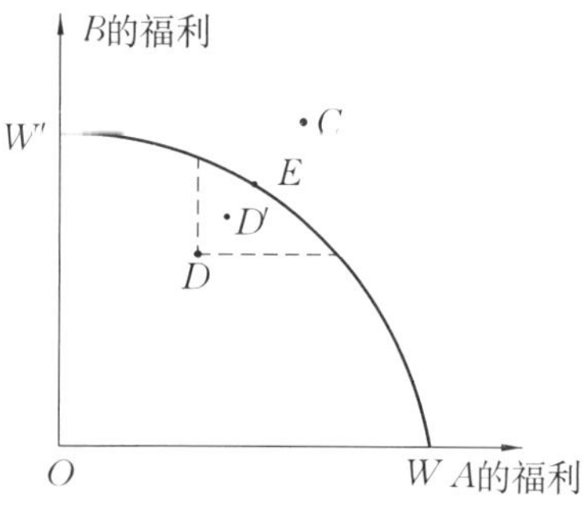

图2-1　福利边界与帕累托最优

表 B 的福利水平,A 和 B 的经济福利取决于他们各自消费多少产品和劳务。由于社会总的资源是有限的,他们消费的总量也是有限的。图中 WW' 曲线就表示总量有限的产品和劳务全部分配于 A 和 B 之间两人可能达到的福利水平的各种可能的组合,WW' 曲线被称为福利边界(Welfare Frontier)。也可以说,福利边界代表着当 A(或 B)的福利水平既定时,B(或 A)能够达到的最高的福利水平。WW' 曲线以外区域的点,如 C 点,是任何资源配置方式都不可能达到的,只有 WW' 曲线上及曲线内的各点才是可能的福利水平组合。

如果某一种资源配置使 A 和 B 的福利水平处于 D 点,那么 D 点是低效率的,因为从 D 点到曲线上的 E 点,A 和 B 的福利水平可以同时提高,而 E 点也是可以达到的。但是,到达 E 点以后,无论从 E 点移到 WW' 围成区域内的哪一点,一个人福利水平的提高必然伴随着另一个人福利水平的下降或者两个人的福利水平同时下降,所以人们可以认为,WW' 曲线上的任何一点都满足效率的定义。

2. 经济效率实现的条件。要达到某种产品的有效生产,必须符合下面两个条件:一是产品总的净社会收益非负;二是总社会收益与总社会成本的差异最大化,即净社会收益最大化。一种产品的社会总收益(Total Social Revenue, TSR)是指人们从消费一定量的该种产品中所得到的总的满足程度。一种产品的社会总成本(Total Social Cost,TSC)指的是为生产一定量的该产品所需要消耗的全部资源的价值。这里第一个条件保证某项目能够实现"帕累托改善"(Pareto Improvement),是最基本的要求,但要达到"帕累托最优",还必须在满足第一个条件的基础上满足第二个条件。当配置在每一种产品或劳务上的资源的社会边际收益等于其社会边际成本时,可实现总的社会净效益的最大化,用公式表示就是:

$$MSR = MSC$$

MSR(Marginal Social Revenue)是指一种产品的社会边际收益,表示人们对该种产品的消费量每增加一个单位所增加的满足程度。*MSC*(Marginal Social Cost)是指一种产品的社会边际成本,表示每增加一个单位该种产品的生产量所需增加的资源消耗的价值。社会边际收益可以通过人们为增加一个单位的某种产品的消费量而愿付出的货币最高额来测定。由于存在着产品的边际效用递减规律,所以一种产品的社会边际收益随其数量的增加而倾向于减少。社会边际成本可以通过为补偿因增加一个单位的某种产品的生产量所消耗的要素价值而需付出的货币最高额来测定。由于要素的边际产量递减规律决定了产品的边际成本在短期内是递增的,所以产品的社会边际成本随其数量的增加而倾向于增加。

如图2-2,其中图(a)表明该产品的社会总收益(*TSR*)和社会总成本(*TSC*),图(b)表明该产品的社会边际收益(*MSR*)和社会边际成本(*MSC*)。由于 $MSR = \Delta TSR/\Delta Q$,所以社会边际收益曲线上每一点的值等于社会总收益曲线上同一产量所对应的点处切线的斜率;同样道理,社会边际成本曲线上每一点的值等于社会总成本曲线上同一产量所对应的点处切线的斜率。

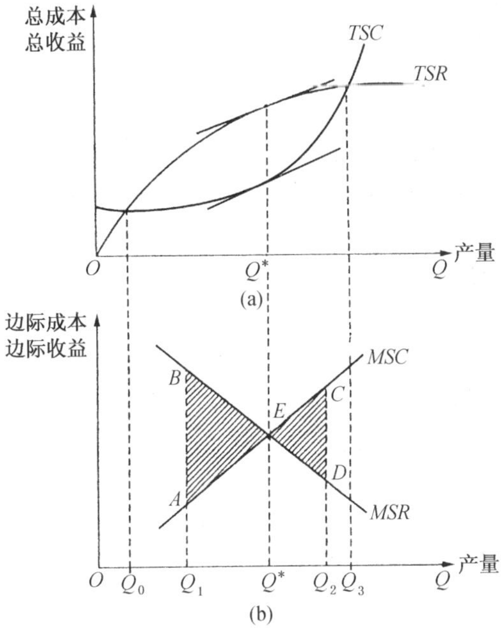

图2-2　经济效率实现的条件

可以通过比较某种产品在不同产量水平上的社会边际收益和社会边际成本来说明这种产品的最佳产量的决定条件。如图 2-2 中的图(b),在 *MSR* 和 *MSC* 的交点 *E* 达到了该种产品的有效产量 Q^*。如果产量处在 *E* 点的左边,即 $MSR > MSC$,每多生产一个单位这种产品所增加的效益大于所消耗的成本,这时将更多的资源配置在这种产品上可以获得追加的效益,三角形 *ABE* 的面积即为产量由 Q_1 增加到 Q^* 可能带来的追加的净效益;如果产量处在 *E* 点的右边,即 $MSR < MSC$,这表明每多生产一个单位这种产品所增加的效益小于所消耗的成本,这时将更多的资源配置在这种产品上必然会遭受亏损,三角形 *CDE* 的面积即为产量由 Q^* 增加到 Q_2 可能带来的损失;只有在 $MSR = MSC$ 即产量为 Q^* 时,配置在该种产品生产上的资源的总的净效益才实现了最大化。如图所示,在产量为 Q^* 时,*TSC* 曲线的斜率等于 *TSR* 曲线的斜率,此时两条曲线的垂直距离也最长。

公平原则

从某种意义上说,帕累托最优确实是资源配置的一种理想状态。然而,许多人不同意将效率作为评价经济运行的唯一标准和社会发展的唯一目标。因为在一个消费者拥有全部产品的99%的社会里可能存在着帕累托最优的资源配置,显然大多数人不会认为这是令人满意的资源配置;而且按照帕累托最优准则,即使一个饥肠辘辘的乞丐从一个挥霍无度的富翁处拿走一个面包也不是帕累托改善或效率的提高,因为一个社会成员的处境变坏了。因此,必须引入判定社会福利水平的另一个标准——公平。

公平的含义究竟是什么,怎样鉴别公平与否,在不同的社会制度下依照不同的道德规范会有不同的解释,因此很难有一个客观的统一的标准。从“规则公平”的角度看,效率准则也有它公平的一面,然而在大部分时候如果没有特别说明,人们讨论公平时主要关心的是收入分配结果的公平。

为了对公平程度进行衡量,经济学家经常运用劳伦兹曲线(Lorenz Curve)这一分析工具和基尼系数(Gini Coefficient)指标。

在图 2-3 中,画有一个正方形,纵轴衡量社会总财富的百分比,人们一般将正方形的高分为 5 等分,每一等分为 20% 的社会总财富。在横轴上,人们将 100% 的家庭从最贫穷者到最富有者从左到右排列,也分为 5 等分。第一个等分代表最贫穷的 20% 的家庭,最右边的那个等分则代表最富有的 20% 的家庭,在这个正方形中,将每一百分比的家庭所拥有的财富的百分比累计起来,并将相应的点画在图中,便得到一条劳伦兹曲线。因此,曲线就能直观地表现出社会的财富是如何在不同阶层的家庭中分配的。

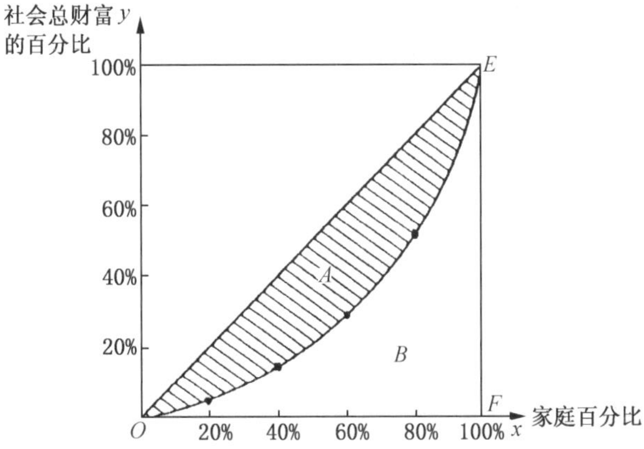

图 2－3　劳伦兹曲线

如果总财富平均分配于所有家庭，则劳伦兹曲线就是对角线 OE，OE 被称为绝对平等线(Line of Perfect Equality)。另一极端则是完全不平等的劳伦兹曲线 OFE，因为这一折线意味着唯一的一个家庭拥有 100% 的财富，而其他所有的家庭都一无所有。当然，当今世界上任何一种经济都处于两种极端的财富分配状况之间，如图中的弧形曲线 OE，曲线越靠近对角线，则社会财富的分配越平等，越靠近边框 OFE 则越不平等。

为了使财富分配的平等程度更具可测性和可比性，可再引入一个指标——基尼系数。即计算图中由绝对平等线和实际劳伦兹曲线所围成的阴影部分面积(A)与由绝对平等线和绝对不平等线围成的三角形 OEF 的面积($A+B$)的比例。基尼系数 $=A/(A+B)$。因此，基尼系数可以在 0(绝对平等)到 1(绝对不平等)之间变动。

基尼系数只是给出了一个客观的衡量公平程度的参考指标，当然并不是说它是最优秀的一种指标。而且，基尼系数是多少才是公平的，仍旧取决于经济学家和决策者们的价值判断，没有一致的答案。一般认为，当基尼系数超过 0.45 时，就意味着社会不公平已经超过了警戒线。

稳定原则

20 世纪 30 年代的世界性经济危机震撼了世界，宏观经济稳定自此引起了人们的高度重视。在危机期间,美国的物价水平下跌22%,实际国民生产总值减少31%,失业率高达22%。1936年,凯恩斯发表《就业、利息和货币通论》,系统提出了国家调节经济的理论,以解决失业问题。1946年,美国国会通过就业法案,明确地将充分就业列为宏观经济政策的目标。

“二战”后,世界经济得到了迅速的恢复和发展,但美国的经济增长率落后于其他西方国家,为了保持自身的经济实力,促进经济增长也成了美国主要的宏观政策目标。

长期推行凯恩斯主义的宏观经济政策后,西方各国在20世纪60年代末以后,出现了不同程度的通货膨胀,国际收支状况也日益恶化。因此宏观经济政策的目标相应地发展为四个,即稳定物价、充分就业、经济增长和平衡国际收支。

1. 稳定物价。所谓稳定物价,就是指在某一时期,设法使一般物价水平保持大体稳定。实际经济生活中,在整个社会物价稳定的同时,也会出现某种商品价格上涨或下跌的情形,这种价格变化往往会促使全社会的资源得以有效的配置。稳定物价的实质是防止物价普遍、持续、大幅度地上涨。但物价稳定的具体指标须由各国视本国的具体情况而定。

2. 充分就业。实际上,充分就业是同一定数量的失业同时存在的。在动态经济中,社会上总存在着最低限度的失业。这又有两种情况,一是摩擦性失业,即由于技术、季节等原因短期内劳动力供求失调而造成的失业;二是自愿性失业,即工人不愿意接受现行的工资水平或工作条件而造成的失业。这两种失业是在经济周期的任何阶段都是难以避免的。此外,还有一个可承受的非自愿失业幅度。即劳动者愿意接受现行的工资水平和工作条件却仍然找不到工作而造成的失业。所以,充分就业并不意味着失业率等于零。究竟失业率为多少才是充分就业,应根据不同的经济发展状况来判断。

3. 经济增长。经济增长是指一国人力和物质资源的增长。衡量经济增长最常用的方法是以剔除价格因素后的国民生产总值增长率来衡量。但经济增长的目的是为了增强国家实力,提高人民生活水平。靠破坏生态平衡、污染环境带来的经济增长,不能算是真正的经济增长。

4. 平衡国际收支。平衡国际收支是指努力实现一国对外经济往来中的全部货币收入和货币支出大体平衡,避免长期的大量顺差或逆差。

以上四个宏观经济稳定的目标，既有一致性，又有矛盾之处。因此，要根据各国的具体情况，在一定时间内选择一个或两个目标作为宏观经济政策的侧重点。

（二）资源配置方式

习惯、命令和市场

1. 传统社会的习惯。人们最初用来进行资源配置的方式是“习惯”。所谓“习惯”，是指人们在社会经济活动中长期形成的，并共同接受和普遍遵守的惯例。这种惯例通常具有法律或道德的约束力，从而成为传统社会中人们用来处理社会基本经济问题、进行资源配置时的一种方法和制度性约束。在由习惯支配的传统社会中，人们通常以家庭、部落或村庄为单位，通过世袭的分工制度来解决社会的生产和分配问题，其中“子承父业”构成了这种世袭分工制度的基本特征。在这种世袭的分工制度中，习惯作为一种稳定的社会力量保证了社会经济活动的秩序及其延续。但是，习惯在带来秩序和稳定的同时，也会窒息社会的创新。正因为如此，传统社会的生产发展缓慢，社会呈现出相对静止的状态，并且只能提供极其有限的物品来满足人类的需要。

2. 命令（政府）机制。命令机制主要是由政府来作出有关生产和分配的决策。这样一种政府可能是独裁式的，也可能是民主制的。在极端情况下，政府告诉人们应该吃什么、喝什么，应该如何生产食物和钢铁，谁应当生活富裕或生活贫困。某种程度上，在社会动荡或经济危机时期，命令机制是解决社会经济问题的有效方法。但在经济发展的正常时期，这种方式必然造成经济决策权的集中和社会组织的等级制度，并导致社会经济活动服从于上层特权阶层的偏好与利益，而不利于增进社会福利的消极后果。

3. 市场机制。在市场经济中，资源配置的基本问题主要是由一种竞争的价格制度来决定的。消费者、生产者和要素所有者拥有充分的自由选择权，他们从各自的经济利益出发，分散地个别地进行经济决策，并通过市场交换和竞争达到他们的目的，调整他们的行为。

市场机制在提高资源配置效率方面显示出了巨大的优越性，以至于当今世界越来越多的国家承认市场机制在资源配置中应发挥基础性的作用。

纵观当代各国的社会经济制度,没有一个纯粹是以上三种之中的一种,而更主要的是同时发挥市场机制和政府机制作用的混合经济,也不排除在少数地区和场合习惯仍旧发生影响。

市场机制的运行特点

市场机制的基本点是主要的价格和分配决策都是在市场上做出的。市场是一种产品(或要素)的多个买方和卖方通过互相竞争,来决定其价格和数量的过程。在市场制度中,每样东西——每种产品和每种劳务——都具有价格。即使不同的人类劳动也具有价格,即工资。

如果任何一种产品的需求增加,卖方为了分配有限的供给就会提高这种产品的价格,而较高的价格将导致更多的供给。另一方面,如果任何产品的数量超过了人们在最新的市场价格下所愿意购买的数量,急于将库存产品出手的卖方就会压低价格。在较低的价格下,人们的需求将会增加,同时未来的供给也将减少。于是买方和卖方的均衡将被恢复。

同样的道理也适用于生产要素——劳动、土地和资本的市场。例如,如果计算机行业需求更多的劳动者,该行业劳动者的价格,即他们的每小时工资,将趋于增长,这就会使更多的劳动者进入这一行业,从而劳动力市场的供求恢复均衡。

概括地说,经济学的三个基本问题在市场机制下是这样解决的:

1. 生产什么取决于消费者的货币选票——即他们每天作出的购买这种东西而不是那种东西的决策。企业受到追求利润的欲望的驱使,被引向生产需求和利润高的产品,离开那些利润较低的部门。

2. 如何生产取决于不同生产者之间的竞争。为了应付价格竞争和获取最大利润,生产者的唯一办法便是采用效率最高的生产方法,以把成本压缩到最低点。

3. 为谁生产取决于生产要素(土地、劳动和资本)市场的供给与需求。这些市场决定工资率、地租、利息率和利润,这些又构成人们的收入。因而,收入在居民之间的分配取决于他们拥有的生产要素的数量和价格。

这一过程可由图 2-4 说明。

在图 2-4 中,一切需求关系用实线表示,一切供给关系用虚线表示。在图上部的产品市场内,消费者对需求的货币投票影响了企业的供给决策,从而解决了生产什么的问题。在图下部的生产要素市场,企业对生产要素的需求和公众对劳动和其他要素的供给决定了工资、利息和地租等收入。

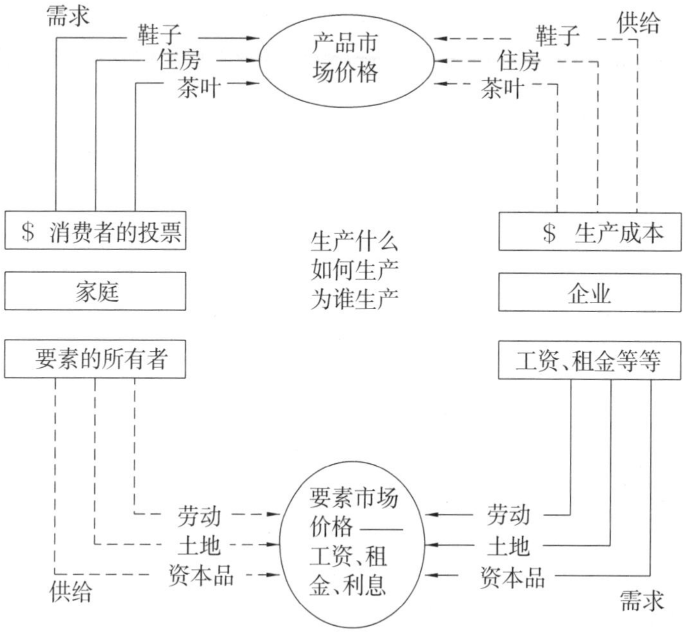

图 2－4　竞争和价格机制通过市场的作用

同样,企业为了购买生产要素和以最低价格出售产品而进行的竞争决定了如何生产的问题。

(三) 完全竞争市场与经济效率的实现

1. 完全竞争市场的基本特征。应该强调指出:西方经济学中所称的完全竞争市场是一种理想的市场结构,西方学者理想中的完全竞争市场的基本特征可以概括如下:

▲ 人数很多的小规模卖者和买者;

▲ 产品是同质的;

▲ 自由进入和退出各行业,即生产要素的充分流动;

▲ 完全的信息或知识。

以上是公认的已被明确表述的完全竞争市场结构的特点,除此之外,为达到帕累托最优状态的实现,还有一些条件是必须满足的,这些条件事实上是暗含在经济学家们的论述中的。

▲ 消费者和生产者行为的一致性。即作为消费者或生产要素所有者的个人,都一致地追求效用最大化;同样,生产者也一致地追求利润的最大化,也就是说所有的经济行为的主体都是理性的;

▲ 经济利益的可分性与所有权的确定性。产品可以被分割成许多能够购买的单位,从而使物品的所有权具有确定性,这样才能保证产品的经济利益和成本能以价格来计量;

▲ 所有的生产资料都为私人所有;

▲ 生产和消费都不存在外部经济;

▲ 不存在规模报酬递增(Increasing Return to Scale)的情况,也就是生产规模越大,成本越低、收益越大的情形。

2. 完全竞争市场与帕累托最优状态的实现。在完全竞争市场,一种产品的需求曲线上的任一点表示消费者买进该产品一定量时所愿付出的价格(P_d),这个价格反映了该产品之一定数量的最后一个单位的效用,即该产品的边际效用(MU)。因为某产品的价格就相当于增加购买一个单位该产品所需付出的代价,理性的消费者将使它与自己从增加消费一个单位的该产品中所能获得的收益相等,而后者就是该产品的边际效用。也就是说,消费者均衡所需的条件是:$P_d = MU$。因此,一个消费者对某种商品的需求曲线与他的边际效用曲线是一致的,而只需将若干单个消费者的需求量进行加总即可得到市场需求曲线。如图 2-5,由于边际效用递减规律的存在,需求曲线是一条向下倾斜的曲线。

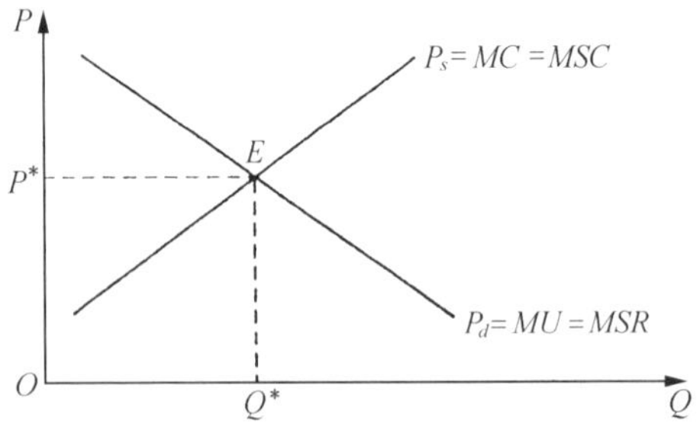

图 2-5 完全竞争市场与帕累托最优状态的实现

从供给方面看,一种商品的供给曲线上的任一点表示生产者提供该产品一定量时所要收取的价格(P_s)。在完全竞争市场,某产品的价格就相当于生产者每多卖出一个单位该产品所获得的收益(边际收益 MR),为了达到利润极大化,理性的生产者将使它与自己每增加生产一个单位的该产品中所付出的成本即该产品的边际成本相等。也就是说,生产者均衡所需的条件是:$P_s = MC$。因此,一个生产者对某种产品的供给曲线与他的边际成本曲线是一致的，而只需将若干单个生产者的供给量进行加总即可得到市场供给曲线。如图 2－5，由于边际成本递增，供给曲线向上倾斜。

当供给曲线和需求曲线相交时市场达到均衡，这时供给量等于需求量，消费者所愿付出的价格和生产者所要求的价格一致，即 $P_s = P_d$，于是 $MU = MC$。由于不存在外部化现象，私人的边际效用就是社会边际收益，私人的边际成本就是社会边际成本，所以 $MSR = MSC$ 成立，即社会从某种产品消费中得到的边际收益与产出这种产品所付出的边际成本相等，因此满足了帕累托最优实现的条件。

以上阐述了在一定条件下完全竞争的市场结构对于帕累托最优状态的实现是充分的，可以证明，在大多数情况下，完全竞争的市场结构对于帕累托最优状态的实现是必要的。因此，人们也往往将完全竞争市场作为判断经济效率是否可以实现的一个规范条件。

二、市场失灵的原因及表现

（一）早期政府财政的特征

现代西方经济学的创始人亚当·斯密极为推崇私人经济部门和市场机制的作用。他认为市场就像一只“看不见的手”，可以通过价格和竞争机制，对经济活动进行自发的有效的组织，从而使每个人都追求个人利益，并最终给全社会带来共同利益。具体地讲，在市场机制下，每个决策者都面对着一定的价格体系进行选择，以谋求自己的利益极大化。只要存在着个人认为有价值的产品和劳务，他们将愿意为消费它们而付款，只要这一价值超过生产成本，追求利润的企业家就将生产和提供这些产品与劳务。显然，单个决策者的选择就是“其他人”最大化自己利益的一个约束条件，从而间接地影响着他人的选择和福利。这种决策者之间相互影响的过程就相当于买者与卖者之间、买者之间、卖者之间的竞争的过程，竞争的结果形成新一轮的价格。如此周而复始，每个人的追求个人利益的经济活动的总和可以使整个社会的经济活动达到最佳状态。

以上关于完全竞争条件下的市场均衡结果符合帕累托最优条件的论述

证明了亚当·斯密的“看不见的手”定律。也就是说,人们在完全竞争经济中只是追求个人利益的最大化,而均衡的结果却达到了社会目标——经济的最高效率,虽然人们并没有刻意去追求这一目标,甚至根本没有意识到这一点。

按亚当·斯密的观点,既然市场机制和私人经济部门可以对经济活动进行自发的有效的组织,那么政府过多的干预必然是有害的。亚当·斯密的《国富论》阐述政府的活动必须限制在一定的范围内,诸如公共秩序、国防与司法行政的维护等任务。而且,用以完成这些职能的收入——税收不必涉及所得的再分配。

18 世纪后半叶至 20 世纪初,这种主张“自由放任”的古典经济理论,深深地影响着西方国家政府的经济活动。此时的国家财政具有如下的特征:

1. 财政支出起初比封建时期有所削减。其后,随着生产力的发展,财政支出的绝对额有所增长,但在国民收入中的比重有所下降;

2. 收入方面,总体税负较轻,税种设计上以商品税、关税等间接税为主,不征所得税;

3. 国家预算经常取得平衡,除了战争年代外,很少出现赤字;

4. 与预算平衡相对应,国家不轻易举债,国债负担较轻。

即使古典经济学家的有关证明是正确的,帕累托最优状态事实上也很难实现。因为理论上能够使资源配置实现帕累托最优状态的市场必须是完全竞争市场。18 世纪和 19 世纪之所以自由主义在西方比较流行,是因为这一时期是资本主义市场经济上升和扩张的时期,一些必要的市场条件大致上得到了满足。然而,完全竞争是一种非常理想的市场状态,当某些条件不存在或不具备时,帕累托最优则无法实现。此外,在市场机制下收入或财富分配的不公和宏观经济失衡也不可避免,这就是市场失灵(Market Failure)。市场失灵在 20 世纪 20 年代末 30 年代初的经济危机中得到了充分的暴露,经济学家对此有了深刻的认识,意识到公共部门介入经济运行已不可缺少。

(二) 市场失灵的主要表现

市场失灵主要表现在以下方面。

1. 竞争失效。为了保证看不见的手能够发挥调节经济的作用,就必须有充分的竞争。然而,在现实的市场经济中,一方面产品之间总是有差别的，存在着不同程度的不可替代性；另一方面，交通费用等交易成本也往往阻碍着资源的自由转移。这些因素都会增强个别厂商影响市场的能力，削弱市场的竞争性。

此外，在一些行业，如电话、供电、供水等行业中，大规模生产可以降低单位成本，提高收益，即存在着规模经济，一旦某个公司占领了一定的市场，实现了规模经济，就会阻碍潜在竞争者的进入。因为新进入该行业的公司由于生产达不到一定的规模，成本会远远高于大公司，难以与大公司展开竞争。因此，在规模经济显著的行业，特别容易形成垄断，这就是所谓的自然垄断。

在自然垄断的情况下，垄断者凭借自身的垄断优势，往往使产品的价格和产出水平偏离社会资源最优配置的要求，从而影响市场机制自发调节经济的作用，降低了资源的配置效率。为此需要政府部门通过自己生产或对私人生产进行管理来达到一个更有效率的产出。

2. 公共产品问题。公共产品是公共经济学中的一个核心概念，此处不展开，将在第三章中予以详细分析。

3. 外部性问题。外部性问题也是公共经济学中的一个重要概念，将在第三章中充分地展开，此处只稍作说明。在现实生活中，许多产品和劳务的成本或收益有着显著的外溢性。这类产品的生产或消费，可以绕过价格机制直接影响他人的经济环境和经济利益，对他人产生了额外的成本或收益，但并未因此进行赔偿或得到报酬，这些成本或收益在一个企业进行核算时往往不予考虑，故将这种现象称为外部性现象。有外部性特征的产品，其私人成本（收益）与社会成本（收益）是不一致的，其差额就是外部成本（收益）。

当有人驾驶一辆没有控制污染装置的汽车时，他就降低了空气的质量。这实际上是这些用车的人在向他人强加一定的成本；相反地，一片果园为蜜蜂提供了采蜜所需的花朵，但周围的养蜂人却不必因此而付费。教育事业，尤其是基础教育，也有大量的外部收益溢出，学校无法得到补偿。

由于外部性的存在，成本和收益不对称，这就会影响市场配置资源的效率。因为个人进行决策的时候，只可能将其实际承担的成本和得到的收益进行比较，在无需对外溢成本进行赔偿的情况下，个人实际承担的成本会小于其活动的总成本，因而会过量从事产生外溢成本的活动；相反，在外溢利益得不到报酬的情况下，个人的选择是较少地从事该类活动。因此，就必须有政府部门的介入和干预。

4. 市场的不完全。有许多产品是市场无法提供或无法充分提供的,此时则存在着市场不完全的问题。保险市场就是一个很好的例子。虽然保险业的发展很快,但私人市场仍不能为个人所面临的很多重要的风险提供保险。这一方面可能是因为私人保险市场的范围太窄;另一方面,有很多风险本身就是由政府行为引起的(如失业会受到政府宏观经济政策的影响),因而政府部门直接进入保险市场,完善保险市场就非常必要。此外,市场在提供信贷上也远不够称职。比如在农业贷款、助学贷款、中小企业贷款、住宅贷款等领域,市场上对资金的需求是大量存在的,但此类贷款的盈利水平并不高甚至可能亏损,故金融机构并不愿意提供。对于尚处于起步阶段的市场经济,市场不完全的领域就更加广泛了。有些投资大、高风险、获益周期长的产业,私人部门是不敢贸然经营的,比如某些高科技新兴产业等。在这些领域也是需要政府部门介入的。

5. 偏好不合理——优值品、劣值品问题。个人偏好的合理性是市场竞争结果的合理性的前提条件,但在现实的市场中,并不是每个人的要求、愿望都是合理的。可能某种产品能给个人带来较大的利益,但消费者本人却没有意识到这一点,只是给予它以较低的评价,也就是说只有在很低的价格下才愿意购买;或者相反,某种产品能给人们带来的好处并不大,或者根本有害无益,但消费者却给予它较高的评价,表现为他愿意以较高的价格购买。尽管对于什么是合理的偏好,怎样的评价才是正确的,并没有一致的精确看法,但人们可以认同的是,在现实市场中,至少某些人的偏好在某些方面不尽合理。例如,有人低估了教育带来的好处,不愿意为子女受教育付出代价,导致学龄儿童辍学;又如,有人高估了香烟的好处,甚至有人愿意高价购买毒品。人们把消费者的评价低于合理评价的产品称为优值品(Merit Goods),而把消费者的评价高于合理评价的产品称为劣值品(Dismerit Goods)。这两种情况都为政府干预提供了理由。

6. 信息的不完全。完全竞争市场关于信息的假定可以说是最理想化的了。所谓完全的信息或知识,是指生产者及消费者不仅充分掌握市场当前正在出现的情况,而且了解明天、后天会出现的事情。但是,随着市场规模的不断扩大,信息越来越分散、复杂,加工、处理信息的成本也可能会升高到为决策者所无法接受,从而不可避免地出现很多非理性的决策。比如,生活在一个大都市里的人们,是不可能为了买一件衬衫而跑遍所有的商店的,这样,他最后的选择很可能并不是真正物美价廉的一种。因此,私人市场所提供的信息往往很不足,信息的不充分会影响到竞争的充分性,由此也会影响到市场机制的运转效率。

7. 失业、通货膨胀及经济的失衡。劳动在企业成本开支中是最难控制的因素之一,因为人们总想以最少的劳动付出,获取最大的收益。技术进步的一个基本特点就是尽可能地节约劳动力,以使成本变得可控。另外,为了压低成本,劳动力市场上往往存在着人为的供过于求的状况。马克思在相对过剩人口和产业后备军理论中对这一点进行过很多阐述。这样,失业就成了市场经济中一个经常的现象。此外,当经济衰退、投资不足时,尤其会带来大量的失业,而它是最重要的社会不稳定因素。

市场机制下,经济行为的主体高度分散,从而决策权也高度分散。小的决策者往往只关心自己的眼前利益、局部利益,加上信息失效导致许多非理性的决策,于是不可避免地造成经济失衡,国内经济剧烈波动、物价水平持续上升、国家经济增长停滞或国际收支失衡。按照亚当·斯密的观点,市场可以自发地对此进行调节,但市场的调节机制是一种事后调节,是采用经济危机的手段。20 世纪 30 年代大萧条的经验表明,这种调节的代价太高昂,不能为社会所接受。另外,一些政治上、地理上的障碍也使市场自发调节功能受到限制。这就为政府部门干预经济,实现宏观经济稳定提供了依据。

8. 收入公平分配问题。以上分析的各种市场失灵证明了光靠市场机制本身是不能实现帕累托最优的。收入分配也同样如此,当前市场机制是解决不了的。市场经济的运行只是保证了资源配置效率的实现,并没有解决收入分配的公平问题。

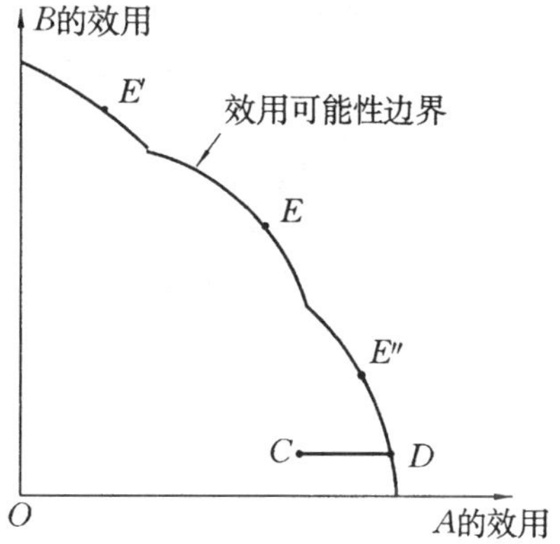

图 2－6　收入公平分配问题

图 2－6 显示了社会的效用可能性边界,即 A 的效用为一定的情况下,B 所能达到的最大效用的点的集合(假设社会是由 A、B 两人组成的)。在该线上的任何一点,如果要继续扩大 B 的效用,A 的效用必然会下降;要扩大 A 的效用,B 的效用也会下降,即在别人的效用不变的情况下,没有人能得到更高的效用,因而在效用可能性边界上的每一点都是

帕累托最优的。然而在这条曲线上的各点所代表的收入分配情况是不同的,在 E' 点 B 处于更有利的位置,而在 E'' 点上 A 更有利。因此,市场竞争在实现效率的同时,有可能产生极大的收入分配不公平,甚至会使一些人缺乏基本的生活必需品。特别地,只要当任何一个人的境况得到改善而又不损及另一个人的境况,这时就存在一个福利的增进,也就是所谓的帕累托改善。如果经济最初处于不公平的状态,那么越是接近帕累托最优状态,可能达到的收入分配结果越是不公平,也就是越高的效率,往往自发伴随着越不公平的分配结果。例如,从图中 C 点移向 D 点是一个帕累托改善,但社会分配的结果却更不公平了。在现实社会中,要素和财富的最初分配恰恰是不公平的,人们进入竞争的条件、实力、能力不同,这往往受家庭出身、家庭结构、遗产继承、性别等许多个人不能左右的因素影响,这样经过竞争达到的最终分配结果往往更加不公平。

这种收入分配的不公平会影响一个社会的安定和凝聚力,而且也不符合社会的道德观念。

三、政府失灵和混合经济体制

(一)混合经济的基本概念

市场经济运行中所产生的无效率、不公平以及宏观经济失衡要求政府从多种方面介入社会经济运行,从而使众多国家的经济成为市场机制和政府机制的混合体。混合经济的基本特征是市场的自发调节和国家的行政干预的相结合。具体地说,混合经济大致显示出以下几方面的特点:

1. 在混合经济体制下,社会的经济活动不仅要满足个人的经济目标,而且还必须满足某些公共目标;

2. 在混合经济体制下,社会的经济活动不仅取决于个人的经济决策,而且也取决于以政府为代表的公共经济决策;

3. 在混合经济体制下,社会处理经济问题的方法,是介于自由放任(自由市场)与政府管制(集中计划)这两种极端方法之间的“中间方法”;

4. 在混合经济体制下,政府与私人企业、国家与市场通过职能分工而建立起经济上的合作关系；

5. 在混合经济体制下，由于政府加入经济过程而造成的个人经济自由的相对减少，可在一定程度上通过选择政府的自由而得到补偿。

根据混合经济体制的这些特点，可以给它下这样一个定义：混合经济是当代国家以社会目标补足私人目标，以政府经济政策补足个人经济决策，以政府调节补足市场调节的一种经济体制，在这种体制下，国家与市场、政府与企业和个人通过职能分工与合作以实现国家经济的稳定增长和社会福利的最大化。

显然，在混合经济体制中，政府的干预是与市场一致的干预，因为这种干预并不是对市场的否定，而是对市场运行所产生的消极后果的纠正。

世界各国的混合经济体制呈现着不同的模式，一些国家主张市场因素多些，另一些国家则倾向于计划多些；一些国家的公共部门大些，另一些国家的公共部门可能小些；一些国家比较强调公共经济目标，另一些国家则比较强调个别目标；一些国家比较强调公共选择，另一些国家则给予个人以较大的决策余地，如此等等。造成各国混合经济体制差异的因素是多方面的，其中最重要的是：(1) 各国经济发展的水平；(2) 各国社会与政治的结构；(3) 各国占统治地位的意识形态。

受到这些因素的影响，目前在西方国家大致出现了以下几种各具特色、互有差异的混合经济体制，它们是：(1) 以美国为典型的国家需求管理型混合经济体制；(2) 以英国和瑞典等国为典型的福利国家型混合经济体制；(3) 以德国为典型的社会市场型混合经济体制；(4) 以法国为典型的强调供求管理的指示性计划型混合经济体制；(5) 以日本为典型的国家发展导向型混合经济体制。

(二) 政府的经济职能

在混合经济体制中，政府的具体经济职能一般被概括为三个方面：资源配置、收入分配和稳定经济。

资源配置

由于在市场机制中存在着竞争失效、公共产品问题、外部性问题、信息不完全、市场不完全、偏好不合理等方面的市场失灵，从而市场不能提供有效的资源配置，因此需要政府承担资源配置的职能。以财政手段进行资源

配置,主要可利用以下政策工具:

1. 公共支出。第一,政府可直接提供某些市场供给不足的产品,如公共产品、准公共产品、私人经营容易产生垄断的产品、市场不完全的产品、优值品等。政府提供不一定直接由政府生产,比如国防属典型的公共产品,应由政府提供,但某些具体的国防产品可由私人企业生产,再由政府购买并提供给公众。

第二,财政补贴。以上市场供给不足的产品政府也可以通过财政补贴的方式刺激私人企业生产,达到与政府直接提供同样的目的。

第三,政府购买支出。从一般意义上讲,政府对私人产品的购买均可视为对该产品的补助,因为它直接体现为对该产品的需求,可收到刺激该产品的生产、扩大供给的效果。

2. 政府税收。政府可通过调整税率来鼓励或限制某些产品的生产和消费。

收入分配

由于市场机制不能避免收入和财富分配的不公平,因此需要政府来执行收入分配职能。政府为了改善收入分配不平等状况而采取的财政措施主要有:

第一,税收——转移支付制度。它包括按照支付能力原则设计的税收制度和按照受益能力原则设计的转移支付制度。政府可以通过征税强制性地把财富从那些应该减少收入的人手中收集起来,再通过补助金或救济金制度用货币或实物形式把财富转移给那些应该增加收入的人们。

第二,政府可将征收累进所得税筹集的收入用于公共事业投资,如公共住宅等,以利于低收入阶层。

第三,政府可对奢侈品以高税率征税,对日用品进行补贴,借以加重高收入阶层的负担,减轻低收入阶层的负担。

如前所述,公平是一个"规范性"的问题,公平与否很难有一个一致公认的标准,另外,由于公平与效率有着相互制约的关系,如果一味地征收高额累进税,很可能打击边际生产力水平较高的人们工作的积极性,甚至可能使他们带着自己的资本和智慧迁移到国外去,对一国的经济发展不利。因此,近年来世界各国财政政策的注意点,逐步从收入等级顶端的人们的过多收入问题,转移到收入等级下层人们的适当收入保障问题,当前讨论的具体问题主要是防止贫穷,而不是限制最高收入。

稳定经济

由于市场机制不能自发实现经济稳定发展，因此需要政府的干预和调节，执行稳定经济职能。目前世界公认的宏观经济稳定的四大目标是：（1）充分就业；（2）物价稳定；（3）经济增长；（4）国际收支平衡。

在政府所可采用的各种宏观经济政策手段中，财政政策的地位举足轻重，它在影响总需求方面有着不可替代的作用，这体现在两个方面：

第一，相机抉择的财政政策。这是指通过调整预算收支来调节社会总需求。在经济过热时，财政可以减少支出或增加税收或者两种手段同时采用，在经济萧条时则相反。在这个过程中，政府财政收支不平衡是可能的，而且是允许的，因为这正体现了以政府财政收支的不平衡来换取整个社会总供求平衡的意图。

第二，自动稳定器。这是指通过财政的某些制度性安排来发挥对经济的“自动”的稳定作用。比如，累进的所得税制就具有这种功能，当经济过热时，投资增加，国民收入增加，累进所得税会自动随之而递增，从而可以适当压缩人们的购买力防止发生通货膨胀。当经济衰退时，投资减少，国民收入下降，累进所得税又会自动随之而递减，防止总需求过度缩减而导致萧条。在支出方面，失业救济金制度也可以发挥类似的功能。由于它规定了领取失业救济金的收入标准，当人们的收入因经济过热而普遍增加时，可领取失业救济金的人数自然减少，救济金支出随之减少，从而财政总支出“自动”得到压缩；反之，当人们的收入因经济不景气而普遍下降时，有资格领取失业救济金的人数自然增加，救济金支出随之增加，从而财政总支出“自动”获得增加。

政府还可通过货币政策达到稳定经济的目的，而且两种政策必须密切配合才更有助于达到满意的效果。当然，现代世界各国的稳定政策相当复杂，各个经济学流派的主张各不相同，我们在本章对此暂不赘述。

（三）政府失灵

对于“市场失灵”的认识使西方国家在 20 世纪 30 年代到 60 年代期间采取了一系列干预经济的措施。然而，到了 20 世纪 70 年代，政府干预经济所产生的问题日益暴露，经济学家和政治家们开始注意到“政府失灵”现象。所谓“政府失灵”大致可以将其概括为以下几个方面。

1. 信息有限。信息不足是“市场失灵”的表现之一，然而现实经济生活相当复杂，许多行为的结果是难以预料的，私人经济部门难以掌握完全的信息，事实上政府也很难做到这一点。因此，即使抱着全心全意为社会服务的目的，政府也难免出现决策失误，政府“犯错误”并不少见，一再修改自己的决策甚至否定过去的做法也是常事。

2. 对私人市场反应的控制能力有限。政府采取某种政策后，它对私人市场可能的反应和对策往往无能为力。例如，政府采取医疗保险或公费医疗政策，却无法控制医疗费用的飞速上升；一些国家为了吸引外资或鼓励投资，对外来资本或国内某些领域实行税收优惠政策，却难以阻止许多不应享受优惠的投资者也钻了空子；一些国家为了使收入分配更公平，对高收入者征收高额累进税，却把这些人赶到税率低的国家定居，随之失去了他们的资本和智慧。

3. 决策时限与效率的限制。这首先体现在政府作出一项决策要比私人部门决策慢得多，因为当中要经过这样几个时滞（Time Lags）：

第一，认识时滞（Recognition Lag）。这是从问题产生到被纳入政府考虑的这一段时间。如果是中央政府决策，那么还要加上地方政府反映、报告问题的时间。

第二，决策时滞（Decision Lag）。这是从政府认识到某一问题到政府最后得出解决方案的那一段时间，当中可能要经过反复的讨论、争论，政府作出决策绝非易事。

第三，执行与生效时滞（Execution & Effecting Lag）。这是从政府公布某项决策到付诸实施以致引起私人市场反应的时间。

任何公共决策都不可避免上述时滞，在一些时候，当针对某一问题的政策真正起作用的时候，情况已发生了变化，它已不是什么重要的问题了，而解决新问题的对策又要经过上述时滞。

除时滞问题以外，有时政策实施情况和最初政策意图可能不一致。因为政策制定者和执行者一般不是同一个政府机构。这种问题可能纯粹由于政策意图本身的模棱两可，执行机构对政策的解释和理解不一定符合政策制定者的初衷，虽然这不一定是前者有意所为。在更多的时候，由于政府的执行结果在很大程度上取决于执行人员的效率和公正廉明，而政府官员自己的利益或偏好与社会的利益往往并不完全一致，这会使政策的执行结果大打折扣。虽然可以通过教育和监督要求政府官员克己奉公，但这事实上不可能完全做到。

4. 政治决策程序的局限性。政治决策程序本身的局限性也是政府不可克服的缺陷之一。现代民主制度并不能很好地解决个别社会成员的偏好显示和偏好加总的问题——后者是指如何综合社会成员的个别偏好形成社会偏好,从而不能实现有效的决策结果。政府的决策会影响到许多人,但真正作出决策的只是少数人,不管这少数人是由选举产生的还是其他方式指定的,他们在决策时总会自觉或不自觉地倾向自己所代表的阶层或集团的偏好和利益,而一旦既得利益集团形成,这种格局就很难打破。

基于上述原因,可以认为政府能够发挥的积极作用也是十分有限的,对于一些市场在经济效率方面的失灵现象,许多人更倾向于通过分权式的私人决策来解决。例如,外部效应是要求政府介入的一大理由。但是,按照著名经济学家科斯的观点,政府只须界定和保护产权,市场机制就可以克服这种现象。

5. 成本过大。政府干预本身也是有成本的,税收是政府筹资的主要方式。在征税过程中会产生征收成本,由于税收干扰了私人经济部门的选择往往还会带来额外的效率损失,即税收的超额负担。只有在市场失灵导致的效率损失大于这些税收成本的情况下才需要政府干预。在一些竞争性领域尤其不应出现政府投资与私人部门相交叉竞争的现象。因为在这些领域公共经营效率低下,政府与私人部门相竞争难免要倚仗其固有的行政垄断力量,这也会破坏市场机制作用的发挥。

总之,单纯的市场机制或单纯的政府干预都是不可取的,两者虽然都有优越性,但也都有其自身不可克服的缺陷。只有两种机制相互配合,才有助于实现理想目标。换而言之,既要注意克服“市场失灵”,又要防止“政府失灵”,是实行混合经济体制国家面临的重要课题。

四、中国特色社会主义市场经济体制

(一) 社会主义市场经济的历史必然性

商品经济或市场经济的充分发展,是社会经济发展不可逾越的历史阶段。但这一普遍规律,在各国的实现过程可以是不一样的。由于中国是一个发展中的社会主义大国,由于某些西方资本主义国家一度采取封锁政策把中国隔绝于世界市场,决定了中国的原始积累,不可能像资本主义国家那样,依靠超经济强制的办法剥削国内大多数居民和掠夺其他国家的金银财宝;也不能指望获得大量外来贷款或援助,只能主要依靠自力更生,依靠全体居民的勤俭节约,由国家把他们创造的财富集中和积累起来。适应这一要求,中国形成了以国有企业和集体企业占绝对统治地位的社会主义公有制经济,经济运行机制则采取计划经济或统制经济的方式。这种指令性计划经济的好处在于可以集中全国的资源进行大规模建设。中国改革开放前建国近30年的经济发展虽几经曲折,仍取得高速增长,奠定了工业化的初步基础,用几十年时间走了某些资本主义国家曾花几百年才走完的道路,就是最好的证明。但必须看到,这是付出了高昂代价的。国家通过行政命令办法组织全国经济,扼制了市场主体的形成,否定了市场机制的作用,阻碍了市场功能的发挥。指令性计划经济的实质,是用国家的行政性垄断代替市场竞争,结果不能不出现一系列经济和社会矛盾。脱离市场导向和依据失真的价格制定的计划被贯彻执行的结果,造成了一方面大量产品积压或浪费使用;另一方面许多居民急需的商品和劳务短缺紧张,经济增长速度固然很高,但资源消耗严重,居民得到的实惠颇微,社会主义优越性不能充分明显地体现出来。这些矛盾说明,当社会主义原始积累过程达到一定阶段,计划经济向市场经济过渡是一种客观的要求。

(二)社会主义与市场经济结合的可能性

市场经济在历史上是随资本主义制度一起形成的,建立在私有制基础之上。马克思和恩格斯认为,在经济最发达的资本主义国家,无产阶级革命取得胜利以后建立起来的社会主义社会,商品生产和商品交换将不再存在,价值规律也不再起作用,社会按照预定计划进行生产成为可能。马、恩的理论以及在这一理论指导下的社会主义国家长达几十年的计划经济的实践,以及西方经济学者大都把市场经济当作私有制的专利品,造成了一种根深蒂固的传统观念:市场经济是资本主义的制度特征,计划经济是社会主义的制度特征。

在中国,打破这一传统观念,一贯倡导社会主义市场经济的,是邓小平同志。在1992年的南方讲话中,他更明确地指出:“计划多一点还是市场多一点，不是社会主义与资本主义的本质区别。计划经济不等于社会主义，资本主义也有计划；市场经济不等于资本主义，社会主义也有市场。计划和市场都是经济手段。”邓小平的这些论断，把过去长期被人们混淆在一起的两对不同性质的范畴，清清楚楚地区别开来了。

资本主义和社会主义这一对范畴，要回答的问题是：生产资料归谁所有，其实质在于对剩余劳动的占有。而计划经济和市场经济这一对范畴，是反映全社会经济的运行机制和运行过程的，它们所要回答的问题是：社会总劳动或总资源，通过什么样的调节机制被分配到各个产业部门和企业去，从而使全社会的经济得以周而复始地运行。邓小平关于计划与市场都是经济手段，不是社会主义和资本主义本质区别的理论，划清了两对范畴的界线，解除了人们在社会主义制度下运用市场经济手段的思想顾虑，使中国社会主义经济的运行能够适合生产力发展的客观要求。

（三）社会主义市场经济体制的含义

所谓社会主义市场经济，是指在社会主义条件下的市场经济，或者说，是与社会主义基本制度结合在一起的市场经济。社会主义市场经济体制，大体上包含如下几方面的含义。

1. 社会主义市场经济要使市场成为资源配置的基础，绝大多数商品要由供求双方通过竞争形成市场价格，这是市场配置资源的基础。企业的经营者作为市场竞争的主体，必须有独立自主的经营权力和自负盈亏的责任，以便根据利益最大化的原则决策，按照市场提供的价格信号决定生产什么、生产多少、如何生产。

必须有统一而健全的市场体系，不仅要有消费品和生产资料的产品市场，而且要有资金、技术、劳动力、房地产、信息等要素市场；还要发展市场中介组织，发挥其服务、沟通、公证、监督作用。这种市场体系，必须是全国统一的、对外开放的、竞争的、有制度和法规保护和监督的有序市场，而不是各自封闭的、对外隔绝的、垄断的、缺乏规范的无序市场。

2. 正确发挥和加强政府对市场经济的管理和调控作用。市场经济体制虽有促进生产力的积极作用，同时也有其自身的弱点和消极方面。政府对市场的有效管理，是市场经济体制正常运行的重要条件；政府的宏观调控，是克服市场不足和市场失灵的有力手段。政府管理经济的职能，主要是制定和执行宏观调控政策,搞好基础设施建设,创造良好的经济发展环境。同时,要培育市场体系、监督市场运行和维护平等竞争,调节社会分配和组织社会保障,控制人口增长,保护自然资源和生态环境,管理国有资产和监督国有资产经营,实现国家和社会发展目标。政府运用经济手段、法律手段和必要的行政手段管理国民经济,不直接干预企业的生产经营活动。

3. 社会主义市场经济体制是同社会主义基本制度结合在一起的。这包含几方面的内容:首先,在所有制结构上,包括全民所有制和集体所有制等形式的公有制为主体,个体经济、私营经济、外资经济为补充,多种经济成分长期共同发展。随着产权的流动和重组,财产混合所有的经营单位越来越多,将会形成新的财产所有结构。公有制在国民经济中的主体地位,体现于它在社会总资产中占优势。其次,个人收入分配坚持以按劳分配为主体、多种分配方式并存的制度,体现效率优先、兼顾公平的原则。就和谐社会的建设而言,市场机制是有局限性的。要素市场的存在决定每种要素(包括土地、资金、劳动)都会获得一定的收入。由于企业、个人、地区之间拥有的要素的不平等,在市场关系范围内必然出现收入分配高低的差别,使市场经济不可能在收入分配、生活质量提高和地区发展方面达到公平的协调。社会主义要求运用包括市场在内的各种调节手段,既鼓励先进、促进效率,合理拉开收入差距,坚持鼓励一部分地区、一部分人通过诚实劳动和合法经营先富起来;又通过所得税、遗产税以及建立和完善多层次的社会保障和服务体系,防止两极分化,提倡先富带动和帮助后富,逐步实现共同富裕。再次,在宏观调控上,社会主义国家能够把人民的当前利益和长远利益、局部利益和整体利益结合起来,更好地发挥计划和市场两种手段的长处。宏观调控的主要任务是:保持经济总量的基本平衡,促进经济结构的优化,引导国民经济持续、快速、健康发展,推动社会全面进步。宏观调控主要采取经济办法,建立计划、金融、财政之间相互配合和制约的机制,加强对经济运行的综合协调。计划提出国民经济的社会发展的目标、任务,以及需要配套实施的经济政策;国家计划要以市场为基础,总体上是指导性计划;中央银行以稳定币值为首要目标,调节货币供应总量,并保持国际收支平衡;财政运用预算和税收手段,着重调节经济结构和社会分配。运用货币政策和财政政策,调节总需求与总供给的基本平衡,并与产业政策相结合,促进国民经济的协调发展,谋求和谐社会的早日建成。

思考题

1. 如何理解资源最优配置的含义?
2. 什么是帕累托最优?从社会成本和收益的角度分析,帕累托最优状态的实现条件是什么?
3. 市场机制的运行特点是什么?
4. 完全竞争市场有哪些基本特征?
5. 市场失灵有什么主要表现?
6. 在混合经济体制下,政府的经济职能有哪些主要表现?
7. 社会主义市场经济体制的含义是什么?

第三章　公共产品理论

本章要点

1. 公共产品是由政府为了满足全体社会成员共同需求而提供的产品和劳务。纯粹的公共产品应同时具有两个基本特征：非排他性和非竞争性。竞争性的市场不可能自发地提供公共产品。公共产品是实现资源配置优化，增进社会福利所不可或缺的。
2. 在现实社会中，纯粹的公共产品是非常稀少的。政府提供的产品中更多的是具有公共产品部分特征的产品，如在不同程度上具有非竞争性的产品及产生外部收益的产品等。
3. 公共产品的有效供给要求社会成员按自己从公共产品中的受益程度来负担相应的成本。由于人们倾向于隐瞒自己从公共产品消费中获得的真实收益，从而公共产品有效供给的实现十分困难。
4. 公共产品与外部效应有着密切的联系。外部效应包括生产行为或消费行为引起的外部正效应和外部负效应。
5. 在市场机制下存在着一体化、产权明晰条件下的自发交易、社会制裁等纠正外部效应的途径，但是其作用有限。政府通过提供公共产品能有效地纠正外部效应，克服市场失灵。

一、公共产品的定义

公共产品理论是公共经济学的核心理论,是用于说明政府为什么要存在以及为何而存在的理论。弄清了公共产品理论也就对政府的基本职能有了明确的认识。

(一)公共产品的基本特征

公共产品是由政府(公共部门)所生产和提供的,用于满足全体社会成员共同需求的产品和劳务。

一般而言,公共产品可以分为纯粹的公共产品、准公共产品或混合产品等几个层次。

纯粹的公共产品应具有两个基本特征:

1. 非排他性(Non-excludability)。对于私人产品来说,例如一件衣服或一只面包,购买者按照所标明的价格支付了货币就取得了该产品的所有权并可轻易地排斥他人消费这种产品,这就是排他性。然而,公共产品的消费是集体进行、共同消费的,其效用在不同消费者之间不能分割,更无法像私人产品可被分割为许多单位供个别消费者购买和拥有。这样,如要把不为公共产品付费的个人排除在外,或者在技术上不可能,或者成本高昂到不可接受。

2. 非竞争性(Non-rivalness)。对一般私人产品来说,一个人消费了某产品,就会影响他人对同种产品消费数量和质量,甚至使别人就无法再消费了。公共产品则不同,公共产品一旦提供出来,任何消费者对公共产品的消费都不影响其他消费者的利益,也不会影响整个社会的利益。非竞争性包含两方面的含义:

第一,边际生产成本为零。这里所说的边际成本,是指增加一个消费者对供给者带来的边际成本,而非微观经济学中经常分析的产量增加导致的边际成本。在公共产品的情况下,消费者增加和产量增加导致的边际生产成本并不一致。例如,海上灯塔是较典型的公共产品,增加一艘船经过邻近海域得到指引并不需追加任何生产成本,但若再造一座灯塔,则边际生产成本显然并不为零。讨论公共产品非竞争性时强调的是消费者增加带来的边际生产成本。

第二,边际拥挤成本为零。每个消费者的消费都不影响其他消费者的消费数量和质量,这种产品不但是共同消费的,而且也不存在消费中的拥挤现象。

具有非竞争性的产品的例子有:不拥挤的桥梁、非满载的火车车厢、未饱和的计算机系统等。这种消费的非竞争性同样来自产品的不可分性。增加一个消费者时,在这类产品还未达到充分消费时,则不用增加生产的可变成本,亦不会影响其他消费者的消费。然而,一种产品在消费上具有非竞争性,并不保证它有非排他性。例如,火车与桥梁都是具有非竞争性的产品,但只需增加一个简单的设备,如检票口或收费站,它们就都具有排他性了。

公共所有的资源是一种具有非排他性的产品,但它们在消费上具有竞争性。例如公共草原,当一个人在某块草地上放牧,必然与这块草地的别的消费者和使用者发生竞争关系。因此,公共资源不是纯粹的公共产品。

国防是最典型的公共产品的例子。只要国家建立了防务体系,就几乎不可能排除任何居住在国境内的人不受该体系的保护,即使是罪犯也是如此。另外,多一个婴儿降生或多一个移民也不会增加一国的国防费用或妨碍其他人享受该体系的保护。

进而言之,公共产品不仅具有非排他性,而且具有非拒绝性。一个公民居住在国家内,不管他愿意与否,他都得接受国防保护,而且也不能把自己所得到的那一份国防保护出售给别人。

纯粹的公共产品必然同时满足以上两个基本特征,考虑到非竞争性的两个方面,事实上是三个特征。有些学者在阐述公共产品的非竞争性时,只考虑到其边际生产成本为零,而忽略了边际拥挤成本也应为零。事实上,消费者增加带给供给方的生产成本为零并不足以说明其边际社会成本为零。比如公路或桥梁,对于生产者来说,只要不到必须拓宽的程度,增加一个消费者并不会增加他的生产成本;但从消费者的角度看,因为消费者一般是不喜欢拥挤的,拥挤对他们来说就是一种成本。虽然在一定的消费量以下,并不存在任何拥挤现象,可以认为拥挤成本为零,可是当消费者的人数增加到一定程度,拥挤就会被明显地感受到了,而且这种拥挤成本必然随着消费者人数的增加而不断增加。

萨缪尔森将纯粹的私人产品与纯粹的公共产品的区别用数学公式更严格地表述如下：

1）对于私人产品来说，

$$X = \sum_{i=1}^{n} X_i$$

即某一商品的总量(X)等于每一个消费者所拥有或消费的该商品数量(X_i)的总和，这意味着私人产品是能在消费者之间分割的。

2）对于公共产品来说，

$$X = X_i$$

这就是说，对于任何一个消费者来说，他所消费而实际可支配的公共产品的数量(X_i)就是该公共产品的总量(X)，这意味着公共产品在消费者之间是不能分割的。

（二）混合产品和准公共产品

在现实社会中，纯粹的公共产品是非常稀少的。所以，政府提供的产品中更多的还是仅具有公共产品的部分特征的产品，即所谓的混合产品或准公共产品①。

上文已经提到，公共产品的非排他性是其所有特征中最为严格的，随着科学技术的不断进步，许多曾经公认的公共产品的排他性从技术上日益变得可行，排他的成本也日益降低了。比如有线电视设备的出现使对公共电视用户收费成为可能。这样，在考虑某种产品是否应由政府来提供就主要看该产品是否满足公共产品的第二个特征——非竞争性。

1. 边际生产成本和边际拥挤成本都为零的产品。

为了达到社会资源最优配置的条件，产品和劳务的定价应使单位价格

① 狭义的准公共产品是指具有利益外溢性特征的产品，将于本节第三部分论及。

(平均收益)等于边际成本。否则,就会带来效率损失。

图 3－1 表明一座不拥挤的桥梁的需求情况。用通过人数代表对这座桥梁的需求,它是价格(过桥费)的函数。DD 是需求曲线,它向下倾斜表示价格(过桥费)降低会带来需求(通过量)的增加。Q_C 为通过能力线,在通过量低于 Q_C 的情况下,边际生产成本为零;Q_Y 为拥挤线,在通过量低于 Q_Y 的情况下,边际拥挤成本也为零。Q_Y 与 DD 不相交表明这座桥不拥挤,此时边际成本线 MC 与横轴是一致的。由于边际成本为零,按照效率准则,价格也应为零,这时桥的通过量达到 Q^*。显然,这座桥的运营收益也将是零,考虑到桥的固定成本无法弥补,所以此时桥的经营者不但赚不到利润,还将蒙受亏损。

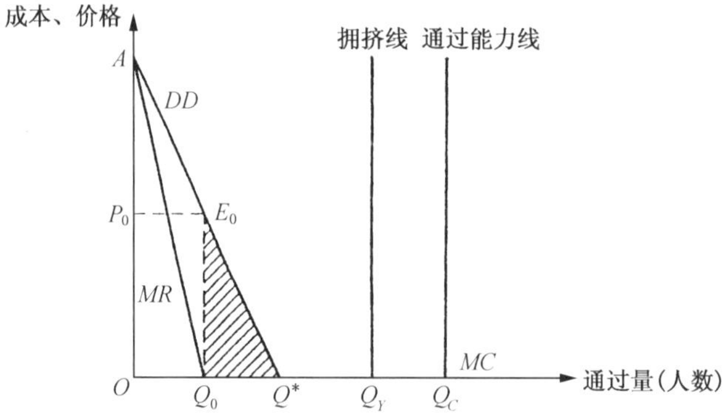

图 3－1　不拥挤的桥梁

然而,排他性是可能的,私人公司有可能造这座桥并按它的愿望收费。一座桥的供给方必然是一个垄断厂商,MR 为厂商的边际收益曲线,它在 DD 线的下方。为使利润达到极大,厂商将使其边际收益等于边际成本,这时的通过量为 Q_0,与之相对应的价格则为 P_0。

可以看出,由于收费,桥的通过量由 Q^* 减至 Q_0。消费者剩余从 $\triangle OAQ^*$ 的面积减至 $\triangle AE_0P_0$ 的面积,梯形的面积 $OQ^*E_0P_0$ 是消费者剩余的损失,其中矩形 $OQ_0E_0P_0$ 的面积所示的利润被垄断者所攫取,而 $\triangle Q_0Q^*E_0$(图中阴影部分的面积)为社会福利的净损失。

为避免这种福利损失,这类产品应由政府免费提供,用统一征税的办法筹集资金，以弥补造桥的直接固定成本。

2. 边际生产成本为零、边际拥挤成本不为零的产品。

有些产品的边际生产成本为零，但随着消费者人数的增加会出现拥挤现象，也就是其边际拥挤成本不为零。

图 3－2 表明一座拥挤的桥梁的需求情况，其中 DD、MR、MC、Q_C、Q_Y 的含义都与图 3－1 相同，所不同的是，这里拥挤线与需求线相交，表明在一定的价格以下，可能产生拥挤现象。

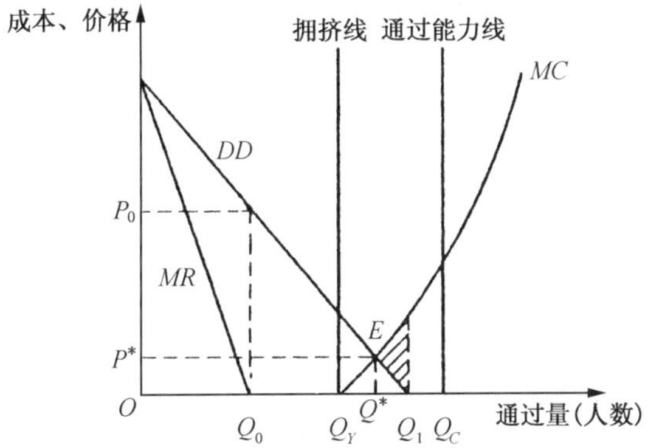

图 3－2　拥挤的桥梁

当拥挤现象产生时，厂商的边际生产成本仍然为零，但由消费者承担的拥挤成本却增加了。这时如果仍然免费供应，就会出现过度消费。如图所示，当价格为零时，通过量将达到 Q_1，阴影部分代表消费者获得的效用不足以补偿他的消费带来的成本所引起的社会福利的净损失。为避免过度消费，当供给量短期内无法增加时，就只有收费。但是，拥挤成本是由消费者而不是生产企业来承担的，所以不应由生产企业来收费，而应由公共部门来提供这类产品，按照边际拥挤成本收费，即均衡价格和通过量应为边际成本线 MC 和需求曲线 DD 的交点 E 所确定的 P^*、Q^*。鉴于边际拥挤成本计量的困难，以及收费的目的是限制过度消费，所以实际收取的价格应以能保证不出现过度拥挤为准。

3. 具有利益外溢性特征的产品——狭义的准公共产品。

有些产品所提供的利益的一部分由其所有者享有，是可分的，从而具有私人产品的特征,但其利益的另一部分可由所有者以外的人享有,是不可分的,所以又具有公共产品的特征。这种现象被称为是利益的外溢性现象,这类产品被称为准公共产品。比如高等教育,受到良好高等教育的公民增多将使全社会受益,这种利益是不可分的。但受到良好高等教育的公民也直接受益,这部分利益又是可分的。有人把混合产品统称为准公共产品,但严格地说,只有利益外溢的产品才可称为准公共产品,不妨在这里称其为狭义的准公共产品。

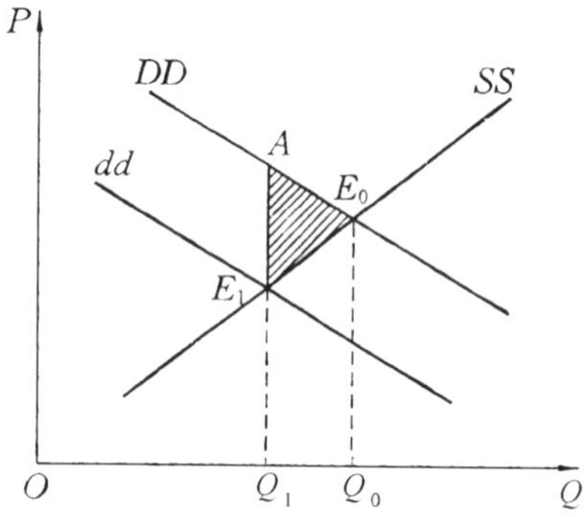

图 3-3　准公共产品供给中的效率损失

在市场机制下,利益的外溢会带来效率损失。如图 3-3,*dd* 线为准公共产品购买者的边际效用曲线(需求曲线),*DD* 线为社会边际收益曲线,它们之间的垂直距离表示该产品的边际外部收益(边际外部收益往往是递减的,为了讨论的方便,这里假定它是常数),供给曲线(边际成本线)为 *SS*。该产品符合效率准则的产出水平为 *DD* 线和 *SS* 线的交点 E_0 所决定的 Q_0。但在市场机制下,人们按照本人获得的利益决定购买量,该产品的产出水平只能达到 *dd* 线和 *SS* 线的交点 E_1 所决定的 Q_1,这就会导致效率损失(图中三角形 E_0AE_1 的面积)。

为了经济效率的实现,政府可以直接提供准公共产品,以较低的价格鼓励人们增加消费,从而达到有效率的消费量。由于某些公民可受到直接的利益,所以也应向他们收取一定的费用,如图 3-4,政府提供准公共产品的供给曲线应下移至 SS',应向受益人收取的价格为 P_0。如果完全免费供应,其结果必然是过度消费,也会带来福利损失(图中三角形 E_0CD 的面积)。

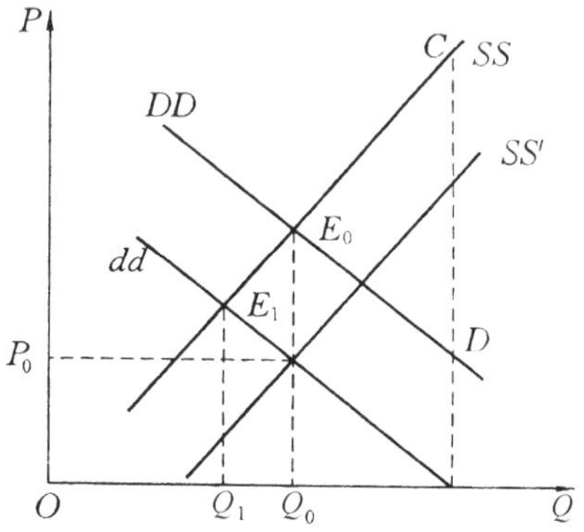

图 3-4　准公共产品的政府提供

几乎每个国家的政府都参与对教育的直接投资,但一般只把重点放在提供基本的义务教育。其原因在于,公民达到基本的文化程度,对整个社会意义更为重大。然而高等教育越发达,越是更多体现为受到教育的公民直接受益。

(三) 判别公共产品的步骤

要辨别一种物品是否是公共产品,可以分以下步骤:

首先看该产品在消费中是否具有非竞争性,如有竞争性,那么该产品肯定不是纯粹的公共产品。再进一步分析,若它具有非排他性,则该产品可能是一种需要限制使用的公共所有的资源。

若该产品有非竞争性,且具有非排他性,则该物品必然为公共产品。若从技术上看,它具有排他性,这时就要进一步分析,该产品在排他时成本是否高,如果排他成本很高,该产品亦为公共产品;若排他的成本较低,则该产品属于排他性但非竞争性产品。例如电影院、足球场、不拥挤的路与桥等。对于这类产品或劳务,可让市场经营,但政府有必要采取补贴或直接提供的方法进行一定程度的干预。

如果该产品没有非竞争性,又没有非排他性,即该产品是能够排他的,则该产品必为纯粹私人产品。

如果一种产品是纯粹的公共产品,则它应由政府公共部门来提供,市场机制在产品的提供上是要失灵的。如果一种产品是纯粹私人产品,则它有可能由市场机制来实现供求平衡。

以上步骤可由图 3-5 表示。

根据以上步骤的识别,人们大致可以区分出以下四种不同类型的产品:(1) 同时具有非排他性与非竞争性的纯公共产品;(2) 同时具有排他性与竞争性的纯私人产品;(3) 具有非排他性与竞争性的公共资源;(4) 具有排他性与非竞争性的混合产品或准公共产品。这四种产品的具体例子可见图 3-6。

(四) 公共产品中的“免费搭乘者”现象

由于具有非排他性,每个人都相信他付费与否都可以享受公共产品的好处,那么,他就不会有自愿付费的动机,而倾向于成为“免费搭乘者”(Free Rider),从而公共产品的投资无法收回。这种现象事实上是大卫·休谟

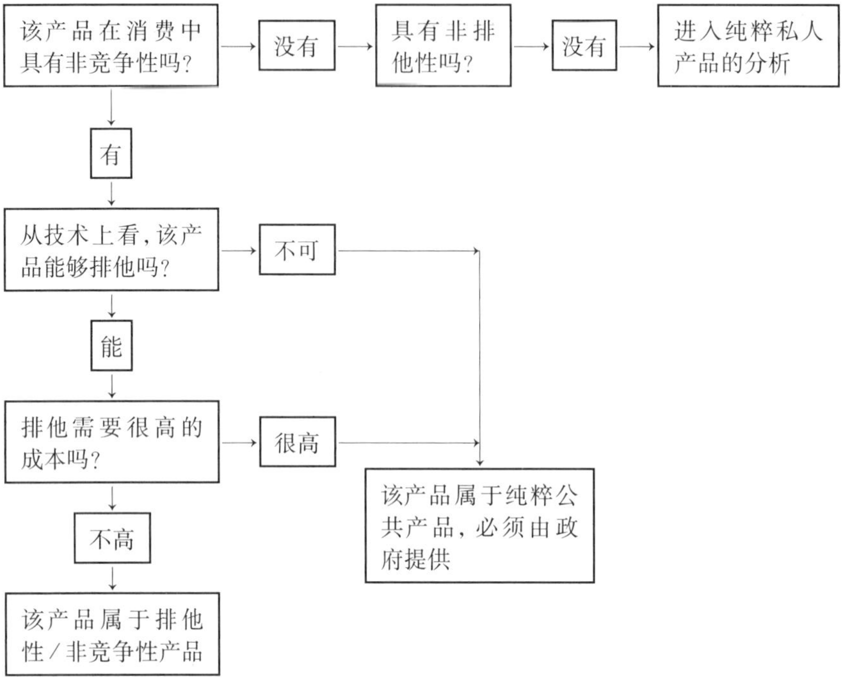

图3-5　判别公共产品的步骤

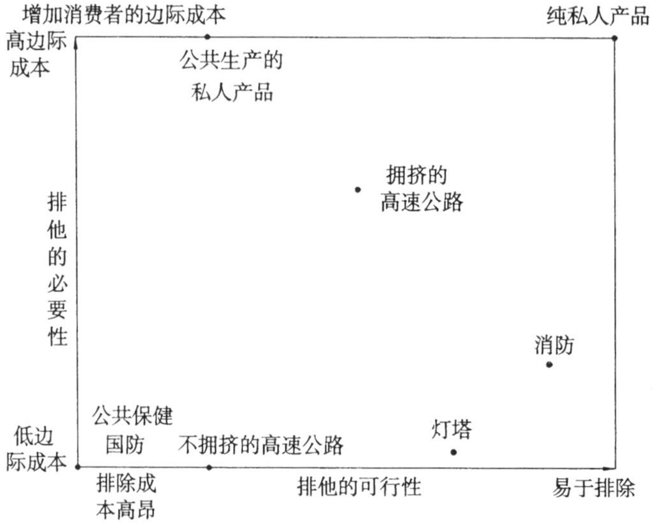

图3-6　不同类型的社会产品

(David Hume)早在1740年就提出过的所谓的“公共的悲剧”(Public Tragedy)。“公共的悲剧”形容的是这样一种情况：在一个经济社会中，如果有公共产品或劳务存在，“免费搭车者”的出现就不可避免，但如果所有的社会成员都成为免费搭车者，最后的结果则是没有一个能享受到公共产品或劳务的好处。中国的“一个和尚挑水吃，两个和尚抬水吃，三个和尚没水吃”的故事，其实也是用于形容免费搭车这样的“公共的悲剧”的。

二、公共产品的有效供给

公共产品往往是增进社会的福利所不可或缺的，因此需要公共经济部门的介入，用税收手段来集资，提供这些产品。几乎没有人对公共部门是否应提供公共产品提出质疑，即使主张“自由放任”的亚当·斯密也承认政府应提供最低限度的公共服务。从某种意义上说，正是由于对公共产品的需求才导致了政府的产生。

(一) 公共产品有效供给的条件

简言之，所谓有效供给就是某一产品的供给与需求相平衡。那么，政府如何有效率地来提供公共产品呢，下面将集中讨论这一问题。

如前所述，任一种产品的市场均衡产量、价格由其供给曲线和需求曲线的交点决定，需求曲线应与该产品消费方的边际效用曲线相一致，供给曲线应与该产品生产方的边际成本曲线相一致，这样，社会边际收益等于社会边际成本，帕累托最优得以实现。

在循此思路来推导公共产品有效供给的实现条件之前，有必要首先回顾一下私人产品的帕累托最优供给量的决定。

1. 私人产品的有效供给。假定社会上只有A、B两个人。图3-7中D_A与D_B两条线分别代表个人A与个人B对某私人产品的需求。A、B需求曲线的差异主要是由于两人收入水平的不同造成的。对这一产品在不同价格下的市场需求量，可通过加总在各个价格水平下A、B两人各自的需求量得

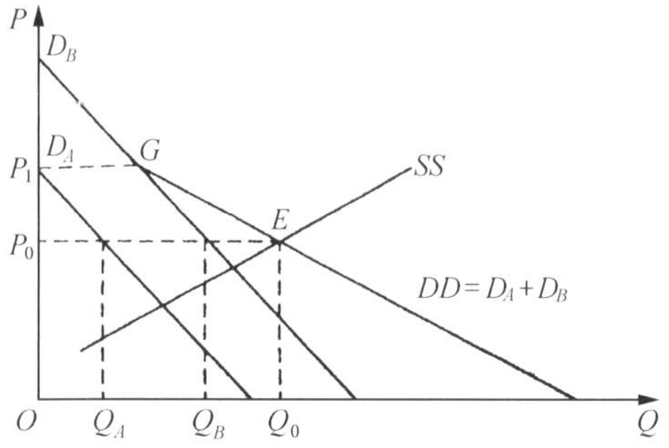

图 3-7 私人产品的最优供给

到,这样市场需求曲线 DD 就是 A、B 两人需求曲线的水平相加,即 $DD = D_A + D_B$。DD 线之所以会在 G 点出现拐折,是因为当价格上升为 P_1 时,A 的需求将为零,这时只有 B 有需求。在 P_1 价格以上,$DD = D_B$。

如果生产者边际成本决定的该产品的供给曲线为 SS,则市场均衡点为 DD 线与 SS 线的交点 E,均衡价格为 P_0,均衡产量为 Q_0,它是所有消费者消费量的总和,其中 Q_A 为 A 的消费量,Q_B 为 B 的消费量,$Q_A + Q_B = Q_0$。在 P_0 这一价格下两个消费者的最终消费量由于收入水平的不同而有所差别,但他们的边际效用相同,都等于市场价格,在私人产品的条件下,由于没有外溢性现象,消费者个人从某一产品消费中获得的边际效用也就是这一产品的社会边际效用,这样,在 E 点社会边际成本等于社会边际收益,实现了帕累托最优。私人产品帕累托最优的实现条件可更具体地写成:

$$MSR = MR_i = MSC(i = 1,2,\cdots,n)$$

2. 公共产品的有效供给。公共产品有效供给的实现与私人产品有效供给的实现有很大区别。如图 3-8,D_A 与 D_B 两条线分别是个人 A 与个人 B 对某公共产品的需求曲线,这是与他们消费公共产品所得到的满足(边际效用)相一致的。萨缪尔森称其为“虚假的需求曲线”,因为在实际生活中,人们一般不会明确表示出他们消费一定量的公共产品的边际效用是多少,愿意出多少的价格。但是,借助于这种需求曲线对分析问题却是有帮助的。

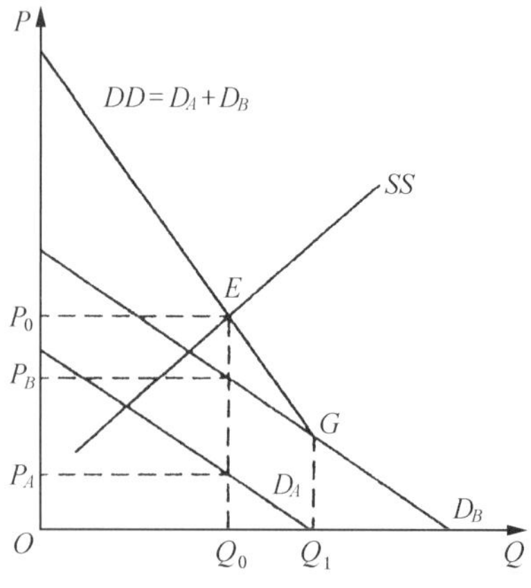

图 3-8 公共产品的有效供给

在私人产品的情况下，消费者面对的是相同的价格，他们可以通过调整消费量来使自己的边际效用等于既定的市场价格。公共产品则不同，它一旦提供出来，任何人都可以消费它，不管是否出于本人的愿望，每个消费者的消费量都是相同的。但不同的个人从公共产品中获得的满意程度即边际效用却不会相同，这意味着每个人愿意支付的价格是不同的，一般说来收入较高的人会对公共产品有较高的评价，从而愿意对一定的公共产品支付较高的价格。全社会对一定数量的公共产品愿意支付的价格（税收）应由不同个人愿意支付的价格加总得到。这样公共产品的市场需求曲线 DD 就应是每个人的需求曲线的垂直相加，即 $DD = D_A + D_B$。DD 线之所以会在 G 点出现拐折，是因为当供给量在 Q_1 以上时，A 不愿意付出任何价钱，只有 B 愿意出价，在 Q_1 供给量以上，$DD = D_B$。

如果与公共产品的边际成本相一致的供给曲线为 SS，则 DD 与 SS 线的交点决定公共产品的均衡产量 Q_0，这是任何消费者都必须接受的消费量。公共产品的均衡价格 P_0 是所有社会成员愿意为 Q_0 单位的公共产品所支付的价格的总和，其中 P_A 为 A 的出价，P_B 为 B 的出价，$P_A + P_B = P_0$。

因为消费者的出价是与其消费公共产品所获得的边际效用相一致的，所以所有消费者出价的总和就是其边际效用的总和，即社会边际收益。这样，在 E 点社会边际成本等于社会边际收益，实现了帕累托最优。因此，公共产品帕累托最优的实现条件可具体地写成：

$$MSR = \sum_{i=1}^{n} MR_i = MSC$$

公共产品的价格事实上就是税收，关于公共产品有效供给的分析基本上是假定以个人交纳的税收来负担公共产品的生产成本。

（二）林达尔均衡

以上主要从规范分析的角度给出了衡量公共产品实现有效供给的基本前提条件。那么，公共产品有效供给的机制应该是怎样的呢？对于这个问题，有两种解释。第一种解释是从前述公共产品有效供给的模型引申出来的，虽然公共产品不能由市场统一定价，但如果人们都能自觉地按照自己从公共产品中获得的边际收益相应地承担公共产品成本。如图 3-8,A 承担 P_A 的税收,B 承担 P_B 的税收,那么就自然地实现了公共产品的有效供给,这一机制是美国经济学家鲍文(Bowen)最早提出的。

瑞典经济学家艾略克·林达尔(Erik Lindahl)从另一角度进行了公共产品有效供给的研究,提出了较有启发性的理论模型,西方经济学家称之为"林达尔均衡"(Lindahl Equilibrium)。因为瑞典经济学家昆特·维克塞尔(Knut Wicksell)也做过类似的经济研究,所以也有人将这一模型称为公共产品供给的维-林模型。

假定社会中有两个人 A 与 B,他们可分别被看作是选举时的两个政党的代表,每个政党的内部人们的偏好是一致的。图 3-9 表示两人通过讨价还价来决定各自应负担公共产品成本的比例的情况,公共产品的成本即为税收负担。A 的行为由以 O_a 为原点的坐标系来描述,B 的行为由以 O_b 为原点的坐标系来描述,将两个坐标系合在一起,则形成了一个长方形。图中纵轴表示个人 A、B 负担的公共产品成本的比例,其长度为 1。如果 A 负担的比例为 h,则 B 负担的比例应为 $1-h$。横轴代表公共产品供给的数量,也可认为是公共支出的规模。AA 曲线代表个人 A 对公共产品的需求,BB 曲线代表个人 B 对公共产品的需求。从 A 的角度看,BB 相当于他面对的供给曲线,因为这条线上的各点反映如果他承担不同比例的公共产品成本,则他可以得到相应数量的公共产品;同理,B 也把 AA 看作他的供给曲线。在 AA 与 BB 的交点 E,AB 两人经过讨价还价,双方愿意承担的成本的比例加起来等于 1,这时公共产品的产量为 G^*。

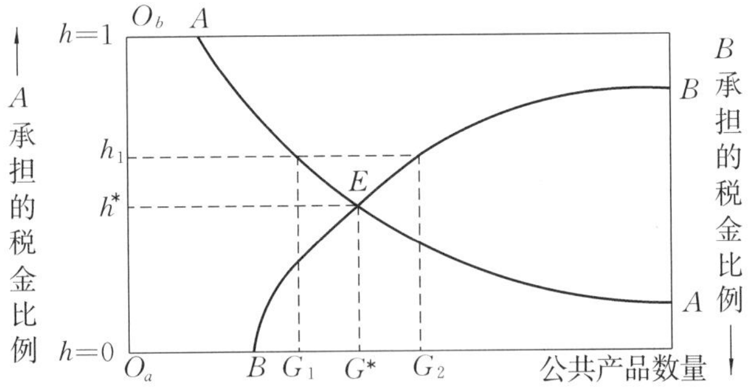

图 3-9　林达尔均衡

这一过程可进一步叙述如下，随便在纵轴定下一点 h_1，这代表个人 A 要负担 h_1 的税收比例，于是 A 就只愿意要 G_1 的公共产品数量，即只会同意 G_1 规模的公共开支，而在 h_1 点，B 要承担 $1-h_1$ 的税金比例，这种税负使 B 愿意要 G_2 的公共品数量，也就是会同意 G_2 规模的公共开支，A 与 B 两人没有达成一致，这时实力较强的那个人就会取胜。为了解决这种不确定性，维克塞尔和林达尔假定两个人势均力敌，这样双方就会较量下去，直到税负分配处于 h^* 点。AA 与 BB 线相交在 h^* 点，双方都同意公共支出的规模为 G^*，由 AA 线、BB 线的交点 E 所决定的均衡状态被称为林达尔均衡。

从上述论述和图表中可以容易看出，公共产品有效供给的关键在于消费者按自己从公共产品消费中获得的边际效用水平真实地表示自己对公共产品的需求，从而相应地承担公共产品的成本。然而，这也正是公共产品有效供给的困难之所在。人们不管付费与否，他所能消费的公共产品量总是相同的。如果消费者所承担的公共产品成本取决于自己申报的从公共产品中获益的情况，那么他就会有隐瞒或从低申报自己真实效用水平的动机。在一个由成千上万的人组成的社会中，没有人能够做到对其他所有社会成员的嗜好和经济状况无所不知，因而人们便有可能隐瞒其从公共产品消费中获得的真实收益。显然，消费者这种“搭便车”行为的结果是公共产品实际供给水平远低于最优水平。相反，假设当要求每个人陈述他的偏好时，事先交代清楚满足这些偏好的代价与他们所陈述的需求状况无关，他们的陈述只与公共产品的数量有联系，那么就会诱发夸大需求的现象，结果导致过度供给。总之，为解决公共产品有效供给问题，必须设计出一种机制，能够准确揭示人们的偏好，这是公共产品理论的重要课题之一。

三、外部效应及其纠正

外部效应也称外部性、外溢性、外部经济性或外部不经济性。外部效应是指在市场经济条件下，某种产品的生产和消费会使这种产品的生产者和消费者之外的第三者无端受益或受损。

外部效应与公共产品的生产提供和消费有着密切的联系。上文所述的准公共产品现象事实上是收益外部化的表现，也称正的外部效应（Positive

Externalities)。在另外的很多场合某种产品的生产或消费会使生产者或消费者以外的社会成员遭受损失,而他们却无法为此得到补偿,这就是成本的外部化,或称负的外部效应(Negative Externalities)。负的外部效应也往往与公共产品有关。比如污染之所以常常成为负外部效应的典范,是因为清洁的空气和水都是政府应向社会公众提供的公共产品。又如,在公路、桥梁这类产品消费中产生的拥挤成本实际上也是一种外部成本。

外部效应(Externalities)是市场失灵的主要表现之一,也是政府运用财政支出等手段对经济运行进行干预的一个重要领域。按照布坎南与斯塔布尔宾(W. C. Stubblebine)的定义,只要某一个人的效用函数(或某一厂商的生产函数)所包含的变量在另一个人(或厂商)的控制之下,则有外部效应存在。设 U^A 表示个人 A 的效用,那么如果:

$$U^A = U^A(X_1, X_2, \cdots, X_n, Y_1)$$

则一项外部效应存在。其中 $X_1, X_2, \cdots, X_n$ 表示由个人 A 所控制的活动,Y_1 为由个人 B 控制的活动,此处活动的定义包括“任何可以计量的人类行为,如吃面包、喝牛奶、向空气中喷烟、在公路上洒水、进行救济活动等”。可见,只要私人利益与社会利益发生了不一致,就存在着某种外部效应。因此,广义的外部效应的范围非常广泛,甚至可以包括一切的市场失灵。

(一) 外部效应的分类

对外部效应的分类加以介绍可以帮助人们对外部效应现象有个更全面的了解。一方面,外部效应可能是生产行为或消费行为引起的,另一方面,外部效应有正的外部效应(即外部收益)和负的外部效应(即外部成本)之分。这样,就可以将外部效应现象作如下分类:

1. 生产的外部正效应(生产的外部收益)。养蜂场的蜜蜂帮助隔壁果园的果树传播花粉从而提高果树产量,另一方面,养蜂场也会因果园的存在得到增加蜂蜜产量的好处,这里养蜂场和果园双方都给对方带来了外部收益而不能得到对方支付的报酬。

2. 消费的外部正效应(消费的外部收益)。人们注射预防传染病的疫苗,使他人也因此减少了传染上这种疾病的可能,沿街居民在阳台上放几盆花让过路人赏心悦目,这些都是消费的外部收益。

3. 生产的外部负效应(生产的外部成本)。工厂向空气中或河流中排放废气或废水,会严重污染环境却不必对此进行补偿,这是最经常被引用的典型的外部成本的例子。

4. 消费的外部负效应(消费的外部成本)。吸烟者给同一场合的不吸烟者身体健康造成损害;高层住宅里的人们将垃圾倒在一楼邻居的庭院里,这都是消费的外部成本。甚至交通堵塞也是一种外部成本,如果某人高峰时间驾车外出,就会使道路变得更加拥挤,其他车辆也不得不进一步放慢速度。

5. 公共资源问题。还有一种很重要的外部效应现象,被称为"公共资源问题"(Common Resourse Problem)。公共资源的特征主要有两个:一是这种资源是稀缺的,二是这种资源的使用不受限制。比如一个池塘,有很多渔民喜欢在其中捕鱼,显然,一个单个的渔民捕鱼的难度取决于渔民的总人数,这样,每一个渔民的加入都给其他渔民带来了外部成本。还有一个重要的例子是油田。一般在大油田附近广泛的区域内都很容易找到石油,而为了能够采油,人们只需到那里去购买一块足够钻一眼油井的土地,再买齐相关的采油设备。当然,从一眼井中钻取的石油越多,别人能够开采的量就越少。更重要的是,由于多一眼井,地下的压力减轻了,能够继续从地下冒出的石油的总量也会减少,所以这里多打一口油井给单个企业带来的收益和给全社会带来的收益再次出现了明显的差别。

(二) 外部效应的经济影响——效率损失

最早研究外部效应的是20世纪初英国经济学家庇古,庇古指出,如果存在外部经济的话,完全竞争一般均衡将不是帕累托最优,这主要表现在以下三个方面:

1. 外部正效应。某种产品收益的外部化将导致这种产品私人收益小于社会收益,私人企业的供给不足,从而带来福利损失,这种情况可由图3-8表示,我们已作了说明。

2. 外部负效应。当存在成本外部化现象时,情况则恰恰相反,生产商忽视产品的外部成本将会造成产品的实际供给量大于帕累托最优的供给

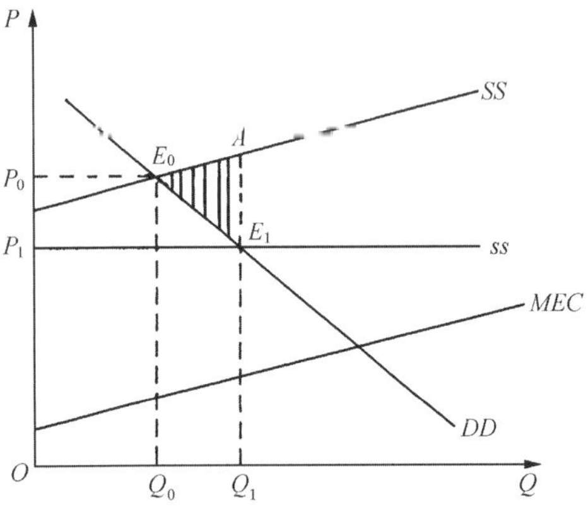

图 3-10　外部成本及其效率损失

量,这也会导致社会福利的损失。如图 3-10,*DD* 线为某产品的需求曲线,它与消费者的边际效用曲线相一致,*ss* 线为生产者的供给曲线,它由生产者边际生产成本决定,市场均衡价格和产量分别为 P_1、Q_1。如果该产品在生产的同时会向附近的河流中排放一些污染物,从而给居民造成一定的危害,那么就存在着外部成本,如图中 *MEC* 线所示,这条曲线向上倾斜是因为随着污染水平的增高,继续增加 1 个单位的污染带给居民的危害是上升的。从整个社会来说,边际成本应为厂商的内部成本加上外部成本,*SS* 线代表真实的供给曲线,*SS* 与 *ss* 线之间的垂直距离为边际外部成本。为了实现帕累托最优,实际价格和产量应为由 *SS* 线和 *DD* 线的交点 E_0 决定的 Q_0、P_0,在价格 P_0 中,P_1 应用于补偿厂商的内部成本,$(P_0 - P_1)$ 应用于补偿附近居民的损失。可见,外部成本造成了该产品供给过度,三角形 E_0AE_1 的面积反映了社会边际收益不足以补偿社会边际成本而带来的效率损失。

3. 公共资源问题。在公共湖泊中,渔船的增加一般会使这个湖泊捕鱼的总产量增加,但不可能是成比例地增加。如图 3-11,每艘渔船平均的捕鱼量会随着渔船数的增加而减少,这就意味着增加一艘渔船的边际社会收益会低于每艘船的平均收益。图 3-11 中,设添置一艘渔船的成本为 *MC*,每艘渔船的平均捕鱼量为 *AR*,这相当于添置一艘渔船给渔民个人带来的边际收益,而渔船的边际社会收益为 *SR*,*SR* 线在 *AR* 线以下。渔民们将权衡添置一艘渔船的成

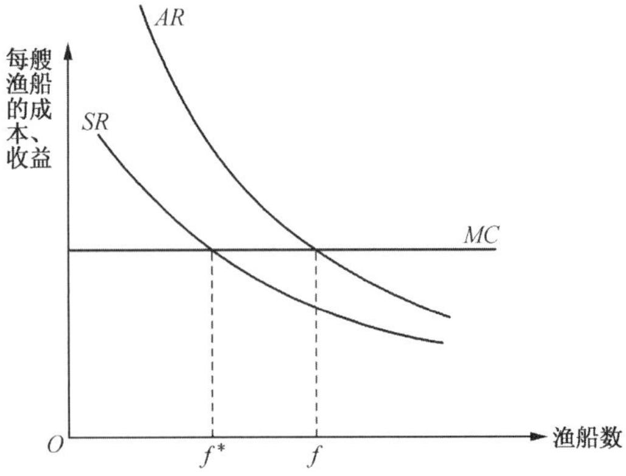

图 3-11　公共资源及其效率损失

本和自己由此获得的收益，从而湖泊中的渔船数由 MC 线与 AR 线的交点决定，为 f。然而，从社会角度考虑，最优的渔船数应由 MC 线与 SR 线交点决定，为 f^*。显然，$f > f^*$，这表明了在私人市场机制下对公共资源的过度利用和效率损失。

（三）私人部门纠正外部效应的机制及其缺陷

有的经济学家认为私人经济部门有其自身克服外部效应的机制，主要表现在以下几个方面：

1. 一体化（Unitization）。私人市场机制可通过扩大企业规模，组织一个足够大的经济实体来将外部成本或收益内部化，从而纠正外部效应带来的效率损失。比如在前面讨论的果园的例子中，如果果园的主人同时经营养蜂生意，外部收益就内部化了。不过，只有在果园的规模足够大，使所有的蜜蜂只能在这一个果园采蜜的情况下，这种机制才会奏效。

2. 产权与科斯定理。完整、系统地论述产权问题的最著名的学者是美国当代经济学家、1991 年诺贝尔经济学奖获得者罗纳德·H·科斯（Ronald H. Coase）。科斯于 20 世纪 60 年代初对传统的庇古法则作了修正，他认为，外部经济从根本上说是产权界定不够明确或界定不当引起的，所以只需界定并保护产权，而随后产生的市场交易就能达到帕累托最优。

所谓产权，通常指某种资源或产品的所有权、使用权以及自由转让权等。比如，人们拥有自身劳动的产权，这是受法律界定并保护的，因此，要使用别人的劳动，就必须支付相应的报酬，征得别人的同意。然而，许多自然资源，如河流的产权属于谁却是一个模糊的概念，以至企业可以将它当成一个方便的垃圾箱。如果这是一条某富翁庄园里的河流，情况就不同了，企业必须经庄园的主人同意才可以向产权所属的河流排污，而为了征得同意，企业将向庄园主支付足够的补偿（等于污染给庄园主带来的效用损失），此时，这一项成本就进入了企业决策者的头脑中，不再是外部成本了，而资源配置则能达到最优。

科斯还提出了一个著名的论点，即只要产权已明确界定并受到法律的有效保护，那么交易的任何一方拥有产权都能带来同样的资源最优配置的结果，这可通过双方之间的谈判自然地实现，产权赋予不同的人只会带来收入分配结果的不同，这就是科斯定理。科斯举了这样一个例子来说明他的结论:一个农民在一块公共土地上种庄稼,邻居的牛经常闯进这块土地踩坏庄稼,这时庄稼的损失就是一种外部成本,因为农民无法让牛的主人向他赔偿。现在,假定农民拥有这块土地的产权,那么,邻居的牛踩坏庄稼他就能索取赔偿了,从而庄稼的损失成了邻居的内部成本,邻居就会权衡管好牛的成本和须付给农民的赔偿费(即损坏庄稼的经济损失),管好自己的牛,这样损坏庄稼的程度就会下降到最优水平(当然不一定为零)。反过来,如果邻居拥有这片土地的产权,那么农民将愿意“贿赂”(Bribe)他的邻居,也就是支付给后者一定的补偿让他不要放出牛来损坏自己的庄稼,因为牛少损坏一点庄稼,农民就能多得到一点利润,这种“贿赂”的金额最终也会等于牛损坏庄稼带来的经济损失,最后的“均衡”损坏庄稼水平将与农民拥有土地产权时的情形一模一样。在两种情况下,有区别的只是承担成本或享受收益的人有所不同。

科斯非常看重市场本身的纠正外部效应的能力,他甚至认为,即使不把公共资源的产权赋予单个的一个人,市场也可以自动地纠正外部效应,在一个公共湖泊中捕鱼的渔民可以经常协商一个捕鱼的限量,油田的各个采油公司也可以经常地集中起来统一他们的产量。

按照科斯的说法,如果一个房间里既有吸烟的人又有不吸烟的人,不吸烟者的损失超过了吸烟者的获益,那么不吸烟的人会联合起来付给吸烟的人一定的补偿,要求他们不要吸烟了;相反,在列车的不吸烟车厢中,如果禁止吸烟给吸烟者造成的损失超过了不吸烟者因此获得的收益,那么吸烟的人会付给不吸烟的人一定的补偿,要求后者允许他们吸烟。当然,在不同的制度背景下各方的利益或损失情况截然不同,如果某一场合有禁止吸烟的制度,那么吸烟的人将会承担更多的损失;而如果没有这种制度,不吸烟的人就必须承担更多的损失。

3. 社会制裁(Social Sanction)。社会制裁事实上反映的是道德的作用,中国的儒家有句名言:“己所不欲,勿施于人”,在西方也有类似的道德规范。比如,吸烟是消费成本外部化的典型表现,但吸烟给不吸烟者的健康带来损害,这是有违社会公德的,在某个场合,当吸烟者的人数较不吸烟者为少时,社会道德规范将自动起作用,吸烟者可能会觉得这时吸烟很不合适,从而自觉地停止这种会带来负的外部效应的行为。

在私人市场机制下虽然存在着通过上述途径纠正外部效应的可能性,然而,实际上这些机制并不能有效地发挥作用。一体化的机制要求企业的规模尽可能地大，这一方面很难做到，另一方面企业规模过大又将导致垄断等新的市场失灵。社会制裁这种机制则过于软弱。在严厉得多的法律都不能消除犯罪的社会里，可以想象是不可能依赖道德规范来真正解决外部负效应问题的，在“禁止吸烟”标牌下公然吸烟者不乏其人，向公共河流中倾倒废水垃圾的现象也远远没有杜绝。至于科斯定理，它也受到交易成本等因素的限制，不是在所有的场合都能奏效。

所谓“交易成本”(Transaction Costs)是指为了完成交易而付出的时间、精力等的总称。比如，在上文所述的一体化方程中，让有关的个人或企业自愿联合起来将外部效应内部化，其成本是相当巨大的。人们都宁愿坐享好处而不愿出面从事这项工作。

因此，从某种意义上说，政府正是私人部门所能指望的纠正这些外部效应的最好的机制。

(四) 政府对外部效应的纠正

政府可以通过提供公共产品的方式来有效地克服和纠正外部效应。如政府出资开展环境保护、提供医疗救助等。政府在提供公共产品时还时常伴以其他手段。较常用的措施有：罚款、补贴、公共管制、法律制裁等。

1. 罚款或征税。在存在外部成本的情况下，如果政府向有关企业或个人课以相当于他所造成的边际外部成本的罚款或税收，外部成本就成了有关当事人的内部成本，他们在进行决策时就会考虑到这些成本，从而可以避免效率损失。

如图 3－12，如果对排放污染物的厂商就其每单位产品征税 T，T 等于最佳产量 Q_0 下的外部成本，则厂商的供给曲线上升到 $SS+T$，市场均衡达到帕累托最优的 E_0 点。以后我们将证明，税收向买方还是卖方征收并不影响均衡结果，因此，在这种情况下，政府也可以向购买该产品的消费者征收同样金额的税，使需求曲线下移至 DD'，收到同样的纠正外部成本的效果。这种通

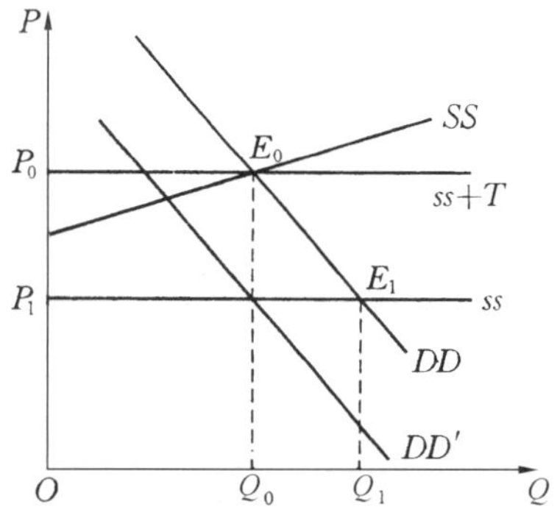

图 3－12　对外部成本效率损失的纠正——征税

过税收来纠正外部成本的方法是庇古首先提出的,因此也被称为庇古税(此处参见图3-10)。

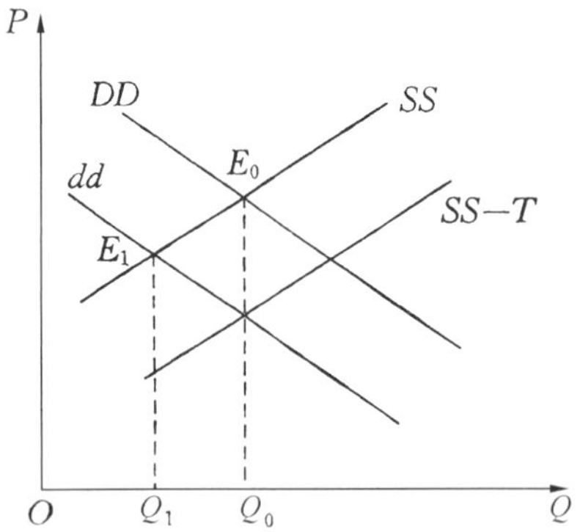

图3-13 对外部收益效率损失的纠正——补贴

2. 补贴。当存在外部收益时,为了扩大实际消费量,一方面政府可以直接提供准公共产品。另一方面政府也可以给私人企业提供补贴,降低私人企业的边际生产成本,从而使企业在一定的价格下扩大供给量,达到纠正市场失灵的目的。如图3-13,政府可以对厂商每生产一个单位的该产品补贴T,T为最优产量下的社会边际收益,这样,厂商的供给曲线将下移至$SS-T$,于是,市场均衡产量达到帕累托最优的Q_0点。当然,向购买该产品的消费者进行等额的补贴也可收到同样的效果(此处参见图3-8)。

当存在外部成本时,比如企业排污给附近的河流造成污染,政府也可以向企业提供补贴,鼓励其扩大投入,采取减除污染的措施,改进生产工艺,从而减少向河流排污的量。

3. 公共管制。为限制企业排污这类带来外部成本的行为,政府也可以采用公共管制的办法,比如规定一个法定的排污标准,或对生产程序作出规定,比如规定所使用的原料必须符合某种质量要求等。公共管制可直接地限制企业过量排污,达到与罚款或补贴类似的效果。

4. 法律制裁。法律措施是政府纠正外部效应的重要途径。确如科斯所言,产权不明是外部效应的根源,因此政府明确地界定并有效地保护产权可以极大地减少这类现象的产生。

当然,以上可供选择的政策方案具有不同的政策效果,会对效率和公平这两大社会目标带来不同的影响;而且受到信息等条件的限制,在不同情况下有效执行的难易程度也不同。政府在实际决策时,还必须针对具体情况进行具体分析。

思考题

1. 公共产品有哪些基本特征?为什么公共产品应由政府提供?

2. 公共产品有效供给实现的基本条件是什么?
3. 混合产品和准公共产品有哪些主要类型?它们的有效供给各有什么特点?
4. 政府如何克服外部负效应?
5. 什么是科斯定理?依据科斯定理,外部效应应该如何纠正,科斯定理的缺陷是什么?

第四章　公共选择理论

本章要点

1. 公共选择理论是研究个人偏好转变为集体偏好的理论，其逻辑起点是基于个人利益最大化的“经济人”概念。
2. 以投票为主要形式的多数决策机制是人类迄今为止找到的最佳民主制度。但是这一机制也有缺陷，受到利益集团、中位选民、官僚集团等因素的制约。
3. 公共选择理论对官僚行为的研究表明，尽管官僚行为普遍存在导致政府膨胀的趋势，合适的公共选择方式可以约束官僚的行为。
4. 公共选择理论对政府的决策过程进行了经济分析之后发现，政府失败既有偶然性的因素，更多的是必然性的因素。
5. 中国的决策科学化和民主化是一个逐渐深入的发展过程。

一、公共选择的定义

公共选择理论的出现源于经济学家对政治现象的思考。在日常生活中,人们每天不仅面对大量的经济问题,而且同时面对着大量的政治问题,需要做出选择,获取所需。经济学家运用经济学的工具,对政治选择和政治决策过程进行解释。他们重新定义了在政治舞台上活动的人的形象,由此开拓了对诸如投票、选举、利益集团、中位选民、官僚行为等一系列政治现象的新的观察视野。

人们通过各种选择和决策来影响自己,影响他人。对人们选择行为的研究一直受到学术界的重视。各种决策的内容不同,因此可以有不同的方法来进行选择。公共选择理论可以定义为是对政府决策过程的经济分析;公共选择理论的核心是对投票及相关决策程序的研究。公共选择理论的重心不在于价值判断,也就是它并不纠缠于国家或者政府这样做是否会比那样做好。它关注的是为什么国民作为一个集体选择了这个而不是那个。公共选择理论是用经济学的工具揭示了公共产品供应和分配的政治决策过程。

(一) 市场决策与非市场决策

公共选择理论的切入口是将决策环境划分为市场环境和非市场环境。

需求和供给是经济学的一对基本概念。市场是一种有效的资源配置手段,借助于这种手段,经济活动努力实现供给和需求的平衡。价格这个看不见的手调节着供求关系的平衡。市场环境中的生产者和消费者都有明确的目标: 追求最大的利润和获得最大的效用(参见图4－1)。

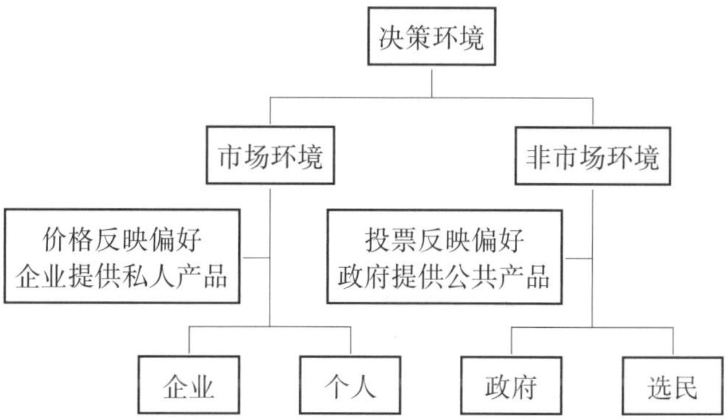

图4－1　非市场环境和市场环境示意图

在市场环境中进行决策至少要明确两个前提假设：一个假设是价格能够完全反映出消费者的偏好，另一个假设是市场环境中的企业能够提供所有消费者所需的产品。然而在考察非市场决策时，这两个假设不可能得到满足。对城市中心绿地的需要程度不可能在绿地价格上得到相应体现，即使当80%的市民认为应该修建城市中心绿地时，没有一个企业会花费巨额的资金来修建。因为这块绿地的市场收益要远远低于普通的停车场的价格。政府作为一个决策者，在考虑是否修建绿地时，则是从市民的需要、环境保护等方面来考虑，而不是比较公共绿地与停车场的收益。政府每天都在作出的大量决策，影响着千千万万的民众。例如划出一块市中心的黄金地段的地皮修建城市中心绿地，制定不同的收入所得税税率，决定增发或减少国债，停止从某国进口手机等等。这些决策都很难用通过价格调节来反映其需求量和供应水平。这些决策不是任何一个生产者都能够依据民众的需要作出的。这类决策虽然不满足市场决策的两个前提假设，而它们又确实是经过选择之后的决策，而且具有强制性的执行和巨大影响力。这就是所谓的非市场决策。对政府行为的研究传统上属于政治学的范畴。公共选择理论改变了研究视角，将政府看作具有与市场环境中的企业类似的性质，即把政府看作是一个“理性的人”，由此来解释其在非市场环境中的行为方式，揭示其后果。

非市场决策影响着大多数民众的生活。因此，运用公共选择理论来研究非市场决策是有意义的。例如，在由谁来作出决策的问题上，公共选择理论将决策的主体定位为政府部门，由政治家和政府官员代表普通的民众作出选择。在如何作出决策的问题上，公共选择理论研究了决策机制，也即民主问题。公共选择理论研究了民众偏好及其表达的方式以及偏好加总的方式。在影响非市场决策的各种因素分析中，公共选择理论研究了利益集团施加压力的有效性等问题。市场环境中，人们的偏好反映在价格体系上，而在非市场环境中，尤其是公共选择理论研究的民主政治过程中，人们通过投票表达他们对公共产品的供给水平的意愿。对投票机制和投票结果的研究成了公共选择理论的重点。

非市场决策与市场决策的一项重要区别是：对市场决策而言，在自由竞争的条件下，企业和消费者基本上拥有同等的决策权力来改变市场行为。对于非市场决策而言，政府拥有更多影响非市场行为的权力。当消费者对产品供应水平不满意时，他们可以作出决策：不买。这个过程是迅速的。

企业马上受其影响,为了生存和发展,会立刻改变其市场行为。对于非市场决策而言,在西方民主政制框架下,政府的决策一旦作出,由于决策的实行带有一定的强制性,尽管民众可能不满意,但要政府作出及时改变,非常困难。唯一有效的手段是在下次大选之时通过投票选择新的政府或通过投票促使政府调整政策。

(二)布坎南与公共选择理论

一般认为,“公共选择”(Public Choice)是作为政治经济学中一个分支学科而出现的。它正式发端于1957年詹姆斯·M·布坎南等人在美国弗吉尼亚大学创办的“托马斯·杰斐逊中心”。但布坎南本人则把K·维克塞尔(Knut Wicksell)视为近代公共选择理论最早的先驱者。早在1896年,维克塞尔就对那种认为经济学家可以为仁慈君主以及那些力图使社会福利职能极大化的实体提供忠告的设想发出警告。维克塞尔说,如果经济政策需要改革,就需注意如何通过规则作出经济决策,注意宪制本身①。他强调:经济学不仅要研究有效的经济政策或经济模式以提高资源的配置效率并追求效用的极大化,更要研究对经济政策本身的改良问题。经济政策本身的改革受到政治领域制定的经济规则的影响,更直接地说是受到政治制度的影响。他之所以强调政治制度的影响力,是因为他区分了资源配置和再分配决策,并认识到必须以各自独立的投票程序来作出这些决策。从根本上来说,他对公共选择理论的贡献可以看作是:“认识到政府行为结果的特征、资源配置或再分配决策是无法讨论的,如果不考虑公民通过使这些结果得以发生的投票过程而投入的资源的话。”②布坎南从他这里吸收了公共选择观点,对规则,而不是对结果,投入了大量的精力进行研究。

在《自由、市场与国家》一书中,布坎南回顾了他个人逐步对公共选择问题产生学术兴趣的经过,对公共选择理论关心的问题及其发展过程作了较

① 〔美〕詹姆斯·M·布坎南著:《自由、市场与国家》,平新乔等译,上海三联书店出版社1993年1月第1版,第35页。

② 〔美〕丹尼斯·C·缪勒著:《公共选择理论》,杨春学等译,中国社会科学出版社1999年4月第1版,第559页。

为详细的介绍[①]。在布坎南参与起草的第一本关于托马斯·杰斐逊政治经济学和社会哲学研究中心的小册子里,陈述了他们的目的是要建立一个“希望维护以个人自由为基础的社会秩序的学者团体”。他们当时关心的是正在日益发展的对经济学基础的忽视。他们认为,经济学的基础不是数学形式,而是价格理论,并且是应用于真正的现实问题的价格理论。通过价格机制运行的经济活动应该成为经济学研究的对象。他们的研究将机制和制度对经济行为的约束作用提上了日程,“公共选择观点直接导致对规则、立宪、立宪选择基本规则的注意和强调。”布坎南和戈登·图洛克(Gordon Tullock)在1962年所写的《一致的计算》(*The Calculus of Consent*)一书是推演一种政治宪制的经济理论的第一次尝试。1963年,布坎南和戈登·图洛克在弗吉尼亚州的夏洛茨维尔又创立了“非市场决策制定委员会”,随后出版了《非市场决策论文集》。1968年,“非市场决策制定委员会”改名为公共选择协会,并正式出版了协会的机关刊物《公共选择》杂志[②]。理论界的探讨在学科建设上产生了影响,布坎南等人推动了所有权经济学、法律经济学和公共选择理论——这三门相互联系又相互区别的分支学科的出现。由于该中心所宣扬的宗旨不符合当时主流经济学的基调(即对政府行为的无比信任),在获得了一定的发展机遇之后,校方的态度发生了改变,该中心自1964年起受到校方的排挤。1969年,布坎南和图洛克在弗吉尼亚理工学院办起“公共选择研究中心”。新的中心侧重于对政治过程的理解,以此加强对市场过程的理解。此时,他们更加明确,公共选择理论总的来说是经济分析工具在政治领域的应用和延伸。这种经济分析工具的应用为经济学的研究开辟了更加广阔的领域,公共选择在美国的高等学府内外开始广为人知,并吸引了极大的研究热情。在整个20世纪70年代,公共选择理论开始了其国际化的进程。公共选择作为“新政治经济学”出现在欧洲、日本和其他地方。尽管这一理论取得了成功,但与当时的正统学派相去甚远。几乎是由于同样性质的原因,1982年,该中心被移交给乔治·梅森大学。从此以后,乔治·梅森大学成为公共选择理论的大本营。1986年,公共选择理论的主要创始人布坎南获得了诺贝尔经济学奖。它标志着公共选择理论得到

① 〔美〕詹姆斯·M·布坎南著:《自由、市场与国家》,平新乔等译,上海三联书店出版社1993年1月第1版,第16页。

② 汪翔、钱南著:《公共选择理论导论》,上海人民出版社1993年9月第1版,第60页。

了西方学界的普遍认可①。

二、经济人假设与政治交易

尽管政治学和经济学作为彼此分离的两个领域，在分析方法和理论上保持了较大的独立性。但是，学者始终没有放弃研究政治问题的经济根源和经济问题的政治因素。

（一）政治人和经济人

经济体系被认为是建立在产品和劳务的生产、分配与消费上，这个过程是依循自然法则而运作。经济学对人的假设则是经济人，其基本出发点认为人是自私自利的。经济活动中的个人时刻在追求个人私利的最大化（参见表4－1）。政治体系的核心问题是权力。政治学研究权力的分配、影响力以及对公共事务的决定。政治活动被认为是不可避免的，因为“人天生是一种政治动物”。政治学对人的假设是政治人，并且假设政治人是这样一种人：他们为了追求公共利益而活动在政治舞台上，他们以公共利益最大化为目标。

表4－1　政治学和经济学的相对独立性

	对人的假设	分析单位	核心问题	该领域行为主体
政治学	政治人	集体（机构）	权力	政府、国家
经济学	经济人	个人	需求和供给	生产者、消费者

公共选择理论颠覆了政治学关于政治人是大公无私的假设前提。公共

① 〔美〕丹尼斯·C·缪勒著：《公共选择理论》，杨春学等译，中国社会科学出版社1999年4月第1版，第1页。

选择理论认为,同一个人,如果在经济领域是自私自利的,不可能在政治领域发生彻底的改变,不可能仅仅因为他的政治角色而变得大公无私。公共选择理论正是用经济学的眼光考察政治生活领域的事件。公共选择理论是“经济学对政治科学的渗透”①。

虽然马基雅弗利曾经大胆地将政治活动描述为权术之争,揭示了当时政治家自私自利的一面,将政治刻画为纯粹利益的角逐。遗憾的是,马基雅弗利的关于政治是对纯利益的追逐的看法,缺乏对政治的经济本质作更深层的思考和理论解释。

公共选择理论的贡献是运用研究个人的方法来研究集体行为。公共选择理论采用了基于“谋求最大发展自我利益”的个人的逻辑演绎方法。其逻辑起点就是经济人的概念。通过这个逻辑起点,经济学家对政治活动进行重新诠释,不再认为政府机构是具有强烈独立倾向的大公无私的集体,而认为其是由一个一个以追求个人利益最大化的经济人组成的。经济人假设认为人都是理性行为者,其行为的目的是谋求最大的私利。个人是根据他们所受到的约束,为追求效用的极大化而行动的。理性人的假设包括以下含义:(1)权衡一系列选择值时,常常取决于个人意志;(2)按照自己意愿排列众多选择值顺序;(3)依据自己的选择顺序以此类推;(4)从可能的选择值中甄选出中意度最高的;(5)在面临相同选择值的情况下,经常是不分彼此全部抉择②。

(二)公共选择理论中的交易

除了经济人的假设外,公共选择理论中的关于交易的概念也是联系政治学和经济学的桥梁(参见图4-2)。公共选择理论认为,政治学中的基本命题不是“选择”,而是交换,即不同个体之间的交换。从经济人的假设出发,每个人追求的都是自我利益的最大化,而自我利益是通过一系列自愿交换得以满足的。当通过交换已无法取得更大利益时,人与人之间就取得了一致性和稳定性。此时,交换的最终目的(或者称为交换的最佳状况)实现了。这也是政治领域中的帕累托最优。在政治活动领域里,重要的命题并

① 〔英〕彼得·M·杰克逊主编:《公共部门经济学前沿问题》,郭庆旺等译,中国税务出版社、北京腾图电子出版社2000年1月第1版,第163页。

② 〔日〕小林良彰著:《公共选择》,杨永超译,经济日报出版社1989年6月第1版,第3页。

不是社团、党派与国家，而是这些集团之间与组成集团的个体之间，出于自利动机而进行的一系列交易过程①。

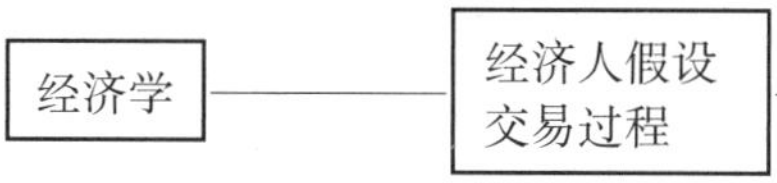

图 4－2　公共选择理论的桥梁作用示意图

交易可分为简单交易和复杂交易两种。所谓简单交易，是基本的直接交易，由两个经济人和简单的商品交易环境组成。例如，到商店购买一台打印机，交易过程简单明了。一个卖者和一个买者，交易的标的是打印机这件商品。

复杂交易被定义为超出经济学家想象的买者和卖者之外，还存在多种商品的交换环境。为了达成交易，人们中间会有各种各样的妥协过程。因此，复杂交易强调的是人们达成协定的过程，而不是局限于买和卖的行为方式上。交易概念的提出和对交易过程的关注，使得所有的政治活动有可能，也有必要被纳入到交易的范畴中进行研究。政治决策可以被理解为各种经济人之间的相互交易过程。

进而言之，公共选择是指在市场经济条件下，以个人利益最大化为内在动力，通过民主投票和多数决策来实现的集体决策。

三、政治市场的三级结构

公共选择理论认为，政治领域中的人，无论是政治家、文官还是选民同私人经济中的人是一样的，都是“经济人”，均以追求个人利益最大化为目标。政治家追求选票最大化，文官追求权力（预算）最大化，选民则追求投票净利益最大化。

本节以政治市场的三级结构来逐一说明政治领域参与者是如何以个人利益最大化为原则而运作的。

① 汪翔、钱南著：《公共选择理论导论》，上海人民出版社 1993 年 9 月第 1 版，第 58 页。

图4－3是根据英国著名经济学家阿兰·皮科克(Alan Peacock)的研究而给出的关于政治市场三级结构的示意图。

政策选择市场
政治家出售政策给选民
选民为购买合意的政策而支付选票

政策供给市场
行政官员向当选政治家提供政策选项和实施政策的手段
政治家向行政官员提供预算

政策执行市场
行政官员向选民提供公共产品和服务
选民向政府纳税

图4－3　政治市场的三级结构

按照皮科克的说法,西方国家常见的选举,实际上是政治市场的初级市场。这个市场最易于显现,也最经常地出现在各国的政治生活之中。从表面上看,是各政党的候选人在相互争夺选民,以使自己能顺利当选。但是从公共选择理论来看,这只不过是一个在个人利益最大化驱动下的一种交易。对政治家而言,其最大利益是当选;对选民而言,其最大利益是能通过选举来改善自己的处境。因此,政治家将许下为选民最乐意接受的诺言和政策,以其来提取选民手中的选票,争取当选。至于选民,他们就像在超级市场上选购商品一样,把自己手中的选票投给最有可能为自己带来福利的候选人。

一旦选举结束,便进入了政治市场的第二个层次,即政策供给市场。这一市场的主要参与者已经发生转换,政治初级市场中的选民和各党派候选人转换为当选的政治家和行政官员。当选政治家为了兑现其在选举中许下的诺言以保持连选连任而不得不与庞大的行政官僚之间开展新一轮的交易。皮科克称这一轮交易为政策供给市场。因为当选政治家有政策取向而缺乏使之付诸实施的手段、经验和技巧。在西方民主政制之下,行政官员,也即公务员是不能涉及党派政治的,他们只是党派政治的工具,即只负责把当选政治家的政策取向付诸实施。但是他们掌握着大量的信息、丰富的经验和各种政策工具。对行政官员来说,他们的利益最大化在于个人的升迁和权力的扩大,这又集中体现在对预算的分配和控制上。于是当选政治家为了得到实施其政策的手段、经验和信息而不得不向行政官员提供预算、权力和声望。当行政官员与当选政治家之间的交易完成之后,便进入了政治市场的第三层次,即政策执行市场。在第三层次市场上,主角是行政官员和选民。两者之间的交易是政府提供的公共产品与选民的纳税。如果行政官员们按照当选政治家许下的诺言向选民提供公共产品和服务的话,选民就将会为之而付出成本,即向政府交纳各种税金。反之,如果政府提供的公共产品和服务与当选政治家许下的诺言相去甚远的话,那就意味着双方交易的失败。选民将因自己的利益最大化未能实现而寻求新的大选。新一轮政治三级交易和市场将会重演。

皮科克从"理性的人"或者"经济人"的假设出发,对西方民主政制框架下的民选政府的运作原理作了透彻而直观的说明,揭示了西方民主的本质。

四、偏好显示和投票机制

从西方学者的观点来看,在西方民主政制中,投票是最重要的决策方式。投票行为及其过程构成了公共选择理论的重要研究内容。美国经济学家肯尼思·J·阿罗(K. J. Arrow)将投票描述成"一种纯粹的社会选择行为……社会按照选定的投票制度加总选票作出选择"①。换言之,投票是个人偏好的显示,所有个别投票的加总就是社会或集体选择的结果。投票是个人选择向集体选择转变的途径和形式。

(一) 投票和社会偏好

在论及到投票制度和加总选票的方式之前,必须考虑的问题是投票行

① 〔英〕彼得·M·杰克逊主编:《公共部门经济学前沿问题》,郭庆旺等译,中国税务出版社、北京腾图电子出版社 2000 年 1 月第 1 版,第 169 页。

为的目的是什么。公共选择理论认为投票是由那些其福利受到投票结果影响的人们进行的。在公共选择理论看来,投票只是在既定的蛋糕基础上选择如何切蛋糕的方法而已。

民众通过投票行为表达自己个人的偏好。每一个个人的偏好通过投票形式来加总即成为社会或集体的偏好。在此,个人偏好的表达成为研究的重点。

首先,投票行为所显示的个人偏好信息是不完全的。如果一位选民投票支持某项方案,只能由此判定选民认为从这项方案中获得的收益大于成本。如果要知道收益究竟比成本大多少是非常困难的。同样,如果大多数选民投票支持某项方案,由此只能判断对于大多数人而言,收益大于成本。对于这项方案总体的收益和成本的比较关系是无法做出判断的。很有可能剩下的少数遭受的损失如此之大,以至于这项方案的总成本大于总收益。

其次,人们在投票过程中,往往不是真实地反映他们的偏好。这里会出现几种情况①:

1. 隐瞒偏好。如果人们将要承担的公共产品成本取决于自己所显示的对公共产品的评价,人们可能会隐瞒或者从低申报自己的偏好。

2. 策略性投票。有时采取策略性的投票方式会取得更有利于自己的选举结果,人们也会不显示自己的真实偏好。

3. 无意参与投票。由于在实际的民主制度中,对于个人来说,投票与否往往对最后选举结果影响不大,虽然投票的成本本身并不高,但与投票的收益相比就不能忽视了,这使得人们参与选举的积极性很低,不愿意显示自己的偏好。

4. 偏好强度差异。即使人们有机会充分显示他们的偏好,但不同个人或者集团偏好的强度不同,这样政治程序的结果很可能不是反映大多数社会成员的利益,而是更多反映特殊利益集团的利益。

因此,要保证投票行为能够实现人们的偏好,必须在投票行为发生之前尽可能采取有效措施鼓励选民真实完整地显示自己的偏好。

投票行为是一种选择行为,这意味着在个人进行选择的时候,会面对多个备选项。对被选项排列出个人的偏好顺序是将个人偏好加总为社会偏好的前提。对此,肯尼斯·J·阿罗研究了社会选择必须满足的条件,他的分

① 胡庆康等主编:《现代公共财政学》,复旦大学出版社 1997 年 12 月第 1 版,第 42 页。

析是通过以下假设进行的①：

1. 理性假设。对任何一组既定的社会偏好而言，社会选择规则都必须能够产生一种完整的和可传递的社会秩序。完整性是指在每两个备选项中，总有一个比另一个更加理想或者两者没有什么区别。可递性是指如果 X 优于 Y，Y 优于 Z，那么 X 肯定优于 Z。完整性强调的是选项之间的差异性，而可递性强调的是选项之间的排序规律。

2. 不相关选择的独立性。针对一组不同的备选项进行选择，只取决于人们对这些选项的排序而不是其他的因素。因此，如果选择是在 X 和 Y 之间进行，并且 X 和 W 之间的关系发生了变化，那么这一变化对 X 和 Y 的排序没有影响。正是因为如此，K·J·阿罗坚持认为，社会偏好排序应当源于个人偏好的排序，也就是说，如果备选项没有发生变化，而选择的结果发生了变化，这一变化的原因只能是某个人的偏好发生了变化。

3. 帕累托效率状态。如果个人认为 X 绝对比 Y 更理想，那么社会选择的顺序必须表明 X 优于 Y；如果至少有一人认为 X 比 Y 更理想，而其他的人都认为 X 和 Y 的先后顺序对他们而言没有什么区别，那么社会选择的结果仍然是 X 优于 Y。

4. 无限制区域。社会选择顺序的产生，应当包括所有逻辑上可行的个人顺序。也就是说，不应当通过限制个人顺序的区域来产生社会顺序。

5. 非独裁性。如果存在一个独裁的个人，那么只要他坚持认为 X 优于 Y，不论其他人的偏好是什么，他的选择就是社会选择，即社会选择的结果是 X 优于 Y。而非独裁性强调的是不存在这样一种状况。

K·J·阿罗假设的重要意义在于为选举制度或者投票制度制定了衡量标准。由这些不同的假设条件，可以确认不同的选举制度和选举结果。这对于分析多数投票原则是非常重要的。

（二）多数决策与投票悖论

西方学者认为，民主有两种基本形式：直接民主和代议制民主。

① 〔英〕C·V·布朗、彼得·M·杰克逊著：《公共部门经济学》，张馨等译，中国人民大学出版社2000年4月第1版，第78页。

直接民主[①]是指主权由公意组成,不可转让,不可剥夺,也不可被代表,只能由人民集体直接行使。

代议制民主[②]是现代国家实现人民主权的制度安排,通过选举,委托专门的代表来行使管理国家事务的权力。

直接民主和代议制民主在投票方式方面的区别是:直接民主要求民众的投票针对被选方案,而代议制民主要求民众的投票针对人,即代表,再由代表的活动来针对被选方案。

在这两种民主制度下都存在如何加总投票的问题,也就是将个人偏好加总为社会偏好,将个人选择变为社会选择。这里有多种投票原则:全体一致原则、简单多数原则、2/3 多数原则等。

全体一致原则假设参与某次投票的选民总人数是 W,每人限投一票,总的票数是 W,如果有 N 票否决票($N \geqslant 1$),那么,这项方案不能成为决策结果。简单多数投票原则可以这样理解:假设参与某次投票的选民总人数是 W,他们针对不同的备选方案进行投票。每人限投一票且选民都投出了这一票,那么总的票数是 W。至少有 $W/2$ 以上选票支持某一备选方案时,这一方案被采纳,成为决策或成为选举结果。2/3 多数原则在简单多数原则的基础上提高了对赞成票总数的要求,它要求至少 $2W/3$ 的选票支持某一备选方案时,该方案才能成为决策结果。

实际生活中,由于全体一致原则不利于决策效率,尽管其体现了一定的公平,采用的机会相对较少。在现代社会中,每天面临大量的选择,社会普遍采用的是简单多数投票原则和 2/3 多数投票原则。

民主决策的困境在于:在只存在两种备选方案的时候,多数投票原则是非常有效的。然而存在多个备选方案时,多数决策有效性的问题变得复杂。

1952 年,肯尼思·O·梅(K. O. May)提出了有关多数决策的梅氏定理[③]。梅氏提出了一个集体决策函数:

$D = f(D_1, D_2, \cdots, D_n)$。其中,$n$ 是选民的总人数。

①② 王邦佐等主编:《新政治学概要》,复旦大学出版社 1998 年 9 月第 1 版,第 121、122 页。

③ 〔美〕丹尼斯·C·缪勒著:《公共选择理论》,杨春学等译,中国社会科学出版社 1999 年 4 月第 1 版,第 120 页。

选民 i 对两个备选项 x 和 y 的偏好为 xP_iy，yP_ix，xI_iy 时，D_i 的值分别定义为 1，0，−1。P_i 表示严格的偏好关系，I 表示无差异关系，D_i 表示的是选票，而 $f(\quad)$ 为确定取胜选项的投票总量规则。当投票规则不同时，$f(\quad)$ 就取不同的函数形式。在多数通过规则下，$f(\quad)$ 表示选票之和的关系。D 的值遵循以下规则：

$$\left(\sum_{i=1}^{n} D_i > 0\right) \rightarrow D = 1$$

$$\left(\sum_{i=1}^{n} D_i = 0\right) \rightarrow D = 0$$

$$\left(\sum_{i=1}^{n} D_i < 0\right) \rightarrow D = -1$$

梅氏设定了以下 4 个条件：

1. 决定性，即不管人们怎么投票，总会有一个明确的结果。

2. 中立性，对一组个人偏好而言，如果 x 优于 y（或与 y 平局），并且所有人对 z 和 w 的偏好顺序与 x 和 y 的偏好顺序相同，那么，z 优于 w（或与 w 平局）。

3. 匿名性，D 的值只由 D_i 的值来决定，而与 D_i 代表哪一个投票人的投票无关。并且这些投票的任何排列都不改变 D 的值。

4. 正向反应，如果 D 等于 0 或者 1，并且有一个投票者把他的投票从 −1改变到 0 或 1，或从 0 改变到 1，而其他的投票保持不变，那么 $D = 1$。

梅氏定理表明，在只存在两个备选方案时，同时满足四个条件的只有多数投票原则。而如果考虑到三个或更多个的备选方案时，多数投票原则便会显得不那么有效，通常会出现循环投票的现象。在多数投票原则下，可能没有稳定一致的均衡结果，这种现象被称为投票悖论。

现在来考虑有三个备选方案时的例子：假设三个人甲、乙、丙投票选择一项政府应该优先发展的产业。备选的产业有三种：计算机软件业、汽车业、电讯业，分别简称为计、汽、电。每个人都对三个选择方案进行排序，最后运用多数投票规则决出一个产业。

三个人的偏好顺序如表 4 − 2 所示：

表 4-2　三个人的偏好显示

	第一选择	第二选择	第三选择
甲	计	汽	电
乙	汽	电	计
丙	电	计	汽

下面以此为例来说明将个人偏好转化为社会偏好的过程和条件。比较计算机软件业和汽车业,由于甲和丙都认为计算机软件业应该优先于汽车业,而乙认为汽车业优先于计算机软件业。因而,计算机软件业获得两张赞成票和一张反对票,计算机软件业成为两者中的胜出者。比较计算机软件业和电讯业,同样的分析表明,电讯业胜过计算机软件业。如果分析到此结束,那么电讯业成为这次投票的结果。但是,问题在于,如果将电讯业和汽车业进行比较,汽车业又胜过电讯业。这次投票没有胜出的选项。

投票悖论表明:根本不存在一种能全部满足阿罗 5 个假设条件的社会选择原则。

多数投票原则在两个备选方案的情况下可以运用自如,而在三个或多个备选方案的情况下却出现了投票悖论,其根本原因在于对三个或多个备选方案投票时,必须考虑可递性。为了摆脱投票悖论,并使得多数投票原则在多个方案的情况下仍然适用,学者找到的方法是修改阿罗的假设条件,不再遵循"无限制区域",对选民的偏好进行限制。一旦这种对偏好的限制付诸实施,投票悖论隐含的意义就暴露无遗。限制投票偏好,运用多数投票原则得出一个均衡的结果,实质上是多数人对少数人的暴政。对少数人而言,他们的投票自由受到限制,投票意愿不是为了选择他们认为的最佳方案,投票变成了为了产生一个投票结果而进行的行为。

(三)阿罗不可能定理和中位选民定理

经济学家一直都致力于消除投票悖论,但是阿罗通过研究证明,满足一切民主要求又能排除循环投票困境的决策机制并不存在。这就是阿罗不可能定理①。

阿罗不可能定理由投票悖论演化而来,它揭示了民主政治存在内在的弊端。它强调无论在哪种规则之下,政府决策都是可能产生偏差的。民众对政府提出的各种要求实际上是不可能完全同时实现的。为了解决投票悖论而对投票前提进行限制表明,多数决策不一定能够引出正确的决策,而民主政治不一定完美无缺。

从民主政治的这种不完美性出发,就能够理解投票行为中的互投赞成票和操纵投票这些非正规程序。

在所有的民主国家中,选民个人买卖选票是违法行为。但是,由于每一个选民对备选方案的偏好程度是不同的,选民之间会进行选票交易以达成一致利益。尤其当偏好差异很大时,投票交易增加了选民赢得对他们而言相对重要的方案的可能性,增加了选民的收益,并且可以推测其最终结果是增加了社会整体福利。投票交易是经济学家从经济人假设出发的合理推断,也是现实政治生活中普遍存在的现象。

尤其是在代议制民主中,议员之间对不同的议案存在不同的偏好程度,而从经济人的假设出发,议员出于对个人利益的追逐,是经常在进行各种形式的投票交易的。

例如,*A* 议员和 *B* 议员面对两项议案:在 *F* 市增大政府对基础建设的投资和增大对高新技术类外资企业的出口退税。*A* 议员希望前一项议案能够获得通过,这样他能够获得 *F* 市更多的选民的支持。*B* 议员关心的是出口退税问题,因为这项议案的通过能够使他获得外资企业对他的政治投资,而对 *B* 议员而言,*F* 市能否获得政府投资是无关紧要的。于是,*A* 议员和 *B* 议员之间达成交易,互投赞成票。*A* 议员同意在表决出口退税问题时投赞成票,条件是 *B* 议员必须为 *F* 市的问题投赞成票。

从上面的例子中可以看出,互投赞成票的前提条件是议员对每一项议案的成本和收益分析结果是不同的,存在交易空间,议员之间对不同议案的不同偏好程度是公开的,相互之间可以了解,刺激了交易行为。如果议员对每一个议案的偏好程度都是相同的,就没有交易利益可言。

对投票交易的进一步分析表明,由于交易总是限于一定规模的选民,对

① 刘玲玲编著:《公共财政学》,清华大学出版社 2000 年 4 月第 1 版,第 28 页。

没有参与交易的选民而言,他们的个人收益很可能由于这些交易而受到严重损害。因此,批判投票交易的经济学家认为,投票交易不利于社会福利的提高。投票交易中存在的另外一个重要问题是,参与投票的选民可能隐瞒或者故意公开错误的偏好信息,以此骗取交易机会,并得到最大的个人收益。例如,在前文的例子中,如果 *A* 议员既希望 *F* 市的议案获得通过,也希望出口退税的议案获得通过,而他担心 *B* 议员对 *F* 市的问题会投反对票,他就谎称自己对出口退税议案无所谓,以此骗得 *B* 议员对 *F* 市问题的赞成票。这种隐瞒或者故意公开错误信息情形的存在,使得判断互投赞成票的社会福利后果变得更加不确定。

由于投票悖论的存在,对偏好的限制会引出均衡投票结果,而受到限制之后的不同的偏好表达会导致这种均衡的投票结果的多样性。对投票过程的操纵就是操纵受到限制之后的不同的偏好表达的可能性。

A·吉伯德(A. Gibbard)和 M·沙特斯华特(M. Satterthwaite)定理陈述的是,每个非独裁的投票过程都是可以操纵的,除非选择只限制在两个选项内作出,或者严格限制了个人偏好的范围,也就是说,如果个人偏好是单峰的①。当面临多个备选方案,或者选民的偏好中存在多峰偏好时,选民可以通过改变自己的偏好显示来操纵投票。此外,投票规则的制定者如果要减少选民对投票结果的影响,也可以操纵投票过程。

可以通过下面的例子来理解这种投票操纵对投票结果的意义。

假设甲、乙、丙三个选民对 *A*、*B*、*C* 三项备选方案的偏好顺序是:

表 4-3　甲、乙、丙偏好顺序表一

	第一选择	第二选择	第三选择
甲	*B*	*C*	*A*
乙	*C*	*A*	*B*
丙	*A*	*B*	*C*

由于存在多峰偏好,投票不可能产生均衡结果。鉴于 *A*、*B*、*C* 方案具有

① 〔英〕C·V·布朗、彼得·M·杰克逊著:《公共部门经济学》,张馨等译,中国人民大学出版社 2000 年 4 月第 1 版,第 86 页。

同等的胜出机会，假设现在需要一个结果，而这个结果就被确定为 B 方案。这个结果是乙最不愿意的结果。于是，他在了解了其他人的偏好之后，虚报自己的偏好，整个投票的偏好显示变为：

表 4－4　甲、乙、丙偏好顺序表二

	第一选择	第二选择	第三选择
甲	B	C	A
乙	A	B	C
丙	A	B	C

投票结果就是 A 方案胜出。选民乙操纵投票的结果是改变了胜出的方案。如果投票规则制定者要限制选民乙的这种操纵行为，可以通过调整投票前的议事日程来禁止选民相互之间打听投票偏好。

五、公共选择中的中位选民

尽管在投票过程中会出现以上各种各样的影响投票结果的不确定因素，经济学家还是发现了影响投票行为的普遍规律，这就是中位选民定理。

处于所有投票者最优偏好结果的中间状态的投票者被称为中位选民。中位选民最偏好的公共产品或劳务的提供量，往往是多数规则下的政治均衡。西方学者将此称为中位选民定理①（参见图 4－4）。

在图 4－4 中，如果有 5 位选民来决定公共物品的供给数量，那么，投票人在两两比较中会得出如下的结果：投票人 1 赞同的数量 V_1 和投票人 2 赞同的数量 V_2 比较，由于投票人 3、4、5 在单峰偏好的作用下，倾向于支持 V_2，所以 V_2 以多数票当选。同样，将 V_4 和 V_5 比较，V_4 胜出。将 V_2 和 V_3 比较，

① 刘玲玲编著：《公共财政学》，清华大学出版社 2000 年 4 月第 1 版，第 24 页。

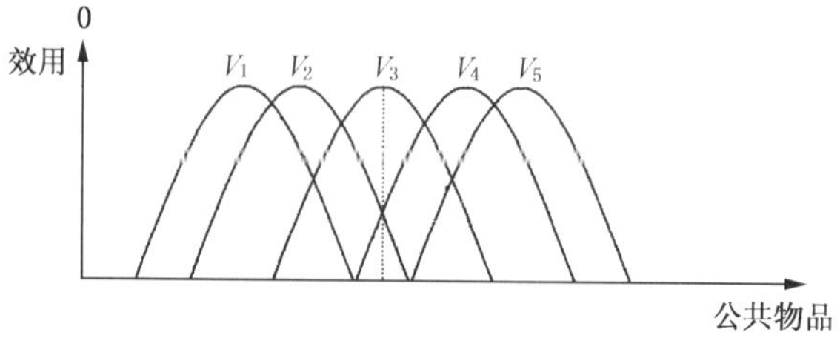

图4-4　中位选民定理示意图

V_3 胜出;V_3 和 V_4 比较,V_3 胜出。所以最后的结果是 V_3 胜出。而 V_3 正是中位选民的最优偏好。

在直接民主制度下运用多数投票原则,如果每一位选民都直接投票,中位选民的决定作用是明显的。而在代议制下,中位选民能否也像在直接选举中一样发挥决定作用呢?1929 年,哈罗德·霍特林(H. Hotelling)第一次把中位选民定理表述为两党代议民主制的一种结果。他的有关论述是安东尼·唐斯(A. Downs)著作的思想上的先驱①。1957 年,唐斯发表了《民主的经济论》,提出了一种政治竞争模型。

唐斯模型的基本假设是,在代议制民主中,各个党派是为了赢得选举而制定政策,而不是为了制定政策去赢得选举。在代议制民主中,政客理性表现在追求选票最大化,而不是追求社会福利最大化上。同样,选民选举议员是为了追求效用最大化,即个人福利的最大化。中位选民投票的偏好在两党的竞争模型中发挥重要的作用。在两党的条件下,当选民只是需要就一个问题表明偏好,中位选民所偏好的政策将胜出。中位选民定理的结果是两党都力图使自己的政策取向中间而不是向左右两个极端靠拢,以寻求最多的选票而当选。

如果假设两党起初的政治倾向是极左和极右的,那么,在中位选民理论的影响下,两党力图提出中间偏左或中间偏右的竞选纲要,以此来争取更多的中位选民。此时,对政党而言的关键问题是如何确定中位选民的偏好情况。在这种模型下,两党候选人会承诺给予选民更高的福利,选民则高效回报以他们的选票。唐斯认为,在这种情况下,中位选民定理所产生的作用会使得社会福利损失减少到最低限度,候选人将被引导到选择最大化社会福

① 〔美〕丹尼斯·C·缪勒著:《公共选择理论》,杨春学等译,中国社会科学出版社 1999 年4 月第1 版,第222 页。

利的政策(参见图4－5)。

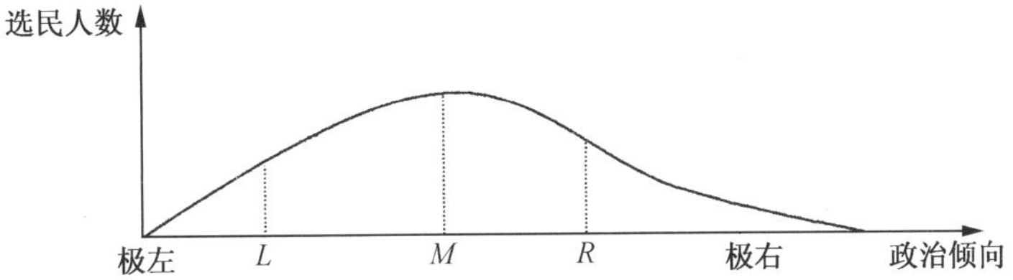

图4－5　两党争夺中位选民示意图

从以上的分析中可知,中位选民定理在西方民主政治中的作用包含两个方面:对政党而言,他们必须寻找中位选民的偏好以此获得最多的选票而当选,各个政党的竞争会导致一个代表大多数人意见的政治纲要;对社会福利而言,中位选民定理能将社会福利损失降到最低点。

多数通过原则以及由此引出的中位选民定理在进行政府政策分析时是经常用到的。例如,经济学家研究政府赋税的标准时发现,中位选民的收入,而不是所有选民的平均收入决定了赋税的标准。

在实际政治生活中,中位选民定理并不能完全发挥决定作用。因为在西方多党制代议制民主的方式下,选民不是直接选取某一个党派的政策或者选取某个党派的承诺,而是选取某个党派或者代表,选民相信这个代表在政策制定过程中会以就像公民本人亲自去投票那样的方式进行投票。因此,中位选民的定位和他们的偏好往往难于测定。在多党制下,那些被选择的党派或者代表,其代表性的强弱会直接影响到公共决策后果。在唐斯的两党制竞争之下,推动公共选择结果发展的是选票最大化。而M·J·希尼奇(M. J. Hinich)和P·C·奥达修克(P. C. Ordershook)认为,推动公共选择发展的可能并不是选票最大化而是多样性最大化,即把自己和最接近的竞争者之间的差距尽量拉开。在两党竞争的情况下,选票最大化和多样性最大化并无区别,毕竟两党的差别是容易拉开的。在多党制的情况下,把自身和其他候选人的距离拉得越大,就越能使自己受到青睐。这样,选票最大化和多样性最大化的结果就不一样了①。

① 〔英〕C·V·布朗、彼得·M·杰克逊著:《公共部门经济学》,张馨等译,中国人民大学出版社2000年4月第1版,第94页。

多党制情况下的多数票决定原则的研究情形更加复杂。

六、公共选择中的利益集团

在投票过程中除了选民作为个体进行选择之外,还存在大量的利益集团的选择行为。持类似观点的选民会组成利益集团,对政府的公共选择活动施加压力,争取获得对本集团有利的政策。

(一)利益集团的定义

如果从公共经济学的角度理解利益集团,利益集团不是一个贬义词,而是一个中性词。利益集团被定义为具有同样的嗜好的个人群体。

通过考察政治过程,大量的利益集团活跃在各个国家的政治舞台上。1912 年成立的美国商会、1898 年成立的美国全国制造商协会、北欧国家的渔业协会、日本的经营者团体联合会、英国的律师联合会等都是不可忽视的政治力量。

利益集团形成的原因何在?可以从三个方面来理解:

1. 信息成本。从选民的偏好表达的角度看,由于每一个选民在就某项备选方案进行投票之前,为了选择能够带来更高效用的方案,他试图对各项方案进行信息收集,以便比较。由于信息的多样性,每一个单独的选民收集信息的成本是高昂的。如果组成利益集团,利益集团的成员可以分摊信息成本和交易成本。利益集团的这项功效吸引着其成员。

2. 稳定性。从政府或者说是候选人的角度看,之所以他们在政治活动中为利益集团的活动留出空间,是因为利益集团的存在和发挥作用对他们同样有利。由于中位选民的投票偏好很难确定,参加投票的人数也很难确定,而利益集团的存在具有一定的稳定性,其成员偏好具有一定的可预测性,所以候选人往往会对利益集团的大量要求作出反应,以求取得选票的最大化。利益集团正是利用了中位选民定理在现实操作中的某种缺憾来扩大自己在政治过程中的影响力。利益集团力图影响公共政策的一种方式是,让候选人意识到,通过采取其政纲中的某些立场,他们可以从这个利益集团中赢得潜在选票。尽管利益集团成员的偏好相对于分散的选民而言同样不可捉摸。但是,对政治家有利的是,利益集团在一定程度上代替他们完成了将部分选民的偏好加总的工作,利益集团的总体偏好是易于把握的,候选人总是可以知道不同利益集团之间的偏好差异性。而各利益集团试图通过减少候选人对它们的成员如何投票的不确定性,来增进它们的全体成员的福利。

3. 交易效率。从政治过程的角度看,既然政治过程可以理解为交易过程,在交易过程中缺乏必要的约束导致了利益集团生存的空间。与经济的交易过程进行比较就会发现,在经济过程中,“无论是受到尊重还是依靠强制实施的私人所有权,以及包含有保证契约得以实施的程序的适当的法律和制度”①,这些是对经济行为的约束,由此保证了交易效率。而在政治交易中,尤其涉及公共产品的供给时,即使能够规定所有权,所有权也不会得到尊重。官员和机构可以以全体人民的名义来决定分配标准。评价一种行为是否符合政治角色赋予行为者的权限是极端困难的。这种无约束状态刺激了利益集团通过自身活动获得更多的利益。

（二）公共选择中的利益集团

利益集团在公共选择中发挥作用的途径主要有两个方面：通过与立法机关的联系和通过与行政机关的联系。

在西方国家中,针对立法机关的立法过程的特点,利益集团往往充当说客的角色,鼓励议员将该利益集团支持的立法草案早日送上立法议程,或者在一读或二读的过程中要求议员投赞成票或者否决票。对美国利益集团的研究表明,利益集团对国会的工作有三项：（1）设法在国会的两院里争取几个或更多的议员能够为自己说话、出力；（2）积极参与拟定有关的法令,协同友好的议员,力争使法令的内容能够符合自己的要求；（3）在国会制定法令的过程中,尽量做好争取人的工作,以求在投票表决时能够得到多数的支持,通过自己所要的法令,否决自己不要的法令②。

① 〔美〕詹姆斯·M·布坎南著：《自由、市场与国家》,平新乔等译,上海三联书店出版社 1993 年 1 月第 1 版,第 127 页。

② 李寿祺著：《利益集团与美国政治》,中国社会科学出版社 1988 年 9 月第 1 版,第 52 页。

对行政机关的影响力主要是向其施加压力,将自己打扮成广泛民意的代表,迫使政府改变或者修改决定以实现本集团的利益。一些实力较强的利益集团对行政部门的影响力更大,它们能够影响行政部门和一些分支机构的负责官员的人选和任命,充当行政部门的顾问成员,积极卷入政策的制定过程。

以下是一个美国农业利益集团的案例,从中可以看出利益集团对政府的影响力以及利益集团活动的收益①。

1979 年 12 月 27 日,苏联军队入侵阿富汗,美国卡特政府决定对苏联采取措施,让苏联为其行为付出代价。其中的一项措施是实行部分粮食禁运。然而,时隔一年半,1981 年 4 月 24 日,里根政府即宣布自动撤销这一禁运。影响美国政府政策摆动的一个重要因素是美国农业集团。

美国禁运的粮食是 1 370 万吨,对粮食生产者和粮食出口公司而言,这是一笔相当大的交易。禁运决定宣布几天之后,一些地区的粮食生产商和销售商就赶到华盛顿质问农业部。时值美国农业社联合会举行年会,在会上通过了一项声明,要求卡特向人民说明这一决定如何增进美国的利益和保障美国的安全。农业利益集团认为,禁运首先导致了美国国内的粮食价格暴跌,其次,其他国家和地区,如欧共体、加拿大、澳大利亚等,抓住机会同苏联做交易,使美国的销售商丢掉了市场。1980 年 3 月,一些农业集团的全国性组织陆续声明不支持粮食禁运。6 月,一些议员在参众两院都提出了反对禁运的立法议案。这一年正是美国竞选总统的时候,里根以明确支持取消粮食禁运的政治姿态获得了大量的农业利益集团的选票。禁运政策的制定者卡特则在竞选中失败。里根上台以后,由于国际国内的其他事务的困扰,没有能够立即取消禁运,一些农业地区的代表会见了里根,强烈要求他实现竞选诺言。终于,在 1981 年的 4 月份,禁令被取消。

当然,并不是所有的利益集团的活动都会像这个事例中的农业利益集团这样成功。利益集团的影响力也有其局限性。利益集团的影响力大小,与这个利益集团在候选人或者政府官员心目中的重要性直接有关。用一个术语表示,也就是不同的利益集团在候选人的目标函数中会得到不同的权数。每个利益集团拥有不同的接近候选人的能力,拥有不同的表达集团利益偏好的途径。当利益集团的能力较弱,或者其经常使用的

① 李寿祺著:《利益集团与美国政治》,中国社会科学出版社 1988 年 9 月第 1 版,第 81 页。

途径出现中断时,它对公共选择过程的影响力就会大打折扣。进一步的分析表明,当选民的偏好与其所属的利益集团的偏好保持较大的一致性时,选民从政治竞争中获得的利益就部分地取决于它所隶属的利益集团。如果利益集团的影响力比较大,选民获得的福利就会比较多。反之,选民的福利就会减少,甚至小于他作为独立选民时可能获得的福利。选民做出是否参加利益集团的选择是非常重要的。从这个意义上看,一旦利益集团充当起候选人和选民之间的中间人的角色,"一人一票"这一口号中所固有的平均主义就被歪曲了①。

(三)利益集团及其成员的相互关系

除了研究利益集团作为整体的存在原因和行为方式外,公共选择理论的重大研究成果是探讨利益集团和其成员之间的关系,以及利益集团的存在对社会福利带来的影响。

一般认为,由具有相同利益的个人组成的集团,均具有进一步追求扩大这种集团利益的倾向。特别是发现选民从政治竞争中获得利益的大小部分地取决于它所隶属的利益集团时,似乎这种认识更加合理。曼瑟尔·奥尔森(M. Olson)在《集体行动的逻辑》一书中得出了不同的结论。他认为:从理性的和寻求自我利益的行为这一前提逻辑地推出集团会从自身利益出发采取行动的观念是不正确的。分析利益集团成员行动时,假设一个集团中的所有人都是理性的和寻求自我利益的,即使他们知道在实现了集团目标后都能获利,也不能理所当然地得出结论:他们会采取行动以实现那一目标。实际上,除非一个集团中人数很少,或者除非存在强制或其他某些特殊手段以使个人按照他们的共同利益行事,有理性的、寻求自我利益的个人不会采取行动以实现他们共同的或集团的利益②。奥尔森的研究出发点是集体中的个人也是经济人。利益集团的收益是具有公共性的。所以在严格的经济学的经济人的假设下,个人会考虑其付出的成本和其在集体收益中所获得的个人

① 〔美〕丹尼斯·C·缪勒著:《公共选择理论》,杨春学等译,中国社会科学出版社1999年4月第1版,第251页。

② 〔美〕曼瑟尔·奥尔森著:《集体行动的逻辑》,陈郁等译,上海三联书店、上海人民出版社1995年4月第1版,第2页。

收益。如果个人获得的收益小到低于他付出的成本,那么,个人就不会为利益集团的整体利益活动。

从经济人的成本——收益法则出发,M·奥尔森界定了两种不同类型的利益集团:相容性的利益集团和排他性的利益集团。

一个集团的行为是排外的还是相容的,取决于集团寻求的目标的本质,而不是成员的任何性质①。

相容性的利益集团所追求的集体物品的收益有如下特性:一个人对收益的获得并不损害其他人对收益的获得。只有在相容性的利益集团中,个人才具有扩大集团整体利益的动力。由于公共产品的非排他性,不可避免地会在成员中激起搭便车的欲望。集团还是要采取激励措施鼓励成员推动集团利益的扩大。这种"有选择的激励"的存在对承担集体行动成本的成员予以奖励,对于那些不承担成本的成员予以惩罚。

在排他性的利益集团中,集体物品的收益总量是固定的,它注定了个人对收益的获得比例会影响到其他人对收益的获得比例。因此,利益集团成员缺乏扩大集团整体利益的动力。

由于集团成员的成本收益分析与集团的规模直接有关,也就是,每一位集团成员在思考是否要为扩大集团整体利益采取行动时都要考虑个人收益在整体收益中所占的比重。这里假设每个成员的单位收益都是相等的,所以,利益集团如果要很好地发挥激励机制的作用,还应该控制集团的规模。

(四) 寻租

利益集团的存在对社会福利产生什么影响?回答这个问题的关键是理解寻租行为。

由于公共选择理论严格区分了提高社会福利和再分配之间的区别,所以各种利益集团的目标会有所差别。对于环境保护组织等利益集团而言,他们的行动能够提高全体人的社会福利。那些寻求以再分配为目标的利益集团,如商业协会、贸易协会或者其他各种专业协会,它们的活动是为了在

① 〔美〕曼瑟尔·奥尔森著:《集体行动的逻辑》,陈郁等译,上海三联书店、上海人民出版社1995年4月第1版,第32页。

再分配的公共决策中取得或者保护其垄断地位。以英国为例,在英国经济实力强大的时候,其政府政策鼓励自由贸易政策,各种贸易协会或者商业协会从中受益。到了经济衰落阶段,政府在各种利益集团的压力之下,改变政策,转而推行贸易限制,筑起了重重贸易壁垒。

公共选择理论对政治和经济关系的研究表明,制度和规则,也就是公共选择的结果会成为经济的制约因素。反之,一项公共决策也会成为刺激经济利益的工具。以经济导向为主的利益集团正是体会到这一点而在公共决策领域向政府施加影响力,影响公共决策过程以取得对己有利的公共决策结果。公共经济学将利益集团或者个人通过影响公共选择和决策为己谋利的行为定义为寻租行为。

戈登·塔洛克(G. Tullock)在1976年第一次系统地讨论了寻租行为。在自由竞争的市场环境之下,供需关系的平衡会自动产生一种竞争价格。在垄断的条件下,垄断价格会比竞争价格高。垄断价格造成产量减少,消费者剩余损失,生产者则从中获得垄断价格下的租金。

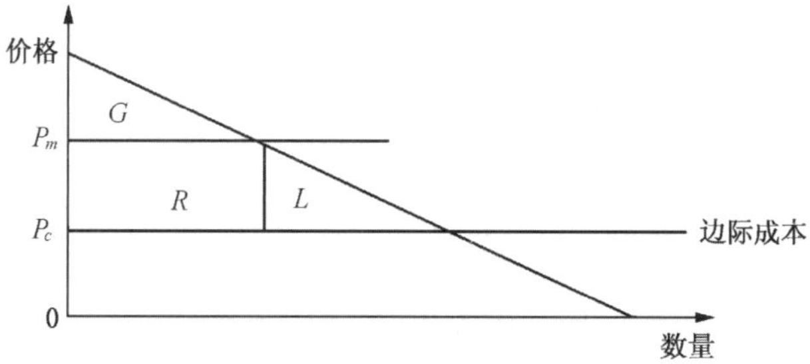

图4-6 寻租示意图

在上图中,P_c是竞争价格,P_m是垄断价格。在竞争价格下,消费者剩余是$G+R+L$,而在垄断价格下,消费者剩余是G。三角形的面积L是消费者剩余的损失,而长方形的面积R代表垄断者获得的租金,也是垄断的社会成本。

布坎南将寻租行为造成的社会成本分为三类①:(1)保持垄断地位的

① 〔英〕彼得·M·杰克逊主编:《公共部门经济学前沿问题》,郭庆旺等译,中国税务出版社、北京腾图电子出版社2000年1月第1版,第177页。

支出;(2)政府部门对这类支出做出反应的努力;(3)寻租行为所引起的第三方的各种扭曲行为。

利益集团的任何一项活动都会导致三种社会成本的付出。举例来说,中央政府正在考虑在 A 市或者 B 市投资铺设一条新的铁路线。铁路运输能够弥补 A 市的运输不足状况,提高农产品外销的利润。于是,为了使铺设铁路的想法付诸实现,A 市的农产品利益集团对中央政府的官员展开游说工作,必要时还会进行贿赂。利益集团投入的资金和精力是第一种成本。议会和政府官员接受贿赂后,本来已经基本确定的线路就会被更改,官员之中会有人提议铁路线应该经过 A 市而不是 B 市。为此,其他官员必须参与到讨论中,论证这项提议是否合理。这项决策的进度被放慢,所有这些都是政府部门付出的成本。在这个过程中,社会上盛行贿赂的不良风气,人人都试图用非正规途径解决问题实现自己的目标。即使那些参加工作的人,他们的择业标准受到影响,他们纷纷以隐性收入的多少来衡量工作的价值。这些结果造成规则失效,费时多年树立的良好的社会风气付诸东流。从经济学的角度看,第三方付出了巨大的成本。

因此,利益集团的存在实际上降低了社会福利。而更极端的情况是,垄断所获得的租金被付出的社会成本抵消,甚至于造成了成本大于收益的情况。对利益集团而言,集团的福利可能获得了提高,而对于社会而言,则福利降低。

七、公共选择中的行政官僚

官僚,即行政官员,是公共选择中的重要参与方。官僚存在的意义本身是为了维持公共产品的供给,他们是公共决策的直接执行者。英国最早开始使用文官制度,美国在 19 世纪末开始实行官僚体制,目的是为了消除议会民主中的不良现象,避免政客的大批换班导致政策经常的不稳定和不连贯。在盛行西方式选举制度的国家里,政府的组成实际上包括两部分人:政治家和官僚。政治家需要赢得选举才能得到职位。官僚凭借其技术受到政府机构的雇用,通常这种雇用是终身的。政治家的更换周期与选举周期密切相关,而官僚队伍是相对稳定的,他们只对机构和他们上级负责,不是对选民或者某个政治家负责。官僚和政治家之间既相互独立又相互依赖是现代西方民主政制的一道风景线。

(一) 行政官僚的特点

官僚机构提供公共产品的行为与市场环境下的企业提供私人产品的行为有较大的区别,具体体现在:

1. 缺乏竞争性。在公共产品提供中,不存在同类供应者之间的激烈的竞争,公共产品提供的规模、种类和水平由官僚机构决定。不同的政府机构之间具有较大的独立性,法律也禁止官僚机构相互插手其他机构的事务。

2. 缺乏激励机制。官僚机构的成员构成基本上比较稳定,在机构内部有一套晋升规则,适用严格的等级制,同时考察资历和能力两项因素,以此保证公共决策的连续性和稳定性。机构内部没有严格的效率考核,稳定性牺牲了效率。按部就班的决策过程排斥了有效的激励手段。

3. 非利润化。官僚行为不是企业行为,并不严格考虑成本和收益的关系。官僚行为主要是保证公共产品的供给,而不是为政府取得利润。要按照公共决策的一系列要求循规蹈矩地完成既定程序。不是由个人来决定工作目标,官僚的角色决定担任某一职位的个人的目标。官僚的收入是由税收来支付,并不取决于公共产品的供给量。

4. 缺乏敏感性。由于官僚提供的产品不通过市场价格来表现,因此,对产品的评价缺乏敏感性,对提供产品的过程难以进行数据监控。

5. 个人影响力较大。在企业中,一旦产品的型号和质量标准确定,操作人员和生产人员是禁止随意改变这些标准的。在公共产品的供给过程中,由于官僚是职业化的队伍,官僚掌握的信息基本是不公开的,所以官僚个人的好恶会不同程度的影响公共产品的供给水平。

这些特点是理解官僚行为的必要背景知识。贯穿公共选择理论始终的经济人假设同样被用来构建官僚行为模式。官僚作为经济人,也是为了获得个人的最大利益。通过对政治过程的观察,可以发现官僚追求个人利益的行为与政府支出之间存在某种联系,官僚有不断扩大本部门的权限的趋势,导致政府规模的扩大。

表 4－5 政府总支出占国内生产总值的比重① (%)

	1980 年	1990 年	1995 年
奥地利	48.8	49.3	52.7
法　国	46.6	50.5	54.1
德　国	48.0	45.3	49.1
意大利	41.9	53.2	53.5
日　本	32.6	32.3	34.9
瑞　典	61.2	60.7	69.4
英　国	43.2	40.3	42.5
美　国	33.7	36.7	36.1

从表 4－5 中可见,除了英国,其他主要西方发达国家政府总支出在国内生产总值中所占的比重总体呈上升趋势。

表 4－6 进一步显示政府开支的扩大是以财政赤字为代价的。

表 4－6 中央政府财政收支②

	印度:亿卢比								
年　份	1980	1990	1991	1992	1993	1994	1995	1996	1997
总收入	1 611	7 236	8 921	10 046	10 117	12 832	14 888	17 526	20 623
总支出	1 803	9 246	10 505	11 893	13 637	15 406	17 631	20 234	23 315
	日本:10 亿日元								
年　份	1980	1985	1988	1989	1990	1991	1992	1993	
总收入	27 893	40 262	52 082	55 762	62 146	104 462	99 412	99 866	
总支出	—	55 214	60 863	66 695	67 533	97 478	100 642	112 655	

① 裘元伦:“经济全球化与中国国家利益”,载《世界经济》2000 年第 3 期。
② 刘洪主编:《国际统计年鉴 1999》,中国统计出版社 1999 年 12 月第 1 版,第 363—391 页。

（续　表）

	埃及：百万埃镑								
年　份	1981	1990	1991	1992	1993	1994	1995		
总收入	8 072	23 435	35 430	49 678	59 443	67 828	73 654		
总支出	7 892	26 738	35 499	54 649	56 143	65 382	68 689		
	美国：亿美元								
年　份	1980	1990	1993	1994	1995	1996	1997	1998	
总收入	5 461	10 859	12 379	13 307	14 426	15 307	16 768	18 044	
总支出	5 966	13 045	14 914	15 341	15 938	16 421	16 996	—	
	法国：亿法郎								
年　份	1980	1990	1993	1994	1995	1996	1997		
总收入	11 129	26 387	28 713	29 835	31 165	32 712	34 387		
总支出	11 100	27 700	33 369	34 582	35 647	36 872	37 892		

（二）两种官僚模型

公共经济学对上表中所显示的公共支出持续增长的趋势进行解释。威廉·尼斯克南（W. A. Niskanen）运用经济人的假设对此做出解释。他认为官僚追求的个人利益是其所属部门权力的最大化。由于部门权力和该部门控制的资源规模成正比，因此，在拟定公共预算时，官僚所要求的预算成本总是超出实际所需成本，各个官僚机构的预算成本都在扩大的前提下，政府的公共支出必然扩大。所以官僚行为必然带来政府膨胀的趋势。

尼斯克南的官僚模型中的官僚满足如下假设前提：官僚组织内部的成员不会将年收入和支出费用的差额纳入私囊。官僚对预算规模扩大化的追求给公共产品的供给和社会福利带来重大影响。

介绍尼斯克南的官僚模型之前，先回答几个基本问题。官僚和政治家之间如何决定公共产品的供给？

首先，政治家有权力分配预算。他们所能分配的数量基本上是依据官

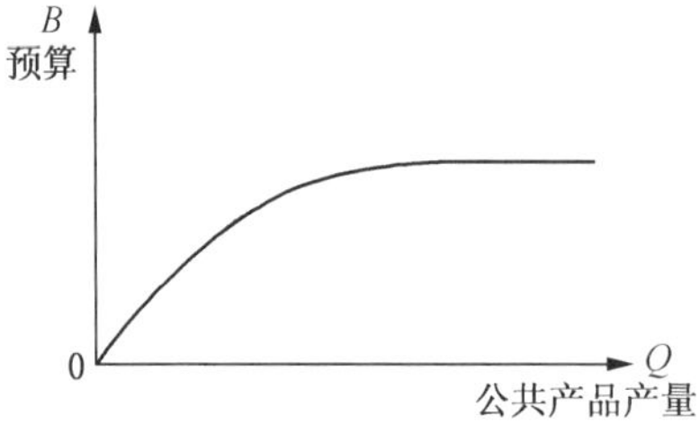

图4-7 公共产品产量与预算关系示意图

僚能够提供的公共产品的数量(参见图4-7)。

这时,公共产品的产量为 Q,而政治家给予官僚的预算函数是:

$$B = aQ - bQ^2 \quad (0 \leqslant Q < a/2b)$$

政治家对公共产品的需求遵循边际收益递减的规律,在产量较少的时候,需求偏高,而当产量增大的时候,需求下降。此时,政治家对单位产品的定价函数为:

$$V = a - 2bQ \quad (0 \leqslant Q < a/2b)$$

假设官僚机构的产出函数或者效用函数是:

$$B = B(Q), B' > 0, B'' > 0$$

而该部门的成本函数是:

$$C = C(Q), C' > 0, C'' > 0$$

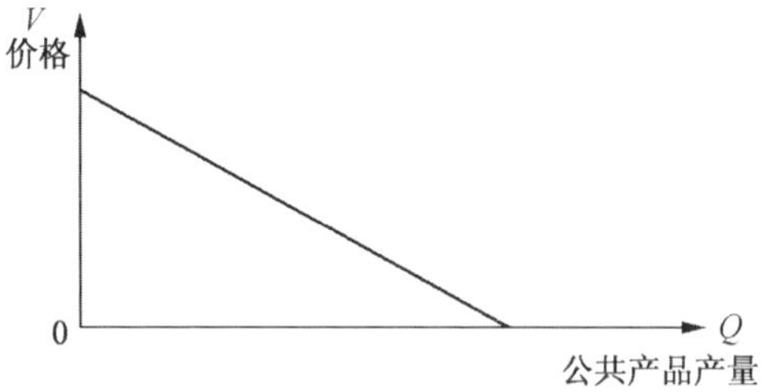

图4-8 政治家对公共产品的定价示意图

假若 B 和 C 都是二次式,则 B'和 C'都是直线。

鉴于前述的官僚机构的特点,在官僚机构中最复杂的问题是计量问题,也就是对公共产品的产出水平和产出规模的评价问题。这一成本函数只有官僚机构的内部成员知道。政治家在决定预算时只能知道这个官僚机构的总产出和总的预算。官僚掌握预算唯一的约束条件是:预算收入应该要弥补生产成本。在这一约束条件下,官僚机构的目标函数是:

$$O_B = B(Q) + \lambda[B(Q) - C(Q)]$$

$$B'(Q) = \frac{\lambda}{1 + \lambda} C'(Q)$$

由此可知：

$$B(Q) = C(Q)$$

对政治家而言，追加一个单位产出给他带来的边际利益，要等于给官僚机构带来的边际成本。所以，

$$B'(Q) = C'(Q)$$

B'和C'的相交点决定的产量对于预算提供者而言应该是最佳的产量，即下图的Q_0。

拉格朗日乘数表示约束官僚机构预算扩大的边际效用，其值为正。因此，官僚机构进行选择时往往是$B' < C'$在图4－9中，预算产出量会扩大到Q_0点的右边。

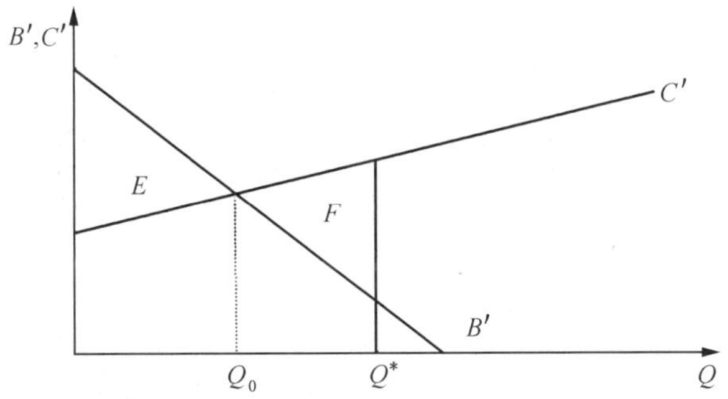

图4－9　官僚机构供应公共产品示意图

当官僚机构要求获得与Q^*的产出量相一致的预算时，由于$B(Q) = C(Q)$，政治家仍然可以接受，而官僚则从中获得的好处是：

$$[C'(Q) - B'(Q)](Q^* - Q_0)$$

即总量为图4－9中的三角形F。官僚从预算中获得的利益是以社会福利的损失为代价的。社会为此付出的福利是三角形E。

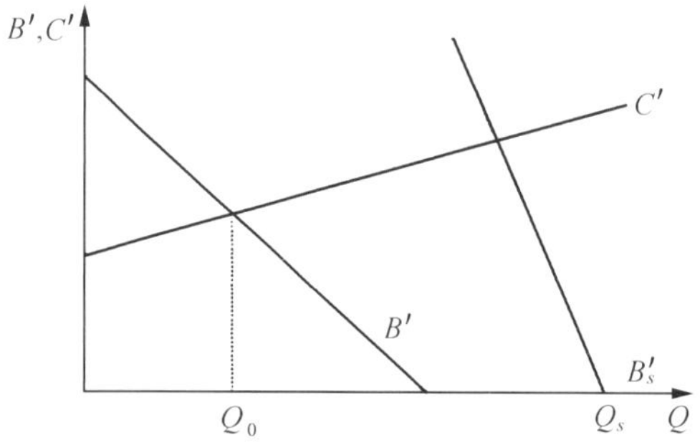

图4－10　官僚机构供应公共产品示意图

如果情况更加极端,也就是政治家对官僚机构提供的公共产品的需求极度缺乏弹性,λ增大,总预算等于总成本的约束条件不再发挥作用时,官僚会要求预算规模达到政治家能够接受的水平。在图4－10中,B_s'曲线和Q_s产量就显示了这种情况。

J・L・米盖(J. L. Migue)和G・贝兰格(G. Belanger)对尼斯克南官僚模型中对官僚的假设进行了修改,由此发展出他们的官僚模型①。他们假设官僚会将预算和实际支出之间的差额用于自己消费。在他们的官僚模型中,官僚是依据公共产品供给量与对公共产品供给成本的压缩所构成的效用函数而采取行动的。

他们的模型可以用图4－11进行解释:

图形的上部与W・A・尼斯克南的模型基本一致,区别体现在下部。纵轴表示的是预算节余,V为预算节余与公共产品供给量之间的关系曲线。它等于图形上部的B线斜率减去C线斜率的轨迹线。而U为官僚的效用曲线。当费用线C和收益线B相交于E时,E点决定的产量n能够带来最大的成本节余,即三角形S。E点在下图中对应的是V线的最高点。

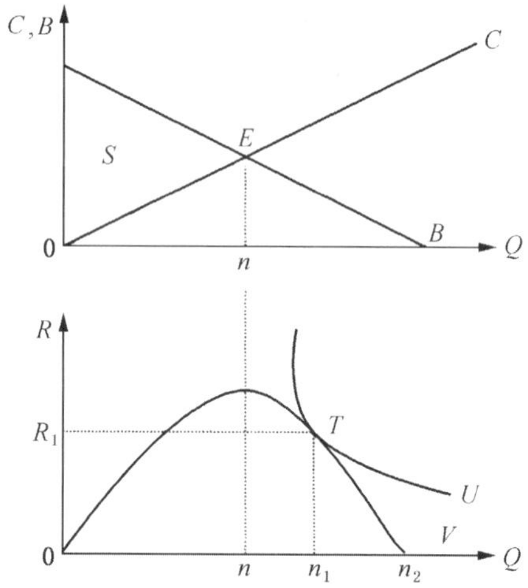

图4－11　米盖-贝兰格模型示意图

由于官僚追求个人利益的行为

① 〔日〕小林良彰著:《公共选择》,杨永超译,经济日报出版社1989年6月第1版,第143页。

导致官僚要求的预算产出量在 n 点的右边，而根据 V 线的约束，如果产量达到 n_2，则官僚不能获得预算节余，官僚决定的产量范围在 n 到 n_2 之间。U 和 V 的切点 T 对应的产量是 n_1，在这一点，官僚获得的预算节余为 R_1，米盖和贝兰格认为，公共产品的供给将通常维持在这一点。

这一模型被称为自由裁决官僚行为模型。米盖和贝兰格得出的结论是：官僚真正追求的是能转化为个人消费的预算节余最大化。在这一模型中，官僚的一切行为出发点，不是保证公共产品的按需供应，而是在公共产品供应中掺入自身的利益。

（三）对官僚行为的限制

以上的两种模型导致了对官僚行为产生忧虑，如何控制这种减少社会福利的趋势？尼斯克南对他的第一种官僚模型进行了拓展，为限制官僚行为指明了出路。

尼斯克南认为，官僚机构能够获得它要求的预算规模，取决于三个前提：（1）官僚机构是一个独家垄断的供给者；（2）它的真实成本曲线是不对外公开的；（3）制度上允许它提出不容讨价还价的预算建议。如果其中的任何一个前提条件放松，政治家对官僚行为的限制将加强。

现在假设对前提(3)进行修改，一种新的制度安排是政治家要求官僚公布一个它能够提供的公共产品的单位价格表，而不是一个不容讨价还价的建议。研究表明，在这种情况下，官僚部门公布的成本曲线可能是真实的成本曲线，真实与否取决于政治家对该项公共产品的需求弹性。

假设现在官僚机构的预算函数是：$B=PQ$，其中 P 是官僚机构公布的一个单位公共产品的价格，$Q=f(P)$，是政治家的需求函数，而且官僚机构了解这一函数。

官僚机构的成本函数是：$C=C(Q)$。此处，对官僚机构的约束条件是 $B\geqslant C$。

$$\frac{\mathrm{d}B}{\mathrm{d}P}=Q+P\frac{\mathrm{d}B}{\mathrm{d}P}=0$$

在约束条件下，官僚机构要选取一个最大化的价格以便获得最大化的

预算,则:

由此可得:

$$\eta = \frac{P}{Q}\frac{\mathrm{d}Q}{\mathrm{d}P} = 1$$

在图4－12中,假设存在一条直线的需求曲线和不变的边际成本,那么可以预期官僚机构的定价行为:

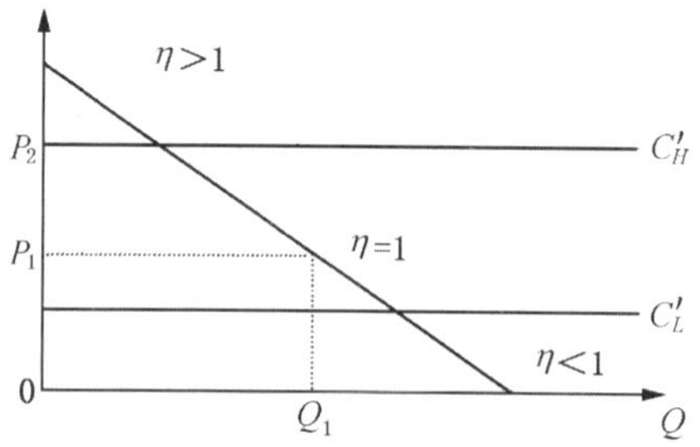

图4－12　官僚机构定价示意图

如果约束条件不发挥作用,则官僚的定价总是追求 $\eta = 1$,也就是 P_1。

在约束条件发挥作用的情况下,图4－12中 $\eta = 1$ 将需求曲线划分为上下两个部分。如果边际成本和需求相交于无弹性的需求曲线部分(例如 C_L'),也就是下部,则官僚部门为了获得最大的预算,会宣布价格为 P_1。此时的价格不能体现真实的成本曲线。如果边际成本和需求相交于有弹性的需求曲线部分(例如 C_H'),也就是上部,官僚机构会选取使预算弥补总成本的最低价格。此时,为了获取最大预算,官僚机构被迫宣布的价格 P_2 显示其真实的边际成本。

经济学家的研究还将风险作为一个变量来考察政治家可能采取的控制措施。这种风险指如果官僚机构被识破预算超额,会受到政治家的惩罚。

公共选择理论对官僚行为的研究表明,尽管官僚行为普遍存在导致政府膨胀的趋势,合适的公共选择方式可以约束官僚的行为。

八、公共选择中的政治经济周期

在介绍多数投票规则和中位选民定理时曾经提到唐斯的政治竞争模型。唐斯模型的突出贡献是重新设定了政党和政府的形象。政党在竞选时追求的是选票最大化,一旦政党赢得选举组建政府,政府的一切行为便被认为是为了赢得下一次的选举。在西方民主中,选举行为是周期现象,法律规定每隔4年或者5年必须进行新一轮的选举。伴随这种周期,政府的行为也形成政治经济周期。公共选择理论在宏观层面上的运用之一就是解释政治经济周期。

(一)政治经济周期

政治经济周期的形成和选举行为直接有关。对选民而言,选举是为了选择公共产品的供应水平和种类。结果,由于候选人追求的目标是选票而不是社会福利的最大化,导致了选举服务于个人赢得选票的目的,选举的意义发生偏离。如果进一步解释这种偏离,必须研究选民的效用函数。要使选民最大化其效用值的假设变得可以考察,就将这种效用函数的变量减少到一个,比如说是收入不断增加。选民会选择承诺提供更多收入的候选人。对于所有的候选人来说,他们都认识到提高收入的重要性,但是从长期看,收入的提高与宏观经济形势有关,这一变量难以通过政府的短期政策发生改变。对一个追求选票最大化的候选人而言,他可以采取的策略是采用短期宏观经济政策改变现存资本和劳动量的利用率来提高收入,也就是调整通货膨胀指标和失业率指标。因此,在候选人之间发生的政治竞争不是社会福利最大化方案之间的竞争,而是再分配方案的竞争。最后,中位选民定理决定哪一个再分配方案胜出。

这种发生偏离的选举行为和传统的宏观经济方式的差异可以通过图4－13来说明①。

在图中,纵轴P代表通货膨胀指标,U代表失业率。W_0和W_1是两条效用函数,从W_0向W_1的移动表明效用的提高,因为W_1代表更低的通货膨胀和失业率。描述通货膨胀和事业替代关系的标准模型是菲利普斯线,短期的菲利普斯线FF和效用函数W_0相切,切点是K。

在传统的宏观经济方式中,政府的经济政策会选择K点,因为这一点代表的是社会福利最大化。但是,在发生偏离的选举行为中,假设有一组选民沿着FF线进行选择,每一个选民的偏好组合都不一样。如果选择K点右部的选民大大多于K点左边的选民,在中位选民定理的作用下,最后决定的

① 〔英〕C·V·布朗、彼得·M·杰克逊著:《公共部门经济学》,张馨等译,中国人民大学出版社2000年4月第1版,第95页。

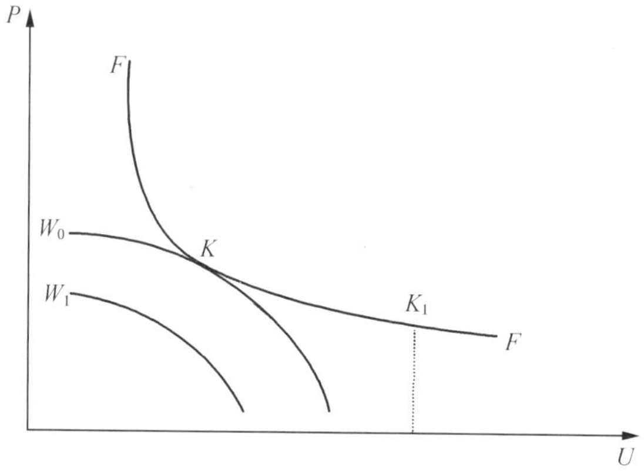

图4-13 发生偏离的选举行为示意图

政策就会落在 K_1 点。

理解了选举行为的偏离后再来看追求选票最大化的政党如何采取行为。如何观察政府对经济的干预行为,长期的菲利普斯线是发挥约束作用的。在图4-14中,I_1 和 I_2 都是中位选民的无差异曲线。长期菲利普斯线 LL 和中位选民的无差异曲线 I_1 相切于 M 点。对于竞争的政党而言,他们为了获得中位选民的支持,都将努力推行宏观稳定政策,这种政策将满足 M 点的要求。

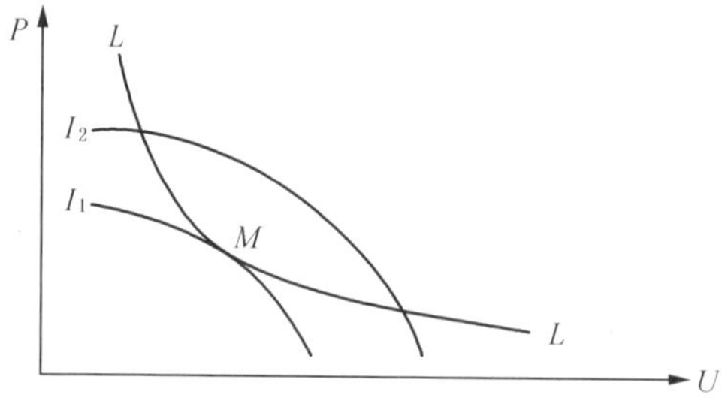

图4-14 竞争的两党政策取向示意图

发生偏离后的选举行为和选举中政党政策取向的一般规律使得政府的行为变为经济事务的内生变量。也就是说,寻求选票最大化的政府不仅仅对经济活动的变化采取应对措施,而且通过政府的行为影响就业、通货膨胀、产出等经济指标。选票最大化的目标能够影响①:(1)政府决定实施的政策,包括减少通货膨胀和失业、促进增长即实现收入分配目标;(2)政府

① 〔英〕C·V·布朗、彼得·M·杰克逊著:《公共部门经济学》,张馨等译,中国人民大学出版社2000年4月第1版,第95页。

目标的组合,其中存在权衡取舍的问题,如通货膨胀和失业等;(3)政策工具的选择,因为这些工具会对分配结果产生影响。

一旦政府行为成为经济活动的内生变量,政府可以通过其行为主导一定时期的经济状况,由此形成独特的政治经济周期。政治经济周期可以定义为:经济活动往往围绕大选日期波动,政府一般在大选之前寻求有利的经济结果,而把不利的经济结果拖延到大选之后①。

政治经济周期的出现需要满足以下几个前提:

1. 政府行为的目的是为了保证在下一次选举中能够再次当选,政府调整政策是为了获得短期的较好的声誉,在各项经济指标中,它总是首先确保能够更明显带来良好声誉的指标。

2. 选民投票时最关心的问题是通货膨胀率和失业率,其他的经济指标对他们的投票行为影响不大。

3. 选民是近视的,政府在短期内的政策调整带来的短期效用最大化能够吸引选民的选票;在随后的一段时期内政策变化带来的效用水平的降低趋势不在他们投票时的考虑范围之内。

从图 4-15 中可以看出政府行为导致政治经济周期的过程②。

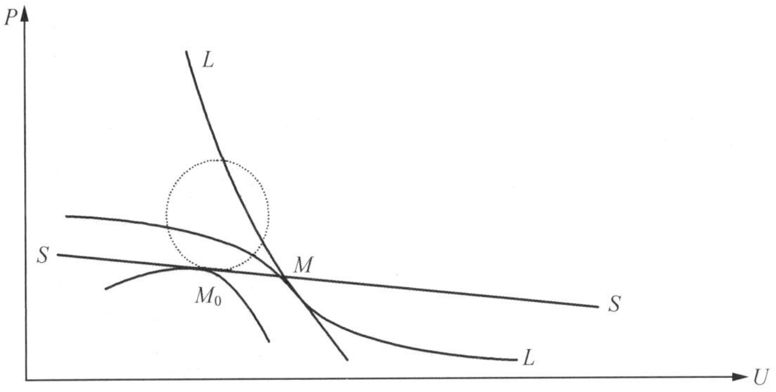

图 4-15　政治经济周期形成过程示意图

① 〔英〕彼得·M·杰克逊主编:《公共部门经济学前沿问题》,郭庆旺等译,中国税务出版社、北京腾图电子出版社 2000 年 1 月第 1 版,第 184 页。

② 〔美〕丹尼斯·C·缪勒著:《公共选择理论》,杨春学等译,中国社会科学出版社 1999 年 4 月第 1 版,第 343 页。

M 点是长期菲利普斯线 LL 与中位选民的无差异曲线相切的一点,它代表的是通货膨胀率和失业率的最佳组合点。假设在各种经济指标中,价格对宏观经济环境的变化是相对不敏感的,那么政府会选择操纵宏观经济杠杆以便在短时期内减少失业率,而通货膨胀的影响在随后的一段时期中才会充分显示。政府使经济沿着短期菲利普斯线 SS 向左边移动,移动到 M_0 点,在短期中降低失业率,提高绝大多数选民的效用。一段时间之后,通货膨胀率会上升,经济会恢复到 LL 线,政府必须降低通货膨胀率,重新向 LL 线上的 M 点靠近。

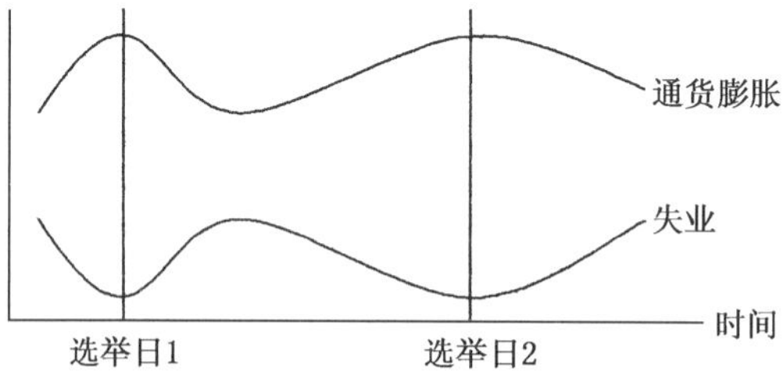

图 4－16　政治经济周期示意图

如果更明确地将政府改变政策的时机与选举日期相联系,图中虚线所表示的这种政治经济周期的每一阶段的结果可以用图 4－16 表示。

在图 4－16 中,在第一个选举日之前,政府降低失业率,提高国民收入的同时,通货膨胀率在上涨。假设政府的这种降低失业率的政策使得它再次当选,在选举之后,它必须要采取充分的通货紧缩政策,解决最突出的问题,降低通货膨胀率,确保宏观经济的稳定。在任期的中期,它可能会提高失业率,以便在临近第二个选举日重复这种政策,再次获得选民的信任。

从以上的过程中可以发现,如果政府可以决定下一个选举日的日期,而不是由宪法明确规定这个日期的情况下,政府完全可以将选举日期控制在它认为最有利的通货膨胀率和失业率的组合时期,以此获得更多的当选优势。

如果政治经济周期出现的三个前提条件中的任意一个没有得到满足,政治经济周期就会出现扭曲。例如,当选民综合考虑多种经济指标,能够分析每一项政策调整所带来的有利和不利结果时,他们的投票行为就不是近视的,政府改变形象的手段就受到限制。

(二) 政府失灵

从公共产品提供者的角度看待政府,政府失灵具体体现在公共产品的供给水平不能满足社会需要、供给数量过多(过高的预算支出)、供给成本超过实际所需成本造成社会资源的浪费等方面。

在公共选择过程中,政府失灵的原因从来都不是唯一的。公共选择理论研究非市场决策,对政府的决策过程进行了经济分析之后发现,政府失灵既有偶然性的因素,更多的是必然性的因素。

参与公共选择过程的一切行为者都从经济人的假设出发,为了谋求各自的私利而行为。选民对公共产品的供应规模和供应水平提出要求,并通过选举行为选择能够带来最大效用的供应规模和供应水平。而在前文的分析当中,选民偏好的表达中存在的问题,投票机制的选择和投票加总方式的选择,都制约着选民实际的选择能力,降低了其对公共产品供应者的约束能力。利益集团的活动摧毁了选民对公共选择结果的平等的影响力。尤其重要的是,不论用何种方式作出的公共选择,最后的施行者是缺乏竞争约束的官僚机构。而政治家或者称为候选人只关注当选和执政,他们在选举之前对公共产品供应问题的承诺往往在当选后不了了之。因此,在西方国家,政府失灵从逻辑上看是必然的。

公共选择理论对国家或者政府行为表现出一种“忧郁”的心情①。它对民主制度的悲观看法,一方面来自对实践的观察——不稳定性、无效率、被操纵的日程安排、互投赞成票等等民主决策的弊端,另一方面来自阿罗不可能定理等纯理论的分析结果。

在传统的政治学理论中,对政治人的假设使得选民抱有幻想:政治家和官僚会为了公众利益而工作,政府失灵只是偶尔的操作失误,可以由政府自身加以纠正。公共选择理论打破了这一幻想。政府失灵不可避免,为了将政府失灵降低到最小的程度,公共选择的参与者所能够做到的是尽量完善决策过程,加强对决策者的监督,加大约束力度。

九、中国的决策科学化和民主化

公共选择理论对非市场决策的研究主要是建立在考察西方民主政制框

① 〔美〕丹尼斯·C·缪勒著:《公共选择理论》,杨春学等译,中国社会科学出版社 1999 年 4 月第 1 版,中文版前言。

架下政治运行情况的基础之上。对于其他的社会形态和政治形态而言,其研究成果仍然具有参考价值。在当代中国的政治生活中,由于政府对资源掌控程度较高,其任何政治决策都会对普通国民的日常生活产生巨大影响。中国实行的人民代表大会制度是中国的民主参与和民主决策方式。当代中国的决策科学化和民主化已经得到了一定的发展。

政府决策主要体现在行政决策方面。行政决策是指国家行政机关或行政人员为发挥行政管理职能、处理国家公共事务而进行的一种决定政策、对策和方案的活动和行为①。

国家行政机关拥有巨大的行政权力,而行政人员代表国家行使这种权力。行政权力本身的特点是要求集中,因为普通公众关注的是行政效率,要求官员对大量的行政事务进行有效的处理和解决。所以行政决策的民主化不是指行政权力的分散,而主要是指在决策制定过程中的民主化,也就是说要有多种偏好表达渠道和足够的行政透明度,使得所有国民既能够享受知情权,又能够通过一定的渠道表达自己的偏好,使这些偏好进入最后决策者的考虑范围。此外,行政决策民主化需要防止"长官意志",也就是要求决策者在了解民众偏好的基础上,通过民主程序来加总民众偏好并依据这样的社会偏好进行决策。行政决策民主化中的另一个重要问题是在实际操作中重视对民众偏好的反馈。最后的行政决策结果满足了大部分民众的偏好,而没有满足另一部分人的偏好,其中的原因是民众关注的。对反馈工作的重视实质是帮助民众行使监督行政活动的权力。

行政决策的科学化首先体现在行政的制度化建设上,也就是要完善行政决策程序,力求每一项决策程序发挥一定的功能,这些功能从不同的方面保证决策的完整性和合理性。其次,科学化是指行政决策过程中所参照的标准必须是符合人民生活实际情况和人民实际需要的,不能以想当然的、脱离实际的标准来指导决策过程。这就进一步要求行政人员具有一定的科学文化素质,减少盲目的人为因素对行政决策过程的错误引导。

当代中国的行政决策科学化和民主化经历了一个逐渐深入的发展过程。

在新中国成立后到20世纪60年代这段时间,虽然建立了比较完整的

① 王勇:"论行政决策的民主化和科学化",载《地方政府管理》1999年10月。

决策制度和体系，但是当时领导者的个人因素在整个决策过程中的影响比较明显，“人格化”因素的作用要大于“体系化”因素①。领导者个人的偏好成为影响决策行为的主要因素。行政制度和行政体系更多地为贯彻少数领导者的意志服务。改革开放之后，中国在理论和实践中都开始重视行政决策民主化、科学化问题，主要是从信息论、控制论和系统论的角度来讨论决策问题。行政机关中的“人格化”因素的重要性逐渐下降，取而代之的是对民众偏好的重视程度逐渐提高。行政机构设置和行政制度的设计处于不断调整之中。随着改革开放的深入，公共选择理论的基本观点和基本思考方式，也开始引起人们的关注。集中的表现就是加大对行政机关和行政决策过程的监督，规范行政决策过程。

从民众对行政决策过程的参与方面看，中国的人民代表大会制度是主要的和最有效的参与渠道。人大代表作为民众偏好的表达者，向政府官员直接质询。同时，社会协商对话机制逐步健全，信访制度成为一项优良传统，继续成为民众参与决策过程的有效渠道之一。

按照中国宪法的规定，政府首长往往是由同级人大选举产生，或者是由上级政府机关任命，因此在比较长的时间里对于政府首长的监督是一种间接的监督。目前，作为行政决策民主化的一个重要步骤就是在农村实行村委会直接选举制：在一些地方，由一个村的成员直接选举村委会的主要成员，参选的方式为自由报名，发表竞选演说。这是一个重大的转变，在农村实行的这种基层民主使广大村民能够参与到基层的行政决策中。

目前，中国已经普遍采用了公务员考试制度，以此来选拔政府行政官员，确保行政官员的科学文化素质和行政能力。同时加强了信息技术在决策过程的运用，强调日常信息的收集和准备②。中国开始重视在行政决策部门设置专业咨询机构，这种咨询机构模仿国外的“思想库”，是各种类型的政策研究机构或其他咨询机构，借助学者的智慧和研究成果来完善决策的设计。对行政人员的岗位培训和业绩考核工作方兴未艾。所有的这些措施都逐步提高了决策的科学化程度。

中国的人民代表大会制度在中国的决策过程中扮演重要的角色，它本身也发生了很大的改变。

① 胡伟：《政府过程》，浙江人民出版社 1998 年 12 月第 1 版，第 139 页。
② 高成富：“行政决策科学化的实现途径”，载《地方政府管理》1997 年 7 月。

从人大代表的组成上看,新中国成立初期的人大代表往往是一种荣誉性的称号,由党组织授予那些对国家建设作出重大贡献的个人。人大代表的立法和参政能力参差不齐,不利于立法决策的科学化和民主化进程。当前人大制度的重大突破就是在县级以下人大(包括县级)已经全面实现了直接选举,就是选民直接选举产生本选区的人大代表。选举产生的人大代表为了确保选民对自己的支持,往往能够更加主动地行使好人大代表的职权:即主动和选区的选民见面,关心选区内部的经济发展和社会问题,并在讨论政府提案的时候更加主动地履行自己的职责,向选民负责。

人民代表大会制度的不断完善还体现在对人大代表的约束方面。各级人大代表被罢免的情况也开始出现。罢免的理由到目前为止主要是因为代表触犯了刑律或者是涉嫌触犯刑律①。

在人大的决策过程中,无记名投票、秘密投票和差额选举正在被日益广泛地使用。人大对于政府政策的质询案也在不断上升,一些政府制定的议案甚至在人大遭到了否决。

同时人大加强了对于政府预算的控制,在人大会议上对于政府的预算和决算进行更加严格的审查,这对于政府的行为构成了一种比较严格的监督机制,包括要求政府编制部门预算、细化预算、提前编制预算和试编复式预算②,同时也开始直接指出政府预算使用过程中的种种问题,并要求整改③。

考察具体的中国地方政府决策科学化和民主化的进程时,往往会发现较大的差异性。相对来说大城市、经济特区的决策科学化和民主化程度要超过其他地区。

从整体上来说,中国的决策科学化和民主化过程和中国经济转型、政治转型的过程是一致的。它取得了一定的成就,但仍处在逐步发展和完善的过程中。

思考题

1. 什么叫公共选择,公共选择的前提条件是什么?

---

① 新华网长沙1999年7月31日专电:湖南省九届人大常委会日前召开全体会议,依法罢免了原湖南省邮电管理局党组书记、局长张秀发的第九届全国人民代表大会代表职务,因为张涉嫌受贿犯罪。(来源 http://www.sinhua.org)

②③ 郭振乾作全国人大财经委关于1999年中央决算的审查报告。(来源 http://www.sinhua.org)

2. 对政治人和经济人的假设在公共选择理论中的地位和作用是什么？
3. 个人偏好如何才能转为社会偏好，哪些因素影响着这一转变过程？
4. 阿罗投票悖论的内容是什么，其意义何在？
5. 阿罗不可能定理的内容是什么，其意义何在？
6. 何谓多数暴政？
7. 中位选民的理论含义是什么？其实践意义何在？
8. 何谓利益集团？其存在理由及活动方式是什么？
9. 什么叫寻租？如何从根本上防止寻租？
10. 政府机构不断膨胀的原因是什么？
11. 文官制度的优点和缺陷何在？
12. 什么是政府失灵？如何评价西方的三权分立民主政治制度？
13. 举例说明改革开放来中国决策科学化和民主化的发展过程。
14. 政治改革的主要任务是什么？今后的方向是什么？

第五章　预算管理的理论与实践

本章要点

1. 国家预算是一个国家的中央政府和各级地方政府在一定时期内公共收支计划的总和，全面反映了政府活动的内容、范围和政策取向。
2. 公开性、可靠性、完整性、统一性和年度性是国家预算的基本原则。
3. 均衡预算论主张按年度或按经济周期来实现公共收支平衡，反对赤字财政。
4. 功能预算论主张不追求财政收支的平衡，而要追求没有通货膨胀的充分就业。
5. 高度就业预算论的核心是政府支出应保持在高度就业条件下所能达到的净税收入水平。
6. 中国的国家预算由中央预算和各级地方政府预算组成，实行的是复式预算，由经常性预算和建设性预算两部分组成。

一、预算的定义和功能

预算是指按一定的法定程序批准的政府机关、社会团体和企事业单位在一定期间(年、季、月)的收支预计。本章所讨论的范围是国家预算。

(一) 国家预算的定义

在公共经济学中,国家预算是指政府,也即中央政府和各级地方政府在每一个财政年度的全部公共收入和支出的一览表。换而言之,国家预算是一个国家的中央政府和各级地方政府公共收支计划的总和。

预算在形式上可以分为单式预算和复式预算。所谓单式预算是政府所有的公共收支计划通过一个统一的预算来反映。所谓复式预算是指公共收支计划通过两个或两个以上的预算来反映。

单式预算向复式预算演变是世界各国政府功能变化的结果。国家预算大约于13—16世纪逐步形成,在相当一段时间内,各主要资本主义国家均是采用单式预算。当时,自由资本主义正在兴起,自由放任的经济思想占主导地位,国家职能相对简单。因此单式预算足以适应当时公共部门的需要。随着资本主义由自由竞争进入垄断,周期性经济危机不断爆发,为了缓解危机,刺激经济发展,各主要资本主义国家相继利用国家力量干预经济,公共支出的项目和规模随着国家职能不断扩大,财政收支缺口增加。单式预算已经无法反映政府活动的全貌,同时资本性收支和因收支缺口而形成的国家债务也需要在预算中有所反映。因此各国陆续采用复式预算。第二次世界大战以后,不仅美、英、法、德等主要资本主义国家采用复式预算,连刚刚独立不久的发展中国家也相继实行复式预算制度。

中国自1949年以来一直采用单式预算,1992年起为适应改革开放的新形势,也开始采用复式预算制度。

预算按编制方式可以分为基数预算和零基预算。所谓基数预算是指政府的收支计划在前一年预算基础上,参照本年度社会经济发展加以调整而确定。所谓零基预算是指政府在编制预算时,一切从零开始,对原有的各开支项目重新进行核定,不是停留在修改上一年度预算或审查新增部分上。政府各部门必须每年重新核定每项工作,测算不同项目所需的资金。零基预算的理论1952年就已形成,其实践起源于美国。1976年卡特当选为美国总统,联邦政府决定全面采用零基法编制预算。卡特总统指出,编制预算不只是要对新的和扩充部分加以审核,而且要对所有正在进行的和新的计划的所有预算支出申请都重新审核,以提高资金使用效率达到控制政府规模、提高政府工作效率的目的。其后,有些国家也采取了零基法。

预算在过程上分为编制—审议批准—执行—决算 4 个阶段。大体上是在每一个预算年度开始前,由行政当局的预算编制机关,一般而言是由财政部门出面编制年度预算,经过立法机构,也即议会的审议批准,以法律形式确定其为正式预算。预算年度开始之后,各部门分头执行经批准的正式预算,审计部门进行日常监督。年度预算终了之后,由行政当局提出决算报告,也即预算执行情况及年度实际收支报告连同审计机关的审计报告一起提交议会审议批准。预算年度虽然是 1 年(365 天),但是预算过程所需的事前编制审议、事中的执行以及事后的审计监督三项工作却大约需要横跨 2—3 个年度才能完成,参与预算过程的人员也十分广泛,除了政治家出身的政府首脑以外,还有行政部门的官僚、立法机构的议员和审计机构的专业人员。

(二) 国家预算的功能

国家预算的功能主要有两个。

功能之一是反映政府的活动范围和政策取向。国家预算是将政府的公共收支分门别类地记载在统一的表格之中,全面反映政府活动的内容、范围和方向,体现了政府的政策意图。公共经济学所界定的政府三大职能,即资源配置、所得分配和稳定经济均在预算里得到体现。

预算是多层次的,有一级政府就有一级预算,分别体现中央和各级地方政府对上述三个职能的执行。

预算的编制是政府公共收支的计划安排,反映其一段时间内的政策取向。预算的执行是政府筹措公共收入和使用公共支出的过程,体现了政府执行既定政策目标的力度,根据预算执行情况形成的决算,反映了政府执行政策的结果。

国家预算既是中央和地方各级政府所有政务活动的计划,同时又是中央和各级地方政府所有政务活动的归宿。它犹如一面镜子全面反映了政府的自身行为和介入社会经济发展的规模、范围和深度。预算的编制、执行和决算是国家施政的经济保障。

功能之二是对政府规模的控制。所有有关政府的理论都把小而精、精而廉的政府看作人们向往的最好的政府。然而，在实际生活中，由于官僚的行为和本能，由于政治家的理念差异等各种因素，公共权力有着不断扩大的趋势，公共权力的扩大必然是公共机构的膨胀，公共机构的膨胀必然是公共支出的增加。对付公共权力的扩大，只能釜底抽薪，从控制公共支出着手。预算就是控制公共支出的有效手段。预算的特点要求政府把其所有活动及为进行这些活动所需经费全部记录在案，纳入计划。预算的法制性又使政府所有活动及其所需经费的计划必须经过立法机关，也即民意代表的审议和批准才可生效。因此，政府的活动和支出也就被置于国民的监督之下。人民群众对小规模低成本政府的向往也就有可能得到实现。当然，这只是理论上的逻辑结论。实际上，西方发达国家三权分立的议会民主并未能阻止政府的庞大化。

由于预算在国家政治经济生活中具有重要地位，世界各国十分重视用法律来规范预算。如德国宪法中有 8 条是对预算内容的规定，并据此制定了《预算原则法》、《联邦预算法典》和《促进经济稳定和增长法》。美国也制定了《国会预算方案》、《预算会计法案》和《平衡预算法》。日本对预算的法律规范是《财政法》。

中国在改革开放以前于 1951 年由中央人民政府政务院发表过《预算决算暂行条例》。改革开放后，国务院于 1991 年 10 月发布了《国家预算管理条例》。1994 年 3 月 22 日第八届全国人民代表大会第二次会议通过了《中华人民共和国预算法》。该法自 1995 年 1 月 1 日起施行。这就意味着中国的预算管理也进入法制化、规范化的进程。

（三）国家预算的五大原则

从各国实践来看，预算的编制执行有以下的五大原则：

1. 公开性。由于国家预算是政府活动的全面反映，事关国家兴废存亡，与每个国民都相关。因此国家预算及其执行情况必须以一定形式公之于众，不仅要置于立法机关的监督之下，而且要置于全体国民的监督之下。

2. 可靠性。国家预算是一种法律文件，是按法定程序形成的国家收支计划。因此，国家预算的每一项收支数字不得假定、估算，更不能任意编造。

3. 完整性。上文的定义已经指出,预算是国家一切公共收支计划的总和,无论是中央还是各级地方政府的一切公共收支均要反映在预算中,不可打埋伏,造假账。法律允许的预算外收支,也应在预算中有所反映。

4. 统一性。各级政府的财政部门是国家预算的主管机关,无论哪一级财政部门均要按统一设定的科目、统一的口径和计算程序来填列预算。

5. 年度性。各国预算均有时间界定,通常为1年(365天)。预算的时间界限,一般称预算年度,或称财政年度。预算年度的起讫各国有不同做法。美国的财政年度是从每年的10月1日起至次年的9月30日为止,日本是从每年的4月1日起至次年的3月31日止,中国和法国、意大利等则是采用历年制:即从每年的1月1日起至12月31日止。无论哪种算法,实际时间均为12个月。之所以起讫日期不同,是因为各国税收缴纳时间和立法机关召开会议时间不一样。

国家预算有很强的政治性,先由政府行政部门编制和提出,然后由国家立法机关予以审议批准,一旦批准,即成为法律,非经立法机关同意不能有任何改变,必须如实执行。国家预算的法制特性是与其历史形成分不开的。国家预算是资产阶级与封建贵族斗争的产物。13—17世纪,在英国工业革命的推动下,新兴的资产阶级在欧洲迅速发展,成为社会财富的主要创造者,他们在工商活动中所缴纳的税金成为当时欧洲各封建领主和王朝财政收入的主要来源。为了防止封建领主在生活上挥霍浪费,在政治上利用其经济支配权来压制资本主义工商业的发展,新兴的资产阶级强烈要求政府的收入与开支必须事先编制计划,并经由各方代表所组成的议会审议方才可以实行。经过长期斗争,英国的资产阶级首先在议会中占据了多数,于1789年编制了第一个国家预算。其后欧洲各国纷纷效仿。到20世纪后,世界上绝大多数国家都建立了国家预算制度。对预算的法制化,各国都非常重视。不少学者把预算需经立法机关审议批准作为预算的第六个原则,称之为事先审议性。

(四) PPBS方式与预算编制

PPBS是Planning-Programming-Budgeting System的缩写。PPBS的意思是由计划制定、方案评估和预算编制三阶段组成的体系。这是西方发达国家预算编制的主要方法之一。

Planning，即计划制定，是 PPBS 的第一阶段。在这一阶段中，预算编制者要根据本届政府施政纲领设定本年度预算的基本目标，然后对为达到此目标可供选择的方案进行评估和选择。

Programming，即方案评估阶段，是 PPBS 的第二阶段。在这一阶段，预算编制者对在上一阶段筛选出来的方案，进行成本—收益分析和费用-产出分析。一般以 5 年为期，评估方案实施所需的投入和预计的产出，并计算出单年度的投入和收益，弄清个别具体方案与整体预算的相容性和协调性。

Budgeting，即预算编制，是 PPBS 的第三阶段。在这一阶段中，要确定经过评估的方案在本年度所需资金的金额，把预算资金进行合理分配。

在 PPBS 的每一个阶段都需要“回头看”，不断对所筛选出的方案及其实施计划是否符合本届政府的施政纲领和本年度预算的基本方针进行检测（见图 5－1）。

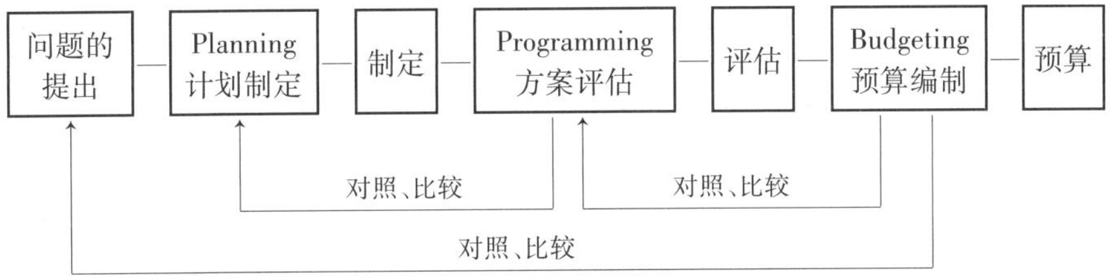

图 5－1　PPBS 示意图

资料来源：〔日本〕荒宪治郎、种濑茂主编：《经济学用语的基础知识》，有斐阁 1988 年 8 月 15 日版，第 302 页。

二、预算的理论流派

在简要介绍了国家预算的基础知识之后，需要探讨一下预算的基本理论。关于预算的理论大约有三种，即均衡预算论、功能预算论和高度就业预算论。

(一)均衡预算论

所谓均衡预算论,即是主张无赤字收支平衡预算的理论。其理论基础是古典经济学中所一再强调的市场竞争原则,该原则认为资本主义经济具有自律机制,通过市场竞争可达到资源最佳配置,反对任何形式的政府干预。以此为前提设定的某些财政制度本身就具有自动调节和稳定经济的功能,被称为自动的或内在的稳定器(built-in-stabilizers)。

在国家预算中,税收是最典型的根据经济状况而自动发生变化的项目。当经济繁荣时,税收会随着个人收入的增加而增加,由于绝大多数税收是采取比例税或累进税,人们税后可支配收入的上升幅度会小于收入增加的幅度,从而消费需求增长可自动得到控制。反之,当经济萧条时,人们收入减少,税收也会自动减少。这样,可支配收入的下降幅度要小于收入的下降幅度,从而消费需求下降幅度也较少,可维持一定的经济增长。

政府的转移收支也是一种重要的自动稳定器。当经济萧条时,领取失业救济金的人和享受其他社会福利的人就会增加,从而从整体上阻止可支配收入的下降,进而阻止消费滑坡。反之,经济过热时,失业救济和其他社会福利会自然减少,于是将在一定程度上抑制个人可支配收入的增加。

均衡预算论在实践上有两种体现,一是年度均衡预算,即每个财政年度均是收支相抵,没有赤字,也不必发行公债。二是周期均衡预算。这种预算要求的不是逐年的平衡,而是谋求整个经济循环周期的平衡。按经济学的一般法则,经济总是波动的,有萧条也有繁荣,有上升也有下降。因此硬性要求每个财政年度都收支相抵既不可能也无必要,应该在经济循环周期中,抽肥补瘦,综合平衡。也就是说应在经济高峰处造成财政盈余以抑制通货膨胀,在经济低谷处以赤字来刺激经济,摆脱萧条。图5-2就是周期均衡预算的示意图。应该指出,周期均衡预算在总的原则上是谋求财政收支平衡,但是均衡的考虑实际上已经脱出均衡预算的理论框架,带有相当的政府干预色彩,已经比较接近于下面要讲的功能预算了。

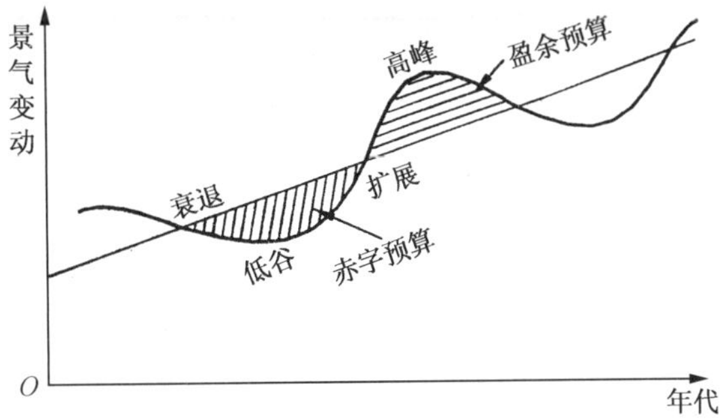

图 5-2　周期均衡预算示意图

资料来源：华民编著：《公共经济学教程》，复旦大学出版社，1996 年 12 月第 1 版，第 367 页。

（二）功能预算论

功能预算论的核心是相机抉择（the Discretionary Approaches），是典型的凯恩斯主义的产物。针对 20 世纪 30 年代出现的经济大萧条和大批工人失业，凯恩斯认为经济危机的根本原因在于有效需求不足。因此他反对古典经济学关于市场机制自发调节机制的理论，提出光靠市场机制不能解决有效需求不足，必须要依靠政府的干预来提高社会消费倾向和加强投资引导。凯恩斯在其《就业、利息和货币通论》中写道：为了扩大社会需求，最聪明的办法还是双管齐下，一方面设法由社会来统制投资量，另一方面用各种政策来增加消费倾向。"为了消费倾向和投资引导两者相适应，政府机能不能不扩大"①。在凯恩斯提出的扩大政府投资来解决社会有效需求不足的理论基础上，凯恩斯的门徒们又进一步提出了完整的功能财政理论。凯恩斯主义者认为，财政预算不在于追求政府的财政收支平衡，而在于追求没有通货膨胀的充分就业。为了实现这个目标，预算可以是盈余的，也可以是赤字的。当国民收入低于充分就业水平时，政府应该实行膨胀型财政预算，通过减少盈余或造成赤字来增加投资开支实现充分就业。反之，当出

① 〔英〕凯恩斯：《就业、利息和货币通论》，商务印书馆 1963 年版，第 277 页。

现通货膨胀时,政府应该实行紧缩性财政政策,通过减少赤字和增加盈余来抑制需求的上升,缓解和消除通货膨胀压力。功能财政的基本点是政府应该关注经济增长而不必拘泥于预算平衡,政府财政收支应服从于宏观经济调控。

凯恩斯主义者还用数学公式和几何图形表达了这一思想。他们认为由消费加投资构成的社会有效需求所决定的一般收入均衡通常都要小于充分就业时的收入均衡,因此结论是有效需求不足导致了失业的存在。为了消除失业必须要扩大政府投资,也即把财政收支纳入国民收入均衡之中。于是就有了下列2个国民收入均衡条件:

$$1)\ C + S = C + I$$

$$2)\ C + S + G_t = C + I + G$$

其中C为消费,S为储蓄,I为投资,G_t为财政收入,G为财政支出。

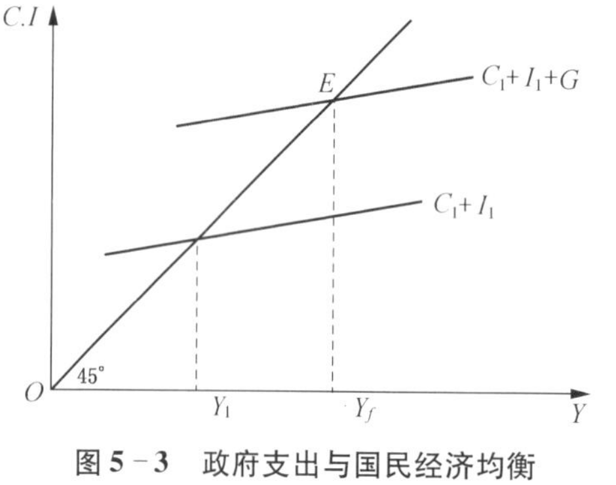

图5-3　政府支出与国民经济均衡

资料来源:丁冰著:《当代西方经济学流派》,北京经济学院出版社,1993年6月第一版,第55页。

式1)是凯恩斯提出的国民收入均衡公式。该式表明:消费加投资所决定的国民收入一般均衡总要伴随着失业或通货膨胀。式2)是萨缪尔森对凯恩斯国民收入均衡公式的补充,在式1)之中加入了财政收入和财政支出两个因素。式2)表明,当有效需求与充分就业的总供给不一致时,政府可以通过增加或减少财政收支来使两者达到均衡。如图5-3所示,当总需求为C_1+I_1时,就可以加上G的因素,从而使总需求曲线从原来的(C_1+I_1)的位置上移到(C_1+I_1+G)的位置,并与45度线相交于E点,由E点决定的国民收入水平OY_f便是充分就业的均衡国民收入水平。很明显,这时的国民收入水平要高出仅由市场机制所决定的国民收入水平OY_1。

（三）高度就业预算论

所谓高度就业预算论，其核心是政府支出应该保持在充分就业条件下所能达到的净税收收入水平。即使是在经济萧条、税收水平较低时，政府支出也不必等于该年度的收入，而是可等于预计的充分就业时所达到的税收水平。换而言之，高度就业预算论所关心的是："当经济在潜在的产出水平上运行时，政府应该有多少收入和支出以及赤字会是多少。"①

高度就业预算论同时也被称为结构性预算论。术语的改变往往反映着现实世界的变化。这种理论刚刚被提出时，人们称之为充分就业预算，不久人们便意识到能够达到的最高就业率也只能是95%—96%，也就是说总是有4%—5%的失业存在。此理论也就随之更名为高度就业预算论。不久，现实又使人们不得不承认，即使到了高度就业水平之后，政府仍然有大量的赤字。因此这一理论又被更名为结构性预算论。

高度就业预算理论是20世纪50年代以后由美国经济发展委员会提出的。当时，美国经济发展委员会开始逐步认识到凯恩斯功能财政造成的危害而开始转向均衡预算。美国经济发展委员会认为，凯恩斯主义的相机抉择不仅造成了财政赤字大幅度增加，而且政策决定的时滞太长，预测的误差也较严重，以致企业界不仅要承担市场竞争带来的风险，而且还要揣摩政府的经济政策，从而使经济更不稳定。

美国经济发展委员会提出的高度就业预算理论是均衡预算论的发展。该委员会认为政府的预算和经济政策应从长计议，不应只着眼于"烫平"短期的经济波动，而要从经济循环中取得动态平衡。为此，政府的财政收入水平应该依照充分就业条件下的国民产出来定，而且应该保持一定的财政盈余，以用作公债的还本付息。高度就业预算理论还吸收了古典经济学中关于财政制度是经济中的内在稳定器的思想，认为按高度就业水平确定的税率一经设定，即会独立运行，发挥自动调节的稳定功能，从而可消除凯恩斯功能财政带来的政府对国民经济所作的主观武断硬性调节的危害。

美国经济发展委员会所主张的高度就业预算理论在实施时有两个原

① 〔美〕保罗·A·萨缪尔森、威廉·D·诺德豪斯：《经济学》，高鸿业等人译，中国发展出版社1992年3月第1版，第571页。

则。一是高度就业水平下的预算平衡原则,即按95%以上的人都有工作的前提条件来设定税率,以使预算收入与支出能保持平衡;二是边际预算平衡原则,即额外支出由额外税源去弥补,预算盈余通过减税去消除。

高度就业预算理论虽然回到了均衡预算的立场,但也没有完全排斥功能财政。美国经济发展委员会认为,当国民经济处于战争、大规模自然灾害等紧急状况或出现严重通货膨胀和萧条时,政府仍可以相机抉择通过赤字财政来刺激经济。美国经济发展委员会还认为,当人口的增长和生产力发展使国民经济达到了高度就业,国民收入大大增加时,政府在税率上作主观变动不仅是可允许的,也是必要的。

(四) 预算理论的沿革

上述三种预算理论反映了西方发达国家在不同历史时期国家预算实践的变迁。

到20世纪30年代为止,均衡预算论是资本主义发达国家的主导预算理论。在资本主义刚刚兴起之时,严格的年度预算平衡是为了在政治上限制和制约作为落后生产力代表的封建贵族的权势而被广泛提倡。当资产阶级坐稳江山之后,均衡预算论主要是代表了肯定和推崇市场机制的生命力的思想。小政府主义,即认为国家只是充当“守夜人”的角色,其他一切应交给市场去办的主张在政治、经济上占绝对主导地位。

然而,20世纪30年代的大萧条,使凯恩斯的功能财政论在短时期内取代均衡预算理论。人们开始认识到市场机制不是完美无缺的,经济的不稳定是不可避免的。为了对付周期性危机,人们起初只是对严格的年度均衡预算作修正,采用周期均衡预算。但是失业和通货膨胀的交替发作,使凯恩斯的相机抉择理论十分流行时,赤字财政和公共投资几乎成了挽救经济的唯一手段。同时,经济周期的规律性和非对称性也迫使人们逐步放弃周期性均衡预算而信奉功能财政,着力运用政府预算去平衡整个经济。为维持政府自身运作而制定的预算已经失去其本来意义,成为宏观经济调控的手段。同时,政治家为了一党一己的私利,也紧紧抓住功能财政这面旗帜,把国家预算作为扩大权势,延长自己的政治生命而随心所欲玩弄的政治工具。

尽管如此,许多人在凯恩斯主义盛行的20世纪30—40年代已经看出了功能财政的破绽。他们指出,在危机年代出现的赤字是税收下降和支出增加同时作用的结果,赤字的本身就是下一次危机的动因。20世纪70年代出现的长达10年之久的西方发达国家的滞胀使更多的人不得不认真思考功能财政的功过,对其存废作出“相机抉择”。不仅是以弗利德曼为首的货币主义和供应学派重新拾起古典经济学的武器,猛烈攻击凯恩斯主义的赤字财政,主张返璞归真,重新回到市场竞争的立场上来,就是凯恩斯的弟子们也对功能财政提出怀疑和种种修正。他们对凯恩斯的国民收入决定理论提出批评,指出凯恩斯所主张的关于失业与通货膨胀不会同时并存而是连续相互替代的观点不符合实际情况,以此为模型建立起来的有效需求管理理论和功能财政理论需要修正。有人指出,既然失业和通货膨胀是连续替代的,没有交点和断点,那么任何一种失业和通货膨胀目标水平都是反映了若干个通胀——失业替代曲线上的任意选定点。这样也就不存在一个唯一能支配其他所有因素的点,从而以充分就业为条件的功能财政是不可能的。政府预算只能沿着赤字增加的道路前进,最后庞大的财政赤字将使政府完全丧失调控宏观经济的能力和意志。

以此为背景,强调均衡原则的高度就业预算理论于20世纪60年代应运而生。越来越多的人,包括经济学家和政府官员要求为被凯恩斯所破坏的预算原则恢复其本来面目,纷纷强调均衡预算原则的复归,通过重新确定财政收支平衡的原则,有效地抑制公共支出。他们认为预算是维持国家政务的本原功能,应以多种方式来控制和调节收支以保持其平衡。调节的基本方向是控制支出而不是税收,即应千方百计按比例削减支出,而不是在税率上动脑筋,以使赤字得到控制。同时,人们还强调减少政府支出的意义不只在于改善政府财政收支状况而且还有利于私人经济部门活动范围的扩大,有利于市场经济的完善。从20世纪80年代起,西方各国都经历了痛苦的财政改革和重建的过程,并为此而建立了国家预算的如下两大基本法则:

第一,平衡预算的原则。美国国会于1997年通过《1997年平衡预算法》,规定在2002年以前实现财政收支平衡。克林顿政府经过努力将一度高达2 900亿美元的财政赤字减了下来,实现了财政盈余,1998年财政盈余额为692亿美元,1999年又增至1 244亿美元。

第二,货币当局独立于财政的原则。如果货币当局不独立于财政当局,政府仍可或向银行透支,或增加货币供应量来维持徒有虚名的平衡预算。

货币供应数量的变化就不是客观的,而是主观的。过多的货币势必造成经济运行中的信号扭曲,从而使经济的参与者决策错误。

三、西方国家的预算实践

财政是所有国家一切政务的物质基础。没有经济上的支撑,政府机构将无法运转。同时,国家预算的每一分钱的去向及其使用都事关国民的切身利益。因此,国家预算编制中的民主决策和执行中的民主监督至关重要。财政权力的民主化是民主政治的主要支柱。有人甚至认为,从历史发展来看,西方的议会民主和三权分立政制是在财政权力的民主化过程中得以逐步确立和完善的。

上文已经指出,预算是一个过程,分为编制—审议批准—执行—决算共四个阶段。参与这个过程的有内阁、议会和审计部门。从总体上看,三者独立行使权力,各司其职,从而形成相互制衡相互监督的关系(Check and Balance),但是从民主决策和民主监督的角度看,议会的作用更大一些。本节以美国为例,介绍分析西方发达国家预算的编制、执行和监督的框架及其运行机制。

美国是联邦制国家,各地方政府独立性相对较大,各地做法也有一定差异。因此,本节只讨论联邦预算过程。

(一)行政当局的预算编制

美国实行的是收支两条线预算编制制度,预算支出和预算收入分别由不同政府部门编制是美国预算制度的特色。负责预算支出编制的是白宫下属的行政管理与预算局,负责预算收入编制的是财政部。虽然美国的财政年度是每年的10月1日至次年的9月31日,但是预算的编制在其生效前17—18个月就开始,加上执行和决算前后整个过程跨越3个年度。下面以2001年预算为例分析介绍美国的预算编制过程。

先看预算支出这条线。行政管理与预算局(下称预算局)的支出预算编制工作启动最早。虽然2001年预算在2001年10月开始生效,但2000年4

月该局就要求政府各部、委及所属各司(局)处制订本部门的2001年预算年度的开支计划。5月底政府各部、委的财政主管机构(预算财务司)将汇总后的预算支出计划报送预算局。以各部委报送的概算为基础,该局大约花2个月时间,即在6—7月份综合各部、委的支出计划,编制整个联邦政府的预算纲要计划,为各部委确定各自的支出上限,并下达各部委。各部委在预算局下达计划支出上限后,先自行内部调整和修订开支计划。9月底,各部委将调整后的开支计划再次上报预算局。其后大约有2个月时间,是预算局与各部委之间的谈判,双方围绕着计划开支数进行讨价还价。各部委作为预算资金使用者往往是宽打窄用,尽可能从预算局争取更多的资金。预算局作为预算资金的分配者则尽可能压缩各部委的开支,减少其资金金额。双方虽不是漫天要价就地还价,但是“头戴三尺帽,准备砍一刀”则是题中应有之事。到11月底,预算局最终核定各部委开支计划,经过综合平衡之后大约在11—12月之间向总统提出2001年度联邦预算草案。至此,支出这条线的主要任务基本结束。

接下来看预算收入这条线。几乎在预算局着手编制支出计划的同时,财政部也开始着手编制收入计划。所谓收入计划,是对17个月后公共收入的估计。采用的方法是在上一年度实际收入金额基础上,根据政府部门掌握的各种经济统计资料和预测,结合新年度中政府的施政方针,按税种分两个步骤估算出来的收入水平。下面以预算收入中占比重最大的税种个人所得税为例加以说明。

第一个步骤是根据统计资料所提供的数字,计算出以往年度个人所得税应征总额和实际征收的所得税总额之间的比例,从而计算出2001预算年度应该征收的个人所得税额。

第二个步骤是,根据以往年度统计资料计算出个人所得税的税率,然后再参照2001预算年度中税制改革的具体计划来对其作进一步调整。最后把调整过的个人所得税额与第一个步骤中计算出来的个人所得税应征额与实际征收额的比例相乘,得出2001年度个人所得税的实际可征金额。

对各税种均按上述方法进行计算后大体上可得出2001年度预算收入的总额。财政部大约在2000年的11—12月之间将预算收入报告提交给总统。

在预算局和财政部分别向总统提出预算支出和预算收入报告之后,总统成为预算编制的主角。至此支出和收入两条线合二而一,由总统对收入和支出作最后平衡和决策。

从形式上来看,大约在11—12月间,预算局和财政部分别报送2001年度预算支出与收入草案后总统才介入。但是,实际上总统对预算的介入早在5—6月份就开始了。总统一方面指导其直属的预算局向各部委分配预算资金,另一方面通过财政部了解收入的预计数字,听取经济顾问委员会对经济形势的预测和判断,向联邦储备委员会了解金融货币状况。总统从两个途径来下达指令,了解情况,确定2001年度财政的方针政策和预算指导原则。

总统在收到预算局的支出报告和财政部的收入报告后,便开始最终调整支出计划和起草预算咨文。总统一方面根据其施政目标和政治需要来确定各项支出,另一方面关注收支的对比,以决定2001年度的预算是一个平衡预算,还是一个赤字预算,抑或是一个盈余预算。在基本定局后,总统便直接指导预算局起草预算咨文,对2001年度的预算构成、规模、特点一一作说明的同时,还写入他对经济形势的估计预测。2001年2月初,总统将预算支出计划和预算收入计划一起以预算咨文的形式送交国会。至此,预算的编制结束。行政当局的预算编制先后共花了8个月时间。

(二)立法机构对预算的审议

预算咨文的提出意味着预算过程从编制转入审议批准,主角也相应由总统为首的行政当局,转入国会众参两院构成的立法机构,由国会两院共同行使审议批准预算的职能。出于民主决策和监督的需要,国会将花近10个月的时间来完成对预算的审议和批准。

根据美国现行的法律,对预算的审议以众参两院的拨款委员会和预算委员会为主,经各自的拨款委员会和预算委员会详细审议之后再提请众参两院的全体会议审议和批准。这一套程序走完,预算就由草案变成了法律。

总统在1月份提出预算咨文后,国会的拨款小组委员会就开始行动了,酝酿和审议有关2001年度预算的意见。拨款小组委员会是众参两院根据政府的职能分别设立的,各有13个,分别隶属于众参两院拨款委员会,重要的有国防、公共服务、教育等。3月15日,各拨款小组委员会各自向两院预算委员会提出自己的意见。4月1日，国会预算处向两院预算委员会提出有关预算的报告书。两院预算委员会据此进行磋商，确定各项拨款金额，拟定两院的共同第一次预算决议，分别向两院提出。第一次预算决议的内容主要有岁入和岁出的总额，结余或赤字金额、公债发行金额，分门别类的岁出细目和税制改革内容等。

国会两院大约花1个月时间，即在4月15日—5月15日之间走完众院拨款小组委员会→众院预算委员会→众院全体会议→参院拨款小组委员会→参院预算委员会→参院全体会议的分层审议程序，并于5月15日对第一次预算决议进行表决。

时隔4个月之后，9月15日，国会对第一次预算决议进行再次审议，以重新确认或予以最终否决，并通过相应决议。第二次预算决议如对第一次预算决议有所修改或不一致的地方，属于支出方面的调整，则由各拨款小组委员会提出动议，如属于收入方面的调整，则由预算委员会提动议。第二次预算决议在国会通过之后，即被送回白宫，由总统签署生效。如果总统予以否决，则退回国会重新审议。如果总统在收到国会的第二次预算决议后10天之内不表示反对意见并不把预算草案退回国会的话，预算草案就完成立法手续，成为法律。

在漫长的国会审议之中，议员们除了在会场上各抒己见，激烈辩论之外，还花大量的时间接触选民和选区内各类代表，听取意见，据此对预算提出种种修正。各种利益集团也在此期间大肆活动，按自己的利益所在游说议员，以期在国会通过对己有利的预算。在以私有制为基础的西方议会民主三权分立的政制之下，行政当局和议员从本质上说都是垄断资本家的代表。但是也不可否认，议员的选举产生，不能不使议员们在为垄断资本家服务时，也在一定程度上倾听普通老百姓的意见，反映他们的愿望。从本质上讲，西方三权分立的议会民主保证了财政大权行使的公开化、透明化。

（三）预算的执行

预算的执行是由美国总统负责，财政部具体承办。执行预算就是把税收及其他公共收入征入国库，然后按照预算决议分门别类地把资金分配到各部门去，让其使用。财政部国内收入局按照有关法令征税，并把所征款项解入国库。同时,财政部把资金分配到行政当局各部委,再由各部委的预算财务司由上而下地分配到各下属职能部门。如果有必要,财政部和各部委的预算财务司依照有关法律在各自权限之内对资金的流向和使用、进度和规模进行调整。

在预算的执行中,资金的出纳是一个重要问题,从理论上讲,应该将所有收入集中起来后再分配到各部门去。但是,实际上税收及其他公共收入因项目不同,来源不同,其发生地和交纳地都并非一致。同时,资金使用部门和单位又是分布于全国各地,使用的时间、进度、规模也不一样。为了将大量资金集中起来再将其分配出去就必须建立专门的预算出纳机构,即国家金库。为了解决资金集中与分配上的保管、运转等问题,美国实行银行代理国库制度,把预算资金的出纳事务全部交由联邦储备委员会。联邦储备委员会是美国的中央银行,其分支机构遍及美国各地,由它代理国库,不仅有利于加速资金调拨,而且有利于简化手续,降低使用成本。因此,财政部在美国联邦储备委员会开立账户,全部公共收入进此账户,全部公共支出也从此同一账户拨出。

(四) 预算的监督

美国对预算的监督是多方面多层次的,分散于预算的编制—审议批准—执行—决算过程中的各个环节。

对预算的监督最集中体现于议会对预算的审议和批准上。这在前面已经讲过,不再重复。

财政部门在执行中的自身监督和审计部门的事后监督也十分重要。

财政部门的监督是通过财政总监制度来体现的。美国联邦财政部内设一名由总统任命的财政总监,负责监督预算的执行和财政政策的执行,处理财税违法问题。这名财政总监虽然是由总统任命,但他既对总统负责也对国会负责,发现问题可以直接向国会报告。在联邦政府各部委内部也都驻有一名由总统任命的财政总监,他对总统和财政部负责,所在部门的每一笔款项支出均经过他签字才能拨付。

审计部门监督是由总会计署来实施的。总会计署直接向国会负责,对联邦预算执行情况逐一进行审核,确认每一笔支出是否按国会通过的预算法案来分配使用。总会计署将其审计结果连同行政当局的决算一起送交国会审议批准。

相对美国而言,法国的预算监督更为严密。除了议会审议批准之外,法国还通过公共会计、财政监察专员、财政监督总署三个渠道来实施对预算的全过程监督。公共会计均是国家公务员,约有57 000人分布于全国,负责预算中公共支出的支付工作和拨款前的财政审查。开支的决定由政府部门作出,但实际支付是由公共会计负责。当有关政府部门决定一笔支付向公共会计要求付款时,公共会计有权审查这笔开支是否符合预算范围,手续是否齐全,如发现问题,公共会计有权拒绝付款。财政监察专员由财政部预算司任命并派驻中央政府各部委和全国各大区。财政监察专员代表财政部监督所驻部门的行政首长使用该部门预算经费的情况和人员工资、机构运转情况。行政部门首长每一笔开支均需财政监察专员审查签字同意后才可交付公共会计要求付款。一经发现问题,财政监察专员不仅可拒绝签字,而且有权冻结该部门的预算。财政监督总署是法国财政部内的专门监督机构,由财政部长直接领导。该署不仅在部内负责检查财政部下属的税务总局、海关总署、国库司、预算司等部门的业务,还可以根据财政部长的命令,检查其他各政府部门的财政收支。

四、中国的预算改革

(一)中国国家预算的构成

中国的国家预算是按照一级政权设立一级预算的原则建立的。按照宪法规定,中国的国家政权是由中央人民政府,即国务院,地方政府,即指各省、自治区、直辖市,设区的市(州),县、区及乡、镇共5级组成。与此相适应,中国的国家预算由中央预算和各级地方政府预算组成。

中央预算即经法定程序批准的中央政府各部委财政收支计划的统称。地方预算是经法定程序批准的地方政府财政收支计划的统称,由各省、直辖市、自治区的总预算构成。地方各级总预算由本级政府预算和汇总的下级政府预算组成,没有下级政府的,该级政府总预算即是本级预算。中国现行的预算体系如图5-4所示。

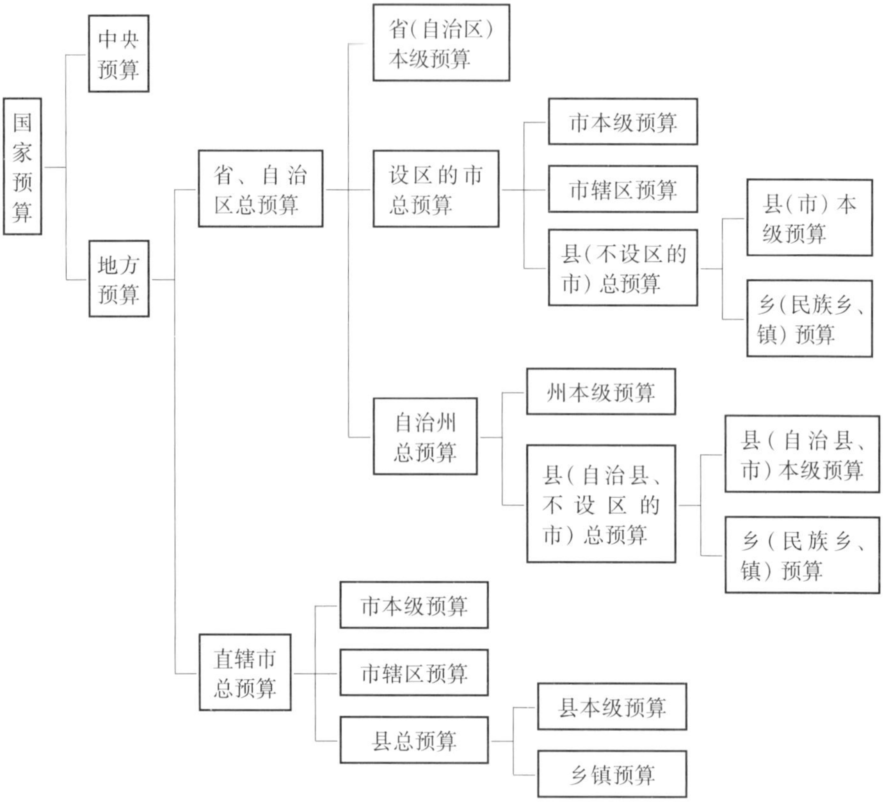

图 5－4　中国现行预算体系

资料来源:项怀诚主编:《领导干部财政知识读本》,经济科学出版社,1999 年 9 月第 1 版,第 201 页。

从图 5－4 中可知,预算的构成与政权体系层次划分基本上是对应的。但也有例外。首先是派出机构的预算。地区或县辖区不是一级政权机构,前者是省级人民政府的派出机构,后者是县级人民政府的派出机构,均不设人民代表大会。因此地区和县辖区不具备设一级预算的条件。但考虑到实际工作的需要,也赋予地区和县辖区以一定的预算管理权限。其次是乡镇的预算。由于各地乡镇经济发展水平不均衡,有的乡镇经济活动水平很低,财政收支规模较小,设一级独立预算条件不成熟,因此,经省级人民政府批准,这些乡镇可以不设预算,由县级政府代为编制。

(二)复式预算的建立

新中国成立以来,中国的国家预算一直采用单式预算,将财政收支不分资金性质、来源和用途,统一编制在一个预算表中。这种预算编制方式和结构比较简单,可以反映财政收支的全貌,也是同当时统收统支的财政体制相适应的。

改革开放以来,统收统支的财政体制已经打破,经济主体多元化进展迅速,政府的职能已有很大转变。单式预算已经无法反映政府活动的全貌,也不能适应宏观经济调控和经济建设、国有资产经营的要求,因此,根据 1991 年国务院颁布的《国家预算管理条例》,自 1992 年起中国开始实行复式预算制度。

1994 年 3 月 22 日第八届全国人民代表大会第二次会议通过了《中华人民共和国预算法》,该法自 1995 年 1 月 1 日起正式施行。《中华人民共和国预算法》对国家预算总原则、管理职权、预算收支范围、预算福利、预算审查与批准、预算执行、预算调整、决算、监督和法律责任等作了详细规定。该法第 26 条规定:中央预算和地方各级政府预算按照复式预算编制。

目前,中国的复式预算由经常性预算和建设性预算两部分组成。简言之,经常性预算反映“吃饭财政”,即是维持国家机器运转的财政收支计划。建设性预算反映“建设财政”,即是国家进行国有资产经营和其他建设性经济活动的财政收支计划。

经常性预算由经常性收入和经常性支出组成。经常性收入是指国家以社会管理者身份取得的各项税收收入和其他一般性收入。具体来说,经常性预算收入包括:除城市维护建设税、固定资产投资方向调节税已于 2001 年暂缓征收和耕地占用税以外的各项税收,非生产性企业亏损补贴(商业、粮食、外贸企业亏损补贴)及其他收入。经常性支出是指国家用于维持政府活动,保障国家安全和社会秩序,发展各项社会公益事业以及用于人民生活和社会保障等方面的支出。具体来说经常性预算支出包括:非生产性基本建设支出、事业发展支出(文化、教育、科学、卫生事业费,农林水产部门事业费等)、国家政权建设支出(行政管理费、国防费等)、政策性补贴支出等(参见表5-1)。

表5-1 中央复式预算经常性预算简表

收入项目	金额	支出项目	金额
1. 各项税收		1. 非生产性基本建设支出	
消费税		2. 事业发展和社会保障支出	
增值税		农林水事业费	
营业税		文教、科学、卫生事业费	
进口产品消费税和增值税		教育费附加支出	
国有企业所得税		工业、交通、商业部门事业费	
地方金融企业所得税		抚恤和社会救济费	
其他工商税		3. 国家政权建设支出	
证券交易印花税		行政管理费	
关税		公检法支出	
外贸企业出口退税		国防费	
2. 非生产性企业亏损补贴		武装警察部队经费	
3. 国家预算调节基金收入		4. 对外援助支出	
4. 专项收入		5. 价格补贴支出	
5. 教育附加收入		6. 其他支出	
6. 其他收入		7. 中央预备费	
本级经常性收入小计		本级经常性支出小计	
地方上解收入		补助地方经常性支出	
经常性收入合计		经常性支出合计	
		经常性预算结余	

建设性预算由建设性预算收入和建设性预算支出组成。建设性预算收入是指国家以国有资产所有者身份取得的收入,各项专项建设基金和国家明确用于建设方面的收入。具体地说,建设性预算收入包括:经常性预算结余、专项建设性收入(城市维护建设税、耕地占用税、征收排污费和城市水资源费收入、国有土地使用权有偿出让收入等)、生产性企业亏损补贴(工业、农林水产、气象等企业亏损补贴)。建设性预算支出是指国家预算中用于各项经济建设活动的支出。具体来说,建设性预算支出包括:生产性基

本建设支出、企业挖潜改造和新产品试制费、地质勘探费、支援农业生产支出、支援经济不发达地区发展资金等(参见表5－2)。

表5－2　中央复式预算建设性预算简表

收入项目	金额	支出项目	金额
1. 经常性预算结余		1. 生产性基本建设支出	
2. 专项建设性收入		2. 挖潜改造和新产品试制费	
城市维护建设税		企业挖潜改造资金	
国家能源交通重点建设基金收入		新产品试制费	
基本建设贷款归还收入		3. 增拨企业流动资金	
改烧油为烧煤专项收入		4. 地质勘探费	
其他建设性收入		5. 支援农业生产支出	
3. 生产性企业亏损补贴		农业发展专项资金支出	
本级建设性收入合计		6. 支援经济不发达地区的发展资金	
建设性预算收支差额		7. 商业部门简易建筑支出	
中央收入合计		本级建设性支出合计	
中央本级收入		补助地方建设性支出合计	
债务收入		建设性支出合计	
用于弥补预算支出差额的国内债务收入		中央支出合计	
用于归还债务本息的国内债务收入		中央本级支出	
国外借款收入		国内外债务还本付息支出	
用于安排重点建设支出的国外借款收入		国内债券还本付息支出	
中央收入总计		归还向人民银行借款的利息	
		国外借款还本付息支出	
		利用国外借款安排的重点建设支出	
		债务收大于支部分转结下年	
		中央支出总计	

资料来源：何振一、阎坤、雷爱先著：《构造有中国特色的市场经济财政体系》，江苏人民出版社，1999年8月第1版，第67—68页。

复式预算制度的建立，是中国预算制度的一大进步。但是，现行的复式预算是从过去以统收统支为基础的单式预算中的收支科目按性质和用途的粗糙划分,覆盖范围不完整、不详细,还带有计划经济的痕迹,与国际上通行的复式预算要求还有相当差距,许多地方无法与国际接轨。其主要问题是:

1. 经常性预算与建设性预算之间界限不清。从本质上来说,经常性预算应该是国际上通用的公共预算。但是一些用于公共产品的提供的支出,如城市维护建设、环境污染治理等没有包括在经常性预算之中,而是列入了建设性预算。建设性预算应当以国有资产经营为中心,但是在其收入中却将若干税收包括了进来。

2. 现行复式预算的编制和内容未能适应改革开放的需要。复式预算并非只限于两个预算,可以设立多个预算。中国正处在从计划经济向社会主义市场经济过渡的改革进程之中。国家经济生活中不断有新情况出现,比如社会保障,过去由企业负担,现在由社会统筹,已成为政府经济行为的重要组成部分。加之中国是个人口大国,社会保障问题十分突出,因此应该列有单独的社会保障预算。再如中国仍有大量的国有企业,也必须为国有企业经营管理产生的收支列有单独预算。但中国尚未设立社会保障预算和国有资产经营预算。同时,中国还有一个规模庞大的预算外资金,这也很不规范。关于预算外资金问题,下文将有专门论述。

(三) 中国的预算监督

从本质上讲,中国的预算监督与世界上主要国家一样,都是由立法机构监督和财政部门监督共同构成。但是,由于社会制度的不同和历史文化背景的区别,中国的预算监督有其特色。

1. 全国人民代表大会及其常委会的监督。在西方国家的预算监督中,立法机构,也即议会的监督居主导地位,议会在审议预算时比较细,有权对某项具体支出和税制变化提出质疑乃至否定。中国实行的是以人民代表大会为体现的民主集中制。立法机构的监督也由人民代表大会对预算的监督来体现。根据宪法和《中华人民共和国预算法》等法律规定,各级人民代表大会的职权有:预算、决算的审批权,预算、决算的监督权,对预算、决算不适当的决定的撤销权(即各级人民代表大会全体会议有权撤销本级人代会常委会作出的对预算、决算的不适当决定)。各级人民代表大会常务委员会的职权是:预算的监督权、预算调整方案的审批权;根据授权对决算进行审计,对决算方面不适当决定的撤销权(即各级人民代表大会常务委员会有权撤销本级人民政府和下一级人民代表大会关于预算决算的不适当决定)。

为了方便各级人民代表大会及其常委会的审批监督,各级人民政府须在本级人代会开会前1个月将预算草案主要内容提交本级人代会的专门委员会进行初审。在人代会开会时,本级政府财政部门负责人向大会正式提交预算草案,提请审议,待批准后预算才成为法律。途中因情况变化,预算需要调整时,即因特殊情况或形势变化需要增加支出或减少收入,必须经过各级人代会常委会审查批准方可进行,财政部门未经批准不能擅自变更预算使用。

从整体上看,中国各级人代会及其常委会是民主选举产生的,代表了人民群众的根本利益,它们对预算的审议和对预算调整的审批体现了人民群众对国家预算的监督。这同西方议会在对预算的监督中相当多受到来自各方面的利益集团的压力的影响是有根本区别的。但是中国立法机构对预算的监督还有许多需要改进完善之处,主要有:

第一,预算审议尚待深入和细化。以全国人民代表大会为例,它是非常设的立法机构,每年开会一次,代表多达数千人,会期一般为半个月,其中用于国家预算审议批准的时间极其有限。而且,财政部门提出的预算说明只是一个总的概况而无具体开支和收入细目。因此,全国人民代表大会对预算的审议只是总体的把握,而非实质性具体审议。这与西方发达国家立法机构要花数月按政府职能分组逐一审议政府的开支和收入有很大差距。在西方发达国家议会中,议员都是职业政治家,对政府的运作和预算的结构与分配有很深的了解。相对于他们,中国的人大代表均非职业化,来自方方面面,对全局的了解较少,对政府内部运作和预算的知识了解更少。

第二,对预算调整的把关有限。中国预算的法规化、规范化是近年来的新事物,立法机关对预算的审议批准有个逐步深入的过程。其中,人大常委会对预算的审议负有更多的责任。相对人大全体会议来说,常委会是常设的,其组成人员对全局和政府运作有比较深刻的了解。但是由于旧体制的惯性,预算的编制和调整随意性很大。由于人大开会和财政年度开始日期的差异(中国的财政年度是每年1月1日为开始时间,而人大开会时间一般为3月初)以及统计等方面的技术原因,往往新的预算已经在执行,而人大及其常委会尚未对其进行审议。预算的调整也同样,往往是已经调整然后由人大常委会予以追认。从历年来的调整情况看,调整的幅度往往比较大。1998年增发国债1 000亿元用于扩大公共投资;1999年又决定增发2 700亿元特别金融国债,用于冲销国有商业银行坏账,提高其资本充足率,同时增发国债600亿用于扩大公共投资。税收方面,1998年至1999年之间几度提高出口退税比率。这些都是预算执行过程中的调整。显然人大常委会的事先审议批准,以及对调整幅度的控制都需要进一步改善。

2. 与人民代表大会的预算监督相比,财政部门的预算监督比较具体严格。《中华人民共和国预算法》、《预算法实施条例》和《会计法》明文规定:"各级政府财政部门负责监督检查本级各部门及其所属单位预算的执行,并向本级政府和上一级政府财政部门报告财政预算执行的情况。""各单位必须依照法律和国家有关规定接受财政等机关的监督。"

财政部门的监督除通过财政部派员在各地的中央财政监察专员办事处常驻就地监督之外,还由各级财政部门开展下述三种形式的监督检查:

第一,日常监督检查。主要是对预算执行和财政管理中的某些重要事项进行日常监控。具体内容是结合预算编制对财政资金的分配进行事前审核、稽核,对资金拨付和使用进行事中的审核、控制,对财政资金运行中的某些重要环节进行监控和实地检查。

第二,专项监督检查。中国正处于经济转轨时期,各种经济制度、经济关系正处于重新组合调整之中,相应的法规政策也不尽完善。在许多地方出现"真空"和"断层"。为此财政部根据日常监督中发现的问题,有针对性、有重点地开展专项检查,1995年以来对小金库的检查以及1997年针对政法和工商等执法机关罚没收入使用管理混乱而开展的收支两条线专项检查均是典型事例。

第三,全国财税大检查。在1985年至1998年期间,国务院多次统一组织全国性的财政、税务、审计和物价等方面的大检查,收到很大成效。但因涉及面广,工作量大,再加上各项制度逐步建立,日常及专项监督检查逐步完善,国务院于1998年决定,今后不再开展全国性的财税大检查。但是,2007年春根据形势发展需要,国务院又布置开展了全国性资金清查工作,全面地清查了各级政府、事业单位等公共部门及其附属物的财务收支和固定资金等方面的情况。

(四) 预算外资金管理

从理论上讲,一切财政资金均要纳入预算范围进行管理。但是,实践中,总有一部分财政资金是游离在国家预算之外的。以美国为例,政府资助企业(Government Sponsored Enterprise)的获益都不进入联邦预算。只是其经营状况需在预算中公布。又如联邦储备委员会的财务情况也不列入预算,只是其收益进入财政部账户,列入联邦预算收入。一般来说,西方发达国家的预算外资金仅仅是特例,数量也不大。但是中国情况则不同,预算外资金不仅普遍存在,而且其规模直逼预算内资金,为此需要专门予以介绍。

预算外资金是计划经济体制的残留物。在高度集中的计划经济体制中,一切经济活动都在中央政府的统一计划控制之下,各行为主体被剥夺了自主权,也被剥夺了独立利益。然而,计划不是万能的,无法满足各方面的各种需要。为此,实行统收统支后不久,中央政府开始给各地方各部门各企业以计划外的小自由,除了各地因地制宜执行政策外,财政上在国家预算之外,也给各方面以少量机动财力让其自由支配。20 世纪 50 年代初,行政机关的生产收入,通过征收地方附加公粮形成的农村乡自筹,成为预算外资金的主体。当时数量很少,1953 年全国预算外资金只有 8.91 亿元人民币,相当于预算内收入的 4.2%。随着社会经济发展,各地方、各部门自行收支的数量不断增大,特别是“文化大革命”中,国内局势混乱,财权也相应下放和分散。到 1976 年,预算外资金收入达 257.32 亿元人民币,相当于预算内收入的 35.5%。改革开放之后,在放权让利的改革思想指导下,财政管理体制多次调整,各地方各部门需要利用自己机动财力的事情日益增多,自行征收的税费也在增加。以此为背景,1992 年全国预算外收入已达3 854.92亿元人民币,相当于预算内收入的 97.7%,从而成为不折不扣的第二预算①。当时,预算外收入主要有三部分:地方财政部门的各种税费附加,行政事业单位的一些收费、基金,国有企业的折旧基金和税后留利等。

1993 年国家对预算外资金开始清理。当年颁布的《企业财务通则》和《企业会计准则》规定国有企业的折旧基金、税后留利等不再作为预算外资金。预算外资金只在地方财政部门和行政事业单位两部分发生。1994 年国家实行了分税制,中央政府与地方政府、国家与企业的分配关系以及政府经济行为与市场经济行为的界限基本明确。以此为发端,1996 年 7 月 6 日,国务院颁布了《关于加强预算外资金管理的决定》,对预算外资金的性质、来

① 国家体改委研究所、中共中央党校经济研究中心组编,何盛明主编:《中国财政改革 20 年》,中州古籍出版社,1998 年 12 月第一版,第 69—71 页。

源和使用作了明确规定。

该决定指出,预算外资金是指国家机关、事业单位、社会团体、具有行政管理职能的企业主管部门(集团)和政府委托的其他机构代为履行或行使政府职能,依照国家法律法规和具有法律效力的规章而收取、提取、募集和安排使用,未纳入财政预算管理的各种财政性资金。这就明确了预算外资金的性质是属于财政性资金,其来源是代行政府职权收取的费用,其使用必须纳入国家的统一管理。

2002 年 6 月 28 日,财政部、中国人民银行又印发了《预算外资金收入收缴管理制度改革方案》。该方案明确规定预算外资金实行“收支两条线”,逐步将预算外资金纳入国库单一账户管理。

(五)预算制度改革

近年来,中国在预算制度方面进行了较大力度的改革,改革使中国的财政预算管理在一定程度上得到了优化。

1. 部门预算改革。

部门预算就是指一个部门一本预算,各主管部门在所属单位上报的预算基础上,汇编本部门预算,经财政部门审核后报本级人大审议通过的反映部门所有收入和支出的预算。编制部门预算是发达国家和大多数发展中国家的通行做法,也是中国社会主义市场经济体制改革、建立公共财政框架的基本要求。

2000 年以前中国没有编制部门预算,财政部门给各级人大提交的预算草案,是收入按类别、支出按功能编制的预算,由这个预算,人民代表从预算草案上看不到各个部门使用了多少财政资金,主要用于哪些项目、部门预算外资金规模有多大等,显然不利于人民代表进行审查和监督,也不利于防止预算分配过程中的暗箱操作和腐败行为。

为了克服不按部门编制预算的种种问题,根据全国人大常委会提出的细化预算草案内容、增强透明度的要求,财政部于 2000 年 9 月下发《关于改进 2000 年中央预算编制的通知》,选择农业部、科技部、教育部、劳动与社会保障部四个部门,进行报送部门预算的试点。2001 年起,各地方也开始在一些部门试点编制部门预算。截至 2002 年初,全国 36 个省、自治区、直辖市和计划单列市本级财政全部实行部门预算。推行部门预算后,财政部的内设机构和职能也相应重新设计，由预算司作为统一管理预算的部门，且基本做到一个部门归口财政部的一个业务司，这些新做法也有利于财政资金的统筹合理使用和效率的提高。

实行部门预算改革后，各部门预算编制的预算要反映本部门所有的收入和支出，包括一般预算的收入和支出和基金预算的收入和支出；在部门一般预算中，又包括预算内收支和预算外收支。其中一般预算收入指部门及所属事业单位取得的财政拨款、行政单位预算外资金、事业收入、事业单位经营收入及其他收入等。一般预算支出主要指部门及所属事业单位的基本建设支出、挖潜改造和科技三项费用、各项事业费、社会保障支出及其他支出等。基金预算收入包括部门按国家规定取得的基金收入，如水利部门的水利建设基金、电力部门的电力基金等，基金预算支出是部门按国家规定从基金中开支的各项支出。

2. 政府采购。

政府采购制度是强化预算支出监管的重要手段，自 1782 年在英国创立以来，已有 200 多年的历史。20 世纪 90 年代中期，政府采购改革试点工作在中国的一些省市开始进行，并迅速在全国展开。

中国的政府采购首先是从上海市开始的，1995 年上海市财政局开始政府采购制度的试点，对部分行政事业单位大额财政拨款的设备购置试行集中采购，1998 年 12 月，上海市政府正式颁布《上海市政府采购管理办法》。深圳市从 1997 年开始对行政事业单位的各项公用物资的采购实行公开招标方式，凡用财政性资金（包括预算内、预算外、单位事业收入等）购置单台设备超过 10 万元的，除特殊物资外，一律以公开招标的方式进行。1998 年 10 月，深圳市人大常委会审议通过了《深圳经济特区政府采购条例》，这是中国第一个关于政府采购的地方性法规。

政府采购制度的试点取得了显著的经济效益和社会效益。如上海市 1999—2000 年两年间累计采购总额 37.38 亿元，节约资金近 3 亿元。

各地开展的政府采购制度试点，是推行政府采购制度的有益尝试，但各地作法参差不齐，制度不健全，欠规范，不利于从根本上保证政府采购制度和原则的统一，有些地方对参与企业进行人为限制，甚至有利用政府采购手段进行地方保护的倾向。为此国家财政部于 1999 年起先后出台了《政府采购管理暂行办法》、《政府采购招标投标管理暂行办法》和《政府采购合同监督暂行办法》等规章制度。2002 年 6 月 29 日中国颁布了《中华人民共和国政府采购法》,这标志着中国政府采购制度走上了规范化的轨道。

3. 国库集中收付制度。

国库集中收付制度,简单地讲,就是按照国家预算级次,建立财政国库单一账户体系;所有财政性资金都纳入各级政府预算统一管理,收入直接缴入国库或在财政指定的商业银行开设的单一账户;所有财政性支出均由财政国库支付机构从单一账户直接支付到商品或劳务供应者。

国库集中收付是公共预算执行的重要环节,是市场经济国家普遍采用的一种财政资金收付制度,美国、日本、英国、法国、加拿大等经合组织国家都实行了这一制度。

中国长期以来实行"分散支付"的国库管理制度、财政性资金的缴库和拨付,主要通过征收机关和预算单位设立多重账户分散进行。由于各级财政、税务、海关及其他政府收费部门都自行设立众多的收入过渡账户,因此,除了一些单位按规定将所收入资金就地缴入国库,大多数情况下资金都要通过上述过渡账户;有的财政性资金还按行政隶属关系层层汇总到主管部门账户,再由主管部门缴入国库。这种分散支付制度有很多弊端。(1) 各部门多头开列账户。各商业银行为了承揽储蓄往往置有关规定于不顾,推动多头重复开列账户,致使财政资金分散,脱离了财政的统一管理。当财政部门按月、季度或按进度向预算单位拨款后,资金支出大权实际控制在预算单位手中,上级单位往往通过收入过渡账户"雁过拔毛",资金被截留、挤占、挪用的问题时有发生,甚至诱发腐败。(2) 预算信息管理滞后,由于大量资金分散于各商业银行,财政部门无法及时了解资金使用效率和运转状况,不利于对财政经济形势作出正确判断。(3) 大量资金沉积。因为各单位资金使用时间规模不一,有一个逐渐使用的过程,而财政部门又是按期拨付的,势必造成一方面财政部门为如期拨付资金而不得不发行短期公债或向银行借款,另一方面又有大量财政资金沉淀于各商业银行的局面。

中国着手改革现行国库管理制度,最早是九届人大四次会议,当时通过的《国民经济和社会发展第十个五年纲要》中指出,要建立以国库单一账户为基础的现代国库集中收付制度。2001 年 3 月国务院公布《财政国库管理制度改革试点方案》,要求在"十五"期间全面推行国库集中支付制度。当年,安徽、四川、福建、重庆、辽宁、黑龙江、江苏、山东、浙江等地都开始了国库集中支付制度改革试点。2003 年国库集中收付制度开始在全国范围内推行。到 2004 年底,有 140 个中央部门,30 个省、直辖市和自治区和 150 个地级市、200多个县先后实现了国库集中支付。到2005年11月，全国30余个省、直辖市和自治区全部实现了国库集中支付。

国库单一账户体系是国库集中收付制度的基础，具体由五类账户集合组成：

（1）由财政部门在中国人民银行开设的国库单一账户，用于记录、核算和反映纳入预算管理的财政收入和支出，它是财政部门在中国人民银行设立的存款账户，是账户体系的基础；

（2）财政部门在商业银行开设的零余额账户，并同时为预算单位开设零余额账户。通过零余额账户，以"财政直接支付"和"财政授权支付"两种方式，将财政资金直接支付到商品和劳务供应者。商业银行每天与财政部开设在中国人民银行的国库单一账户进行清算；

（3）财政部门在商业银行开设的预算外资金专户，用于记录、核算和反映预算外收入和支出，并对预算外资金的日常收支进行清算；

（4）小额现金账户，用于记录、核算和反映预算单位的小额零星支出，并与国库单一账户进行清算，在代理银行管理信息系统比较完善的情况下，此类账户也可以与预算单位零余额账户合并使用；

（5）经国务院批准或授权财政部批准开设的专户。

在国库集中支付制度下，财政资金支付实行"财政直接支付"和"财政授权支付"两种方式。其中，工资支出、大额购买支出、转移支出实行财政直接支付方式；小额购买支出和零星支出实行财政授权支付方式。财政直接支付，指按照部门预算和用款计划确定的资金用途和用款进度，根据用款单位申请，由财政部门将资金直接支付到商品、劳务供应者或用款单位。财政授权支付指根据部门预算和用款计划确定的资金用途和用款进度，由预算单位自行开出支付令将资金支付到商品、劳务供应者或用款单位。尽管在支付令的签发主体上有所不同，两种支付方式都是支付到最终的商品和劳务的供应商，都是采取与国库单一账户或预算外资金财政专户清算的方式，只有在预算单位支付行为实际发生时，财政资金才会从国库单一账户或预算外资金财政专户中流出。

总体上说，国库集中支付制度的推行，使政府直属各部门的预算内、外资金全部纳入统一会计核算，实行单一账户、集中支付，实现了政府对财政资金，特别是预算外资金全方位、全过程的监管，是中国预算管理制度改革和完善的一项重要突破。

4. 预算制度的进一步改革。

以上预算制度改革是中国预算制度完善的重要步骤，但目前的预算制度仍有待进 步优化，这主要体现在完善复式预算和实行零基预算等方面。

首先，将现行的二元复式预算逐步改为多元复式预算。

目前考虑的是将国家预算从经常性预算和建设性预算的二元结构改为政府公共预算、国有资产经营预算和社会保障预算的三元结构，待条件成熟时再考虑增设财政投融资预算。

拟议中的政府公共预算是指国家以社会管理者身份取得的收入和用于维持政府活动，保障国家安全和社会秩序，发展各项社会公益事业的支出的计划。其中公共预算收入应包括各项税收和行政性收费。行政性收费主要有三类：一是为特定对象提供服务所收取的费用，如签证费、护照及其他证照费等；二是使用费，包括公益性国有资产和公共设施使用费，如高速公路的车辆通行费、博物馆门票等；三是罚没收入，包括对违章违法者罚款及没收财物的收入。这样，公共预算收入的主要来源应是增值税、消费税、营业税、企业所得税、个人所得税、关税等税收、公益性国有资产收益、行政性收费和罚没收入等。

公共预算支出应主要包括三个部分：一是维持性支出，即用来维持行政事业单位行使此职能所需的人员经费及日常业务费用支出；二是再分配性支出，如价格补贴、社会救济、优抚等支出；三是公益性国有资产建设和管理支出，如公共道路、办公大楼、公共设施、环境保护等方面支出。这样，公共预算开支主要是：国家政权建设支出、各项事业发展支出、国家公益性基本建设支出（即文化、教育、科研、国防、行政机关各部门的基本建设支出）、社会福利事业费支出、公益性国有企业亏损补贴支出、政策性补贴支出、对外援助支出、债务支出等。

按照国际惯例，公共预算不得列有赤字，在保证各项公共支出合理需要的前提下，应当争取有较多的结余转入下述的国有资产经营预算。

拟议中的国有资产经营预算是指国家以国有资产和国有资源所有者身份取得的收入和国家用于经济建设以及国有资产经营方面的支出的计划。

国有资产经营预算收入主要有四个来源。一是上文所说的公共预算的结余转入；二是经营性国有资产收益，其中包括国有独资企业利润上交，国家由参股出资的股份制企业、联营企业、与外国合资合作企业取得的国有资产收益（国家股的股息和红利），国有资产的出售、转让收入；三是资源性国有资产收益,如资源税、土地增值税、矿产资源补偿费等;四是专项建设费基金收入。

国有资产经营预算支出相应有:国家经营性基本建设支出,即国有工业、交通、能源、水利等部门的基础性建设投资;国有企业生产性亏损补贴;支援农业生产支出;挖潜改造和新产品试制费,支援经济不发达地区发展资金支出和专项建设基金,如改烧油为烧煤的专项支出、电力建设基金支出、石油天然气储备有偿使用支出、石油和天然气勘探开发支出等。

国有资产经营预算的部分资金可以通过举借国内和国外债务的方式筹措。但必须借债有度,结构合理。

对于国有资产经营预算的范围,有不同意见。大多数人认为应该把国有资产和国有资源都包括进去。但也有人认为国有资源不应包括进去,因为国家对国有资源的根本任务在于保护,以维护国家作为所有者的权利,促进资源的合理开发利用。国家不应将国有资源的盈利和增值作为主要目标。他们认为,国有资产经营预算只应局限于经营性国有资产。国有资产经营预算应是国家以终极所有者身份来调整和监督国有经营性资产运营的工具①。

2007 年 5 月 30 日,温家宝总理主持召开国务院常务会议,决定从 2007 年开始在中央本级试行国有资产经营预算。各省、市地方政府所辖的国有资产经营预算试行的时间和范围由各地方政府自行确定。

拟议中的社会保障基金预算是指国家以行政手段筹集和管理的社会保障收入和用于社会保障方面支出的计划。社会保障的范围很广,一般应该包括社会保险、社会救济和社会优抚三个部分。鉴于社会救济和社会优抚已经列入政府公共预算。这里讲的社会保障预算只是社会保险意义上的社会保障收支计划。据此,拟议中的社会保障基金预算应反映和监督社会保险事业各项基金的筹集、使用和保值增值。

社会保障基金预算的收入应是:社会职工基本养老保险基金收入、职工失业保险基金收入和社会医疗保险基金收入、住房公积金收入等。将来条件成熟时,将开征社会保障税作为收入来源之一。

社会保障基金预算支出是:社会基本养老保险基金支出、社会失业保险基金支出和社会医疗保险基金支出、住房公积金支出等。

---

① 参见何振一、阎坤、雷爱先著:《构造有中国特色的市场经济财政体系》,江苏人民出版社,1999 年 8 月第 1 版,第三章“深化公共分配关系改革统一国家财政”的第二节“完善复式预算,统一国家财政”中的“四、建设有中国特色的国家预算体系”。

社会保障基金预算应该自求平衡,如有结余应用于购买国家债券。

其次,逐步实行零基预算。

长期以来,中国预算编制实行的是基数预算,即以上一年度实际支出为基数,考虑本年度财政收入状况和影响支出的各种因素来编制本年度的支出,对不同的支出分别确定一个增长比例,从而确定预算。这种做法为大多数国家所采纳,简便而易于操作,但是不太合理,不符合强化预算管理的要求,容易形成各部门的经费增长与其事业发展状况脱节。由于按基数法确定支出是在原有支出基数上进行增加,因此诱导了政府机构不断膨胀,加剧了各部门之间的贫富不均,预算支出呈刚性增长。再者,基数法本质上是对过去支出的承认,对过去支出的合理性缺乏分析,只根据财力增加和新的支出因素来确定新的支出水平。由于预算编制和预算执行上的时间差,常常形成本年度预算已经开始而上一年度实际支出尚未结算出来的情况,致使基数法的实施缺乏客观依据,预算支出金额的核实过于随意化。

为了消除以上弊病,财政部自 1993 年来先后在河南、河北、安徽、云南、湖南、湖北、海南和深圳等地试行零基预算,并取得初步成效,今后将进一步推广试验,适时全面采用零基法编制预算。

中国拟议中的零基预算有两个基本点:一是一切开支从零开始,不以上一年度实际支出为依据;二是按正常经费和专项经费重新核定,正常经费按人员编制分别核定人员经费定额、公务费定额和业务费定额,专项经费按需要和可能核定。

思考题

1. 什么是国家预算?请说出其内容、形式、编制方式及其过程。
2. 国家预算的功能是什么?
3. 什么叫 PPBS 方式?
4. 编制国家预算的五大原则是什么?
5. 请比较分析均衡预算理论、功能预算理论和高度就业预算理论的长处与不足。
6. 美国行政当局在预算的编制、执行和监督过程中起的作用是什么?
7. 中国预算改革的方向是什么?
8. 怎样才能实现人民群众对国家预算的有效监督?
9. 预算外资金的含义及其改革方向是什么?

第六章　公共支出的理论与实践

本章要点

1. 公共支出是政府政策取向的反映。公共支出分析大致可分为三个方面,即总量分析、结构分析与效益分析。
2. 公共支出不断攀升是一个不可避免的趋势。但是,公共支出在GNP中的比重自20世纪70年代以来增幅开始减缓,近年来则呈现一定程度的下降趋势。
3. 传统的公共支出原则有经济效益原则、公平原则、稳定原则三个方面。
4. 财政消耗性支出又可分为财政消费支出和财政投资支出,其中财政消费支出又包含国防支出、教育支出、保健支出等重要的支出项目。社会保障支出和财政补贴是财政转移性支出的两项重要内容。
5. 对特定公共支出项目进行评估的主要方法是成本—收益分析方法,公共部门成本—收益分析的特殊性在于公共部门进行经济决策要以社会福利极大化为目标,而且许多政府项目的投入和产出不能直接用市场价格来估计。

一、公共支出的定义和原则

公共支出是政府政策取向的反映。随着20世纪30年代世界性经济危机以来政府对经济干预的增强,公共支出规模迅速膨胀,人们也日益认识到公共支出的重要性。通过对公共支出的分析,可以就政府是否以及在何种程度上对纳税人负责作出更好的判断。公共支出分析的最终目的则是为了改进公共支出管理。公共支出分析的主题大致可分为三个方面,即总量分析、结构分析与效益分析。本章将基本上循此思路展开。

(一) 公共支出的定义和分类

公共支出是以政府为主体,以政府的法定事权为依据进行的一种货币资金的支出活动。如果政府承诺以一定的数量和质量向公民提供产品和服务,那么公共支出实际上就是兑现这些承诺所必须付出的成本。公共支出种类繁多,因各国国情而定。

根据不同的目的和标准,可以将公共支出加以分类如下:

1. 按支出是否有直接补偿来划分,可分为消耗性支出(Exhaustive Expenditure)和转移性支出(Transferring Expenditure)。消耗性支出是政府各部门的消费性和投资性支出,包括购买进行日常活动所需商品与劳务的支出,也称购买支出。这类支出反映了公共部门占用社会资源的要求,由于公共部门使用了这部分社会资源,就排除了私人部门运用这部分资源的可能性。在西方国家,消耗性政府支出被计入国民生产总值和国民收入之内。转移性支出是指政府按照一定的方式把一部分财政资金无偿地转移给受益人。这是一种单方面的无偿支付,政府不能从中获得相等的代价,相当于在私人部门之间进行资源的再分配,政府只是充当一个中介人的作用。这类支出主要包括债务利息支出,养老金、补贴、失业救济金等。消耗性支出和转移性支出在社会总需求结构中所起的作用并不相同,对社会经济的影响也有差异。消耗性支出对分配的影响是间接的,而转移性支出对分配的影响是直接的。影响这两种支出增长的因素也并不相同。比如在美国,20世纪30年代以来，两类支出都迅速增长，但后者增长速度更快，这表明政府的分配功能相对扩大了。

2. 按支出的目的分类，可分为预防性支出和创造性支出。其中，预防性支出是用于维护国家安全秩序，保障社会安定和公民生活安全性的支出。包括国防、军备、警察等支出。创造性支出是指用于维护经济环境、社会福利等方面的支出，是用以提高公民生活水平、完善社会环境的支出。

3. 按支出的利益范围划分，可分为一般利益支出和特殊利益支出。一般利益支出是指全体公民均享受其利益的支出。包括军事支出、行政管理支出等。特殊利益支出是对社会中某些特定居民与企业给予特殊利益的支出，包括教育支出、居民补助支出等。

前者所给予个人的“利益”和为之付出的“费用”都不能分别估计和核算，后者支出的利益只涉及一部分国民，其利益的大小范围也因人而异，为各个受益人的利益所支付的费用可以分别核算。

4. 按支出的性质分类，可分为强制性支出和随意性支出。所谓强制性支出，是指根据现行法律必须进行的支出，除非修改法律才可变动。而随意性支出，指立法机关可以根据每个财政年度的需要分别决定的支出。

5. 按政府层次分类，可分为联邦（中央）、州（省）、地方政府支出等等。

（二）公共支出的增长和瓦格纳法则

世界各国的公共支出，无论是绝对额还是占国民生产总值的比重，从20世纪以来都呈上升态势。有关统计资料表明，英国1900年公共支出为2.8亿英镑，2005年已经达到5 249亿英镑，而美国的公共支出由1901年的5.25亿美元上升到2005年的24 722亿美元。如本书第一章图1－1，1930年以前公共支出的相对规模上升比较缓慢，以后开始加快，到20世纪70年代，公共支出在GNP中的比重达到三分之一以上，但是增速开始减缓。表6－1显示的是20世纪90年代以来部分OECD国家一般政府总支出（包括中央和地方各级政府的经常性支出和资本性支出）占GDP比重的变化。从中可见，大多数国家的公共支出占GDP的比重保持在30%以上。但是，欧洲国家这一比例明显比亚太地区国家高，有的国家甚至达到50%以上。

表 6－1　部分 OECD 国家一般政府总支出占 GDP 的比重

年　份	1990	1995	1996	1997	1998	1999	2000	2001	2002	2003	2004
澳大利亚	35.2	38.2	37.0	36.0	36.0	35.0	34.8	37.0	35.9	35.8	35.1
比利时	52.2	51.9	52.4	51.0	50.2	50.0	49.1	49.1	49.8	51.1	49.6
加拿大	48.8	48.5	46.6	44.3	44.8	42.7	41.1	42.0	41.3	40.9	39.9
丹　麦	55.9	59.5	59.1	57.1	56.8	55.8	53.9	54.5	54.9	54.9	54.8
法　国	49.3	54.4	54.5	53.7	52.6	52.6	51.6	51.5	52.6	53.6	53.7
德　国	44.5	48.3	49.3	48.3	48.1	48.2	45.1	47.5	48.0	48.3	47.0
匈牙利	NA	56.4	53.0	50.8	52.5	49.5	47.4	48.1	52.0	49.8	49.4
爱尔兰	43.1	41.4	39.3	36.8	34.4	34.1	31.6	33.2	33.4	33.4	33.7
意大利	53.5	52.5	52.5	50.2	49.3	48.2	46.1	48.0	47.4	48.2	47.8
日　本	31.8	36.5	36.9	36.0	37.3	38.8	39.2	38.7	39.0	38.5	37.3
韩　国	20.0	20.8	21.7	22.4	24.7	23.9	23.9	25.0	24.8	30.9	28.1
瑞　典	61.3	67.1	64.8	62.5	60.3	59.8	56.8	56.5	57.9	58.2	56.7
瑞　士	30.0	34.5	35.2	35.6	36.1	34.6	33.9	34.8	35.7	36.7	36.6
英　国	42.2	45.0	43.1	41.5	40.2	39.7	37.5	40.9	41.7	43.3	44.0
美　国	37.1	37.0	36.5	35.4	34.7	34.3	34.2	35.3	36.3	36.7	36.4
欧元区	48.1	50.4	50.6	49.2	48.5	48.2	46.3	47.4	47.7	48.2	47.7
OECD 总体	40.2	42.1	41.8	40.6	40.3	40.0	39.2	40.2	40.8	41.3	40.7

资料来源：OECD Economic Outlook 79 database, 2006。

公共支出在一个多世纪里以几百倍甚至上千倍的速度增长，引起了经济学家们的关注，他们试图对公共支出的增长作出解释，瓦格纳法则就是其中影响较广的理论之一。

阿道夫·瓦格纳(Adolf Wagner, 1835—1917)是德国“新历史学派”与“讲坛社会主义”的主要代表人物之一。他考察了当时欧洲国家、日本、美国的公共支出记载后，认为自己发现了政府职能不断扩大以及政府活动持续增加的规律，并将其发现命名为“政府活动扩张法则”(The Law of

Expanding State Activity)。他认为,政府职能的扩大和经济的发展,要求保证行使这些职能的公共支出不断增加。政府职能的扩大有两方面的原因,一是政治因素,也就是国家活动规模的扩大;一是经济因素,他初步提出了市场缺陷和外部性的观念,在经济实现工业化后,扩大了的市场与市场作用力之间的关系将会更加复杂。这种市场作用的复杂性会导致商法及经济合同的出现,从而要求建立一种运用此类法规的机构。此外,都市化和人口密集的现象,也会导致各种产品和劳务外部性作用的扩大,从而要求政府进行干预和管理。他还提出了收入弹性的概念,瓦格纳把教育、娱乐、文化、保健与福利等方面政府支出的增长归因于需求的收入弹性,也就是归因于实际收入的上升。

瓦格纳法则是基于经验分析得出的结论,它正确预测了公共支出不断增长的趋势。但瓦格纳未能有效地利用公共选择理论来分析公共支出的增长。他把国家假设为“像单一的个人那样从事活动”,似乎这种类似个人一样的国家活动与其他社会成员没有必然的联系。这是瓦格纳法则的主要局限,因此使之不能全面反映政府公共支出的变化情况及由此带来的影响。

他的贡献主要在于在崇尚节约开支、提倡“廉价政府”的传统信条在公共政策思想中一向占主导地位的情况下,以明确的方式强调公共支出不断增加是不可避免的长期历史趋势。

(三) 公共支出的原则

在公共财政理论发展的早期阶段,税收原则是财政的核心问题,公共支出处于从属地位,这与当时注重廉价政府的思想是联系在一起的。随着公共支出规模的不断扩大,其对社会经济的影响愈加显著,人们愈加认识到公共支出与公共收入是有机的整体,必须综合研究,才能使公共收支成为调节社会经济的一个重要杠杆。传统的公共支出原则有以下三个方面:

1. 经济效益原则。经济效益原则是指要通过公共支出引导社会资源得到最优化的配置,使社会得到最大的“效益”。这一原则包括两方面的含义:一是社会资源在公共部门和私人部门之间的最优配置。在资源配置上,公共支出与私人支出是处于同等的地位。一元钱花在公共部门的机会成本等于这一元钱没有花在私人部门的损失。在完全竞争市场条件下,最后一元钱花在公共部门的收益应恰好等于花在私人部门投资所得的收益,此时整个经济的资源配置达到最优,即边际收益(政府)=边际收益(私人)。二是由政府财政配置的资源在使用时也应以获得最大社会效益为原则。为确定某项支出是否获得最大效益,往往采用成本—收益分析方法,判定是否社会总收益大于社会总成本。这里所讲的成本、收益是多方面的,内在、外在、有形、无形、直接、间接的都应考虑。关于成本—收益分析方法,在本章第三节还将详细介绍。

2. 公平原则。公平原则是指通过公共支出提供劳务和补助所产生的利益在各个阶层的居民中的分配应达到公平状态,能恰当地符合各个阶层居民的需要。公平原则包括两个内容:一是横向公平,同等对待同一层次的居民,二是纵向公平,差别对待不同层次的居民。

公平原则的具体体现是受益能力原则。居民的情况是否相同,是指他们对公共支出利益的需求程度是否相同,也就是居民的受益能力是否相同。公民的受益能力是由其收入水平决定的。收入水平越低,则补助对他产生的效用就越大,就是其受益能力越大,从全社会角度衡量效用也越大。因此公共支出应对收入未超过一定水平的社会成员给予补助,收入越少,给予补助应该越多。

当然,公平原则对各类公共支出适用的程度不同。对于一般利益支出,如国防、外交等支出,政府很难根据各类居民的受益能力安排支出,尽管他们因本身的条件不同可以享受到的利益会有所不同。只是对那些限于某些居民可享受直接利益的特殊利益支出,政府才可以比较具体地实行公平原则,在安排支出时,根据各类居民的情况分别给予相应的利益。

3. 稳定原则。稳定原则是指政府支出应有助于防止经济波动过于剧烈。公共支出之所以可以作为稳定经济的杠杆,因为财政支出的增减会影响到社会需求的总量,不仅消耗性支出有直接影响,转移性支出也有间接影响。一般说来,为谋求经济的稳定,在安排公共支出时应有利于达到以下目标:(1)高度的就业水平;(2)物价稳定;(3)满意的经济增长率;(4)良好的国际收支状况。

当然,经济运行的事实表明,以上目标往往很难同时达到,决策者经常发现他们处于两难境地,有时某些政策措施有助于增加就业,却使价格水平上升,或者经常收支恶化,国际收支失衡。另外,财政政策与货币政策也需要密切配合才能收到满意的效果。关于公共支出应如何安排才更有利于实现稳定目标,将在第九章中进行更为详尽的讨论。

二、公共支出的结构

如前所述,按公共支出是否能得到相应的直接的商品或劳务补偿为标准,可以将全部公共支出划分为消耗性支出和转移性支出两大类。消耗性支出和转移性支出在社会经济运行中所起的作用并不相同,因此,这种分类方法具有较强的经济分析意义。

(一) 公共消耗性支出

公共消耗性支出又可分为公共消费支出和公共投资支出。公共消费支出主要是指政府为提供公共产品和准公共产品而进行的支出,它与公共投资支出的最大区别在于前者的使用并不形成任何资产。公共消费支出包含的内容很多,本章将只对其中比较重要的支出项目——国防支出、教育支出、保健支出等支出进行评述。

国防支出

国防支出是政府用于国防建设和军队建设方面的费用支出。国防是一种典型的纯公共产品,国防同时具有非排除性和非竞争性,如本书前文分析,国防必须而且只能由政府来提供。

国防支出作为国家基本支出之一,在公共支出中占有重要的地位,并日益成为政府干预和影响经济生活的重要工具。但是,由于受国际政治经济关系的影响,在不同的时期,国防支出常会出现较大幅度的波动。国防支出的变化与国际政治局势紧密相关。“二战”以后的“冷战”时期,各国大搞军备竞赛,导致国防支出居高不下;20 世纪 70 年代以后,虽然局部战争仍然存在,但世界性大战的危险日益降低,特别是进入 80 年代以后,和平与发展成为国际社会的主旋律,随着大裁军及“冷战”结束,国际形势相对缓和,因此,各国的国防支出纷纷出现了绝对额增长,相对比例基本稳定的局面。以美国为例,其国防支出占 GDP 的比重在“二战”当中的 1944 年达到最高点为 37.8%,战后的“冷战”时期,这一比例基本保持在 10% 以上,70 年代开始国防支出显著下降,2000 年降到占 GDP 3% 的历史最低点,“9・11”事件以后，国防支出又有所增加，但2005年也仅达到GDP的4%①。

在经济资源有限的条件下，国防支出与民用产品消费之间存在着此消彼长的制约关系，从而也就引出了国防支出的合理预算规模问题。

为了探求国防支出本身的合理限度，20世纪60年代初期，美国国防部部长罗伯特·麦克纳马拉（Robert Mcnamara）提出了一种新的预算方法，称为"计划—方案—预算"制度（Planning Programming Budgeting System，简记为PPBS，参见本书第五章"一、预算的定义和功能"中的"（四）PPBS方式与预算编制"）。该方法认为，国防的目的在于保护国家不受侵犯，侵犯之敌或可能的侵犯之敌位于何方，可能动员的侵犯力量有多大，有效遏止这些侵犯所需的军事力量要求有多大，都是可以接近准确地估计出来，并量化为若干指标的。

PPBS按照以下程序编制预算：首先，确定一国所需的军事力量规模，并为此制定军事通盘计划；其次，为各个计划制定一系列可以相互替代的实施方案；第三步是对各个方案进行成本—收益分析（Cost-Benefit Analysis），选定成本最小而收益最大的方案；最后，根据被选定的方案，编制国防支出预算。

计划—方案—预算制度可以广泛地应用于军事预算，从实际执行情况看，PPBS在实行预算约束方面取得了明显的成绩。尽管此制度尚有缺陷，但它毕竟为确定国防预算本身的合理限度问题提供了一些可以遵循的规则，因此很多学者认为PPBS是一种理想的预算制度，只是实践上与理想尚有一定距离。另外，PPBS还在政府预算的其他领域得到运用，对此本书第五章已有详尽论述。

公共教育支出

1. 公共教育支出的必要性。随着经济和社会的发展，教育在现代经济发展中的作用也日益凸现，世界各国普遍重视教育事业的发展，政府教育支出的增长十分普遍。

政府教育支出的必要性至少表现在以下三个方面：

第一，政府干预教育的重要性与私人部门提供教育可能带来的收入分配方面的问题有关。更富有的家庭有能力在子女教育方面支付更多，但从

① 数据来源：Budget of the United States Government（Fiscal Year 2007）：Historical Tables，v. s. Government Printing Office，Washington。

社会公平的角度看,一个孩子的前途显然不应仅由家长的财产状况所决定。

第二,教育是一种正外部性特征很强的典型的准公共产品。接受教育可使学生本人获得明显的收益。但与此同时,更多的人接受教育会使社会的运转更为顺利,通过教育,可以培养出一批高素质的人才,从而保证社会经济的可持续发展。

第三,金融市场的不完全使政府对高等教育的介入成为必要。如果金融市场是完全的,认为自己接受高等教育的预期收益大于预期成本的人们可通过借款来取得所需资金。但是商业性的金融机构并不愿意提供助学贷款,它们担心得不到偿还,于是资金不足的人就会被剥夺受教育的机会。为了避免这种情况的发生,许多国家的政府都对高等教育提供财政支持。

2. 政府教育资金的配置方式。由于教育是一种准公共产品,因此教育支出的资金应由政府和受益者个人共同承担,然而政府承担的程度和资金的配置方式却没有统一的模式。政府提供教育资助的方式有两类,一是直接开设公立学校,对学生免费或收取较低的学费;二是在鼓励私人部门兴办教育的同时,提供各种形式的间接补贴,如对向私立学校的赠予免税,对助学贷款的利息免税以及对助学贷款给予担保或财政贴息等。一般来说,政府对私立学校的支持相对于向公立学校的投入要少得多。就世界各国的实践看,应区分不同的教育类别采取不同的措施:

第一,基础教育或义务教育,其资金来源应更多地由财政提供,以公立学校教育为主要形式。

第二,高等教育,应主要由受益者个人承担资金,私立学校可发挥更大的作用,而国家财政可以适当予以支持。

第三,职业教育。由于其直接使企业或劳动者受益,带有明显的商业性,因此其资金来源应基本上由市场机制决定,由企业或受益人承担。当然,为了促进职业教育的发展,扩大就业,政府也可以适当给予支持和鼓励。

公共保健支出

1. 公共保健支出的必要性。公共保健支出的必要性主要是由以下方面的因素决定的。

第一,公平问题。人们不管收入、财产状况如何,都应该享有充分的医疗服务,就如同投票权不应由市场机制决定(人们不可以买卖自己的选票)一样,生存和接受保健服务的权利也不应交由市场决定。在市场机制下,人们的收入必然是有差别的,有些人因为年老、失业或患有严重的疾病难以承担所需的医疗费用,因此政府有必要介入,至少应向公民提供一个基本的医疗服务水平。

第二,保健市场的不完全信息。在保健市场,当人们去看病时,他们所要购买的在很大程度上是医生的知识或他们所提供的信息,患者要求助于医生来决定他们需要哪些药品,是否需要动手术等等。然而,对医生的服务进行评价是相当困难的,也就是说,在保健市场,存在着严重的信息不对称。这造成了保健市场中供给曲线与需求曲线的重合,医生是保健市场的供给者,同时他们又决定着病人对保健产品的需求,供给与需求不能相互制约,市场均衡点可以由医生随意决定,从而必将导致效率损失。因此,需要政府出面给医生颁发执照,或对医生开药或检查的行为进行管理等。

第三,保健市场中的公共产品与外部性问题。

医疗方面的研究,与许多基础科学研究一样,类似于纯公共产品。因此政府对医药保健方面的科学研究应给予必要的财政支持。某些疾病的防治具有外部性,尤其是传染性疾病的防治具有明显的外部正效应,治疗那些可能直接传染的疾病,不仅对病人有利,也可使别人间接受益。因此有必要制定有关隔离和强制接种疫苗的政策,政府也应该提供相应的公共健康服务。

2. 公共保健支出的方式及其改革。当前世界各国的公共保健支出的形式主要有:直接向病人或医院提供医疗补助;对企业提供医疗保险给予税收优惠;对个人超过一定水平的医疗费用允许从个人所得税税基中扣除。

然而,保健服务的有效提供面临着许多困难,政府的公共保健支出在某种程度上甚至增加了发生效率损失的可能性。对于一般商品,消费者购买时要支付全部价格,他们必然要求自己的边际收益至少与所付价格(边际成本)相等。而在医疗保健市场,真正付费的往往是政府或保险公司,即存在第三者付费的情况,消费者要承担的仅是所付费用的一个较小比例。如果医生的收费降低30%,患者可能只省下3%的费用,他宁愿医生收费提高而自己享有更高水平的医疗服务。在缺乏竞争压力的情况下,医院提高价格自然是意料之中的事了。

为了纠正上述保健产品提供中的低效率,降低保健服务的成本,必须对传统的公共保健支出方式进行改革,比较典型的改革措施是增加个人负担保健服务成本的比重。针对由保健市场的第三者付费导致的问题,提高个人负担保健服务成本的比重,使保健成本在政府负担和个人负担之间寻求一个适当的比例,则效率损失将相应减少。

公共投资支出

1. 公共投资支出的意义。公共投资是指以国家为主体，以财政资金为来源的投资活动，它有别于一般公共消费支出，因为公共投资当期的投入，将带来未来的产出。

公共投资是公共支出中不可或缺的一部分。事实上，在不同经济形态、不同经济发展阶段的国家中，公共投资都在促进经济均衡、高速、持续发展方面发挥着重要作用。

公共投资有助于克服市场失灵，促进社会资源优化配置，对公共投资规模的调节还是国家进行宏观经济调控的手段。公共投资对于私人部门投资具有导向性，通过政府直接投资或以参股等形式投资于某些行业，可以引导本国私人部门资本的投资方向。

2. 公共投资的特点。公共投资与私人部门投资相比，主要具有以下几个方面的一般特点：

第一，从投资目标看，私人部门投资多以利润最大化或股东利益最大化为目标，更多考虑投资的内部成本和收益，而较少考虑投资的外部成本和外部收益；而公共投资的出发点正在于为经济发展提供必需的基础设施和良好的外部条件，追求社会效益是政府投资的重要目标。当然，这并不是说政府投资不要考虑经济效益，在政府投资方向一旦确定后，在具体使用投资资金时，就要进行成本—收益分析，考虑经济效益。

第二，从投资领域看，经济利益目标使得私人部门倾向于投资市场化程度较高，投资期短，收益快的项目；而政府投资则更多涉及存在市场失灵的领域，如自然垄断行业、基础设施、高科技产业、农业等，而且往往投资于大型项目和长期项目。

第三，从投资资金来源看，私人部门的投资资金主要来源自有资金及贷款、发行股票等各种社会筹资，由于筹资时会受到一系列因素的制约，往往投资规模有限；而政府投资一般可以根据投资项目所需资金规模拨款进行投资，必要时还可以通过发行国债等多种渠道筹资。

3. 公共投资的形式。从投资形式看，公共投资通常采取以下几种形式：

第一，直接投资方式，即国家将其掌握的资金直接投入投资领域，这种方式的特点是国家以投资主体身份进行投资，并直接经营投资项目。

第二，对国有企业投资，这在发展中国家比较常见，据有关统计，发展中国家国有企业至少实现其资本形成总额的25%左右。

第三,股份投资方式,即公共部门作为投资方之一,与其他投资主体一起,通过购买股票或合资,共同参与投资、管理和收益分配。这种方式实现了投资主体的多元化,有利于补充公共投资资金不足,明确投资主体的责权利关系,并加强资本的流动性。

(二)公共转移性支出

公共转移性支出直接表现为政府资金的无偿地单方面转移,包括各种财政补贴、补助、养老金、失业救济金、捐赠、债务利息支出等。转移性支出在财政总支出中所占的地位十分重要。本节主要介绍公共转移性支出的两项重要内容:社会保障支出和财政补贴。

1. 社会保障支出。社会保障支出是政府转移性支出中的重要部分。社会保障是政府通过一系列行政措施,在全社会范围内组织的,对因遭遇疾病、生育、工伤、失业、残疾、年老、死亡或其他事故而收入锐减或收入丧失的社会成员提供基本的生活保障。社会保障的内容可以分为三大类:社会保险、社会救济和其他社会保障。社会保障支出在现代经济生活中是不可或缺的一部分。

稳定的资金来源是社会保障制度顺利实行的必要前提。在各国政府的实践中,用于社会保障支出的资金主要来源于两个渠道:一是社会保障税,二是一般政府税收。

这两个来源都与政府强制力有关,主要区别在于:社会保障税的资金具有专款专用的性质,具有较高的透明度,受益人与出资人有对称性。一般政府税收则不同,提供资金的社会成员不一定是接受转移支付的社会成员。即使是同一人,其接受社会保障的收入也同他缴纳的税收(社会保障资金的最终来源)无关,收入与支出是不对等的。

社会保障税对于促进有收入的社会成员之间的收入公平分配和促进社会效率是行之有效的。这主要是由它作为社会保障的核心内容——社会保险的主要资金来源而体现出来的。首先,同商业保险相比,社会保险采用征收社会保障税的方式更为公平。征收社会保障税实行社会保险有利于防止商业保险中可能出现的“逆向选择”。在商业保险中,某一保险项目的费率总是相当于该保险项目的平均风险。对于风险高的投保人来说,保费支出代表的风险水平低于可能出现的风险水平，而对于风险低的投保人来说，保费支出代表的风险水平高于可能出现的风险水平。于是，低风险的投保人会退出该保险，该保险项目的平均风险增大，保险费率相应提高。然而，没有退出的投保人中仍然有风险差异，较低风险的投保人不愿承担不相称的高费用，又会退出。如此周而复始，该商业保险的保费不断提高，投保人不断减少，最后的结果必然是该保险项目无法支持或少数高风险者以高费用投保。在社会保险的各个项目中，投保人的风险与收入一般不成正比，若实行商业保险可能导致高风险但并非高收入的社会成员承担高额保险费用，社会收入分配趋向更不公平。开征社会保障税，实施社会保险，可以以强制力要求风险低的社会成员参与保险，避免了高风险但非高收入的社会成员承担高额保险费。同时由于低风险的投保人加入，保险费用将降低，这实际上是用社会保障税的形式，将收入在不同风险的社会成员中再分配，使社会收入更趋于公平。其次，社会保障税与一般政府税收相比，作为社会保险的资金来源具有更高的透明度与权利、义务对等性，使高收入的社会成员在缴纳较多的保险税后能取得较多的保险收入，有利于保持高收入者的工作积极性，维持社会效率。

可见，社会保障税可以看作商业保险与一般政府税收在公平与效率之间的一种折中选择，它既不会导致商业保险中低收入者承担高费用，又不会明显降低高收入者的工作积极性，是一种兼顾公平与效率的做法。但是，社会保障税并非十全十美，部分收入极低或零收入的社会成员，因为没有可以用作投保的资金，无法缴纳社会保障税，参与社会保险，也就无法获得相应的保障。另外，社会保障中有一类项目，虽然具体的保障收入归属于一部分社会成员，但实际上全社会均会受益，如对现役军人的补贴。针对这些社会保障收入与支出不能保持对等关系的情况，则应以一般政府税收作为社会保障的资金来源，以弥补社会保障税的不足。

社会保障制度面临的另一个关键问题是如何安排人们的受益与其缴费水平的关系，在这方面目前主要有基金制与现收现付制两种基本模式。

基金制，就是指受益人接受的社会保障补助来源于他本人以及他的单位和国家为他在受益以前年份所作的积累。这种资金筹集方式的主要问题是当发生通货膨胀等经济环境的变化时，基金制筹集的资金不能做出相应的反应，从而可能造成受保人的福利受到损害，社会保障不能达到预定目标。

现收现付制是指政府以每年收缴的投保资金支付当年应付的社会保障

费用。对养老保险来说,即目前退休人员取得的养老金来源于在职人员交纳的社会保险费。采用现收现付制可以及时调整,因此能够避免基金制下可能出现的问题。但是当人口结构变化较人时现收现付制将引起“跨代分配不公平”,甚至现收现付制本身无法维持。

基金制与现收现付制在一定情况下都可能出现危机,于是产生了介于两者之间的部分基金制,它在实行现收现付的同时,进行部分基金积累,可在一定程度上缓和基金制与现收现付制下可能出现的矛盾。但对于经济情况或人口数量的剧烈变动,部分基金制仍然难以应付,在这种情况下,往往需要以一般性政府税收来弥补社会保障基金的缺口,从而导致国家财政面临较大的压力。

2. 财政补贴。财政补贴是指国家为了实现特定的政治、经济和社会目标,在一定时期内向生产者或消费者提供一定的补助或津贴。它不要求接受者支付对等的代价,因此和社会保障支出一样,属于财政转移性支出的范畴。

财政补贴的内容十分多样,包括政府在各个领域对不同社会成员的补贴,主要有以下几项:

第一,价格补贴,是指国家为安定人民生活,由财政向企业或居民支付的,为纠正人民生活必需品或农业生产资料等的价格不合理而支付的有关补贴。价格补贴是财政补贴中数额最大的一项内容,按受补贴产品的类别,价格补贴可以分为农副产品价格补贴、农业生产资料价格补贴、日用工业品价格补贴和工矿产品价格补贴等。

第二,企业亏损补贴,是指国家财政在企业发生政策性亏损等情况时,为了维持企业的生存而给予的财政补贴。原则上,国家财政只对政策性亏损给予补贴,这种补贴可以理解为政府为了维持某种产品或劳务的低价供给或者弥补国家政策给企业造成的损失而支付的对价。

第三,财政贴息,是指政府出于某种目的,如扶植民族名牌产品,引进先进技术等对某些企业、某些项目的贷款利息在一定时间内,按金额或一定比例给予补贴。从定义中可见,财政贴息可以分为全补贴和半补贴两种。实际上,财政贴息也是价格补贴的一种。在这里,资金被看作一种特殊的商品,利息就是这种特殊商品的价格。

第四,税收支出和税前还贷。这两种补贴不直接在支出项目中列示,但具有财政补贴的实质,称为隐蔽性财政补贴。税收支出是各种税收优惠如免税、减税、退税、税收抵免的总称。税收支出使国家税收收入减少,相当于国家取得税收后又将税收用于财政补贴的支出。

以上是几个主要的财政补贴项目,从各国的实践看,还有名目繁多的许多其他财政补贴,这里不再赘述。

合理的财政补贴有利于完善的价格体系的形成,协调社会收入分配,刺激社会总需求,保护特殊产业和民族工业,维持社会稳定。但与此同时,值得注意的是,财政补贴也是一柄"双刃剑",一旦用得过度,则会产生不良的后果。财政补贴与价格体系密切相关,从某种程度上说,它更容易扭曲价格,甚至可能完全排斥市场价格,控制市场上的资源配置。一旦财政补贴政策本身不合理,它对社会造成的危害会更大。过度的财政补贴也不利于企业的成长与发展,企业将缺乏竞争力,过于脆弱。因此,运用财政补贴必须控制好"度",才能对经济产生有利的影响。

三、公共支出的成本—收益分析

在许多场合,人们对公共部门支出进行评估时,必须进行一些定量的分析,必须判断某一特定支出项目或支出计划是否可以实施,其收益是否超过成本。对特定公共支出项目进行评估最主要的方法是成本—收益分析方法(Cost-Benefit Analysis)。本节就将对这一方法进行介绍。

(一)公共部门成本—收益分析的特点

1. 成本—收益分析的定义和步骤。成本—收益分析,是一种经济决策方法,它是通过比较各种备选项目的全部预期收益和全部预期成本的现值来评价这些项目,以作为决策参考或依据的一种方法。

对于政府部门和私人经济部门来说,进行成本—收益分析的程序一般都要包括以下四个步骤:(1)确定一系列可供选择的方案;(2)确定每种方案的最终结果,也就是每种方案所需要的投入量和将会实现的产出量;(3)对每一种投入和产出的价值进行估计;(4)加总每个项目的所有成本和收益,估计项目总的获利能力。

2. 公共部门成本—收益分析的特点。公共部门的成本—收益分析又与私人经济部门有着显著的不同,主要体现在以下两个方面:

第一,公共部门进行经济决策要以社会福利极大化为目标,而不能像私人经济部门一样仅以利润为目标。比如政府考虑修建某一大型水坝时,它必须考虑到这一工程对生态环境将会产生的影响。社会福利极大化依福利经济学的观点,应包括效率和公平两个方面,而在大部分场合,应主要考虑经济效率的最优,兼顾社会公平目标。按照帕累托最优准则,任何经济活动只有至少增进了一部分社会成员的福利又不损及任何其他社会成员的利益才是有效率的,但事实上对任何一个政府项目来说,成本总是客观存在的,政府支出项目的实施必然要损及某些社会成员的利益。因此,效率原则在此处应略作修正,只要某一经济项目能够使"得者的所得超过了失者的所失",我们就认为这一项目是有效率的。

第二,许多政府项目的投入和产出不能直接用市场价格来估计,这主要是由两个因素决定的。一是与许多政府项目分析相联系的市场价格根本不存在,因为大部分公共产品不是在市场上进行交易的,比如市场上不存在清新空气的价格、生命的价格、时间的价格、自然资源得以保护和生态平衡的价格等;二是考虑到市场失灵现象的存在,在许多场合市场价格不能反映相关产品的真实社会边际成本或社会边际收益,比如如果政府认为资本市场运作不理想,就不应采用市场利率作为政府项目评估的贴现率。

由于公共部门的成本—收益分析具有以上的特殊性,因此所应采用的具体方法也与私人部门成本—收益分析不同。

(二) 成本和收益的类型

对公共支出项目进行评估所要考虑的成本收益是多方面的,归纳起来,有下面一些类型。

1. 真实的与货币的。这是公共部门成本—收益分析要考虑的最重要的区别。真实收益是指公共项目的最终消费者获得的收益。真实收益反映着社会福利的增加。真实成本则是公共项目所利用资源的实际成本。货币收益与成本则是受到市场上相对价格的变化影响的收益或成本,价格的变化可能使一部分人的收益或损失增加,又为其他人的损失或收益所抵消,所以,从整体上看,它无法反映社会的净收益或净损失。真实的收益和成本还可作如下区分。

2. 直接的与间接的。直接的成本和收益是与项目主要目标密切相关的成本和收益。而间接的成本和效益则是属于项目的副产品,与项目的非主要目标有关。例如,由于某地区的风景区的开发,旅游业的收入为当地的直接收益,而由于游客增多而引起该地区的开放和经济的发展,则为其间接的收益。又如,发展文化教育的直接收益是提高学生未来赚钱能力,间接收益则是降低犯罪率。找出更多的间接收益或成本也许困难,但它们应该被包括在内。

3. 有形的和无形的。有形的成本和收益是能够以市场货币价值计量的成本和收益。无形的成本和收益是不能用市价直接估价的成本和收益。例如,新建的公路使车祸发生的次数减少,使得人们节约了路程上所消耗的时间及增加了舒适性,在交通建设的收益中,这些项目虽然是无形的,但却是社会的真实收益。由于灌溉工程引起的某一区域的美化属于无形收益,而农业产出的增长属于有形收益。

4. 中间的与最终的。中间的收益是通过加入其他产品的生产间接提供的收益,而最终产品提供的收益属最终的收益。比如天气预报服务对于那些计划郊游的人们来说,是消费产品,提供最终收益;而对于民航服务来说,只能是中间产品,提供中间收益。

5. 内部的与外部的。这里内部的成本和收益主要指项目所在辖区范围内发生的成本和收益。而外部的成本和收益是指项目范围外发生的成本和收益。例如一个新建的水坝不仅使所在省份得益,而且水坝拦截河流所经其他省份也会有所获益。

下面举水力发电工程的例子具体阐述这些成本、收益的类型,见表6－2。

表6－2　水力发电工程的成本和收益

		收　　益	成　　本
有形的	直接的	水力发电	建设设备、维修
	间接的	航行、灌溉、防洪、旅游	淹没土地
无形的	直接的	水库风景美化 (对居民、旅游者)	破坏自然环境(淹没历史古迹,破坏自然珍奇)
	间接的	风景美化 (画报、对非居民或旅游者)	高压线影响电视清晰度

注:货币的成本和收益——水库建成后,高地农民因地价升高而受益,低地农民因土地被淹没而受损。

(三)对成本和收益的衡量

1. 社会收益价值的评估。原则上,某一产品的社会收益应用消费者剩余来衡量。消费者剩余反映的是该产品最终消费者的净收益。人们知道,某一产品的需求曲线上的点代表对一定数量的该产品消费者愿意支付的最高价格,该价格必然与消费者消费该产品的边际效用一致。由于边际效用递减规律的作用,需求曲线是向下倾斜的。即对于第一单位的该产品,消费者愿意支付的价格最高,随着产品购买量的增加,消费者的边际效用递减,对以后各单位产品愿意支付的价格随之递减。但是,产品的最终市场均衡价格一旦确定,消费者购买的各单位产品都只需支付这一统一的价格,第一个单位并不比最后一个单位支付的价格更高。于是,除最后一个单位产品外,消费者消费该产品所获得的效用均高于产品的价格,这其中的差额就是消费者未支付任何代价而获得的净收益,称为消费者剩余。

从图像上看,消费者剩余就是消费者需求曲线和价格线之间部分的面积。因为政府提供的产品通常是免费的,所以消费者剩余就应为这一产品需求曲线以下的部分。如图 6-1 所示,*DD* 线为某消费者对一座桥梁的需求曲线,坐标系中横轴代表桥的通过次数,纵轴代表对于每一特定的通过量消费者愿意支付的价格,相当于他最后一次通过这座桥所获得的效用。当这座桥由人们免费使用时,*DD* 线以下的部分就是这个消费者所获得的消费者剩余。桥的总收益是所有消费者的剩余之和,如果总收益大于建设这座桥的总成本,则造桥的计划就是可行的。

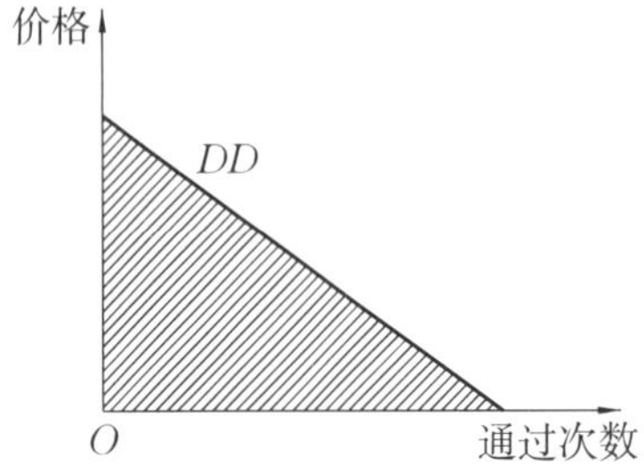

图 6-1 消费者剩余

在大部分场合,消费者剩余难以直接观察到,这时就需要采用一些变通的方法,根据可以观察到的数据来推导出人们从某一公共项目中获得的收益。

2. 影子价格(Shadow Price)。在计算公共项目的成本、收益时,经常会遇到这样的问题,即许多成本和收益没有市场价格,是无形的或非市场化的。另外,由于广泛的市场失灵和不完善,虽然政府提供的某些商品如水、电等有着非常确定的市场价格,这些价格却不能完全反映出它们的边际社会成本或收益。公共部门进行成本—收益分析应以真实的社会成本及收益为基础,为此,经济学家们引入了“影子价格”这一分析工具。所谓“影子价格”,简言之,即针对无价可循或有价不当的商品或劳务所规定的较合理的替代价格。理想的“影子价格”应为不存在市场失灵时的帕累托效率均衡价格,它是一种真正的社会价格。典型的运用影子价格的场合如:

在发展中国家,往往存在着劳动力过剩的情况。传统经济部门(如农业部门)工资低、失业高;而在发达的经济部门(如新兴工业)中,就业多,工资高,劳动成本高于其真正的机会成本。这时,影子价格则不能是发达部门的劳动力市场价格,而应比较低。此外,发展中国家还往往采用高汇率政策,即使本国货币汇率高估,以达到保证本国进口的目的。本币高估的结果,是使贸易商品与国内商品相比估值偏低,因此,从事成本—收益分析时,不宜采用市场汇率,而应使用经调整的影子汇率。

3. 时间因素的考虑:贴现。在实际生活中,许多投资项目的建设周期或使用周期都不会限于一个年份,或者准确地说,不会限于这项支出的预算年度,而要持续若干年甚至几十年。这样一来,任何一个项目的收益和成本,都不可能是一个数值,而要形成一系列的数值,即形成所谓由若干年的收益和若干年的成本所构成的“收益流”和“成本流”。不同时间发生的收益和成本不能直接相加,不同时间发生的收益和成本也不能直接相减即比较。这里的关键在于,必须将“货币的时间价值”这一因素考虑在内。所谓的“货币的时间价值”,是指货币在不同时点上的不同价值。

要比较经济收益和经济成本,两者必须有相同的可比的基础,了解“货币的时间价值”这一概念后,就可以在同一时间的基础上,将不同时期的收益和成本进行分析比较,作出是否投资的决策。就是说,将不同时间(年度)所发生的成本与收益,按照一定的贴现率,换算成同一时间点上的成本与收益,然后进行比较。

因此,在项目的分析与评价中,必须把预计的分期收益与成本折算为现值。所谓现值,是指未来某一金额的现在价值。折算现值的公式是:

$$P = A/(1+i)^n$$

其中 A 为终值,P 为现值,i 是年利率,n 为年数。公式的意思是:按年利率 i

计算,n 年底的 A 元钱相当于现在的 P 元钱,这个把未来金额换算成现值的过程则称为贴现。

对公共支出进行成本—收益分析所采用的贴现率,较私人经济部门有所不同。主要是因为考虑到资源在公共部门和私人部门进行分配,有一个机会成本的问题。某些社会资源由公共部门支配,其机会成本就是这些资源没有投入私人部门的损失,相当于如果由私人部门支配这些资源可能会带来的收益,包括消费收益和投资收益。现代西方经济学家对社会贴现率的选择基本有以下三种主张:

第一,社会贴现率等于私人投资的资本边际生产率。因为私人投资的风险较大,所以这种贴现率过高。

第二,社会贴现率等于社会时间偏好率,即为诱导消费者抑制现时消费而需付给的补偿,然而社会时间偏好率难以准确衡量,实践中不易操作。

第三,以政府的借款利息率作为社会贴现率,即政府向金融机构借款时必须支付的利率,这种利率一般较低。

在实际操作中各国一般采用公债利率作为贴现率,因为政府所使用的贴现率与公债利息率息息相关,它直接关系到政府筹资所发生的直接成本。但选择公债利息率作为政府支出贴现率时仍应把握好贴现率的高低分寸。如果贴现率过高,则很多有效率的工程项目被否决;反之,如果贴现率过低,则低效率的工程也会乘机浑水摸鱼,从而使过多资源用于公共部门,不利于达到社会资源最佳配置。

(四)运用成本—收益分析方法进行决策的指标

1. 净现值 = 收益现值总额 - 成本现值总额(NPV, Net Present Value)。公式为:

$$NPV_i = \sum_{t=0}^{n} \frac{b_i(t) - c_i(t)}{(1+r)^t} - k_i \quad (t = 0, 1, \cdots, n)$$

其中:

i 为若干项供选择的项目中第 i 项,即标明着所分析的项目;

NPV_i 为项目 i 可能产生的净现值；

$b_i(t)$ 为项目 i 在第 t 年所产生的收益；

t 为项目建造和发挥效用的第 t 年；

$c_i(t)$ 为项目在第 t 年所花费的成本；

n 为所分析的项目持续的时间；

$1/(1+r)^t$ 为贴现率是 r 时的贴现系数；

k_i 为项目最初的资本投入。

净现值 = 0，说明收益现值总额恰好等于成本现值总额，该项投资的获利水平刚好合格；

净现值大于0，说明收回数额大于投资成本，正数的数额越大，说明此项投资的获利水平越高；

净现值小于0，说明回收数额不足抵偿投资所需成本，则投资项目不宜采用。

2. 收益成本比率 = 收益现值总额 ÷ 成本现值总额（BCR，Benefit Cost Ratio）。在只考虑一个项目、成本与收益固定时，这一指标与 *NPV* 实质是相同的，仅仅表达式不同而已。*BCR* 大于或等于 1，投资项目可取，*BCR* 越高，投资越有利；*BCR* 小于 1，投资项目不可取。

但在不同规模项目的比较上，*BCR* 可能与 *NPV* 产生不同的结论。例如，假设现有两个项目 *X* 和 *Y*，只能选择一个实施，其寿命都是一年，贴现率定为 5%，比较的数值如表 6－3 所示。其中 *B*1、*C*1 代表项目第一年的收益、成本；*B*2、*C*2 代表项目第二年的收益、成本。

表 6－3　*BCR* 和 *NPV* 标准的比较

项目	*B*1	*C*1	*B*2	*C*2	*B/C*	*NPV*
X	0	1	2	0	1.9	0.9
Y	0	5	8	0	1.5	2.6

可见，按 *BCR* 标准 *X* 优于 *Y*，而按 *NPV* 标准 *Y* 优于 *X*。在这种情况下，如果有预算约束，则选择 *BCR* 指标较好，可将各个方案按 *BCR* 比率的大小进行排列，依次选择，直到预算用完或 *BCR* 等于 1 为止，如果没有预算约

束,则应采用 *NPV* 指标。

另外,*BCR* 标准还有一个较显著的缺陷,有时某一项目的收益的减少本质上可视为成本的增加,比如在环境治理项目中,污染物的增加作为收益的减少和成本的增加都是合理的,但在计算收益成本比率时相同的数值作为分子的减项和作为分母的加项会使计算结果产生显著的不同,而 *NPV* 标准就没有这个问题,从这个角度看,*NPV* 标准更好些。

3. 内在报酬率(IRR, Internal Revenue Rate)。*IRR* 是使收益现值与成本现值相等($NPV=0$, $BCR=1$)的贴现率,目前利用财务软件可以很方便地求出 *IRR*。

内在报酬率越高,表示投资经济效益越高。当选定社会贴现率后,当内在报酬率大于社会贴现率时,项目可取。

NPV 与 *IRR* 标准有时也会出现矛盾,比如 *A*、*B* 两个项目,尽管项目 *B* 的内在报酬率可能大于项目 *A*,但如果计算净现值时选择较低的贴现率,项目 *A* 的净现值却可能大于项目 *B*。这也说明了进行成本—收益分析时选择适当的贴现率是十分重要的。

4. 实例(如表 6-4):

表 6-4 *A*、*B* 两个投资项目的成本—收益分析

(单位:元,贴现率:10%)

对比项目 \ 工程项目			*A*	*B*
(1) 成本(现值)			20 000	12 000
(2)	收益终值	第一年	11 800	4 600
(3)		第二年	13 200	4 600
(4)		第三年		4 600
(5)	收益(现值)		21 635.86	11 439.28
(6)	净现值(*NPV*)		1 635.86	-560.72
(7)	收益成本比率(*BCR*)		1.08	0.95
(8)	内在报酬率(*IRR*)		16.1%	7.3%
(9)	是否采纳		是	否

(5) = (2) × 0.909 1 + (3) × 0.826 4 + (4) × 0.751 3

(6) = (5) - (1)　(7) = (5)/(1)

（五）成本效果分析

成本效果分析20世纪60年代在美国等西方国家开始出现，其出现的原因在于成本—收益分析存在两个方面的难点：（1）文化、教育等方面的无形收益很难用货币衡量；（2）未来的成本、收益往往有着不确定性，容易变动，比较难以估计。

成本效果分析的方法是考虑为达到同一个目标的各种备选项目，哪一个成本最低。例如：为了减少污染，从而减少死亡人数，有好几个方案可供选择：（1）开发一种全新能源，每花费9万元少死一人；（2）改善发动机装置，每花费6万元少死一人；（3）改善医疗条件，每花费4.5万元少死一人；（4）大力执行现行防污法规，每花费1.8万元少死一人；（5）为全体公民每人生产一只防毒面具，每花费150万元少死一人。

在这几个方案中成本最低的是第4个。这种分析方法的特点是：所有方案必须有共同的目标，只考虑目标相同的不同方案所需付出的代价，而不考虑这些方案的经济效益。

四、中国的公共支出

中国公共支出自1978年以来总体上保持了增长的态势，但增长率在若干年份也有下跌。就公共支出占GDP的比重看，1978—1995年间呈明显的下降趋势，而1996年后又有所回升，见图6-2。这说明改革开放以来，中国由公共部门支配的资源比重有缩小的趋势，这是因为伴随着市场取向的改革的进程，中国国家财政不断向企业和个人放权让利。本章将对1978年以来中国公共财政消耗性支出和转移性支出的总量和结构变化状况分别进行分析。

（一）财政消耗性支出

1. 总量增长分析。中国公共消耗性支出包括在财政总支出中剔除企业

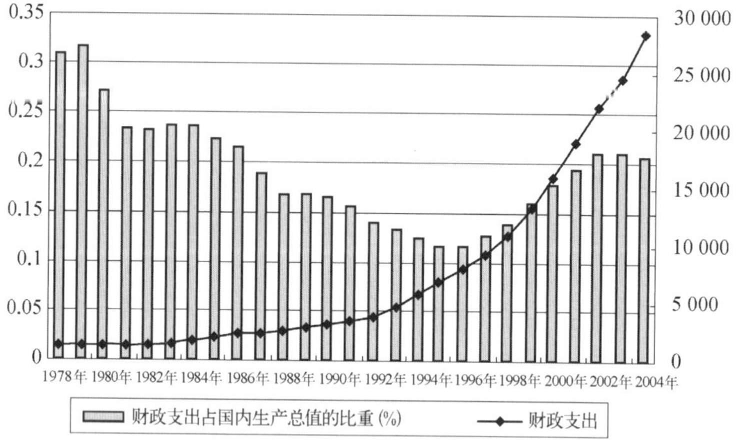

图6-2 中国公共支出的增长情况及其占GDP的比重

亏损补贴、财政价格补贴、抚恤和社会福利救济费等转移性支出后的部分,即经济建设费、国防费、行政管理费、文教科学卫生费及其他支出,如表6-5。

表6-5 中国的公共消耗性支出①

年份	经济建设费	文教科学卫生费	国防费	行政管理费	其他	合计
1978	718.98	128.05	167.84	52.9	35.41	1 092.04
1979	769.89	153.07	222.64	63.07	51.01	1 180.66
1980	715.46	178.7	193.84	75.53	44.99	1 090.81
1981	630.76	189.74	167.97	82.63	45.59	957.28
1982	675.37	221.55	176.35	90.84	44.44	1 036.33
1983	794.75	258.47	177.13	103.08	52.05	1 188.11

① 本表数据来源为《中国统计年鉴》(1999,2005)。文教科学卫生费的数据由社会文教费减去抚恤和社会福利救济费得出。公共消耗性支出的合计数为财政支出总额减去抚恤和社会福利救济费、财政价格补贴。由于财政价格补贴在"国家财政分费类支出"一表中未被作为一个支出项目单独列出,在分析公共财政消耗性支出的结构时无法将其剔除在外,因此公共财政消耗性支出各组成部分的数字加总不等于公共财政消耗性支出的总额。

（续　表）

年份	经济建设费	文教科学卫生费	国防费	行政管理费	其　他	合　计
1984	968.18	306.9	180.76	139.8	80.22	1 457.52
1985	1 127.55	377.28	191.53	171.06	105.68	1 711.31
1986	1 158.97	449.51	200.75	220.04	140.06	1 911.85
1987	1 153.47	468.43	209.62	228.2	165.06	1 930.18
1988	1 258.39	539.41	218	271.6	162.04	2 132.62
1989	1 291.19	618.84	251.47	386.26	226.42	2 400.63
1990	1 368.01	682.57	290.31	414.56	273.1	2 647.75
1991	1 428.47	782.33	330.31	414.01	364.18	2 945.53
1992	1 612.81	903.67	377.86	463.41	318	3 354.11
1993	1 834.79	1 103	425.8	634.26	569.18	4 267.73
1994	2 393.69	1 406.39	550.71	847.68	499.01	5 383.01
1995	2 855.78	1 641.26	636.72	996.54	577.96	6 343.37
1996	3 233.78	1 952.53	720.06	1 185.28	717.87	7 355.61
1997	3 647.33	2 327.24	812.57	1 358.85	945.43	8 539.46
1998	4 179.51	2 759.52	934.7	1 600.27	1 152.92	9 914.8
1999	5 061.46	3 458.86	1 076.4	2 020.6	1 390.47	12 310.15
2000	5 748.36	4 171.48	1 207.54	2 768.22	1 777.87	14 631.19
2001	6 472.56	4 946.55	1 442.04	3 512.49	2 262.26	17 894.39
2002	6 673.7	5 551.61	1 707.78	4 101.32	3 645.77	21 035.11
2003	6 912.05	5 970.55	1 907.87	4 691.26	4 669.4	23 533.85
2004	7 933.25	6 927.05	2 200.01	5 521.98	5 341.14	27 127.63

从表 6 -5 中可以看出，中国公共消耗性支出自 1978 年以来总体上

保持了增长的态势,只是在1980—1981年间有所下跌。公共消耗性支出的绝对额增长有其客观性。首先,随着社会经济的发展与复杂化,为了保证社会经济能够高效有序地运行,对政府职能的要求也大大提高,因此政府在行政、国防、科教文卫等方面的消耗性支出总额不断增长是在所难免的。其次,就中国而言,经济体制改革的深化要求政府职能进行转变,而在转变过程中,旧的体制、机构尚未完全消除,新的体制、机构又正在形成,多重体制和机构的存在无疑又增加了公共消耗性支出。

图6－3① 给出了中国1978—1997年期间公共消耗性支出在公共财政总支出中的比重变动情况。可以看出,1978年以来,公共消耗性支出在财政总支出中的比重呈先降后升的趋势。造成这种状况的原因主要是,1978年以来伴随着中国改革开放的进程,国家进行了大量的价格补贴和企业亏损补贴。1989年以后,随着企业亏损补贴,价格补贴份额的下降及“振兴财政”策略的实施,文教科学卫生费、行政管理费等增长很快,公共消耗性支出占总支出的比重又开始缓慢回升。

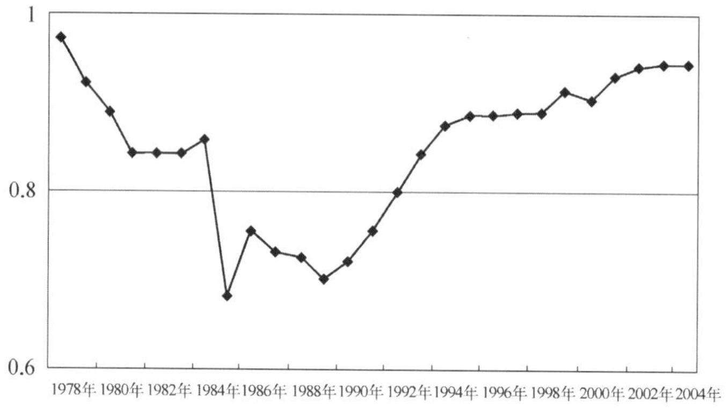

图6－3　中国公共财政消耗性支出占财政总支出的比重

2. 公共消耗性支出内部结构分析。公共消耗性支出可以分为公共消费支出和公共投资支出两部分,前者主要包括行政管理支出、国防支出、教

① 本图数据来源为《中国统计年鉴》(1999,2005),财政支出总额中包含了企业亏损补贴。

科文卫支出,公共消耗性支出各组成部分所占比重如图 6－4 所示。

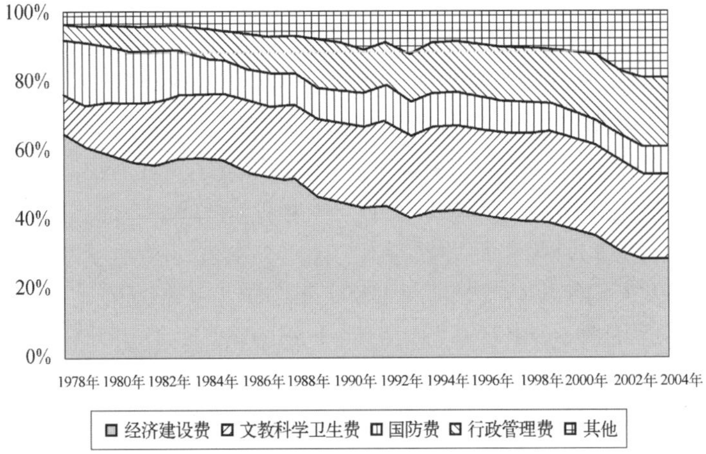

图 6－4　中国财政消耗性支出的结构

以下将以上述几类公共消费支出以及公共投资支出为代表来对公共消耗性支出内部结构的增长变化进行一些分析。

第一,行政管理费。由表 6－5 可以看到,中国行政管理费在绝对额上是逐年增加的,26 年中,行政管理支出是财政分类支出中增长速度最快的一项。图 6－4 反映了中国行政管理费支出占政府支出的比重也是逐年上升,由 1978 年的 4.8% 上升到 1997 年的 14.95% ,20 多年中增加了 4 倍,增长幅度在所有财政分类支出项目中最高。中国行政管理支出现已超过国防费用支出,成为中国财政支出的第三大支出。行政管理支出的增长必然要挤压经济建设支出、科教文卫支出和国防费等其他公共支出,影响政府职能的实施。因此,目前中国行政管理支出应该严加约束。行政管理支出的控制主要有两个方面:总量控制和内部结构控制。对行政管理支出总量及其内部结构的控制都需要通过一定的政治程序才能解决,通过这种政治程序来做出决策,确定行政管理支出的规模以及内部结构。在中国,这种制度就是人民代表大会制度。就具体的控制手段而言,对行政管理支出绝对规模、内部结构比例以及总量占财政支出比重等确定一个指标体系是一种可行的办法。同时,根据市场经济运行和政府职能转变的需要,进行政府机构改革,严格定员定编管理,控制人头经费的膨胀,都有助于对行政管理支出增长进行有效控制。

第二,国防支出。国防支出作为国家基本支出之一,在财政支出中占有重要的地位,并日益成为政府干预和影响经济生活的重要工具。就中国而言,国防支出包括国防费、民兵建设费、国防科研事业费和专项工程经费等。

表6-5以及图6-4显示,从1986年以来中国国防费支出绝对额不断增长,但占财政支出的比重基本稳定在8%—10%之间。从中国国防支出占GDP比重来看,1978年为4.63%,而2004年仅为1.86%,此后虽逐步回升,2004年也仅达到1.80%,而世界各国的国防支出占GDP比重一般为3%—6%。从军人人均年国防支出来看,2002年中国为0.8万美元,而同年美国为23万美元,日本为19万美元①,差距十分悬殊。一般认为国防支出占财政总支出、GNP或GDP的比重并无一定之规。它受到一国资源总量、国家财政收入、国家的军事战略及目标、国防压力、社会稳定程度等多种因素制约。考虑到国防建设以及防止遭受外部侵略的需要,国防支出不可能一味的精简,而应该根据国家的实际情况,在财政支出上有适当反映。

第三,科教文卫支出。科学、教育、文化、卫生事业在现代经济发展、社会进步中起的作用日益凸现,从而各国相应的科教文卫支出规模也越来越大。从表6-5及图6-4中可以看出中国财政科教文卫支出额以及其占财政支出比重的变化情况。表6-6特别反映了中国1992年以来财政性教育经费支出的情况。

表6-6显示中国政府教育支出1992年以来绝对额持续增长,但在财政总支出中的比重虽基本保持在两位数以上,却未表现出稳定的增长趋势,而财政性教育经费占教育经费总额的比重更是从1992年的84.05%下降到2003年的62.02%。另外,虽然1995年发布的《教育法》规定国家财政性教育经费支出占GNP的比重20世纪末要达到4%,但这一目标目前仍没有实现。与世界上各种类型国家相比,中国公共教育支出占GNP的比重都是偏低的(参见表6-7)。因此,可以说中国的财政教育支出水平与提高全民整体素质的要求相差甚远,不利于中国经济的持续快速增长和面对激烈的国际竞争,这种状况需要尽快加以转变。

① 数据来源:任会芬,秦红燕,“科学发展观指导下的国防费规模问题探析”,《西安政治学院学报》,2005年12月,第18卷,第6期。

表 6－6　中国 1992 年以来国家财政性教育经费支出情况

年　份	财政性教育经费（亿元）	财政性教育经费增长率	财政性教育经费/总教育经费	财政性教育经费/财政总支出	财政性教育经费/GNP
1992	728.75	NA	84.05%	9.86%	2.73%
1993	867.76	19.08%	81.87%	14.57%	2.51%
1994	1 174.74	35.38%	78.91%	15.66%	2.52%
1995	1 411.52	20.16%	75.16%	15.42%	2.46%
1996	1 671.70	18.43%	73.89%	14.20%	2.50%
1997	1 862.54	11.42%	73.57%	15.63%	2.55%
1998	2 032.45	9.12%	68.92%	14.82%	2.64%
1999	2 287.18	12.53%	68.29%	14.01%	2.84%
2000	2 562.61	12.04%	66.58%	13.20%	2.90%
2001	3 057.01	19.29%	65.92%	13.44%	3.19%
2002	3 491.40	14.21%	63.71%	13.49%	3.36%
2003	3 850.62	10.29%	62.02%	13.37%	3.30%

资料来源：《中国统计年鉴》(2005)，1992 年以前的统计数据不连续，与以后年度也不可比，所以没有列出。

表 6－7　2000 年不同人均国民总收入水平国家教育投入的情况

	人均国民总收入（美元）		公共教育支出占 GDP（%）
	当年价	购买力平价	
全世界平均	5 120	7 370	4.4
高收入国家	26 510	26 650	5.3
中等收入国家合计	1 860	5 390	4.5
中上收入国家	4 550	8 500	4.4
中下收入国家	1 230	4 700	4.6
低收入国家	430	2 190	2.8

数据来源：World Bank, World Development Indicators, 2003。

第四,财政投资支出。在中国,依据现有的统计口径,人们以"财政基本建设支出"和"挖潜改造资金和科技三项费用"之和代表政府投资。

中国政府投资总额在20年间总体上呈上升趋势,但是上升不快,同时,其所占财政支出的比重呈逐步下降趋势。如图6-5所示,在原先计划经济条件下,商品经济落后,金融市场发育不全,不能不依靠财政手段动员和集中国内大量资金用于对国民经济各部门投资,这必然会导致财政投资在财政总支出中的较高比重。随着中国经济体制改革的深化,市场经济发育,一方面资本市场有了长足的发展,投资主体多元化,民间资本、外国资本和本国政府投资相互融合补充,减轻了政府投资的压力;另一方面,随着中国国有企业改革的深化,政企分离,政府主要抓住大型、基础性、公益性强的企业进行投资管理,这也使得政府投资占财政支出比重大幅下降。

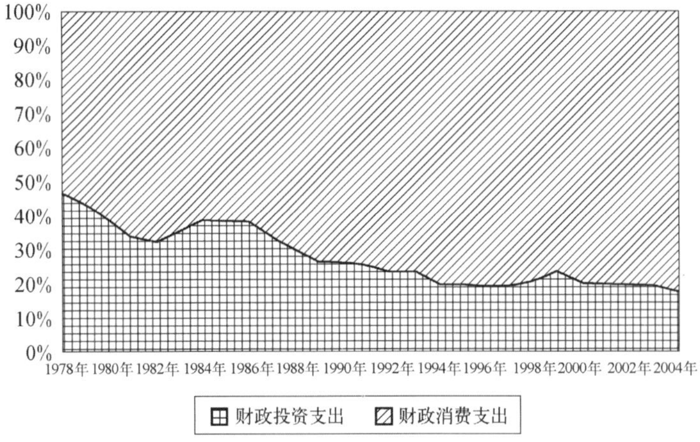

图6-5　中国财政投资性支出和消费性支出的结构变化情况

(二)财政转移性支出

中国的财政转移性支出主要包括三部分:抚恤社会福利救济费、财政价格补贴和企业亏损补贴。其中抚恤和社会福利救济费属于社会保障支出,其余两项为财政补贴支出。

1985年前,中国的财政价格补贴作为减项冲销财政收入,1986年后改为以支出的方式列示。中国的企业亏损补贴至今仍作为财政收入的减项处理。由图 6-6 可见，从 1985 年以后，中国转移性财政支出呈波浪型起伏，20 世纪 90 年代初期为一个波峰，中期下降，末期到 21 世纪初又有上升趋势。90 年代初期的增长主要由财政补贴中的企业亏损补贴造成，而 90 年代末则是由财政价格补贴和社会保障支出增加造成的。从结构看，企业亏损补贴所占比例呈下降趋势，其余两项所占比例均呈上升趋势，这一结果与中国社会保障制度逐步建立并完善，价格改革深入开展和国有企业改革大力推进的情况是一致的。

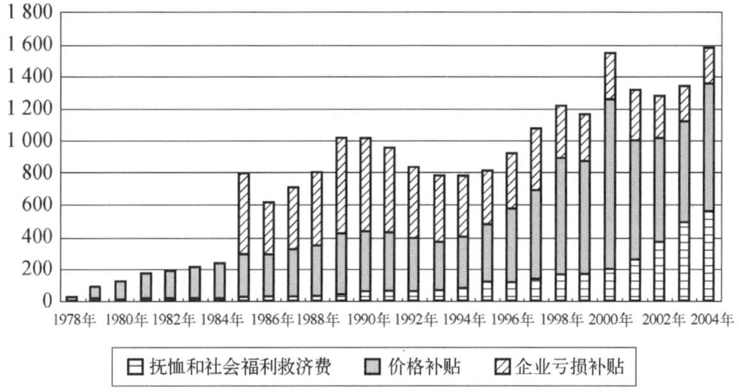

图 6-6　中国财政转移性支出总量和结构的变化

1. 中国的社会保障支出。中国的社会保障在建国伊始就有所发展，改革开放以来，随着社会主义市场经济体制目标模式的逐步确立，国家和企业关系的调整和政府职能的转变，社会保障制度得以重建并产生了质的飞跃。

目前，中国纳入预算的社会保障支出主要是抚恤和社会福利支出，它包括抚恤支出、离退休费、社会救济福利费、救灾支出及其他。如图 6-6，1978 年以来，社会救济福利费等各项支出稳步增长，80 年代末 90 年代初以来，这类支出的增长尤其迅速。作为社会保障支出主体的社会保险是以基金的方式独立运作的。但当社会保险基金收支出现赤字时，则由预算内拨款加以弥补。

值得注意的是，目前中国的社会保障体系还是存在着许多问题的，如社会保障范围未能公平地及于全社会，相对地，大中型企业职工，发达地区社会成员的保障程度较高,小企业、个体经营者、农业部门和经济欠发达地区社会成员的保障程度相对较低。社会保障制度基于社会公平的目的建立,其本身不能体现公平原则显然是不合理的。又如中国的社会保障体系未能集中管理,影响了资金的征收、运营和监督的有效实施,社会保障税至今仍在酝酿之中。此外,人口年龄结构与社会保障支出也有密切的联系,这主要体现在社会保险中的养老保险上。中国人口正趋向老龄化,在养老保险资金筹集方式上,现收现付制从长期看是不合理的,目前正在实行的养老保险制度采用了国家、企业、个人三方出资的部分基金制积累方式,将改变原来现收现付制下的就业人群压力过重及有可能产生的“跨代不公平”现象。

总之,尽管中国的社会保障体系有了一定的发展,社会保障制度改革依旧是任重而道远的。

2. 中国的财政补贴。中国的财政补贴始于建国初期,但是在1978年党的十一届三中全会以前,中国的财政补贴规模较小,当时的财政补贴被隐藏在低工资、低物价等计划因素中。1979年以来,随着从农副产品入手的价格改革的启动,财政补贴有了显著的增长。由于国家大幅提高农副产品收购价格,下游产品面临连锁涨价的压力,国家为稳定价格,维持人民生活水平,采用了大量的财政补贴。1984年后,价格改革从以农村为基点转向以城市为基点。由于各项改革措施未能及时配套,部分基础工业品价格和汇率亦被纳入财政补贴的调节范围,财政补贴规模进一步扩大。1986年,巨额的财政补贴引起了人们的重视,价格补贴由原来的冲减财政收入项目改为列入财政支出项目,以便于对其进行监督,但企业亏损补贴仍作为财政收入的减项冲减收入。1988年底开始,价格改革日益深入,财政价格补贴作为辅助手段仍维持在较高水平,其中粮棉油补贴增长较快。在企业亏损补贴中,工业企业亏损补贴增长较快。

在总量上,财政补贴呈波浪形起伏,见图6－7,20世纪80年代末90年代初为一次波峰,90年代中期总量有所下降,至90年代末21世纪初又出现第二次波峰。从结构上看,80年代中期以前只有价格补贴,80年代中期引入企业亏损补贴后到90年代中期以前企业亏损补贴占财政补贴比例较高,而这以后财政补贴则以价格补贴为主。财政补贴总量和结构的变化都与中国价格改革开展的步骤和国有企业改制进程密切相关。

中国的财政补贴经历了从无到有、从少量到巨额的过程,应当说它在很大程度上支持了价格改革这一经济体制改革中心环节的顺利进行,功不可

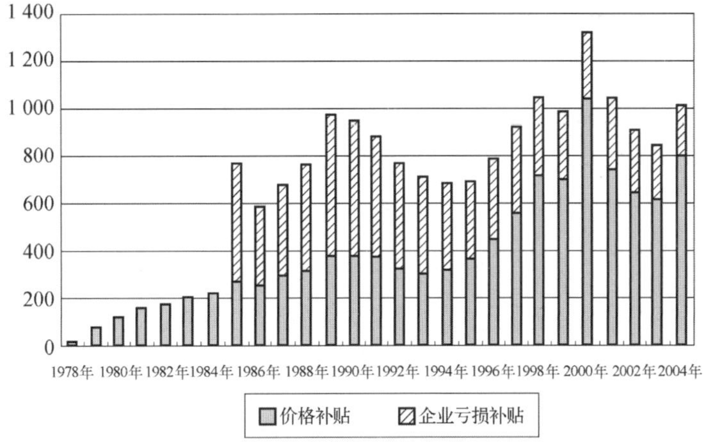

图 6－7 中国财政补贴的总量与结构

没。但是它也给国家财政带来了十分沉重的负担。在财政补贴水平较高的1986—1999年间，财政补贴均在财政赤字的1倍以上。1987年甚至达到财政赤字的10.68倍。1978年到1998年间，财政补贴的数额相当于财政赤字的2.51倍。经验表明，规范财政补贴应注意以下两个方面：首先，价格补贴要控制范围，支持农业、部分公用事业、出口贸易等必须由政府支持的部门；其次，企业亏损补贴原则上只承担政策性亏损。

思考题

1. 传统的公共支出原则有哪些?
2. 试述公共教育支出和保健支出的必要性。
3. 公共投资与私人投资相比，有哪些主要特点?
4. 为什么说社会保障税是社会保障支出的理想的资金来源?
5. 财政补贴的主要内容有哪些?
6. 公共部门成本—收益分析要考察的成本和收益的类型主要有哪些?
7. 试析中国改革开放以来公共支出的主要特征。

第七章　公共收入的理论与实践

本章要点

1. 公共收入是指政府为满足公共支出的需要，从企业、家庭取得的一切货币收入。税收与其他财政收入形式相比，具有强制性、无偿性、固定性三个基本特征，税收制度的基本要素有纳税人、课税对象和税率。
2. 税收的转嫁可分为四种类型：前转、后转、消转和税收资本化。在完全竞争条件下，税收对价格和产出的效应与征收对象无关，需求和供给弹性是决定税收转嫁和归宿状况的关键。
3. 税制结构的设计要解决的问题主要有税种的配置、税源的选择、税率的安排等。现代税制原则有公平原则、效率原则、稳定和增长原则三方面。

一、公共税收的定义与结构

公共收入是指政府为满足公共支出的需要，从企业、家庭取得的一切货币收入。从历史沿革及各国的发展现状看，公共收入主要包括经常性税收收入、经常性非税收入及公债收入三大类。即人们经常所言的公共收入分为税、费、债三大类。鉴于税收收入在公共收入中的举足轻重的地位及其重要的经济意义，本章着重讨论经常性税收收入，经常性非税收入已在本书第三章涉及，公债收入将在本书第九章中予以讨论。

（一）税收的定义与基本特征

税收是国家为了实现其职能，按照法律预先规定的标准，强制地、无偿地取得财政收入的一种手段。

税收作为财政收入的一种重要形式与其他财政收入形式相比，具有强制性、无偿性、固定性三个基本特征：

1. 税收的强制性。税收的强制性是指税收是凭借国家的政治权力，以国家法令的形式强制课征的，纳税人必须履行纳税义务，应纳而不纳要受到法律制裁。

2. 税收的无偿性。税收的无偿性是指国家征税后，既不需要偿还，也不需要对纳税人直接付出任何代价。税收的无偿性是以强制性为条件的。

当然，鉴于税收是国家提供公共产品的资金来源，纳税人都是公共产品的受益人，税收本质上并不是无偿的，但无偿性仍然是税收的重要形式特征。

3. 税收的固定性。税收的固定性是指在国家征税之前，预先规定征税对象和征税的数额或比例。税收的固定性有利于保证国家财政收入的稳定，也有利于维护纳税人的合法权益。

（二）税收三要素

每一税种都离不开三方面的内容，即征什么、征多少、向谁征。因此从法律角度而言，税收制度有三个基本要素，即纳税人、课税对象和税率。

1. 纳税人。纳税人，即纳税义务人，亦称课税主体。是税法规定的直接负有纳税义务的单位或个人，也称法定直接纳税人。纳税人可以是自然人，即指公民个人，也可以是法人，即依法成立并能独立行使法定权力和承担法律义务的社会组织。根据一些国家的税法，纳税人还可以是非法人经济主体，如企业的分支机构、合伙组织等。法律上的课税主体和经济上的课税主体是有区别的,经济上的课税主体是税收的实际负担人也称负税人。法定直接纳税人与负税人不一定一致,这涉及税收负担的转嫁与归宿问题。只有当纳税人不能将所纳税款转嫁他人时,才成为负税人。

2. 课税对象。课税对象,也称课税客体,是国家征税的基本依据,即对什么进行征税。课税对象规定着征税的范围,是确定税种的主要标志。不同的课税对象,决定着税收的不同种类以及各种税收的征税特点。如所得税的课税对象是所得额,财产税是以财产的数量或价值为课税对象。就像法定直接纳税人并不等同于负税人一样,课税对象也不同于税源。税源是税款的最终来源,所得税的税源就是所得额,流转税虽以商品的销售额或增值额为课税对象,却部分或全部地以商品购买者的收入为税源。真正的税源只有在实际的负税人那里才能查明。从课税对象到税源,如同从纳税人到负税人,中间有一个复杂的再分配过程。

课税对象量的表现称为课税基数或计税依据。例如所得税的课税对象是所得额,这只是一个质的规定。为了明确纳税人到底应交多少税,还必须依照税法规定计算出他的所得额到底是多少,这就是课税对象的量——计税依据。计量计税依据的单位有两种,一种是按财产或商品的自然单位来计量,另一种是按货币单位来计量。采用前一种计税单位来征税称为从量计征,采用后一种计税单位来征税称为从价计征。

课税对象很笼统,为此还需要将课税对象进一步划分,在税法中具体规定应当纳税的项目,以明确征税的具体范围、界限和类别,还可以确定不同的税率,这就是税目。比如,所得税的课税对象是所得额,就个人来说,这个所得额可以划分为工资收入、租金收入、利息、股息等。规定税目,一方面是课税在技术上必需,另一方面可以对不同税目区别对待,有目的地贯彻执行税收政策。

3. 税率。税率是税额与课税对象数额之间的比例。在课税对象既定的条件下,税额和税负的大小就决定于税率的高低。税率的高低,直接关系到国家财政收入和纳税人的负担。因此,税率是税收政策和制度的中心环节,被称为"税收的眼睛"。税率可分为三种:

第一,比例税率。它是不论课税对象的数额大小,只规定一个比例的税率。一般运用于课征流转税,如营业税、关税等。

第二,累进税率。它是按课税对象数额大小,规定不同等级的税率。课税对象数额越大,税率越高。累进税率又分全额累进税率和超额累进税率两种。全额累进税率是课税对象的全部数额都按照与之相适应的等级的一个税率征税，课税对象数额越大，所适用的税率越高。超额累进税率是把课税对象按数额的大小划分为若干不同等级部分，对每个等级部分分别规定相应的税率，分别计算税额。一定数额的课税对象可能同时使用几个等级部分的税率，每一等级部分都有相应税率，分别计算的税额加在一起，即为应纳税额。

全额累进计算比较简单、取得税收多，但全额累进税负担不尽合理，主要表现为累进分界点上下负担相差悬殊。如表 7－1，5 000 元所得额按 30% 税率课征所得税，税收为 1 500 元，5 000 元以上所得额按 50% 税率课征所得税，则 5 001 元所得额应纳税收为 2 500. 5 元，这样所得额增加了 1 元，税额却要增加 1 000. 5 元。

表 7－1　全额累进和超额累进税率的比较

应税所得额 X	$0 < X \leqslant 1\,000$	$1\,000 < X \leqslant 2\,000$	$2\,000 < X \leqslant 5\,000$	$5\,000 < X$
适用税率	10%	20%	30%	40%

应税所得额	适用税率	全额累进税额	超额累进税额	平均税率
1 000	10%	100	100	10%
2 000	20%	400	1 000 × 10% + (2 000 － 1 000) × 20% ＝ 300	15%
5 000	30%	1 500	300 + (5 000 － 2 000) × 30% ＝ 1 200	24%
10 000	40%	4 000	1 200 + (10 000 － 5 000) × 40% ＝ 3 200	32%

超额累进的幅度比较缓和，一定程度上克服了全额累进的缺陷。在超额累进的情况下，要采用平均税率的概念来反映纳税人的真实负担。平均税率等于实际缴纳税款与应税所得额的比率。容易看出，超额累进的平均税率往往要低于全额累进的税率。目前各国所使用的累进税率，主要是超额累进税率。累进税率由于具有很强的再分配效应，所以多用在所得税上。

第三，定额税率。它是指按单位课税对象直接规定一个固定税额。实际上它是比例税率的一种特殊形式。定额税率同价格没有直接联系,一般适用于从量征收。如一辆汽车缴纳一定的牌照税,一个个体业主缴纳一定的营业执照税,每进口1 升酒缴纳一定的进口税等等。

(三) 税收分类

一个国家的税收往往由许多不同的具体税种构成,构成一个完整税收体系的各税种根据不同的标准可以有不同的分类,比较重要的分类方法有:

1. 据课征对象的不同可以将税收划分为所得税、流转税、财产税等,这也是划分不同税种最主要的依据。所得税,也称收益税,是直接依据纳税人的所得额或收益额征收的税;流转税,也称商品税、货物税、营业税或销售税等,依各国具体税收制度而有不同的名称,这是依据商品或劳务交易中的流转额课征的一种税;财产税,是对纳税人拥有或支配的财产征收的一种税;资源税,是对从事资源开发的单位和个人就列举的应税资源课征的一种税;行为税,是以纳税人的某种特定行为作为课税对象的一种税。

2. 产品税与要素税。所谓产品税,指在产品市场上课征的税收。所谓要素税,指在要素市场上课征的税收。另外,依税负覆盖范围不同,这两类税又可分别细分为一般税与特别税。

3. 对人税与对物税。这是按是否直接依纳税人的纳税能力课税而划分的。对人税是根据纳税人的纳税能力课税,对物税是根据经济活动,例如购买、销售或对财产持有而课税,税收负担与交易者或所有者的特性无关。根据这一标准,对物税可以对个人或家庭,也可以对企业征收;对人税则必须对个人或家庭征收。对人税与对物税的区分是很重要的,因为它涉及税制的公平性。所有的税包括对物税的负担者都是人,但考虑税制的公平性时必须考虑税收的最后负担者是谁。从这个角度看,对物税就不如直接根据纳税能力征自特定个人的对人税。

4. 直接税与间接税。这是按税负是否容易转嫁来划分的。直接税指税负难以转嫁的税种,通常包括直接对个人与家庭课征的税收,如个人所得税、一般财产税等;而间接税是指税负相对比较容易转嫁的税种,主要包括对商品或劳务的交易课征的税收,如营业税、消费税、关税等。

5. 按税收的计征标准可分为从价税和从量税。凡是以课税对象的价格为标准,按一定比例计算征收的税为从价税;凡以课税对象的重量、容积、面积、数量等为计征标准的税为从量税。

6. 从价税按税收与价格的关系又可分为价内税和价外税。价内税的税金是作为计税价格的组成部分，价外税的税金是作为计税价格以外的附加。中国当前征收的消费税为价内税，而增值税为价外税。举例来说，如果某企业销售一批产品，获得价款 10 000 元，按 17% 的税率计算增值税的销项税额，公式应为 $\frac{10\ 000}{1+17\%}\times 17\%$，这里计税价格为 $\frac{10\ 000}{1+17\%}$，税金显然是不包含在计税价格中的，故增值税为价外税。如果该产品为消费税应税产品，适用税率为 5%，则消费税的计算公式为 $\frac{10\ 000}{1+17\%}\times 5\%$，这样计算的消费税应纳税额是包含在其计税价格 $\frac{10\ 000}{1+17\%}$ 中的，因此消费税为价内税。

7. 按税收用途分类，可以划分为一般税和特定税。一般税，是指满足一般性财政需要的税收。一国税收体系中大部分税收都是一般税。特定税是指满足特定财政需要的税收，如城市维护建设税。

8. 按税收收入的归属关系分类，可分为中央税、地方税及共享税。中央税、地方税分别指税收收入归属中央政府和地方政府的税收，共享税则指税收收入由中央政府和地方政府共享的税收。

二、税收的转嫁与归宿

在市场经济中，某一种税的最终负担者，也就是负税人，往往并不是法定直接纳税人，这就需要研究税收的转嫁与归宿。其目的在于确定税收的最后归宿点，从而分析各种税收对国民收入分配和社会经济的最终影响，为进行税制设计提供参考和依据。

（一）关于税收转嫁与归宿的概念

所谓税收的转嫁，就是指纳税人在缴纳税款后，通过经济交易将税收负担转移给他人的过程。所谓税收的归宿，就是税收负担经转嫁后最终的归着点或税收转嫁的最后结果。

税收的转嫁可分为四种类型：前转、后转、消转和税收资本化。

1. 前转(Forward Shifting)。亦称“顺转”。是指在经济交易过程中，纳税人通过提高其所提供的产品或生产要素的价格将所纳税款向前转移给产品或生产要素的购买者或最终消费者的一种形式，即由卖方向买方转嫁。

一般认为，前转是税收转嫁的最典型和最普遍的形式。例如，在产制环节对消费品课征税款，产制厂商就可能通过提高产品出厂价格，把税负转嫁给批发商，批发商再把税负转嫁给零售商，最后零售商再把税负转嫁给消费者。这样，消费者必须付出包括部分税收或全部税收在内的价格购得该产品，名义上纳税人是产品的出售者，实际的税收负担者是产品的购买者。

2. 后转(Backward Shifting)。亦称“逆转”。即纳税人将其所纳税款，以压低产品或生产要素进价或压低工资、延长工时等方法向后转移给生产要素提供者负担的一种形式。

税收的转嫁表现为后转，一般是由于市场供求条件不允许纳税人以提高产品销售价格的办法向前转移税收负担。例如，政府在零售环节对某产品课税，但该产品市场价格因供求关系难以提高。这时零售商不能通过提高产品售价把税负转移给消费者，只有设法压低进货价格把税负逆转给批发商，批发商再逆转给生产厂商，生产厂商又通过压低原料价格、劳动力价格(工资)或延长工时等办法，把税负转嫁给原料供应者和工人。这样，名义上的纳税人是零售商或产制厂商，但实际上税收的负担者是原料供应者和雇佣工人。又如政府征收土地收益税，土地购买者便会将预期应纳的土地收益税折入土地价格，转嫁给土地出售者，从而表现为地价下降。

转嫁是课税后归宿前的一种资金运动，前转或后转均可有一次或数次。如果一笔税款从纳税人到最后负税人即税收的归宿，其转嫁运动只发生一次，可称作一次转嫁；而发生两次或两次以上的转嫁称为辗转转嫁，其情况如下例所示：

棉花商→纱商→布商→消费者(向前辗转转嫁)

布商→纱商→棉花商→农民(向后辗转转嫁)

此外，在现实经济活动中，税收无论是向前转嫁还是向后转嫁，转嫁的程度取决于许多经济因素。有时可以把全部税负转嫁出去(称为完全转嫁)，有时则只能将部分税负转嫁出去(称为部分转嫁)。有时税收的转嫁表现为纯粹的前转或后转,但更多的情况是同一笔税款,一部分通过前转转嫁出去,另一部分则通过后转转嫁出去(这种情况被称为"散转"或"混转")。因此,对税收在形式上的前转或后转,必须根据具体情况作具体的分析。

3. 消转(Diffused Shifting)。又称"税收的转化"。这是纳税人通过改善经营管理或改进生产技术等措施降低生产费用,补偿纳税损失,从而使税收负担在生产发展和收入增长中自行消失,不归任何人承担。也就是说,课税产品在生产与流通中增获的利益足以抵消税负,厂商不必提高价格即可保持原有的利润水平,所纳税款因此无形消失。消转要具备一定的条件,如生产成本递减、产品销量或价格尚有提高的趋势、生产技术方法尚有发展与改进的余地、税负不重等。

消转与一般意义上的税收转嫁不同。后者是指纳税人将税收负担转移给他人,而在"消转"的情况下,税收负担未发生任何转移,也没有特定的负税人。所以严格地说,它是一种特殊的税收转嫁形式。以消转作为税收的转嫁形式,说明判断税收转嫁与否的标准是税收是否影响了纳税人的收益。如果纳税人的收益完全未受影响或仅部分地受到了影响则为发生了税收的转嫁;相反,如果纳税人的收益减少了与税款相等的数额,则为税收未发生转嫁。

4. 税收的资本化(Capitalization of Taxation)。税收资本化又称资本还原,它实际上是税收向后转嫁的一种特殊形式。政府如向资本的收益征税,在这项资本出售时,买主会将以后各期应纳的税款折成现值,从所购资本价格中一次性地预先扣除,从而使资本的价格下降,税收实际上将由资本所有者负担。此后名义上虽由买方按期付税,实际上税款是由卖方负担的。与一般意义上的后转的不同之处是,税收资本化是将累次应纳税款作一次性转嫁。

税收资本化主要发生在土地等某些能产生长久收益的资本品的交易中。以征收土地收益税为例,若税前某块土地 n 年内每年将产生租金收益 R_i, r_i 为贴现率,则土地价格为各年租金收益现值的和

即
$$PV = \sum_{i=1}^{n} \frac{R_i}{(1+r_i)^i}$$

当政府征收土地收益税,年税额为 T_i 时,各年土地收益现值的和变为

$$PV' = \sum_{i=1}^{n} \frac{R_i - T_i}{(1 + r_i)^i}$$

于是土地价格亦将相应下降,下降额为 $\sum_{i=1}^{n} \frac{T_i}{(1 + r_i)^i}$,可见买方将未来应纳的土地收益税一次性地转嫁给了卖方,这就是税收的资本化。

(二) 税收的转嫁与归宿:局部均衡分析

为了进一步了解税收转嫁与归宿的机制,还须进行更深入的经济分析,为此可采取局部均衡分析和一般均衡分析两种分析方法。

所谓局部均衡分析,是在假定其他条件不变的情况下,分析一种产品或一种生产要素的供给和需求达到均衡时的价格决定,进而分析税收的影响。为简单起见,首先分析从量计征产品税的情况,再以此为基础,引申出更进一步的结论。

在完全竞争市场,从量税的效应主要有以下两个基本规律:

1. 税收对价格和产出的效应与对供方征税还是对需求方征税无关。

如图 7-1(a),假定 D_0、S_0 分别为政府征税前某产品的供给曲线和需求曲线,均衡点为 E_0, P_0、Q_0 分别为均衡价格和产量。如果政府就每单位产品向供给方征收金额为 u 的从量税,则意味着供给方的成本上升了。为在缴税后保持原有的收入水平,厂商必然希望每单位产品向购买方多收取 u 的价格,也就是供给曲线将从 S_0 平行上移 u 个单位至 S_1。新的均衡点在 E_1,均衡价格和产量分别 为 P_2 和 Q_1,但生产者实际得到的价格为 P_1,P_2 与 P_1 之间的差额为政府税收 u。可见,从量税的效应就是使需求方支付的价格从 P_0 提高到 P_2,使供给方得到的价格从 P_0 下降到 P_1,并使产量从 Q_0 下降到 Q_1,政府获得了 $P_1P_2E_1A$ 的税收收入。

如果对需求方征收 u 单位的从量税,如图 7-1(b),需求方愿意为购买这种产品支付的价格不变(以 D_0 线表示),但供给方实际能够得到的价格却减少了 u 个单位,也就是说,从供给方的角度看,需求曲线将由 D_0 平行下移

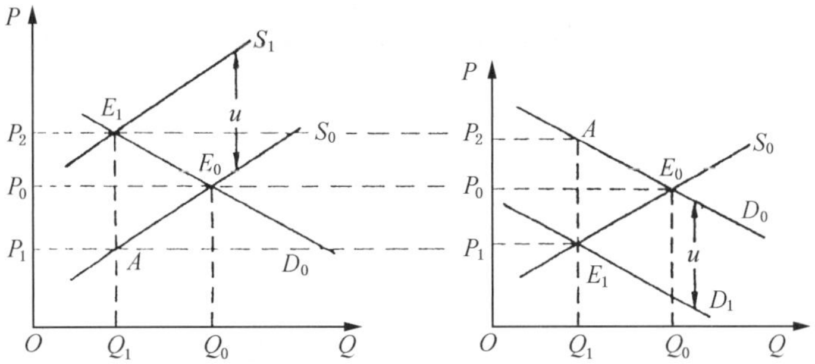

(a) 对供给方征收从量税　　(b) 对需求方征收从量税

图 7－1　从量计征下的产品税归宿

u 个单位至 D_1 处。而市场上的均衡是由销售者的供给曲线与他实际面对的净需求曲线所决定的，也就是当对购买者征收从量税时，将由 S_0 线与 D_1 线的交点决定新的均衡点 E_1。P_1 为税后生产者得到价格，P_2 为税后消费者支付价格，u 为两者之间的价格差额，同时产量由 Q_0 降至 Q_1。容易看出，这与对供给方征税时的效应完全相同。

由以上分析可以进一步概括出：在征收从量税时，税收最终由谁负担，和名义上由谁纳税无关。税收的转嫁和归宿情况事实上是由税后的均衡价格决定的。税后均衡价格（需求方支付的价格）比税前均衡价格提高的部分就是需求方承担的税收，税收的其余部分则必须由供给方向后转嫁或自行承担，这也就是供给方实际得到的价格比税前均衡价格降低的部分。购买者为单位产品支付的价格永远比销售者实际得到的价格多出一个单位税额。

2. 需求和供给弹性是决定税收转嫁和归宿状况的关键。某种产品需求弹性越大、供给弹性越小，则税收负担越难以向前转嫁给需求方，而只能由供给方自行负担或向后转嫁；反之，需求弹性越小、供给弹性越大，则税收负担越容易通过提高价格的方式向前转嫁给买方。更通俗地说，买卖双方在价格变化时对需求量或供给量的调整能力越强，越是容易处于较有利的地位，可以承担越少的税负。

需求弹性即需求的价格弹性，它衡量商品的需求量对市场价格升降作出反应的程度，需求曲线越平坦，代表需求弹性越大，相反，需求曲线越陡峭，代表需求弹性越小。用公式表示为：

$$|E_d| = \frac{\frac{\Delta Q}{Q}}{\frac{\Delta P}{P}}$$

其中 E_d 代表需求弹性系数,Q、ΔQ 分别代表需求量及其变化量,P、ΔP 分别代表价格及其变化量。

供给弹性即供给的价格弹性,衡量商品的供给量对市场价格升降作出反应的程度,供给曲线越平坦,代表供给弹性越大,供给曲线越陡峭,代表供给弹性越小。用公式表示为:

$$|E_s| = \frac{\frac{\Delta Q}{Q}}{\frac{\Delta P}{P}}$$

其中 E_s 代表供给弹性系数,Q、ΔQ 分别代表供给量及其变化量,P、ΔP 分别代表价格及其变化量。

因为税收转嫁和归宿状况和名义上的纳税者是买方还是卖方无关,我们仅以向供给方征税为例进行以下讨论,所得结论同样适用于向需求方征税的情况。

如图 7－1(a),以 E_0 为中心旋转 D_0 和 S_0 可以发现:当需求曲线变陡而供给曲线变平时,税后均衡价格升高幅度大,由前文分析可知,这意味着买方税收负担增加,需求曲线变陡恰好说明需求弹性趋小,供给曲线变平就是供给弹性趋大。情况相反则卖方负担增加。

由以上分析还可进一步引申出一些结论:

▲ 如果产品供给完全有弹性或需求完全无弹性,则税收负担全部由买方承担;如果产品供给完全无弹性或需求完全有弹性,则税负完全由卖方承担。

▲ 如果课税产品属生活必需品,那么,由于人们对这类产品的需求弹性较小,消费者将在税收的转嫁中处于不利地位。政府所征税收会更多地向前转嫁,而落在购买者身上。反之,如果课税产品属于奢侈品,那么,由于人们对这类产品的需求弹性较大,消费者将在税收的转嫁处于有利地位。

政府所征税收会更多地向后转嫁或不能转嫁，而落在生产要素提供者或销售者的身上。

▲ 如果课税产品属于资本密集型产品或生产周期较长的产品，那么，由于对这类产品的生产规模变动较难，其供给弹性因之较小，生产者将在税收的转嫁中处于不利地位。政府所征税收会更多地向后转嫁或不能转嫁，而落在生产要素提供者或生产者身上。反之，如果课税产品属于劳动密集型产品或生产周期较短的产品，那么，由于这类产品的生产规模变动容易，其供给弹性因之较大，生产者将在税收的转嫁中处于有利地位。政府所征税收会更多地向前转嫁，而落在购买者身上。

▲ 如果课税的范围较窄，则课税产品的替代性较大，消费者可减少对该产品的需求而增加对其他产品的需求，因而课税产品的需求弹性较大，税负易向卖方转嫁；如果课税的范围较大，涉及所有同类产品，消费者就难以通过增加对替代品的需求来规避税收负担，则课税产品的需求弹性较小，税负易由买方承担。

▲ 当征收从价税时，产品的价格成为决定征收税额大小的一个因素，价格越高，付税越多。因此，纳税后需求曲线（或供给曲线）的斜率会发生改变，但上文所述税负归宿与向买方还是卖方课税无关的规律仍然成立，而且供求弹性仍是决定买卖双方税收分担份额的关键因素。

▲ 政府对劳动力、资本、土地等要素收益征税，即对工资、利润（利息）或土地收入等课税，一般采用从价税，以上分析得出的基本结论仍然适用。

（三）税收的转嫁与归宿：一般均衡分析

上述局部均衡分析说明一种税在被课税产品或要素市场中的归宿，可是现实经济生活中，各种产品和生产要素的价格、供需等都是相互作用、相互影响的，直接涉及课税市场的经济单位固然可能因为纳税而有所损失，不直接涉及课税市场的经济单位也可能会受到间接影响，对某一产品或生产要素的征税可能会在整个经济中引起一系列的连锁反应。

图7－2(a)、(b)分别反映了A、B产品的市场供求情况，在最初的均衡中，A、B产品的均衡价格分别为2元和3元。如果政府对A产品征收从量税，会使其供给曲线上移至S_A'，A产品价格上涨到2.5元，市场交易量下降为Q_A'，这是局部均衡分析的结果。但调整并未到此结束，首先，A产品市场的变化会有

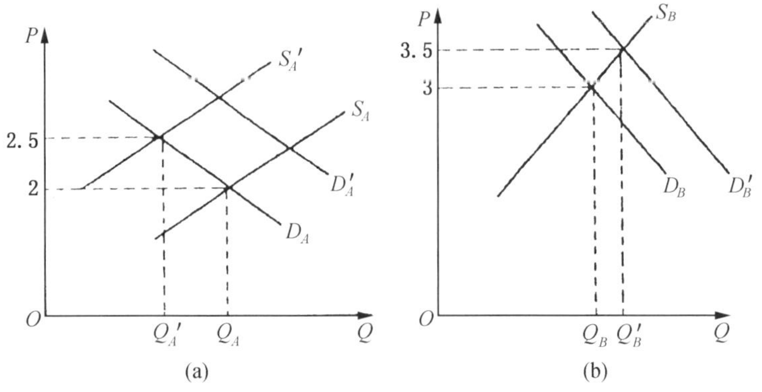

图7-2 税收的溢出效应和反馈效应

"溢出效应"(Spillover Effect),从而打破其他市场的均衡。如果A、B是替代性很强的产品,则A产品价格上涨会使B产品需求曲线上移至D_B',从而B产品价格上涨至3.5元。B产品市场的派生变化又会给A产品市场带来"反馈效应"(Feedback Effect),B产品价格上涨使A产品需求曲线上移至D_A',A产品的均衡价格随之发生变化。这种过程会反复进行下去,最后得到一个稳定的新的均衡,这就是一般均衡。在现实世界中,一个市场变化引起的溢出效应和反馈效应会涉及更多的市场,更为复杂。这样若将税收转嫁与归宿的考察仅局限于课税产品或生产要素的特定市场,就会有许多不足之处。

为克服这些不足,以使税收转嫁与归宿的分析更贴近现实,就需要进行一般均衡分析。所谓一般均衡分析,就是在假定各种产品、生产要素的供给、需求、价格都相互影响的条件下,分析所有产品、生产要素的供给和需求都达到均衡时的价格决定。

假设整个经济体系中只有食品市场和制造品市场;生产要素只有资本和劳动力;家庭部门没有储蓄(收入=消费)。另外,每个生产部门都使用资本和劳动力这两种要素,但部门间使用的资本和劳动力的比例和替代率不一定相同;资本和劳动力可以在不同部门之间自由流动,造成这一流动的原因在于部门间要素收益率的差异;总的生产要素供给量不变;所有消费者的行为偏好相同;市场处于完全竞争状态。

接着,对模型中的两种税进行分析:对某种产品征税——食品税;对某一部门的某种生产要素收入征税——对制造业资本收入征税。

首先讨论食品税。局部均衡分析已经得出结论：征食品税后，价格上升，产量下降，买卖双方共同负担税收。在此基础上，可以将考察的视野扩大到制造品市场，发现更进一步的税收效应。从消费的角度看，政府征税后消费者会减少对食品的购买，而将部分购买力转向制造品，对制造品的需求增加了。假定生产成本是递增的（供给曲线向上倾斜），这将使制造品的价格上涨。同时，食品的价格相对有所下降。于是，税负就会从食品的消费者扩展到制造品的消费者身上。更进一步说，税收负担不仅会落在直接征税产品的消费者身上，也会落在所有消费者身上。另一方面，从生产的角度看，税后食品部门的收益率下降，导致食品部门的资本和劳动力转移向制造品部门。但食品部门与制造业部门的劳动力和资本之间的比例和替代弹性是不一样的。一般说来，制造业部门劳动力和资本之间的比例更倾向于资本密集型，而食品业属劳动密集型，这样自食品业流出的资本与劳动力不匹配，劳动力相对较多。如果制造业劳动力和资本之间替代弹性也较小，为了吸收这部分劳动力，劳动力价格即工资必须下降，由此导致整个社会工资水平下降，也就是说各个行业的劳动者都将承担税负。另外，食品的需求弹性越大，则征税后产量下降越大，从而生产要素大量向外转移，劳动力相对价格下降也较大。

接下来讨论对制造业资本要素收入征税的税收归宿情况。对制造业的资本收入征税会产生两个方面的影响：产出效应和替代效应。从产出效应来看，政府对制造业资本收入征税，而对食品业资本收入不征税，会造成制造业成本上升，收益率相对下降，制造业的产出会下降，从而对资本的需求下降，资本收益率将下降，同时由于资本会向收益率相对较高的食品业流动，食品业的资本收益率也将下降，只有当两个行业的资本收益率被拉平时，这种资本流动才会停止，结果是不仅制造业的资本所有者承担了税负，食品业的资本所有者也承担了税负。从替代效应来看，政府对制造业资本收入征税，而对劳动力收入不征税，会促使制造业生产者倾向于减少资本的使用量，而增加劳动力的使用量，即以劳动力替代资本。这意味着对劳动力的需求相对增加，而对资本的需求相对下降，从而会造成制造业资本相对价格的下降。随着制造业资本向食品业的流动，资本价格的下降也会在食品业发生。

由此可见，政府对某一部门的某一种生产要素征税，其影响亦会波及整个经济，不仅该生产部门的该要素所有者要承担税负，其他生产部门的该要素所有者也要承担税负。

从本节分析可知，不仅产品税，甚至要素税都存在转嫁的可能，因而直接税与间接税的划分是相对而非绝对的,其区别仅在于转嫁的难易不同。税收的转嫁同产品或要素的供需弹性有着非常密切的关系。另外,就一般均衡而言,选择性税收的影响不仅局限于某一局部市场的供需双方而是将蔓延于其他市场的参与者之中。

三、税收制度设计

(一)税收制度设计的基本问题

对于税收制度如何设计,税收理论史上有过单一税制和复合税制之争。所谓单一税制,就是由一种税构成的税收制度。所谓复合税制,就是由多种税构成的税收制度。在实践中,单一税制始终没有付诸实现。所以通常所说的税收制度,实际上是就复合税制而言的。

税收制度设计应以税收原则为标准,要解决的问题主要有以下三个方面:

1. 税种的配置问题。按照税收原则的要求来解决税种的配置问题,并不意味着所选择的税种都能够完全符合各项税收原则的要求,因为某种税收在满足各项税收原则的程度上往往存在着冲突或矛盾。所以,税种的配置实际上研究的是各个税种之间的相互配合问题。

由各个税种构成的相互协调、相互补充的税收体系,总是要以某一种或几种税居于主导地位。这种居于主导地位的税种就构成税制结构中的主体税种,主体税种的选择对于税种的合理配置具有关键意义。

在主体税种的选择上,西方经济学家一般更为推崇所得课税。

他们的理论观点对于大多以所得税为主体税种的西方发达国家税制结构的形成,产生了重要影响。然而,在大多数发展中国家,由于税收征管体系尚不健全,如果仅以所得税为主体税种,难以保证国家财政收入的充足和稳定,所以政府往往也非常重视营业税、增值税等间接税。

2. 税源的选择问题。在税源的选择问题上,主要是考虑税源与税本的关系。税本、税源、税收之间的关系是,税本是税收来源的根本,税源是由税本产生的收益,税收则来自于税源。若将税本比喻为果树,那么果树产生的果实就是税源,从果实中取出一部分交给国家,即为税收。显然,有税本才有税源,有税源才有税收,所以税源的选择问题实际上研究的是如何选择税源,才能不使税收侵蚀税本。

可以作为税源的一般无非是工资、地租和利润,如果以这三者作为税源,并将课税的额度限制在一定范围内,则一般不会损害税本。至于财产,尤其是在财产中占重要地位的生产性资本,则属于税本的范畴,一般是不能作为主要课税对象的,否则就会损害资本的形成和积累,最终导致国民经济萎缩,政府收入来源枯竭。当然,一些非生产性的财产,是可以作为课税对象的。比如可以开征遗产税、赠与税,起到调节收入分配的作用。

3. 税率的安排问题。税率的安排,实际上是要解决两方面的问题:一是国家税率总水平的确定,二是税率形式的确定。

第一,税率水平的确定。关于一个国家的税率水平应如何确定,美国供给学派的经济学家A·拉弗(Arthur Laffer)提出了一个著名的"拉弗曲线"原理。其基本观点是:在一定限度以内,税收收入将随税率的提高而增加,因为税源不会因税收的增加而等比例地减少;当税率超过了这个限度,继续提高税率,则税收收入不但不能增加,反而会下降。

如图7-3所示,税率由r_1提高到r_2,税收收入将由OP增加到ON。但税率提高超过一定限度,就会影响人们工作、储蓄和投资的积极性,从而导致税基减少的幅度大于税率提高的幅度,税收收入反而减少。如图,当税率由r_3提高到r_4,税收收入会由ON减少到OP。从图上看,rm就是税率的临界点。在这个税率水平上,税收收入最多,为OR,超过了这个界线,就是税收的禁区。由此得出的结论是,税率水平应以r为限,并以r为最佳税率点。

"拉弗曲线"原理对于20世纪80年代以美国为代表的西方国家的税收制度改革有很大的影响,成为其推行大规模减税政策的理论依据。

第二,税率形式的确定。税率形式的确定面临的选择主要是两种:比例税率和累进税率。一般认为,比例税率更有利于经济效率的实现,而累进税率更有助于收入的公平分配。所以比例税率和累进税率的选择本质上是效率和公平的选择。

就税种而言,商品税比较适合采用比例税率,而所得税宜于采用累进税率。就税率的总体布局而言,应视客观经济形势的需要而选择侧重点。当前的倾向是,越来越多的经济学家认为,为了提高社会的经济效率,应适当降低税制的累进性。

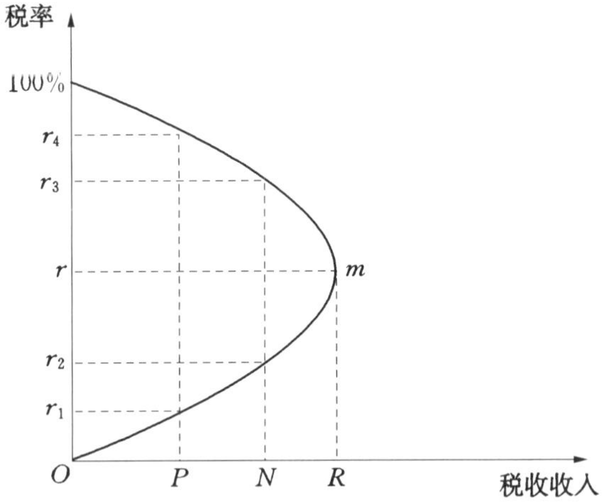

图7-3　拉弗曲线原理

(二) 税收原则

税收原则是政府在税收制度的设计和实施方面所应遵循的基本指导思想,也是评价税收制度优劣以及考核税务行政管理状况的基本标准。作为保证税收充分发挥对经济社会积极作用的准则,税收原则具有很强的实践意义,历来得到理论界及各国政府的重视。

现代税制原则理论可概括为三方面:(1)公平原则,税收应有助于实现收入的公平分配;(2)效率原则,税收应有助于实现资源的有效配置;(3)稳定和增长原则,税收应有助于实现经济的稳定增长。

因为税收的稳定与增长原则主要是宏观经济理论的内容,将在第八章涉及,本节主要讨论税收的公平及效率原则。

1. 公平原则。

公平原则是公认的税收的首要原则,这一方面是由于公平对维持税收制度的正常运转必不可少,另一方面由于税收矫正收入分配的作用对于维护社会稳定是不可或缺的。

税收公平原则应从两个角度来理解,一是福利水平相同的人应缴纳相同的税收,即所谓的横向公平;二是福利水平不同的人应缴纳不同的税收,即所谓的纵向公平。可见,公平原则的关键在于福利水平的定义及衡量,税收公平原则的理论,更进一步说是税收公平标准的理论。依据不同的标准,人们对税收的公平原则作出了许多种解释,大体可概括为两类:受益原则和纳税能力原则。

第一,受益原则。受益原则要求每个纳税者根据他由公共服务中获得利益的水平来相应纳税,即社会成员的税收负担应与他从政府服务中获得的收益相等。

受益原则实际上是将公民纳税——政府提供服务看成是一种类似于市场交易的过程,税收仿佛是政府提供服务的价格。从理论上说这是很理想的,既然人们在日常生活中要偿付从私人企业得到的商品和劳务,那么人们也应该对具有公益性质的政府支出,按照其所获得利益的多少作出相应分摊,这很容易被公民所接受。而且,如果每个人都能根据自己从政府服务中获得的收益缴纳相应的税收,就可以实现政府提供服务的最佳规模。

虽然政府往往倾向于在可能的范围内应用受益原则,事实上这一原则有着很大的局限性。依受益原则,合适的税收取决于每个纳税者从公共服务中获益的水平。然而各个纳税者对公共事业的评价各有不同,政府提供的许多服务属公共产品(如国防等)或准公共产品(如教育),它们是共同消费的或者具有部分外部收益,客观上很难说清每个人的获益到底有多少,唯有让消费者自己申报其所获得的收益。但是,人们如果知道其所承担的税收份额取决于自己申报的边际收益,他们肯定隐瞒或者歪曲自己获得的真实收益。这就使受益原则的应用受到了很大限制,只有在消费者的受益能够客观地表现出来的场合,受益原则才可能得到贯彻。

受益原则的另一个重要局限性在于它对收入分配而言是中性的,即不改变市场上已经形成的分配格局,所以实际上它仍然是一个效率原则。只有假定分配一开始就处在合适的状态上,最后的结果才可能是公平的。这一原则不能解释应用于社会福利的支出的征税情况。社会福利支出主要是穷人受益的,但他们的纳税能力很小甚至没有纳税能力,显然不可能让他们按照所获得的收益纳税。

第二,纳税能力原则。纳税能力原则要求根据纳税人的纳税能力来确定其应承担的税负,现实中可能选择的衡量纳税能力的标准或称税基限于收入、消费或财产。对如何衡量纳税能力,经济学界也有着不同的看法。

多数人主张以人们的收入作为衡量纳税能力的标准。收入多的人应多纳税,收入少的人应少纳税。由于对人税比对物税可更直接贯彻公平目标,而收入是对人税的税基,所以,就公平性而言收入税基是比较优越的。这一观点虽得到广泛公认,但什么是收入,它的统计口径如何确定仍存在一些争议:(1)是以个人的收入为标准还是以家庭收入作为衡量纳税能力的标准?假定甲、乙两人有相同的收入,但甲上有老下有小,需要依靠他的收入生活,而乙则没有这些负担,如果以甲、乙的个人收入作为衡量纳税能力的标准就会让甲、乙两人交同样多的税,显然有失公平。(2)是以总收入还是以扣除某些支出后的净收入为衡量纳税能力的标准?假如甲、乙两人有相同的收入,但甲体弱多病,为了维持工作能力需花费许多医疗费,而乙则身体健康。两人获取同等收入所花费的成本开支不一样,因而净收入也不同。尽管两人获得相同的总收入,但纳税能力却并不相同。(3)是以货币收入还是以经济收入作为衡量纳税能力的标准?假定甲为别人干活,取得一定的货币收入,他用这些收入来购买自己所需要的生活用品,而乙为自己干活,生产出自己所需要的与甲所得到的一样多的生活用品。从货币收入来看,甲有收入,而乙无收入;但从经济收入来看,则甲、乙得到的收入是相等的。单用货币收入来衡量纳税能力就会出现甲要纳税而乙无需纳税的情况,显然这也不够公平。(4)纳税人的收入有多种来源,既包括勤劳收入,也包括意外收入,对不同来源的收入不加区分,都视作一般收入来征税,也有失公平。此外,收入并不是衡量纳税人相对经济地位的绝对精确的指示器。极端的例子是,一个窖藏黄金的人和一个乞丐,都可能是“零收入者”,但不会有人认为他们有相同的纳税能力,因为财产的所有权也是对经济资源的控制。如果仅按收入征税,即使从横向的意义看,也不能认为是公平的。

也有人认为应以消费作为衡量纳税能力的标准。他们认为在市场经济中收入的多少标志着一个人对生产所作的贡献,不能因为贡献大而多纳税。收入如果用于积累会增加社会的总财富,并可造福于未来。而消费标志着一个人对社会的索取,索取越多,纳税能力越强,应该多纳税。以消费为衡量支付能力的标准在实践上意味着不课征所得税,仅征商品税,而且并非所有商品都征税,只向消费品征税。在客观上它起到鼓励储蓄和投资,抑制消费的作用,当社会投资不足时有助于经济增长。消费税基的主要不足是消费税有一定的累退性,如甲、乙两人,每个人的消费都是1 000元,但甲的收入为2 000元,而乙的收入仅有1 000元,仅以支出确定纳税能力,对两人征收相同的税收显然有失公平,不利于社会缩小贫富差距。

另一个可以比较客观地观察并衡量纳税能力的指标是财产。一方面人们可利用财产赚取收入,通常一个人的财产越多他支付能力就越强;另一方面财产还可带来其他满足,如声望、权力、保障等。财产差别是造成贫富不均的一个重要根源。而且,不是所有价值增值都可纳入收入税基,尤其是一些资本收入,财产税的课税对象主要是不动产,其有形性弥补了收入税基的这一缺点,因此有必要将财产税基作为收入税基的补充。但财产税有抑制储蓄和投资的作用。假定甲、乙两人收入都是2 000元,甲消费1 000元,另1 000元用于储蓄或投资,这样就会形成1 000元的财产,而乙则吃光用光。以财产为衡量纳税能力的标准就会使甲要纳税乙不纳税,显然这会提高社会的消费倾向,可能不利于经济的长远发展。因此现代国家很少将财产税作为主要税种。此外财产形式多样,收益不同,财产征税在实践中也有难以查核和估价的困难。

由以上分析可知,根据纳税能力原则,收入、消费及财产都可作为税基,但这三种税基都难免片面性,绝对公允且准确的衡量纳税能力的尺度实际上难以找到。因此实践中,只能是以一种税基为主,同时兼顾其他尺度,以弥补各自缺点。

2. 效率原则。

效率原则要求税制的设计应尽可能有利于社会资源的有效配置。为使资源能够实现最优配置,依帕累托最优准则,任何经济活动都应使“得者的所得大于失者的所失”,进一步地说,就是应使社会总收益大于社会总成本。将这一原则应用于税收,人们发现按受益原则征税是最有助于实现效率的。但如前所述,由于受益原则的局限性,大部分税收都是按纳税能力原则征收的。按纳税能力征税意味着每个人缴纳的税额只与认定的某种衡量纳税能力的指标,如收入、消费或财产相联系,而与这个人从政府提供的产品或服务中获得的利益水平无关。收益和成本没有直接的对应关系,无法直接比较。为此,理论上的分析一般假定税收带来的收益已由政府支出项目的性质、规模以及政府的工作效率给定,由税收收入表示,那么,效率就意味着税收造成的社会成本应最小。概括地说,税收造成的社会成本主要有两个方面:一是税收干扰私人经济部门的选择造成的超额负担,二是税收的征纳成本。以力求降低这两方面的成本为出发点,可引出与效率有关的两条税收原则:(1)税收的中性原则;(2)节约与便利原则。

第一,税收的中性原则。是指税收制度的设计应尽可能地使税收不影响市场中各相对价格,保证纳税主体纳税前后经济行为的一致,即保持税收的中性。

理论上,人们把不改变市场中的各种相对价格,从而不干扰私人经济部门的选择,不会导致超额负担的税收称为中性税收(Neutral Taxation);相反,把产生超额负担的税收称为扭曲性税收(Distortionary Taxation)。

下面通过对产品市场征收选择性税收的局部均衡分析来考察税收额外负担。

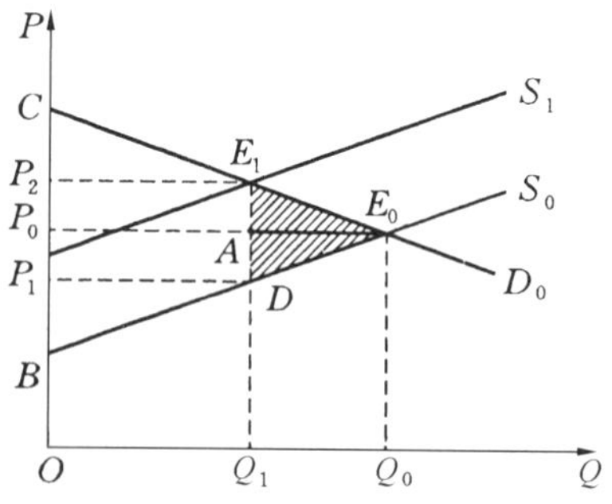

图 7-4　税收的超额负担

假设市场是完全竞争的,并且没有外部效应。如图 7-4,供给曲线 S_0 反映某产品生产的边际成本,需求曲线 D_0 反映消费者消费该产品的边际收益,税前均衡点为 S_0、D_0 线的交点 E_0,在这一点上生产的边际成本恰等于消费的边际收益,符合帕累托最优,均衡价格和产量分别为 P_0、Q_0。第 Q_0 个单位的产品没有给社会带来净收益,因为这时生产成本恰等于消费收益,而低于 Q_0 的各个单位的产品都给社会带来了超过成本的净收益,三角形 BCE_0 的面积就反映了这一产品给社会带来的总的净收益。BCE_0 由两部分组成:(1) 消费者剩余(P_0CE_0),即消费各单位产品所产生的收益(由 D_0 线表示)减去消费者所付出的价格 P_0,这部分收益是消费者没有付出任何代价得来的;(2) 生产者剩余(P_0BE_0),即生产者获得的超过生产成本的收益。当政府对该产品的供给方征收从量税,供给曲线上移到 S_1,均衡点由 E_0 移至 E_1,税后价格升至 P_2,生产者实际得到的价格为 P_1,产出水平降至 Q_1。消费者剩余减至 CP_2E_1,但政府仅得到其中 $P_2P_0AE_1$ 的部分,E_1AE_0 是消费者剩余的净损失;生产者剩余减至 BP_1D,但政府仅得到 P_0P_1AD, ADE_0 是生产者剩余的净损失。总起来说,E_1DE_0 这部分利益是纳税给私人经济部门带来的损失,但政府也没有得到,它就是税收的超额负担。人们还可以从另一个角度考察超额负担的形成,由于课税使产量减至 Q_1,也就损失了由产量 Q_0Q_1 赋予社会的净收益,这一收益刚好是 DE_1E_0。

如果市场是完全竞争的且不存在外部化现象,则私人经济部门可自发地实现资源的有效配置,达到所谓的帕累托最优状态。征税会产生两种效应,从而影响个人的福利水平:一是收入效应;二是替代效应。收入效应是因某种税开征或增加而使纳税人的购买力减少产生的效应，但因为相对价格没有改变，这仅说明资源从纳税人转移给政府，这是税收的正常负担，考虑到政府税收用于提供公共产品或服务而使社会福利得到改善，从全社会来讲，这种资源转移本身并不会造成损失。替代效应是当税收影响商品（或活动）的相对价格时，导致个人以一种消费形式或行为替代另一种产生的效应。例如当产品税课于甲产品而不课于乙产品时，消费者可能用乙产品来替代甲产品，也许在税前他并不喜用乙产品而喜用甲产品，也就是同样价值的乙产品带给消费者的效用不如甲产品。这种替代效应产生的效用损失无法用政府税收的收益来弥补，所以是税收的超额负担，即税收导致的净损失。

容易看出，只有不影响相对价格的税收才不会干扰消费者和生产者的选择，从而就不会带来超额负担。唯一不影响资源配置的中性税收是课于人的总额税，即人头税。由于人头税不随经济行为形式的不同而变化，所以它不影响经济行为，不会产生超额负担。

然而，大部分税收往往具有选择性，税后市场中各种相对价格，如产品之间或生产要素之间的相对价格、劳动与闲暇之间的相对价格、当前消费与未来消费（储蓄）之间的相对价格往往发生变化，消费者或生产者在产品或生产要素之间、劳动与闲暇之间、当前消费与未来消费之间的选择将会改变，原来有效率的资源配置状态被扭曲，税收的额外负担随之产生。故现实中的税制只是次优税制，效率原则所要求的只是尽可能减少效率损失，而不可能消灭额外税负。

第二，节约与便利原则。税收是用强制性的方式将资源从私人部门转移到公共部门的一种手段。在这一过程中必定要耗费一定的资源，正如将某种产品从甲地运到乙地一样，总要花费人力、物力和财力。为使社会资源得到更有效率的配置，就应该使这部分成本极小化。由于征税而产生的资源耗费有两个方面：征收费用和遵行费用。从政府方面说，税收的课征需要设立一定的机构如国家税务局，需要耗费一定的人力、物力、财力，这部分资源耗费称为征管成本。从纳税人方面看，为履行其纳税义务，需要保持一定的会计记录，需要进行法律和税务方面的咨询，需要花费一定的精力按时足额地缴税。这部分资源耗费称为缴纳成本。税收的节约与便利原则强调税种设置具有易征集性、简明性及确定性，这不仅给纳税人带来便利，有利于节省税收交纳的中间成本，而且为税管部门的征管工作带来便利，有利于降低征管成本。以美国为例，每一美元联邦税收收入中要花 0.5 美分的管理费用。显然,减少征管费用大有潜力。当前,各国的税改目标往往包含了简化税制。可见,节约与便利原则也日益引起各国政府的注意。

综上所述,不难理解,所谓的理想税制在现实中,不过是各项理论原则——公平、效率、稳定、增长之间权衡比较的结果。由于各原则之间目标多重性产生于财政职能多重性,因而税制设计往往依各国政府职能偏好所在而不同。将分配看作首要职能的政府在考虑税制时,不难想象,其将会将公平原则置于效率原则之上;而一个醉心于经济发展的政府在选择税制时,会优先考虑经济稳定原则。重要的是,在选定首要原则之后,如何使其他原则在此约束条件下更好地加以满足。

四、中国的税收

(一)建国以来税收制度的沿革

1949年新中国成立后,税收制度曾经作过多次调整和改革。总的说来,1978 年改革之前的税收结构是比较简单的。改革开放后,随着经济体制的逐步变化和对外开放政策的推行,过于简化的税制不适应经济发展和开放的需要。自 1983 年始,中国的税制进行了一系列的改革,其中 1994 年的税制改革建立了当前税收制度的基本框架,2004 年以来新一轮的税制改革又陆续进行。中国税制结构的演变情况如表 7-2 所示。

(二)中国现行主要税种

中国现行税种,按课税对象的性质,习惯上分为五大类:流转课税,主要包括增值税、消费税、营业税、关税等;所得课税,主要包括个人所得税、企业所得税、外商投资企业和外国企业所得税等税种;财产课税,主要有房产税和契税、车船税等;资源课税,主要指资源税和盐税;行为课税,主要有土地使用税、耕地占用税等。下面将对中国目前占财政收入的比重较大,对国民经济的影响较为显著的主要税种作一简要介绍。

表 7－2　中国税收制度的演变

序号	1950	1953	1958	1973	1984	1994	2005
1	关税	关税	关税	关税	关税	关税	关税
2	盐税	盐税	盐税		盐税		
3	货物税	货物税					
4	交易税　棉花				产品税	消费税	消费税
5	土布	商品流通税	工商统一税	工商税	增值税	增值税	增值税
6	粮食				营业税	营业税	营业税
7	药材				工商统一税①		
8	牲畜	牲畜交易税	牲畜交易税	牲畜交易税	牲畜交易税		
9	棉纱统销税②		集市交易税③		集市交易税		
10	工商业税　营业税	工商业税　营业税	工商所得税	工商所得税	国有企业所得税	企业所得税	企业所得税
11	所得税	所得税			国有企业调节税		
12					集体企业所得税④		
13					私营企业所得税⑤		

① 1982 年明确对涉外企业适用。
② 1951 年开征。
③ 1962 年开征，1964 年暂停征收。
④ 1985 年开征。
⑤ 1988 年开征。

(续　表)

序号	1950	1953	1958	1973	1984	1994	2005
14					中外合资经营企业所得税①	外商投资企业和外国企业所得税②	外商投资企业和外国企业所得税
15					外国企业所得税③		
16					个体工商业户所得税④		
17	存款利息所得税	利息所得税	利息所得税⑤		个人所得税⑥	个人所得税	个人所得税
18	薪给报酬所得税				个人收入调节税⑦		
19	印花税	印花税			印花税⑧	印花税	印花税
20	车船使用牌照税	车船使用牌照税	车船使用牌照税	车船使用牌照税	车船使用牌照税⑨	车船使用牌照税	车船使用牌照税
21					车船使用税⑩	车船使用税	车船使用税

① 1980 年开征。
② 1991 年施行。
③ 1981 年开征。
④ 1986 年开征。
⑤ 1959 年停征。
⑥ 1980 年开征。
⑦ 1986 年开征。
⑧ 1988 年开征。
⑨ 1982 年明确对涉外企业和个人适用。
⑩ 1986 年恢复征收。

（续　表）

序号	1950	1953	1958	1973	1984	1994	2005
22							车辆购置税①
23	船舶吨税②	船舶吨税	船舶吨税	船舶吨税	船舶吨税	船舶吨税	船舶吨税
24	房产税	城市房地产税	城市房地产税	城市房地产税	城市房地产税③	城市房地产税	城市房地产税
25	地产税				房产税④	房产税	房产税
26					城镇土地使用税⑤	城镇土地使用税	城镇土地使用税
27						土地增值税	土地增值税
28					耕地占用税⑥	耕地占用税	耕地占用税
29	契税	契税	契税	契税	契税	契税	契税
30					资源税	资源税	资源税
31	农（牧）业税	农（牧）业税	农（牧）业税	农（牧）业税 31	农（牧）业税	农（牧）业税	农（牧）业税⑦
32	遗产税						
33					城市维护建设税⑧	城市维护建设税	城市维护建设税

① 2001 年开征。
② 1952 年开征。
③ 1982 年明确对涉外企业和个人适用。
④ 1986 年恢复征收。
⑤ 1988 年开征。
⑥ 1987 年开征。
⑦ 2004 年起逐步取消。
⑧ 1985 年开征。

(续　表)

序号	1950	1953	1958	1973	1984	1994	2005
34	特种消费行为税	文化娱乐税	文化娱乐税①		特别消费税②		
35					建筑税③		
36					固定资产投资方向调节税④	固定资产投资方向调节税⑤	
37					国营企业工资调节税⑥		
38					国营企业奖金税⑦		
39					集体企业奖金税⑧		
40					事业单位奖金税⑨		
41					烧油特别税⑩		
42	屠宰税	屠宰税	屠宰税	屠宰税	屠宰税	屠宰税	屠宰税
43					筵席税⑪	筵席税	筵席税

① 1966 年停征。
② 1989 年开征。
③ 1983 年开征,1991 年停征。
④ 1991 年开征。
⑤ 2000 年暂停征收。
⑥ 1985 年开征。
⑦ 1984 年开征。
⑧ 1985 年开征。
⑨ 1985 年开征。
⑩ 1982 年开征。
⑪ 1988 年开征。

1. 个人所得税。

个人所得税是对中国居民个人和在中国境内取得所得的非居民的应税所得征收的一种税。改革后的个人所得税制是在中国原来的个人所得分别征收城乡个体工商业户所得税、个人所得税和个人收入调节税的基础上加以统一后建立起来的。

第一,纳税人和征税范围。个人所得税是在中国境内有住所,或者无住所而在中国境内居住满1年的个人,以及在中国境内无住所又不居住或者在中国境内无住所而在境内居住不满1年,但从中国境内取得所得的个人。

个人所得税的具体征税范围包括:(1)凡在中国境内有住所,或者无住所而在境内居住满1年的个人,也称居民纳税人,无论在中国境内还是在境外的个人所得,均应征收个人所得税;(2)在中国境内无住所又不居住或者在中国境内无住所而在境内居住不满1年的个人,也称非居民纳税人,只就从中国境内取得的所得征收个人所得税。

第二,课税对象。个人所得税的课税对象,是指税法规定的各项所得,具体包括:(1)工资、薪金所得;(2)个体工商户的生产、经营所得;(3)对企事业单位的承包经营、承租经营所得;(4)劳务报酬所得;(5)稿酬所得;(6)特许权使用费所得;(7)利息、股息、红利所得;(8)财产租赁所得;(9)财产转让所得;(10)偶然所得;(11)经国务院财政部门规定的其他所得。

第三,费用扣除。个人所得税的应税项目不同,取得所得所需费用也不相同,确定各项所得的应纳税所得额时,均应以收入额减去相应的费用。按照2005年10月个人所得税第三次修订后税法的规定,各类所得的费用扣除标准分别为:

工资、薪金所得,每月减除费用1 600元;个体工商户的生产、经营所得,减除成本、费用以及损失;对企事业单位的承包经营、承租经营所得,按月减除1 600元的必要费用;劳务报酬所得、稿酬所得、特许权使用费所得、财产租赁所得,每次收入不超过4 000元的,减除费用800元,4 000元以上的,减除20%的费用;财产转让所得,减除财产原值和合理费用;利息、股息、红利所得,偶然所得和其他所得,以每次收入额为应纳税所得额,不减除费用。

此外,个人将其所得通过指定的中国境内的社会团体、国家机关向教育事业和其他公益事业以及遭受严重自然灾害地区、贫困地区捐赠,捐赠额未超过申报的应纳税所得额30%的部分,可以从应纳税所得中扣除。个人通过指定的非营利的社会团体和国家机关向农村义务教育的捐赠,准予在缴纳个人所得税前的所得额中全额扣除。

第四,税率。个人所得税依据不同的所得,适用不同的税率。(1)工资、薪金所得,适用超额累进税率,税率为5%—45%;(2)个体工商户的生产、经营所得和对企事业单位的承包经营、承租经营所得,适用5%—35%的超额累进税率;(3)劳务报酬所得,适用比例税率,税率为20%。对劳务报酬所得一次收入畸高的,可以实行加成征收,具体办法由国务院规定;(4)稿酬所得,适用比例税率,税率为20%,并按应纳税额减征30%;(5)特许权使用费所得,利息、股息、红利所得,财产租赁所得,财产转让所得,偶然所得,适用比例税率,税率为20%。

2. 企业所得税。

企业所得税是对中国境内企业(外商投资企业和外国企业除外)的生产经营所得和其他所得征收的一种税。现行企业所得税是在原国有企业所得税、集体企业所得税和私营企业所得税的基础上进行归并改革实施的,实际上是内资企业所得税。

第一,纳税人。凡是实行独立经济核算的企业或组织,都是企业所得税的纳税人。具体包括国有企业,集体企业,私营企业,联营企业,股份制企业,有生产、经营所得和其他所得的其他组织。

第二,课税对象。企业所得税的课税对象是指企业的生产经营所得和其他所得。生产经营所得是指从事制造业、采掘业、交通运输业、建筑安装业、农业、林业、畜牧业、渔业、水利业、商品流通业、金融业、保险业、服务业、邮电通信业以及其他行业的生产经营,经国务院、税务主管机关确定的所得。其他所得是指股息、利息、租金、转让各类资产收益、特许权使用费以及营业外收益等经国务院、税务主管机关确认的所得。

第三,费用扣除。在计算企业所得税的应纳税额时,纳税人每一纳税年度发生的与取得收入有关的成本、费用、税金和损失准予从应纳税所得额中扣除。其中借款利息支出,工资、薪金支出,职工工会经费,职工福利费,职工教育经费,公益、救济性的捐赠支出,业务招待费,广告费与业务宣传费,各类保险基金和统筹基金,坏账与坏账准备金等支出按税法规定的标准进行扣除。

第四,税率。企业所得税实行比例税率,法定税率是33%,对规模较小、利润较少的企业实行低税优惠照顾。优惠税率定为两档,全年应纳税所得额在3万元(含3万元)以下的,暂按18%税率征收;全年应纳税所得额在3万元以上10万元(含10万元)以下的,暂按27%税率征收。

3. 外商投资企业和外国企业所得税。

外商投资企业和外国企业所得税是对在中国境内的外商投资企业和外国企业的生产经营所得和其他所得征收的一种税。

第一,纳税人和课税对象。外商投资企业和外国企业所得税的纳税人是外商投资企业和外国企业。外商投资企业是指在中国境内设立的中外合资经营企业、中外合作经营企业和外资企业。外国企业是指在中国境内设立机构、场所,从事生产经营和虽未设立机构、场所,而有来源于中国境内所得的外国公司、企业和其他经济组织。

外商投资企业和外国企业所得税的课税对象是外商投资企业和外国企业的生产经营所得和其他所得。

第二,税率。外商投资企业和外国企业所得税采用比例税率,税率为30%,同时另按应纳税的所得额附征3%的地方所得税,综合税率为33%。

另外,外国企业在中国境内未设立机构、场所,而有来源于中国境内的利润、利息、租金、特许权使用费和其他所得,或者虽设立机构、场所,但上述所得与其机构、场所没有实际联系的,都应缴纳20%的所得税,税款由支付人在每次支付的款额中扣交。由于这种所得税由支付单位代扣代交,不扣除成本费用,实行源泉控制,通常称为预提所得税。

第三,费用扣除。外商投资企业和外国企业所得税的扣除项目与内资企业所得税基本相同,但扣除标准对企业更为有利,比如工资、薪金支出可据实扣除,往往允许按加速折旧法计提折旧等。

第四,税收优惠。与内资企业所得税的重要区别是,外商投资企业和外国企业所得税法规定了广泛的税收优惠,包括:对设在沿海经济开放区、经济特区、经济技术开发区等享受优惠税收待遇地区的企业符合一定的行业、投资水平或技术含量要求的,减按24%或15%的税率征收企业所得税;对符合一定行业、投资规模或经营期要求的外商投资企业实行二免三减等定期减免税;对外国投资者取得的利润用于再投资的退还其再投资部分已经缴纳的40%—100%的所得税税款;对外国投资者从外商投资企业取得的利润,免征所得税;等等。此外,各省、自治区、直辖市人民政府对于3%的地方所得税一般都给予免征。

2007年3月16日,第四届全国人民代表大会第五次会议通过了《中华人民共和国企业所得税法》,明确规定取消外商投资企业与国内企业在所得税税率上的差别,将两者的税率统一为25%。从此,中国告别了内外资企业所得税税率“双轨制”的时代。但是,财政部负责人指出,两税合一并不是取消对外资企业的税收优惠。新的外资企业税收优惠主要体现在地区、行业等方面。

4. 增值税。

增值税是以增值额为课税对象的税收。所谓增值额,从理论上讲,就是企业的商品销售收入额或劳务收入额扣除经营中的物质消耗后的余额。从一个生产经营单位来看,就是该单位的商品销售额或劳务收入额扣除外购商品金额之后的余额,它大体上相当于该单位经济活动所创造的价值;从一个商品来看,该商品生产和流通各环节所创造的增值额之和,相当于该商品的最终销售额。

中国从1979年开始进行增值税试点,经过反复试验,不断总结经验,于1993年12月13日发布了《中华人民共和国增值税暂行条例》,自1994年1月1日起施行。增值税的改革,是中国1994年税制改革的主要内容。

改革后的增值税,其主要内容有:

第一,征税范围。增值税的征税范围包括货物的生产、批发、零售和进口四个环节。此外,加工和修理修配也属于增值税的征税范围。

第二,纳税人。增值税的纳税人是在中国境内从事货物销售或者提供加工、修理修配劳务以及进口货物的业务的单位和个人。外商投资企业和外国企业也是增值税的纳税人。

第三,税率。中国改革后的增值税的基本税率为17%,低税率为13%,此外还有一档零税率。根据规定,低税率的适用范围仅限于以下几类货物:(1)粮食、食用植物油;(2)自来水、暖气、冷气、热水、石油液化气、煤气、天然气、沼气、居民用煤炭制品;(3)图书、报纸、杂志;(4)饲料、化肥、农药、农机、农膜;(5)国务院规定的其他货物。

除以上几类货物适用低税率外,其他货物和应税劳务(指加工、修理、修配劳务)一律按17%的基本税率征税。

零税率的适用范围仅限于出口货物。

第四,应纳税额的计算。

增值税采用购进扣税法计税,其应纳税额的计算公式是:

$$应纳税额 = 当期销项税额 - 当期进项税额$$

$$当期销项税额 = 当期销售额 \times 税率$$

当期进项税额是指当期购进货物或应税劳务已交纳的增值税税额，这在进货发票上都已注明。中国实行的是生产型增值税，购进固定资产已交纳的增值税税额不能扣除，2004 年 9 月东北增值税转型试点中符合有关规定的除外。

增值税属价外税，税金为计税价格以外的附加，其计税方法在本章第一节介绍价外税时已举例说明。

5. 消费税。

消费税是国家为了体现消费政策和产业政策，对生产和进口应税消费品征收的一种税。

第一，征税范围。消费税的征税范围为在中国境内生产、委托加工和进口的消费税暂行条例规定的应税消费品。消费税只在生产环节和进口环节征收，流通环节不在征收范围之内。2006 年消费税调整后确定的征收消费税的品目共有 14 个，即烟、酒及酒精、化妆品、贵重首饰、鞭炮焰火、成品油、汽车轮胎、摩托车、小汽车、高尔夫球及球具、高档手表、游艇、木制一次性筷子、实木地板。

第二，纳税人。消费税的纳税人是在中国境内从事生产、委托加工和进口应税消费品的单位和个人。外商投资企业和外国企业也是消费税的纳税人。

第三，税目税率。中国消费税税率分比例税率和定额税率两种。对价格差异不大、计量单位规范的消费品，实行定额税率，如啤酒每吨出厂价格在 3 000 元（不含增值税）以下的，为 220 元/吨，无铅汽油为 0.2 元/升等，其他消费品则采用比例税率，税率为 3%—45%。对一些种类的烟、酒还实行比例税率和定额税率相结合的办法，比如卷烟每标准条（200 支）调拨价在 50 元以上（含 50 元，不含增值税）的，适用比例税率 45% 加定额税率每标准箱（50 000 支）150 元。粮食白酒、薯类白酒适用 20% 的比例税率加每斤0.5 元的定额税率。

6. 营业税。

营业税是对在中国境内提供应税劳务、转让无形资产或销售不动产的单位和个人,就其营业额征收的一种税。

第一,征税范围。营业税的征税范围包括在中国境内提供规定的劳务(以下简称应税劳务)、转让无形资产或销售不动产。应税劳务是指属于交通运输业、建筑业、金融保险业、邮电通信业、文化体育业、娱乐业、服务业税目征收范围的劳务。

第二,纳税人。营业税的纳税人是在中国境内提供应税劳务、转让无形资产或销售不动产的单位和个人。

第三,税率。中国改革后的营业税共有 9 个税目:交通运输业、建筑业、金融保险业、邮电通信业、文化体育业、娱乐业、服务业、转让无形资产、销售不动产业。税率有三种情况:大部分税目的税率为 5%;交通运输业、建筑业、邮电通信业、文化体育业为 3%;娱乐业税率为 5%—20%。

(三) 中国税制的进一步改革

1994 年税制改革取得了突破性的进展,在间接税方面采取了统一的内外资企业流转税制,扩大了增值税的适用范围,取消了产品税,很大程度上克服了原产品税重复课税的弊端。在直接税方面,改革后的内资企业所得税制度,基本上理顺了国家与企业的分配关系,有利于国有企业改革的深化,改革后的个人所得税制度,简化和规范了对个人所得的课税制度,扩大了征税范围,为调节个人收入差距,缓解分配不公创造了条件。此次税制改革向适应市场经济发展的规范税收体系迈进了一大步。但改革方案中仍存在着的诸多缺陷随着时间的推移日益凸现,进一步深化改革的任务十分艰巨。

1. 个人所得税制的进一步改革。

首先,应选择综合与分类相结合的税制模式。中国目前实行的分类税制具有明显的缺陷:首先,分类税制不能就纳税人全年各项应税所得综合计算征税,现行税制仅对工资薪金等部分收入进行累进征税,不符合依照纳税人的纳税能力课征的原则。其次,对不同收入来源采取不同的税率、不同的扣除和征收办法,存在较多的避税漏洞,容易造成纳税人分解收入,将收入在不同的项目之间转移,从而多次扣除费用,导致税收流失。而中国未来的综合与分类相结合的个人所得税制的具体设想是:将工资薪金所得、生产经营所得、劳务报酬所得、财产租赁所得等具有较强连续性或经常性的收入列入综合所得的征收项目,实行统一的累进税率;对财产转让、特许权使用费、利息、红利、股息等其他所得,仍按比例税率实行分项征收。

其次,拓宽税基,扩大个人所得税的征税范围。同时调整税率级距和税负水平,适当降低最高边际税率水平。凡是能够增加个人纳税能力的经济收益均应构成课税基础,因此临时性、偶然性、恩惠性所得均应纳入税基。中国现行的个人所得税减免税项目较多,实际执行中,有一些地区和部门擅自减免税的问题比较严重。因此应控制不合理的减税、免税项目,规范个人所得税的减免制度。

再次,调整费用扣除,建立科学的费用扣除制度。所得税最显著的特点即为对纯收益课税,世界各国的个人所得税制均允许在总收入中扣除成本费用、生计费、个人免税等项目。2005 年 11 月发布的新的《个人所得税法》将工资、薪金所得适用的费用扣除标准从 1980 年以来一直实行的 800 元提高到 1 600 元,但中国的个人所得税目前在费用扣除方面的规定仍过于简单,没有区分家庭赡养人口、教育支出、医疗支出等各种情况,一律实行定额定率的扣除,容易造成税负不公平。长远看,应针对各应税项目,根据不同纳税人的具体情况,具体确定基本费用扣除和其他项目扣除。合理确定基本扣除必须以个人的平均收入和支出水平为依据。费用扣除也应该根据物价指数和通胀的变动而相应地加以调整。

最后,建立源泉控管、双向申报、交叉稽核的征管机制。应逐步建立起一个以个人主动申报为基础,重点抽查、严厉惩处为威慑,以现代化技术手段为依托的纳税申报、税务代理、税务稽核相结合的现代税收征管体制。2005 年 12 月发布的新的《个人所得税法实施条例》已扩大了纳税人主动申报的范围,规定凡年所得 12 万元以上的纳税义务人应当按照规定到主管税务机关办理纳税申报。另外,国家税务总局 2005 年 7 月发布了《个人所得税管理办法》,对于进一步加强和规范税务机关对个人所得税的征收管理工作,促进个人所得税科学化、精细化管理,提高个人所得税征收管理质量和效率将起到十分积极的作用。

2. 完善企业所得税制。

改革开放以来的很长一段时间内中国企业所得税制分内、外两套,内、外资企业所得税差异较大,造成税负不公平,不利于促进内、外资企业公平竞争,也不利于实现中国税制与国际接轨。统一内外资企业所得税是税制改革的必然趋势,也是国际上通行的做法。从现实来看,统一内外资企业所得税的条件确实已经成熟。1994年的税制改革,使内资企业所得税在税率的设计、计税依据的确定等方面,基本上与外资企业取齐,已为今后统一内外资企业所得税创造了条件。20世纪90年代以来,中国市场经济迅速发展,客观上要求以市场来发挥配置资源的基础作用,税收对经济的调节作用,只能是对市场调节的补充。市场具有国际性,至少在一国内部应是统一的、公平的,税收政策也应服从这一需求,实现内外资企业所得税制统一才能真正体现公平原则与效率原则。从各国实践看,世界上大多数国家的企业所得税制都是统一的,在世界经济日趋一体化的今天,国际环境也要求中国统一内外资企业所得税。特别是加入WTO后,经济全球化进程对中国税源变化、税种设置和结构以及税收征管产生更大的影响,所以更应及时和国际惯例接轨。

坚持国民待遇原则,要适当取消企业所得税优惠,减少并规范各类税收减免与优惠政策。逐步改变各种特区、经济开发区、沿海沿边开放城市竞相以税收优惠吸引外资的做法。除保税区、西部等欠发达地区外,应逐步取消一切以地域性为特征的税收优惠和减免,代之以产业性的税收优惠。对保留的税收优惠和减免,应在税法中统一规范,建立一套完整的关于税收优惠和减免的规章制度。税收减免和优惠的方式,应主要采取加速折旧、投资抵免等间接形式。

税收优惠政策是吸引外资的重要条件而不是唯一条件。改革开放近30年来,税收优惠政策在引进外资促进国际间经济技术交流与合作等方面发挥了极为重要的作用,这是应该肯定的。但是,随着中国经济的发展,中国经济与世界经济一体化进程在加快,中国已成为跨国企业争夺全球市场战略的组成部分。面对跨国公司的全球战略,广大发展中国家扩大吸引外资以振兴本国经济的目的,不是仅靠一些优惠措施便可以达到,而必须凭借自身优势,积极投入国际经济合作与竞争,遵循国际惯例,建立公平竞争的市场环境,完成国内市场与国际市场的接轨。

3. 增值税的进一步改革。

从整个税收体系来看,中国目前增值税收入占税收收入总额的比重过高,整体税收的走势过度依赖增值税,只要增值税一个税种有所波动,中央财政就会大受影响。显然,中国的税制结构有待进一步改善,这对增值税改革提出了要求。另外,从增值税制自身来看,也需要进一步改革。

首先是增值税的课税范围有待扩大。目前中国增值税征收范围存在两个方面的问题：

第一，课税范围不广泛。针对商品仅涉及大部分商品的生产、加工、批发以及零售，尚未延伸到农业领域；劳务仅涉及加工、修理修配行业，大多数劳务仍然征收营业税。由此引发以下问题：首先，在营业税与增值税衔接的环节难以避免重复课税，尤其是某些与增值税应税商品联系较密切的营业税应税劳务，如建筑业、交通运输业，其矛盾更加突出。中国目前采取的以运输业普通发票作为增值税扣税凭证的对策破坏了增值税发票的环环相扣，增加了征管难度，同时10%的进项税额抵扣率与一般购进货物17%的进项税额抵扣率相比仍偏低，使运输费用比重较大的企业税负偏高，因而只能是权宜之计。其次，当纳税人同时涉及增值税应税货物及劳务和营业税应税劳务时，有时兼营与混合销售行为不易区分，同样的混合销售行为对身份不同的纳税人而言处理不同，有违公平原则。

从发达国家的税收实践来看，OECD国家除美国、芬兰外，其增值税的征收范围都尽可能地涉及大部分商品和劳务，所以，为了从根本上解决上述问题，应逐步扩大增值税的课税范围。但是，由于此项改革必将引起营业税和增值税的此消彼长，从而打破中央和地方政府之间现存的分配格局，不利于当前经济的稳定，因此只能作为远期目标，近期内可先将增值税的征税范围扩大到交通运输业、建筑业等与现行增值税征税范围联系较密切的营业税应税劳务。

第二，存在大量的小规模纳税人。小规模纳税人因为会计核算制度不健全，不能开具增值税专用发票，供下一环节抵扣税款，这造成其产品在流通中的困难。一般纳税人与小规模纳税人认定和征管上漏洞较多，不利于增值税的征管。根据统计，小规模纳税人占增值税总税户的80%。所以，税务机关要加强对小规模纳税人财会人员的培训，帮助其建立和完善会计核算制度，从而促使其尽快转变为一般纳税人。

此外，增值税的税基有待改进。增值税税基按其对购进的资本品在计算时是否扣除以及扣除时间的不同，可分为生产型、收入型和消费型三种。生产型增值税对购进资本品不予扣除，收入型增值税允许将购进资本品分期进行扣除，消费型增值税是对购进资本品当期一次扣除。中国实行的是“生产型”增值税，它存在的主要问题是：

第一，与中国的产业政策相矛盾。由于多数基础产业和高新技术产业的资本有机构成较高，其产品成本中长期资本投入所占比重较大。实行“生产型”增值税,外购资本品(包括无形资产)所负担的增值税得不到抵扣,这部分产业的税负必然较重,客观上不利于基础产业和高新技术产业的发展。

第二,与中国当前开发西部的地区发展战略不适应。从区域经济结构来看,由于内陆地区是资源等原材料的主要供应地,这些基础产业资本有机构成高,一般属于资本密集型企业,而沿海一些省份主要发展的是加工工业,资本有机构成低,属于劳动密集型企业,两者的增值税税负不平衡。税负的不平衡不利于缩小中西部内陆地区与东部沿海地区的差距。

第三,不利于中国出口产品在国际市场上的竞争。对出口产品实行零税率是各国的通行做法。而“生产型”增值税对外购资本品部分不允许扣除已缴纳的税额,使中国出口产品即使实行零税率,仍不能做到彻底退税。

第四,使增值税抵扣链条的完整性受到影响。增值税采用统一的购进扣税法,对外购项目已纳税额可以一次全部扣除,有利于对发票的统一处理,但“生产型”增值税对外购资本品部分已缴纳的税额不允许扣除,使纳税人在计算增值税时必须分清允许抵扣和不允许抵扣的项目,并要对相应的发票进行专门的区分,客观上使统一的抵扣链条显得不完整;对税务机关来说,也增加了税务行政成本。

从长期看,中国增值税的类型选择应该是“消费型”增值税。理论依据是:(1)“消费型”增值税可以彻底地解决对外购项目的重复征税问题,对不同行业、不同组织形式的企业真正做到公平税负,符合中性税收的原则。(2)选择“消费型”增值税与国际增值税实践相一致,有利于引进外资,使中国企业公平地参与国际市场上竞争,使中国经济进一步国际化。(3)选择“消费型”增值税更符合增值税的抵扣原理。整个增值税的抵扣链条更完整和统一,有利于增值税征收管理的简便高效。(4)选择“消费型”增值税符合中国税制改革的整体方向。随着所得税尤其是个人所得税收入占全部税收收入比重的不断提高,财政依赖增值税的程度将有不同程度的降低,这也为实行增值税类型的转换提供了有利的条件。

思考题

1. 试析完全竞争市场条件下,影响税收转嫁和归宿的主要因素。
2. 从一般均衡的角度看,政府对一个行业的产出征税将产生哪些影响?
3. 税制结构设计的基本问题有哪些?

4. 收入、消费和财产作为衡量纳税能力的标准各有何特点？
5. 什么是税收的收入效应和替代效应？为什么说不影响相对价格的税收就不会产生超额负担和效率损失？
6. 试析中国所得税制的改革方向。
7. 试析中国增值税由生产型增值税向消费型增值税过渡的必要性。

第八章　收入再分配与社会保障的理论与实践

本章要点

1. 市场经济条件下人们的收入分配有两个层次，首先是由市场根据生产要素进行分配，其次是政府通过税收、转移收支等手段对已有的收入进行再分配。
2. 功能分配以企业为中心按效率来进行，规模分配以政府为中心进行，注重公平。
3. 社会保障有着强烈的收入再分配色彩，政府必须运用手中公共权力强制性地把一部分人的收入以实物和现金方式，转移到另一部分人手中，以建立一个社会安全网。
4. 中国的收入分配问题分两个层次：一是国家、企业和个人三者之间分配格局的变化；二是个人所得分配格局的变化。
5. 中国社会保障体系的基本原则是低水平、高覆盖。由国家财政支持的保障项目、国家与个人共同支持的保障项目和遵循自愿加入原则的商业保险共同组成。养老保险、医疗保险和失业保险已经基本成形，正在不断地探索和改革之中。

一、收入与再分配的意义

对收入进行再分配和建立完善社会保障体系是政府纠正市场失灵而行使的重要经济行为，贯穿于制度设计、税收政策和公共支出之中。现有的教科书大都把政府的这一经济行为分散在公共收入和公共支出中去讲。考虑到这一问题的综合性以及中国的所得分配和社会保障的现状，本书专设一章从理论和实践两个方面加以详细分析。

在讨论政府为什么及如何对收入进行再分配之前，有必要先把什么叫收入，什么叫分配等基本概念作清理和限定，以为本书的讨论提供一个基础和共同语言。

（一）收入的定义

在一般人看来收入（Income）仅仅是指人在一个特定的时期所挣得的货币的数量。但是，在公共经济学看来，收入这一概念所包含的内容要丰富得多。公共经济是从收入内涵、收入时间和收入单位三个层次来看问题的。

首先看收入内涵。

N·C·黑格（Hague, N. C.）和 H·C·西蒙斯（Simons, H. C.）两位经济学家提出了综合性收入定义。其表述是："个人收入可定义为：(1) 被行使的消费权利的市场价值的和；(2) 财产权在所涉时期的期初与期末之间储存价值变化的两者的代数和。"①这一概念为人们所广泛接受。但是它还不完全。至少它未考虑以下三个因素。

假如要素价格是既定的，那么每个人的收入就与禀赋、偏好和运气有直接的关系。

① 〔美〕H·C·西蒙斯著："Personal Income Taxation", University of Chicago Press, Chicago, 1938 年，第 50 页。转引自〔英〕安东尼·B·阿特金森、〔美〕约瑟夫·E·斯蒂格里茨著：《公共经济学》，蔡红南、许斌、邹华明译，上海三联书店、上海人民出版社 1994 年 9 月第 1 版，第 322 页。

1. 禀赋。本人的能力以及来自父母的天赋和财富的遗赠。这些因素决定了个人的机会集合。

2. 偏好。决定干什么工作及干多少工作,储蓄多少钱,怎样用余钱去投资都是个人的偏好的反映。个人的偏好有可能是受父母影响,也可能是因社会氛围而形成。在机会相同的情况下,偏好的不同会直接形成收入的不同。如果每个人都有一个相同的每小时工资率 W 和未实现的收入 M,但是对闲暇的偏好却使不同的人获得不同的收入。这是通过劳动时间 L 的不同来体现的。显然对闲暇有特别偏好人的 L 就会少于勤奋人的 L。

3. 运气。个人决策的后果是难以预料的。因此拥有相同机会集合而且嗜好也相同的人也可能因个人运气不同而有不同收入。一个在毕业后找了一家在若干年后被判为夕阳工业的企业工作的人和另外一个在因特网刚刚问世时就加入了雅虎公司的人的结果是一目了然的,前者收入日益减少而最终失业,后者则因信息技术向全社会的渗透而有了丰厚的报酬。更令人不可思议的是,某人创办的企业因地震而毁于一旦,而某人的企业则因城市发展而获得极其巨大的级差地租收入。

上述三个因素还只是在具有“可观察型”的范围之内。还有许多不具有“可观察型”的问题必须加以考虑。其主要的有:(1) 已经产生却尚未实现的资本收益;(2) 服务于家庭消费的生产;(3) 来自政府的现金转移支出。

其次看一下收入时间。

所谓收入时间,就是说看收入不能只看一周或一年的短期收入变动,而且还要关心永久性的收入。这里就引出经济的生命周期、暂时收入与持久收入两个概念。

经济生命周期是在人的一生中有规律的收入变动形式。显而易见,年龄的增长是与身体的健康变化相一致的。人的一生中收入变动是很大的。年轻人,特别是在学校读书的身强力壮的年轻人只有很少或几乎没有收入。然而毕业以后,随着工作年限和工作经验的增加,其收入也在增加。一般而言,到 50 岁前后一个人的收入达到他一生中最高水平。退休以后他的收入大幅度减少。人们通常用储蓄和借款来平缓收入的生命周期变动,政府则以税收或补贴来控制个人收入的生命周期变动。从这个意义上讲,一生的收入分配比周、月和年度收入分配更为重要,更能体现一个社会是否公正平等。不幸的是实际上无法确定一个人一生收入的数据。经济生命周期理论只是提醒人们在考虑到收入时必须把生命周期中高收入期与低收入期拉平来看问题。

暂时收入与持久收入是从另一个角度，即收入还会因随机的暂时的力量而变动。当大旱使西北的麦农颗粒无收时，东北地区的农民因多种麦子而有了较高的收入。当苹果大年时果农为卖不出好价钱而伤心时，不要忘记翌年的苹果价格可望上扬而有较高收入。

第三是收入单位问题。

收入是流向每个家庭的货币量，还是流向除儿童以外的成人的货币收入量，抑或是指把父母收入的一部分分给未成年子女之后而得出的每个人的货币量。这些在理论上并未有定论。一般而言，人们把家庭或居民户作为收入分配的分析单位。但是这种办法忽视了上述生命周期带来的一些变化。人在其一生中至少属于两个不同的家庭，一个是他与父母组成的家庭，另一个是他与配偶和子女组成的家庭。另外，生命周期收入的讨论只限于一代人身上，而事实上收入的再分配是跨代进行的。遗产就是一个典型例子，除此以外还有很多。例如在中国，一些在养老金制度刚开始实行后不久就退休的人很可能是在得到年轻一代的补助。相反，今天的耄耋老人都可能通过间接税为学龄儿童筹措教育经费。

（二）功能分配和劳动力需求曲线

经济学家为了便于分析和定量经常使用功能分配和规模分配两个概念来说明收入是如何分配的。

功能分配（Functional Distribution of Income），也称要素分配。功能分配是从收入来源角度来研究收入的分配。它试图说明每一个生产要素所得到收入占国民总收入的份额是多少。功能分配的分析单位不是个人或家庭，而是考察整个“劳动”所得到收入的百分比，并把它与以租金、利息和利润（也即是土地、资本和企业家精神的所得报酬）形式取得的在总的国民收入中的百分比进行比较，从而弄清各种生产要素与其所得的相互关系。下图为功能性分配提供了一个简单的图解说明。

图8－1假设仅有资本和劳动两种生产要素。资本是既定的，而劳动是可变的。在充分竞争的条件下，劳动力需求是由劳动力的边际产出所决定。

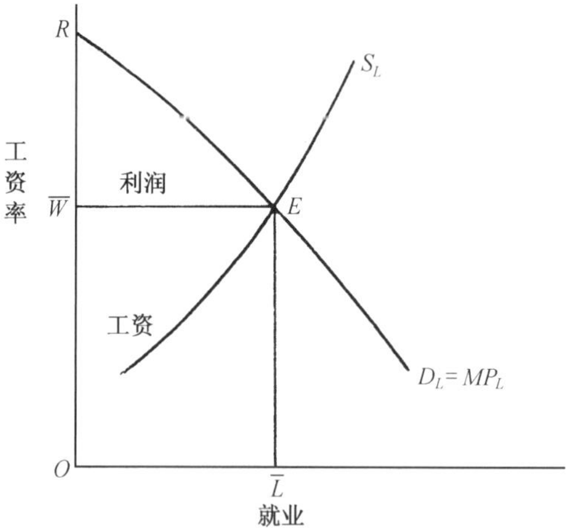

图8－1　市场经济中收入的功能性分配

也即是雇佣工人的增加是以新增工人的边际产出与其实际工资支出相平衡为限。根据边际效用递减规律,劳动的需求曲线是向右下方倾斜的。图8－1中以 D_L 表示。图中的 S_L 曲线是新古典学派的劳动力供给曲线。D_L 和 S_L 的相交点 E 是劳动与资本的均衡点。均衡的工资水平是 $O\overline{W}$,均衡的就业水平为 $O\overline{L}$。此时的国民总收入为 $ORE\overline{L}$。$ORE\overline{L}$ 是由两部分组成,一是以工资形式为工人所有的 $O\overline{W}E\overline{L}$,二是以红利和利润形式归资本家和企业家所有的 $\overline{W}RE$。由此可见,图8－1以十分简明的形式,说明了在充分竞争的市场条件下收入是如何按功能分配的问题。劳动者取得工资,土地所有者取得地租,资本家取得红利,企业家取得利润。每种生产要素仅仅得到与其对国民收入所作贡献相一致的报酬。当然,这仅仅是对功能分配理论直观而简单的说明,既没有考虑其他要素,也未对影响要素的非市场力量进行分析。

(三)规模分配和劳伦兹曲线、基尼系数

规模分配(Size Distribution of Income),也称个人和家庭分配。规模分配是从分配是否公平的角度来研究收入的分配。它试图说明个人和家庭的收入在社会总收入中所占份额是多少。

本书已经在第二章讲过,对公平进行分析的基本工具是美国统计学家劳伦兹(Lorenz, M. O.)提出的劳伦兹曲线(Lorenz Curve)和意大利统计学家基尼提出的基尼系数。劳伦兹曲线直观而形象地反映了收入分配的不公平。一般而言,不平等程度越严重,劳伦兹曲线就越向右下方弯曲,越接近于横轴。反之,则越接近于45°线。下图给出了收入分配相对平等和收入分配相对不平等的两条劳伦兹曲线。

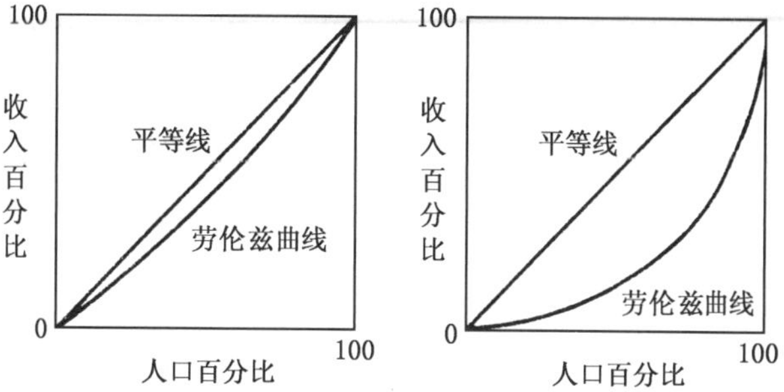

(a) 相对平等的收入分配　　(b) 相对不平等的收入分配

图8－2　不同劳伦兹曲线的比较

劳伦兹曲线的优点是直观形象,但其缺点是只能在几何图形上观察,而无法以确切的数字来表示收入分配的不平等程度。基尼系数弥补了这一缺憾。

基尼系数,也称基尼集中率,是由意大利统计学家 C · 基尼(Gini, C.)提出的。它由劳伦兹曲线而来,是以一个数值来反映收入分配不平等水平。基尼系数在0—1之间变化,基尼系数越大,所表示的收入分配不平等越严重,反之则越小。由于收入者既可以用个人,也可以用家庭(居民户)作为分析单位,因此基尼系数也相应有个人收入基尼系数和家庭收入基尼系数。基尼系数的长处是能方便地用一个数值来反映一国收入分配差别的总体情况,从而为大多数学者所采用。表 8 －1 是经济学家 F · 鲍克特(Paukart, F.)对 56 个发展中国家收入分配调查作出的基尼系数。该表显示,当一个国家从人均最低收入组(100 美元以下)向 101—200 美元移动时,基尼系数增大,当向 201—300 美元移动时,基尼系数进一步增大,在 301—500 美元时,则大致不变,在 501—1 000 美元时,基尼系数有所下降,当达到 1 001—2 000 美元以上时,不平等明显缩小。

除了劳伦兹曲线和基尼系数以外,用来衡量收入分配的还有库兹涅茨比率。

库兹涅茨比率(Kuznets Ratio)是把各阶层的收入比重与人口比重的差额的绝对值加总起来。其计算公式为

表 8-1 鲍克特所列 56 个国家不同收入组的基尼系数平均值

人均 GDP(1965 年,美元)收入范围/平均值	平均基尼系数	国家数
100 以下/78. 3	0. 419	9
101—200/147. 6	0. 499	11
201—300/244. 4	0. 530	8
301—500/426. 9	0. 494	9
501—1 000/723. 3	0. 438	6
1 001—2 000/1 485. 2	0. 401	10
2 000 以上/2 572. 3	0. 365	3

资料来源: F. Paukert, "Income Distribution at Different Levels of Development, A Survey of Evidence", International Labour Review, Aug.-Sept., 1973, pp. 97-124.

$$R = \sum_{i=1}^{n} | y_i - p_i | \qquad (i = 1, 2, \cdots, n)$$

$$y_1 + y_2 + \cdots + y_n = \sum y_i = 100$$

$$p_1 + p_2 + \cdots + p_n = \sum p_i = 100$$

公式中 R 为库兹涅茨比率,y_i、p_i 分别为各阶层收入份额和人口比重。其优点是计算方便,但未考虑各阶层的权数。最富有的阶层和最贫穷的阶层权数较大,而中间阶层权数较小。为了消除权数影响,库兹涅茨采用以最富有 20% 人口的收入份额来表示收入分配不平等状况。这一指标最低为0. 2,数值越高,差别越大。这一数值因此被称为库兹涅茨指数。另一位经济学家以 40% 最贫困人口的收入份额来衡量收入分配不平等状况,这一数值被称为阿鲁瓦利亚指数。其最高值为 0. 4,指数越低,收入差别越大。

规模分配在公共经济学中占有重要位置。规模分配理论及其检测工具不仅说明了一个国家或一个社会收入分配不平等的状况,而且为如何纠正不平等提供了思路。

二、收入再分配的理论流派

面对收入分配的不平等,不同的人作出了不同的回答。从公共经济学的角度来看,要由政府出面来弥补市场的缺陷。着手解决这个问题也需要一个解决理论定位问题,也即是政策指导思想问题。为此,本节简略介绍西方学术界各个理论流派对收入分配的态度及其解决方法。

(一) 功利主义的最大多数人的最大利益理论

功利主义是由英国哲学家杰瑞米·边沁(Jeremy Bentham)和英国古典经济学家约翰·斯图亚特·穆勒(John Stuart Mill)一起创立的。功利主义的基本论点是,政府的正确目标应该是社会每一个人效用总和的最大化。所谓每一个人的效用总和,即是最大多数人的效用和利益。换而言之,功利主义的基本主张是:政府施政的落脚点应该是为了取得最大多数人利益的最大化。

功利主义的理论出发点是功利,也即效用。所谓效用是指人从其生活的环境中得到的幸福或满足程度。他们对收入分配问题的考察是从边际效用递减规律出发的。一个穷人额外1美元收入所带来的新增效用要远远大于富人从额外1美元收入中得到的效用。也就是说,随着一个人收入的增加,每新增1美元收入所带来的效用是递减的。但是这并不意味着功利主义主张政府应该进行收入再分配,直至社会上每个人的收入完全相同,而是恰恰相反,功利主义否定收入的平等化。因为功利主义在强调效用递减的同时,更强调人们会对激励作出反应。如果通过政府的税收和转移支付制度把有钱人收入的一部分转移到低收入人手中的话,会使有钱人和穷人更加勤奋工作的激励都在变小。于是所有的人都较少地工作,从而使整个社会收入减少,社会的总效用也就减少了。因此功利主义认为,政府在收入分配问题上必须做到因平等带来的好处与因激励机制扭曲而带来的损失取得平衡。因此,为了使总效用,也即社会上大多数人的利益最大化,政府不能在收入分配上搞平等。

(二) 自由主义的分配正义论

自由主义的哲学家约翰·罗尔斯(John Rawls)在1971年出版的《正义论》(*A Theory of Justices*, Harvard University Press, Cambridge, Massachusetts, 1977)中对收入分配不平等提出了与功利主义截然相反的主张。

罗尔斯认为政府应该选择公正的收入再分配政策。他是从“无知面纱”开始论证的。罗尔斯认为,因各个社会成员所处的地位、环境不同,对他们而言公正的含义是不同的。那么如何来确定一个客观的公正含义呢。罗尔斯假设,所有社会成员在出生之前聚在一起讨论这个问题。当时所有的人都处于“无知面纱”之后的“原始状态”,因而可以摆脱地位、环境的影响来客观地确定公正的标准,设计相应的规则。罗尔斯指出:“由于所有的人都处于相似的状态,没有一个人能设计有利于自己特殊状况的规则。所以,公正的原则是公正协商或谈判的结果。”罗尔斯认为,在尚未知道自己是处在收入分配最上层还是会处在收入分配最下层的情况下,人们会不约而同地关注收入分配的最下层。因此,罗尔斯反对功利主义的个人效用总和的最大化,而是主张最小效用的最大化。罗尔斯的规则被称为最大化标准。最大化标准强调的是处在收入分配最下层中的那些不幸的人,主张政府的目标应该是让社会上状况最差的人的福利最大化。因此,罗尔斯主张政府推行的收入分配平等化的公共政策是正确的和必要的,通过把富人收入转移给穷人,使社会增进了最不幸人的福利。罗尔斯强调,力求使社会的每个人都能从这种不平等的改进中获益,这种分配才是正义的。

在强调帮助穷人的同时,罗尔斯也意识到激励机制的必要性。他指出,最大化标准并不会导致一个完全平等的社会。因为那样会使人们失去勤奋工作的动力,从而造成社会总收入的减少。在社会总收入减少的情况下,穷人的状况会更加恶化。罗尔斯允许收入一定限度的不平等,因为不平等可以增强激励,从而最终提高帮助穷人的社会能力。因此,准确地说,比之功利主义者,罗尔斯的分配正义论更关心最不幸的社会成员,要求政府的收入再分配政策向他们倾斜。

罗尔斯分配正义论的另一个引人注目之处是它把收入再分配看成是社会保险的一种形式。从被“无知面纱”所蒙蔽的原始状态角度来看,政府的收入再分配政策是一种保险,在向富人征税补助穷人时,每一个社会成员也就为防止自己成为穷人家庭成员的可能性进行了保险。罗尔斯强调,每个人应该为出生在一个有保险的社会中感到庆幸。

有人为功利主义的个人效用总和最大化和罗尔斯最小效用最大化提供了两个数学公式。

功利主义的公式是:

$$W = U^1 + U^2 + \cdots + U^n \qquad (W\text{为社会效用},U\text{为个人效用})$$

这一公式表明,社会效用或社会福利是无数个个人各自效用的总和。在激励机制作用下,个别人的效用应该服从社会总效用。

罗尔斯的公式是:

$$W = \min\{U^1, U^2, \cdots, U^n\}$$ ①

这一公式表明,只有当最差的处境得到改善时,社会福利才有增长。

(三) 自由意志主义的机会平等论

有关收入分配不平等的第三种观点是自由意志主义者、哲学家罗伯特·诺齐克(Robert Nozick)提出来的。他在1974年出版的名著《无政府、国家与乌托邦》(*Anarchy, State and Utopia*, Basil Blackwell, Oxford, 1974)中写道:“我们并不是一些由某人来分割馅饼的孩子,这个人做一些细微的调整来修正前面某个人粗心的切割。没有任何集中的分配,没有任何人或团体有权控制所有的资源,并总的决定怎样施舍它们。每个人得到的东西是他从一个人那里得到的,因为那个人给他东西是为了交换某个东西,或者作为礼物赠与。在一个自由的社会里,不同的人控制着各种资源,新的持有是来自人们的资源交换和馈赠。”②

① 〔荷〕汉斯·范登·德尔、本·范·韦尔瑟芬著:《民主与福利经济学》,陈刚、沈华珊、吴志明、黄文红译,中国社会科学出版社,1999年10月第1版,第32—33页。

② 转引自〔美〕曼昆著:《经济学原理》(下册),梁小民译,生活·读书·新知三联书店、北京大学出版社,1999年9月第1版,第56页。

从这段话来看,诺齐克强调的是自由权利的至高无上,不可侵犯,反对为了他人或团体的利益来牺牲自己的权利。因此,诺齐克不仅反对罗尔斯的为最底层的改善而向富人征税学说,而且也反对功利主义的个人效用总和之说。他所坚持的在收入分配上最好的选择是自我权利的实现和保护。人的不平等不是自然形成的,而是不可更改的事实,没有理由对最不幸的人作出补偿。诺齐克强调,能力大的有权获得更大利益。只要财产的分配是正当合法,转让也是正当合法的,那么这种分配就是正义的。只要收入分配不是以不公正手段进行,政府就不应该干涉。除非有人以偷窃、抢劫等不正当手段来获得财产,那么政府必须要干预。除此以外,政府不应介入收入分配。他主张,只要分配的过程是公正的,那么所引起的分配结果即使再不平等也是公正的。

诺齐克一再强调收入取得的正当合法性的目的并非是鼓励弱肉强食,而是着眼于机会平等。他认为,机会平等比收入平等更为重要。政府在收入分配上所应做的事只有一个,即强调个人的权利,确保每个人有同样发挥自己的才能的机会并获得成功和相应的报酬。只要建立了使每个人充分发挥自己才能的制度框架,政府也就没有必要为改变既定收入分配而操心。

(四) 库兹涅茨的倒 U 形理论

库兹涅茨是在 1955 年在美国经济协会的讲演中提出了著名的收入分配差别“倒 U 形假设”。他认为,收入分配不平等是经济发展过程中不可避免的现象。库兹涅茨提出,收入分配不平等的长期变动轨迹是“先恶化,后改进”。他指出,在前工业文明向工业文明过渡的经济增长早期阶段,收入分配不平等迅速扩大,尔后是短暂的稳定,然后在增长的后期阶段逐渐缩小。对于他结论的前半部分,库兹涅茨引用了 1854—1875 年的普鲁士统计资料说,在 20 年中最富裕 5% 人口的收入份额从 21% 上升到 25%,而较贫穷的 90% 人口的收入份额从 75% 下降为 60%。对结论的后半部分,库兹涅茨引证了美、英、德的有关资料(参见表 8-2)。如表 8-2 所示,在1880—1950 年之间,无论美国还是英国和德国(萨克森地区),富裕阶层的收入份额下降了,而贫困阶层的收入份额有不同的上升。

表 8－2　库兹涅茨所引美、英、德若干年份各阶层收入变动资料

年　份	美　国			英　国		德国萨克森地区		
	收　入　份　额(%)							
	最贫穷的 40%	最富裕的 20%	最富裕的 5%	最贫穷的 85%	最富裕的 5%	最贫穷的 40%	中间的 40%	最富裕的 20%
1880	—	—	—	41—43	46	15	28. 5	56. 5
1910—1913	—	—	—	—	43	14. 5	31	54. 5
1929	13. 5	55	31	46	33	—	—	—
1938	—	—	—	—	31	—	—	—
1947—1950	18	44	20	55	24	—	—	—

资料来源：Kuznets, "Economic Growth and Income Inequality", American Economic Review; Vol. 45, No. 1, March, 1955, p. 18。

库兹涅茨为了支持他的观点，还引进了横向统计比较资料。表 8－3 的数据也表明，处于经济发展早期阶段的发展中国家比处于经济发展后期阶段的发达国家有着更加不平等的收入分配。

表 8－3　库兹涅茨所引若干国家 20 世纪 40 年代的收入分配资料

国别/年份	收入份额(%)		最富裕的 20% 与最贫穷的 60% 之比
	最贫穷的 60%	最富裕的 20%	
印度/1949—1950	28	55	1. 96
斯里兰卡/1950	30	50	1. 67
波多黎各/1948	24	56	2. 33
美国/1950	34	44	1. 29
英国/1947	36	45	1. 25

资料来源：同表 8－2。

对于早期收入分配差距扩大的原因，库兹涅茨解释说：(1) 经济增长是储蓄和积累的函数。由于经济发展早期大部分储蓄和积累为少数富人所占有。因此，富人得到经济增长带来财富增加的大部分。(2) 在二元经济

结构情况下,经济增长是以工业化为中心,以城市为主要舞台的。而城市中的不平等又基于农村,因此富人群居的城市化水平的提高必然意味着不平等的加剧。

对于后期收入分配差距缩小的原因,库兹涅茨认为,上述两个原因实际上不只是在经济发展初期阶段,而是在经济发展的各个阶段都起作用,只是受到了其他因素的抑制,才部分地抵消了前述两个因素的作用,从而使收入分配的不平等由恶化转为缓和。

库兹涅茨认为存在着三种抵消因素:(1)政府的干预。政府通过诸如征收遗产税、累进制所得税等法律干预,实施救济法等政治决策来帮助穷人。这些干预性措施对于改善收入不平等起了决定性作用。(2)人口变动。由于富裕阶层的出生率长期低于贫困人口,分析收入分配差距的比重是固定的,因此固定比重(如20%)的富裕阶层中就会有收入较低的人进入。(3)技术进步。新兴产业不断出现,衰退行业的财产和收入比重在总收入中就会逐渐减少。

库兹涅茨认为,上述三种因素抵消了储蓄和城市化的作用,使收入分配不平等的方向发生逆转,由上升转为下降,形成了倒U形现象。库兹涅茨强调,在三种抵消因素中,第一种即政府干预是收入差别由恶化转向改善的主要推动力,是起决定性作用的。

相对功利主义、自由主义和自由意志主义而言,库兹涅茨的倒U形假设是动态的,是从经济发展阶段的角度分析了收入分配不平等的原因及其改进办法。这一理论提出后有很大影响,但是又有很大争论。因为库兹涅茨的统计论证和理论分析都不够充分。因而,有许多人为肯定他而进行了许多实证性研究,认为倒U形理论"已经获得了经济规律的力量"。同样,也有人通过实证研究推翻了它,声称"经济发展中收入分配的轨迹并无什么自然的经济规律可循"。时到如今,争论仍在进行。但是,库兹涅茨把收入分配不平等与经济发展联系起来研究,并指出政府干预是改善收入分配不平等的关键力量是有启迪意义的。

(五)福利经济学的效率与公平之争

福利经济学在一定价值判断的基础上提出了社会福利目标和判断福利大小的标准,用以评价经济运行和资源配置的优劣。福利经济学按其发展分为旧福利经济学和新福利经济学。

旧福利经济学是英国古典派经济学家A·C·庇古创立的，主要由基数效用论和有关社会福利的三个基本命题构成。

基数效用论是指以货币金额来度量效用和社会福利。庇古认为，人们所购买的产品价值代表了人们所愿意支付的数额。因为这隐含着所购进的商品向人们提供效用。因此，价格就是效用的度量值。只要把所有产品价格和数量相乘并加总后用货币形式表现出来的总量就代表了个人福利。庇古的这一假设表明，他把效用看作为一个基数的量，可以按此比率基准进行计算。从基数效用假设出发，庇古提出社会福利的三个基本命题。它们是：(1)国民收入越大，社会福利也就越大；(2)国民收入中归于穷人的份额越大，社会福利也就越大；(3)国民收入的变动的减少意味着社会福利的增大。因此，庇古主张把国民收入最大化，分配的平等化和国民收入增长的稳定化作为现代经济政策的基本目标。

新福利经济学是由意大利经济学家帕累托创立的。新福利经济学认为基数效用论不可取。他们认为效用是人的主观心理感受，是无法计算的。帕累托本人说，"一个人能意识到第三杯葡萄酒比第二杯葡萄酒带来更少的愉悦；但他却无法说出在喝完第二杯以后，还需要再喝多少杯才能得到与第二杯葡萄酒带给他同样多的愉悦"①。这段话就是新福利经济学关于序数效用论的由来。新福利经济学家在国民收入分配平等化问题上不同意庇古的观点，认为公平会妨碍效率。他们分析说，如果收入不平等是剥削造成的，那么由政府进行调节是可以增加社会福利的；如不是剥削造成的，那么政府强制财富转移是不公正的，使人们生产积极性下降，并最终导致社会福利下降。

新福利经济学的带头人帕累托似乎是在小心翼翼地避开了公平分配问题来谈社会福利，他们把效率作为分析社会福利的唯一尺度，提出了帕累托最优和帕累托改进等一系列崭新的观念，并把帕累托最优作为资源配置的效率标准。几乎所有的人都认为，市场经济中的自由竞争能保证资源配置达到帕累托最优。这样，自由竞争又使新福利经济学想要回避的公平问题又重新被抬了出来。自由竞争的必要前提就是公平。所有人应该有同等机

① 转引自〔荷〕汉斯·范登·德尔、本·范·韦尔瑟芬著：《民主与福利经济学》，陈刚、沈华珊、吴志明、黄文红译，中国社会科学出版社，1999年10月第1版，第26页。

会支配社会资源;游戏规则必须不偏不倚地公正执行;所有生产要素应自由流动;自由竞争的结果也必然是经济上公平的实现。简言之,没有公平就没有效率,只有同时解决效率与公平问题,才能使社会福利达到最大化。经济效率是社会福利最大化的必要条件,合理分配是社会福利最大化的充分条件。由于对社会总产品如何分配才算是公平,各个社会成员看法是极不相同的。因此要得到作为社会成员普遍公认的社会福利最大化实际上是不可能的,或很困难的。因此,为了有效地增进福利就不可避免地碰上了如何把个人偏好转化为社会偏好的问题。这就是社会选择问题。社会选择有两种形式:一是分散的个人市场行为,用货币作为选票来表达自己的偏好,商品价格的变化是这种社会选择取向的表现。二是政治投票,有些东西是不能通过市场选择的,比如在要不要建立一个财富转移机制和建立一个怎样的财富转移机制等问题上,人们只能通过政治投票来选择符合自己偏好的政府和制度。

1998 年诺贝尔经济学奖得主阿玛蒂亚·森(Sen A.)也是一位福利经济学家。他的学术成就在于社会选择理论、个人自由与帕累托最优关系、福利加总、公平和贫困指数、饥荒研究以及伦理在经济中的地位和作用,因而被人称为“关注社会最底层的经济学”。在效率和公平上,他似乎倾向于公平。他认为平等是基于基本能力(Basic Capacities)的平等。所谓基本能力,指的是一个人赖以进行某些基本活动的能力。他举例说,对于一个跛子来说,其最重要的莫过于像常人一样自由走动。然而,基于效用原则的公平很可能忽视了跛子的要求。一个好的平等原则应该关注能赋予不同的人以起码的从事某些活动的能力。森虽然没有直接提出政府是否进行干涉以实现平等,但他在研究饥荒时指出,饥荒更可能是由于个人可以用来获取食品的权力分配不均造成的。他以自己家乡孟加拉 1943—1944 年大饥荒为例,这次饥荒有天灾原因,但更主要原因是普通百姓无法参与政府的食品分配机制所造成的。森提出的参与政府权力运作的观点是隐含了需要政府介入收入分配思想的。

不只是福利经济学家对公平与效率有争论,其实几乎所有的经济学家都认为效率与公平是不可兼顾的。按经典经济学的解释,效率是社会能从其稀缺资源中得到最多的东西。平等是指这些资源的成果公平地分配给每个社会成员。换而言之,效率是指蛋糕的大小,公平是如何分这块蛋糕。在经济学家设计政府政策时这两个目标往往是不一致的。由于激励机制在起作用,当政府为把蛋糕切得更均匀而努力时,人们惊讶地发现蛋糕已经变小了。因为富人被迫把财富转移给穷人时,他工作劲头小了,生产的产品和提供的劳动就少了。

三、收入再分配的制度与手段

从第一节对收入与分配的界定和第二节对收入分配各种理论主张的分析介绍中可以看到,尽管在理论上对如何调节收入分配有不同看法,但主张需要由政府来对国民收入进行再次分配是主流。本节将对政府对国民收入进行再分配的制度、手段及其评判标准作分析。

(一)收入再分配制度的内涵

功能分配和规模分配之间的关系实际上是国民收入初次分配和再分配、微观分配和宏观分配之间的关系。功能分配是由企业为中心进行的国民收入微观层次初次分配;规模分配是由政府为中心进行的国民收入宏观层次再分配。

有人据此而提出,国民收入的分配实际上有两个阶段。第一阶段是市场机制,也即按效率原则进行的,劳动者得到工资,投资者得到红利与利润。第二阶段是权力机制,即按公平原则进行的。由民主选举产生的政府通过税收、财政支出以及社会保障等形式对收入进行调节和再分配。

按照经济学家J·R·康芒斯(Commomns, J. R.)的说法,收入分配就是发生在国民收入领域中的分配主体分割和占有分配对象的过程,是一种“人与物”之间的关系。因此,从本质上讲是各个分配主体之间的权利交易。所谓收入再分配制度也就是收入分配交易规则的总和,是以规则和条文体现出来的各个分配主体之间的权利-利益的交易关系。

在资本主义市场经济条件下,国民收入再分配的分配主体是三大集团,即工人集团、雇主集团和政府。这三个集团分别凭借劳动力所有权、资产或生产资料所有权以及公共政治权力来分割国民收入。三大分配主体中,作为资本占有者的雇主集团无疑有着极大的优势。由于劳动隶属资本,从而使工人的就业、收入和消费不得不服从于资本运动的规律。但是,工人也可能通过自身的联合和斗争,即通过组织工会开展同资本的斗争,从而得到应有的经济权益。国家作为集团利益冲突的产物,是一个拥有公共权力的特殊分配主体,在国民收入再分配中国家既要维护本阶级的利益,又不能不顾及长远利益,调节各利益集团的冲突。

在国民收入初次分配阶段,企业和个人,也即雇主与工会两大集团的权力和利益交易是核心。在国民收入再分配阶段,国家或政府则是核心。二战后以来,国家全面介入、干预和影响国民收入分配是宏观层次国民收入再分配的重要特征。国家通过有目的的收入再分配不仅有利于协调和平衡社会各阶层、各利益集团之间的相互关系,而且为世界经济的稳定发展创造了条件。

以政府为中心的国民收入再分配的加强主要是下述三个基本特征所决定的:

1. 宏观性。作为公共权力行使者,政府主导的国民收入再分配既出于自己的独立利益的驱使,也出自处于对全社会的利益的考虑。维护本阶级的利益为既定的生产关系服务是任何一个政权的根本。但是,在议会民主条件下,争取除本阶级以外的社会公众支持是任何一个政府争取连选连任不可缺少的。这就决定了政府必须使本阶级(特定社会集团)利益与社会公众利益尽可能地重合和统一。因此,在国民收入分配上,政府往往能察觉个别利益集团所不能察觉和理解的社会公众利益,并通过政府的财税政策使之反映到国民收入再分配的过程中去。这就是“二战”后资本主义发达国家既能维持资产阶级政权又可实现经济发展、社会稳定的原因之所在。

2. 广泛性。由政府主导的国民收入再分配是政府运用公共权力而在全社会广泛地强制地执行的。因此政府不仅调节收入分配的差距,而且介入了由企业为中心的初次分配阶段。比如,国家强制规定的最低工资制度,劳动保护制度等等,都是国家公共权力进入企业与个人之间的分配过程。

3. 自觉性。国家作为拥有公共权力的特殊的利益集团,是国民收入再分配制度的供给者,可以依据社会政治经济环境变化自觉地调节和改进收入分配制度。在“二战”后西方发达国家,不同的政党执政实行了不同的国民收入再分配政策主张。选民通过政治选举来选择政党,也就是间接地选择了不同的国民收入再分配制度。选民—政党—政府政策三者之间权力与利益交易的连环扣使得现任政府和潜在的政府不能不自觉地根据形势变化和最广大社会公认的需求调节国民收入的再分配。

当然，政府主导的收入分配制度并非是完全独立的，而是会受到各种制约。其中主要有：

1. 技术进步约束。库兹涅茨在其倒U形理论中已经提出，科技作为生产力中最活跃因素，决定着生产关系的演变和国民收入分配的格局。技术进步不仅会调动个人对其所能控制的资源的重新配置积极性，而且会引起人们对新增收入重新分配而采取行动的冲动。技术进步带来的经济增长和收入水平提高是收入分配制度选择的基础和刚性约束。

2. 政治制度约束。集权与分权、一党制和多党制、普选制与利益集团等国家政治运行制度也影响着国民收入分配。执政党或在野党都为争取社会大众的政治支持而不断调整其收入再分配政策。

3. 市场力量约束。在国民收入分配制度上，市场的力量与政府的力量是此长彼消的关系。由于政府的国民收入再分配是对市场失灵的弥补，因此，市场力量越强大，市场机制越完善，政府对国民收入再分配的功能和力度也就越小。

（二）政府收入再分配的手段

本章的开头已经提出，政府的国民收入再分配主要是通过税收和财政支出实现的。这在本书的第六章关于公共支出和第七章关于公共收入的理论与实践中有详细论述。此处所讲的政府收入分配手段是指另外两个内容：一是从社会保障角度来讲政府为实现国民收入再分配所拥有的政策手段；二是除了经济性的调节和平衡之外，政府为实现国民收入再分配所作的政治决策。

社会保障有着强烈的国民收入再分配色彩。政府为了确保最低生活水平，运用公共权力强制性地把一部分人的收入以实物或现金方式转移到另一部分人身上，以形成一个社会安全网。至于政府如何通过财政开支来实现这种转移，请参照本书有关章节。这里主要介绍一下社会保障体系的内容与特点。

社会保障体系包括社会保险、社会救济、社会福利、社会优抚等。

社会保险是国家通过立法手段建立专门资金，在劳动者暂时或永久失去劳动能力和机会时提供基本生活上的物质帮助的形式与制度。社会保险主要由退休养老保险、失业保险、医疗保险、工伤保险、生育保险构成,其享受者以对社会尽了义务为前提,是社会保障的主干部分。

社会救助是国家对无劳动能力和生活来源的人给予的短期或长期的物质帮助制度。社会救助主要由灾难救济、孤寡病残救济、贫困救济构成。

社会福利是国家和社会为各类社会成员提供的各种福利性补贴和福利事业的总称。主要由公共卫生设施、居民住房、社会津贴、财政补贴等构成。

社会优抚是政府依照法律为国家和社会作出贡献和牺牲的人员及其家庭所给予的物质优待和抚恤,主要由退伍军人优抚安置、死亡或伤残抚恤构成。

上述各种社会保障之中,最重要、影响最大的是养老、医疗和失业三大项。

受益基准制和缴款基准制的最佳组合是政府建立和完善社会保障的基本出发点。一般而言,社会保障有两大类:一是缴款基准制(on Contribution Basis),二是受益基准制(on Benefit Basis)。缴款基准制是根据资金来源和数量来提供相应的社会保障。简言之,谁出钱谁受益,钱出得越多受益程度也就越高。缴款基准制强调的是效率和市场原则,相对弱化了社会保障所具有的再分配功能。受益基准制是根据受益人的现状来提供相应社会保障,强调的是公平和社会伦理,具有较强的再分配功能,但也易引起社会保障的"大锅饭",造成社会资源的浪费。

在社会现实中,总是存在着一些弱势群体。他们之中有的人先天没有竞争能力,如残疾;有的在生命某一段时间里是竞争能力大大减弱或基本丧失,如老人、失业者和伤病者;有些人因种种客观原因无法发挥其竞争力,如单亲家庭的母亲等。不对这些弱势群体进行救助,提供最低限度的保障,不仅有悖于社会伦理,而且不利于社会稳定。因此,有必要由政府出面对收入进行再分配,强制地把一部分竞争强者所得转移到竞争弱者手中。这种保障是无偿提供的,是同个人的经济贡献没有直接联系的。因此,社会保障体系有一种不断扩大受益面和提高受益程度的内在冲动。这体现在受益面上,由于社会保障是按社会成员的现状无差别提供最低生活保障的,那些游手好闲的人也要让他有口饭吃,有病得到基本医治。在受益程度上,保障水平能上不能下,任何削减社会福利的计划都会遭到反对。这种情况使社会资源的相当部分流失,激励机制的刺激作用下降,久而久之就会使国民收入下降,最终导致高福利高保障无以为继。

因此,合理的社会保障体系必然是缴款基准制和受益基准制的有机结合。在根据社会成员现状无差别地提供最低生活医疗保障的同时,鼓励人们根据自己的经济力量寻求更高层次的保障。换而言之,社会保障的建立必须兼顾公平和效率。公平是体现在向所有成员提供最低限度的保障,效率则是体现在受益程度的差别。不仅使再穷的人也能在有病时得到医疗服务,同时也让有相当经济能力的人在生病时可以享受较好的病房,服用较好的药品。

在强调效率与公平相结合时,一定要反对社会保障的过度市场化。不少国家的医疗保险就是一个失败的典型例子。如果在医疗系统提倡市场利润原则,医生就会给小病患者开昂贵的药品,做完全不需要的检查。一次可以做好的治疗和检查会让患者跑上好几次。保险公司也只接受生病概率低、风险小的人,而买了医疗保险的人就会小病大养,多拿药,拿好药等等。

国民收入的再分配除了通过税收、财政支出和社会保障来实现之外,政府往往还运用手中的公共权力,做出一系列政治性决策为国民收入的再分配创造条件。在市场经济条件下,与国民收入再分配相关的政治决策主要有:

1. 价格管制、最低工资立法。价格管制是政府运用政治权力强制性地将消费品和劳务价格抑制或抬高到市场均衡价格之下(之上)。当把价格抑制在市场均衡价格水平之下时,是面向消费者的所得转移。比如政府强制地规定水、电、煤气等生活必需品价格是为了向低于平均水平的社会成员转移所得。当把价格抬高到市场均衡水平之上是面向供给者的所得转移。最低工资立法就是价格管制中面向供给者所得转移的典型例子。其目的是政府强制性地把雇主的所得转移到雇员手中。最低工资立法包括最低工资率和工资额(小时工资的最低水平)、加时工资津贴、禁止使用童工等等。最低工资立法主要依据家庭人口、生活费用和收入变化来加以确立和调整。价格管制的实施有多种方法,除政府明令规定某些商品和劳务价格之外,政府还可以通过向生产者提供特种补贴来实现。如日本政府为了保护稻农的利益,一直在向大米生产者提供补贴的同时,还实行大米统购统销,高价收购大米低价出售。大米统购统销制度一直到1998年才取消。

2. 就业支援。就业支援包括多种内容:一是通过增加政府开支和出口创造新的就业机会;二是限制外国移民流入,促进本国劳动力跨地区流动;三是资助职业训练和再就业培训,提供就业和再就业信息;四是颁布旨在消除本国国民在就业上的民族、宗教信仰以及性别歧视和差别的法规;五是调停劳资纠纷,在工资、就业、劳动条件等问题上充当仲裁人,在道义上向工会和工人集团提供支援。

3. 反贫困计划。由于贫困是恶性循环的,生活在贫困之中的人犹如陷入沼泽,难以自救自拔。西方国家政府经常制定反贫困计划,在一个时期内集中向穷人和弱势群体提供从食品救济到职业培训等各种支援和帮助。

4. 振兴教育。教育具有长期有助于克服人们的天赋不足或先天条件的制约,改善在社会竞争中地位的作用。因此,西方国家在普遍实行公共义务教育之外,还为穷人家庭子女和病残人士提供各种高等教育资助。主要形式有奖学金、助学贷款等。现在西方国家的教育正逐步从年轻人扩大到成年人,由政府来训练或资助训练没有技能的人、被市场淘汰的人和地区性移民。通过生涯教育来改变一部分在市场经济中处于不利地位人的处境。

在政府进行的收入再分配过程中,往往是多种手段并用。在以单一标准向所有人征收税赋的同时,政府还在就业、教育等方面向不同的人提供不同的资助和帮助。在对所有人实行有效社会保障时,政府并未放弃对特殊群体,如贫困家庭的特别资助。在方式上也是多样化的。对同样是自然灾害救助,有时是现金补贴,如灾难救助,有时只发放食物饮水等实物。同样是医疗保险,有的国家是让消费者交一定比例的医药费,有的国家则是让患者全额支付费用,然后患者再向政府报销。

(三) 收入分配政策的评判标准

为了使各种所得分配政策取得效果,必须要建立一套明确的评价基准。日本公共经济学者野口悠纪雄认为,评价基准主要有目标效率性、资源分配中立性、消费者主权和纳税人主权等。中国学者周小川等提出了比之更为全面的多级评价体系。下面分别予以介绍。

野口悠纪雄的评判标准是:

1. 目标效率性。所谓目标效率性是对所采取的收入分配政策在多大程度上实现了预期目标的测试。它由垂直效率和水平效率两个概念构成。

垂直效率可以下述公式来定义:

$$E_v = \frac{\text{为施政对象社会阶层带来的利益}}{\text{某种收入分配政策为社会各阶层带来的利益总和}}$$

比如说由地方政府建造和经营的公有住宅(如中国的安居工程)原本是为低收入者所提供的。但是实际入住的居民中大约有一成的人在入住后收入增加,已经不再是低收入者了。此时此项政策的垂直效率 E_v 为0.9。也就是说 E_v 指标越接近于1越好。

水平效率可以下述公式表述:

$$E_{h1} = \frac{\text{施政对象阶层中的受益人数}}{\text{施政对象阶层的总人口}}$$

$$E_{h2} = \frac{\text{给施政对象阶层带来的实际利益}}{\text{应该为施政对象阶层带来的总利益}}$$

E_{h1}是实施了某种收入分配政策之后实际人数的比率,E_{h2}是实施了某种收入分配政策后实际受益比率。这两个指标也是越接近于1越好。但是,往往出现 E_{h1} 接近于0而 E_{h2} 却靠近1,这说明此项收入分配政策是有效的,但是面不广,分布不平均,只有少数人受益。反之,E_{h1} 接近于1而 E_{h2} 却靠近0,则说明此项政策照顾了面上的公平,而缺乏力度。极端而言,E_{h1} 指标是"患不均",E_{h2}是"患不足"。这两个倾向都是在设计和实行收入分配政策时所要注意的。

2. 资源配置中立性。在绝大多数所得分配政策中包含有资源配置问题。价格支持是其中最为明显的一个。如果说把大多数生产价格人为地维持在高于市场均衡价格之上,就会造成大米生产过剩,从而使原本一项旨在救助农民的政策变成了优化资源配置的障碍。

为了纠正资源配置上的损失和渗漏,对相对价格不产生直接影响的直接所得转移政策比直接的价格支持政策更有吸引力。例如发放实物和现金给某种产品的生产者也可以被认为是价格支持的一种手段。在发放实物和发放不限用途的现金补贴两者之间,又以向某一产品的生产者发放不限用途的现金为好。

之所以强调资源配置的中立性,是由它与其他各项评判标准的相互关系所决定的。资源配置优化往往与目标效率性、消费者主权和纳税人主权等评判标准处于对立状态,两者很难兼顾。因此,在设计一项收入分配政策时,首先要确定哪一项政策目标为优先考虑;其次,尽可能采取中立化的资源配置手段,以达到既能实现收入再分配的目标,又不致使资源配置严重扭曲。

3. 消费者主权和纳税人主权。这项标准实质是指拟议实施的某项收入分配政策是倾向于消费者,还是倾向于纳税人。如果发放非指定用途的补助金或补贴,这笔钱的使用是由消费者自主决定,这是一种充分尊重消费者主权的政策。但是,不能不考虑到补贴领取者中有些人会乱用或浪费了这笔钱。由于钱款的来源是政府预算,这种政策的间接后果是违背了纳税人的初衷,损害了纳税人主权。

如果出于对纳税人意愿的尊重,发放实物就成了收入分配的最佳选择。比如,纳税人有意要美化城市,作为政策当局来说就要考虑在拆除贫民窟的同时如何提供廉价住宅,而且考虑配套以大规模、高水平的义务教育以提高人的素质,完善的医药保健以提高人的健康水平。

由此可见,是尊重消费者主权,还是尊重纳税人主权是任何所得分配政策的基础之所在。如果把所得分配的基础建立在总效用的最大化和发挥其保险功能的话,则应该从尊重消费者主权的角度来设计政策。其理由是,所谓效用是消费者的效用。反之,如果把所得分配政策的基础放在公平基础上的话,那么则应强调纳税人主权。其理由是,纳税人通过税赋来选择了收入分配的平等。

4. 其他评判标准。除了上述三项标准之外,还有以下各项:

第一,效果的明了性。即对任何一项收入分配政策的总体效果要明确把握。一般而言,单一标准的收入分配制度比多种制度组合要易于把握总体效果。

第二,行政费用。即实施收入分配政策的行政成本越低越好。但是,上文所提到的垂直效率性往往与行政成本成反比。比如对收入水平无限制的补助政策是能节约行政开支,不必为各种调查而支付开销,但是许多不该领取补贴的高收入者也会混迹其中,从而大大降低了垂直效率性。

第三,便捷的调查处理机制,比如,西方国家中对单亲家庭的生活补贴往往会成为假离婚的诱发因素。因此,在制定补贴领取条件时,与其强调婚姻的状况,不如强调其收入金额等客观标准。

第四,心理抵抗度。也即是任何收入分配政策不能给施政对象造成心理创伤。比如在发放最低生活标准补贴时,要对领取者进行资产现实调查,常常引起领取者的心理反感乃至抵抗。当然,也有人认为,让施政对象有一定程度的心理抵抗可以防止和减少对生活补助的过度依赖。

周小川与王林提出的多维评价体系是就社会保障问题而言的,除个别以外其原则和精神适用于整个收入分配。其具体内容是:

1. 社会安全感。收入分配,特别是社会保障的设计和建立要以满足社会成员对安全感的需要为基本目的。人在现实生活中可能遇到形形色色的不安全。一个好的制度安排会使社会成员产生安全的预期,使人的心态比较平稳。

2. 社会公平。收入分配,特别是社会保障关注的是全体社会成员的基本保障,因此要特别强调全体社会成员的公平性,社会保障覆盖面的大小和受益程度的大小是公平的重要体现。

3. 个人激励。收入分配在保障全体社会成员的安全和平等的同时,还必须考虑到能否为个人努力工作提供恰当的动力。既不能因过度的福利而导致高税率损伤人们的工作积极性,也不能不管个人积累是多少而享受同等保障水平,致使人们对积累积极性下降。

4. 经济增长。社会保障制度对一国的总储蓄的形成产生相当重要影响,而经济增长又是总储蓄的函数。因此,一个好的社会保障体系应该是建立在储蓄和消费的最佳组合之上。

5. 管理成本。实施收入分配政策必然消耗人力、物力和财力。也即是国民收入的一部分在再分配过程中消耗掉了,这是必要的、不可避免的,但又必须是要控制的。尽量减少过程中的消耗是实施收入分配政策、建立社会保障的重要方面。

6. 跨代分配。收入再分配是在全社会不同年龄段(也即代)的人们之间的再分配。如忽视跨代分配问题,使收入分配制度选择上有意无意偏向某个年龄段,不仅会使各年龄段的人的贡献与享受得不到匹配,而且会引发社会和政治不稳定。

7. 政治影响。在收入分配上要尽可能避免社会体制及政治变化的影响。一旦由于体制的变化或政治的变化使原来承诺的社会保障无效,将使社会安全和社会稳定受到冲击。

8. 过渡代价。社会保障是一个长期动态系统,涉及以前作出的承诺和未来的兑现问题。当一种类型的社会保障向另一种类型的社会保障转变时,必然存在着过渡。保持平稳过渡,减少制度切换带来的震荡是十分必要的。

9. 所有权。社会保障是个人与国家共同投资建立的。能否保障个人所有权带来的权益是评价社会保障制度的重要尺度。

10. 资本市场。一些国家的社会保障对资本市场的形成发展有重要影响。如美国的养老基金、新加坡的公积金等都通过在资本市场的投资来实现增值。它依靠资本市场壮大本身实力,同时也推动了资本市场的发展。因此,社会保障与资本市场的关系也是设计社会保障制度的重要参数。

四、西方国家的收入再分配与社会保障

西方发达国家无一不运用国家权力对国民收入进行再分配,只不过是因为社会背景与历史发展过程不同,各国的重点有所不同。有的注重运用税收,有的注重社会保障。大体上有三种模式:即自由市场经济的美国、福利国家的瑞典和社会市场经济的德国。

(一)美国自由市场经济模式

美国是最典型也是最发达的市场经济国家,崇尚自由竞争,主张把国家对经济的干预减少到最低限度。总的来看,在收入分配上,美国的基本原则是效率优先,兼顾公平。但是,随着执政党的交替,其侧重也有所变化。一般而言共和党比较强调市场和效率,民主党相对重视社会公平。

同所有国家一样,税收和公共支出是美国对收入分配进行调节的主要手段。表8-4-1是1993年美国联邦所得税率,最低税率是15%,最高税率是39.6%。就最高税率而言,美国在西方发达国家里是较低的。要注意的是,这个税率表是克林顿执政之后,对富人大幅度加税后的税率。在此之前,富人的税率还要低。1980年罗纳德·里根当选总统时,最富有的美国人边际税率为50%(即每增加1美元收入所支付的额外税收比率)。里根认为,这种高税率极大地打击了人们对工作和储蓄的积极性。他自己现身

说法批评高税率,在他当演员时正值战时,战时的附加所得税率达90%,一个演员只要拍四部电影其收入就达到了最高税率。因此,他和他的同事们拍完四部电影后就停止工作,去乡下度假。为此里根推崇供给学派,把减税作为他的主要施政目标之一。先后于1981年和1986年两次签署大幅度减税法案。1989年里根离开白宫时,最富有的美国人的边际税率只有28%。布什基本上继承了其衣钵,在他入主白宫的4年中富人的边际税率只稍稍回升到31%。1992年克林顿上台后,政策开始向公平倾斜。克林顿在上台的施政演说中表示他认为富人没有交足他应该交的税,因此建议国会提高最高收入的税率。1993年有关法案通过,富人的最高税率才上升到表8-4-1所示的近40%,但这仍是西方发达国家中最低的。

表8-4-1 美国联邦所得税税率

应纳税收入(美元)	税率(%)
39 000以下	15.0
39 000—94 250	28.0
94 250—143 600	31.0
143 600—256 500	36.0
256 500以上	39.6

资料来源:〔美〕曼昆:《经济学原理》(上册),梁小民译,生活·读书·新知三联书店、北京大学出版社1999年9月第1版,第251页。

小布什上台后,美国又重新走上了减税的道路。小布什以刺激富人的消费和投资出发,再次大幅度地削减高收入者的所得率,如表8-4-2所示,2003年个人所得税率下调到35%。

表8-5也从历史的角度说明了政府在收入分配上不同态度引起的不同结果。从总体上看,美国的收入分配格局是相当稳定的,在1935—1994年的60年时间内,最贫穷20%的人只得到总收入的4%—5%。而最富有20%的人则得到45%—50%收入。进一步考察的话,可以看到在1935—1970年之间,美国的收入分配曾一度出现差距缩小的趋势,最贫穷20%的人的收入份额从4.1%上升到5.5%,而且最富20%的人则相应从51.7%下降到40.9%。然而,1971年以后这一趋势又发生逆转,最贫穷20%的人的

收入份额从5.5%下降到4.2%,而最富20%的人则相应从40.9%上升到46.9%。究其原因,1935—1970年的收入分配的改善纵然有许多原因,但是不能抹杀其与罗斯福总统新政和约翰逊总统的"伟大的社会"工程的关系。1971年以后的再次恶化,也同以里根为代表的劫贫济富施政方针有一定的联系。

表8-4-2　2003年美国个人所得税税率表

级数	家庭全年应税所得(美元)	税率(%)	速算扣除额(美元)
1	不超过14 000	10	0
2	超过14 000至56 800的部分	15	700
3	超过56 800至114 650的部分	25	6 380
4	超过114 650至174 700的部分	28	9 819.5
5	超过174 700至311 950的部分	33	18 554.5
6	超过311 950的部分	35	24 793.5

资料来源:www.irs.gov。

表8-5　美国的收入分配

年　份	最低五分之一	第二个五分之一	中间五分之一	第四个五分之一	最高五分之一	最高5%
1994	4.2	10.0	15.7	23.3	46.9	20.1
1990	4.6	10.8	16.6	23.8	44.3	17.4
1980	5.2	11.5	17.5	24.3	41.5	15.3
1970	5.5	12.2	17.6	23.8	40.9	15.6
1960	4.8	12.2	17.8	24.0	41.3	15.9
1950	4.5	12.0	17.4	23.4	42.7	17.3
1935	4.1	9.2	14.1	20.9	51.7	26.5

资料来源:U.S. Bureau of the Census。

美国的社会保障体系十分庞大而复杂。1935年,在罗斯福总统推动下,美国国会为了尽快摆脱经济危机,制定了《社会保障法》,在联邦政府内设立了社会保障署，最初规定的社会保障项目仅有老年救济，退休和失业保险，对盲人、需要抚养的儿童和其他不幸者的救济。经过几十年的演化，美国已经建立了一个相当完整的社会保障体系。

美国政府的社会保障主要由社会保险（Social Security）和社会福利（Social Welfare）两部分组成。社会保险和社会福利均由联邦社会保障总署掌管。

社会保险包括养老保险、遗属保险、伤残保险和老年医疗保健。老年医疗保健是向 65 岁以上老人提供医疗服务的机构。联邦政府向雇主和雇员征收同额的社会保险税来维持社会保险体系的运作。社会保险所需财政支出约占联邦预算支出的 60% 以上。在社会保险中，对老人的保险和医疗占了主要地位，仅养老保险一项就占社会保险开支的 60%。社会保险中的养老保险只是提供最低水平的养老费，除此以外，人们还通过企业的退休福利，个人养老储蓄及商业性养老保险来对官办养老保险作补充。

社会福利主要为伤残人士、穷人、特定的少数民族提供实物和现金帮助。比如单亲家庭的孩子，生活困难的家庭均可从联邦有关机构领到救济金、食品券以及棉衣等实物，可以享受到价格低廉的住房。联邦政府对于领取生活救济的人要定期不定期地上门检查审核。

美国的医疗保险主要是官助民办。官方通过向商业保险机构提供少量资助或补贴来向国民提供各种各类的医疗保险。其中，蓝十字会（Blue Cross）和蓝盾（Blue Shield）是较为有影响的。对于特别困难的穷人，联邦政府于 1965 年建立了穷人医疗援助项目，向他们提供免费的基本医疗服务。

美国失业保障系统是由各个州自行建立和管理的。美国法律规定各州必须建立经联邦政府批准的失业保障制度，失业者必须从公共就业处领取失业津贴，以失业保险税筹集的资金不得挪用，各州的失业储备金必须承存入联邦政府的国库。20 世纪 50 年代失业津贴相当于失业前工资的三分之一，现在上升到 50%—70%。但各州同时也设定了失业津贴的最高限额。一般以每月 2 000 美元为限，领取时间一般为半年，最长不超过 1 年。失业救济金领取者必须向政府提供自己正在努力找工作的证明。

由于美国社会保障体系的保障程度虽然不高，但是覆盖面很广，再加上选举制促使共和党和民主党不断向选民提高社会保障程度的允诺。因此，社会保障开支不断攀升，特别是老年医疗保健开支以每年 10% 的速度在上升。社会保障税的税率因此也不断上调。1980 年社会保障税率为 12.26%（雇主、雇员各负担 6.18%），1997 年上升为 15.3%（雇员、雇主各负担7.65%)。

(二)瑞典的福利国家模式

瑞典是典型的福利国家。所谓福利国家是指一个国家的政府有意识地运用公共权力,在下述三个方面努力纠正市场失灵。(1)保证个人和家庭的最低收入;(2)保证个人和家庭有能力应付生病、年老和失业等“社会意外事故”;(3)保证在一定范围内的社会服务向所有国民提供所能得到的最好服务。福利国家的基本出发点是在市场经济的基础上,国家对经济有着广泛的干预,注重国民收入再分配,国家为所有人的福利负责,直接帮助受市场不利影响的人,减少社会震荡的程度,降低社会不稳定的程度。

瑞典的福利国家模式有两大特点:一是激进的收入均等化;二是高而全的福利制度。

瑞典是通过激进的累进制个人所得税来实现一定程度的收入均等化。以年薪最高的110家大中型企业领导人的年薪与普通工人年薪的比例来看,在税前两者比例为127:1,税后下降为5:1,从中可见瑞典个人所得税累进程度之激进。

以高税收为背景,瑞典政府向全体国民提供了高水平的“从摇篮到坟场”的福利。主要有:医疗保险、养老保险、工伤保险、儿童抚养津贴、失业保险、工资补助金、劳动力市场资助等等。其中,医疗保险除向病人提供完善的医疗服务之外,不同的病人还可享受到全额为正常工资90%的病人津贴、怀孕津贴、父母津贴等现金补助。最吸引人的是福利制度的普遍原则,不管什么人,只要是瑞典公民,不管收入如何,均可享受同样的社会保障。

当然,瑞典的高福利是以其强大的经济实力为背景的。瑞典地处北欧一隅,战后长期置身于美国与前苏联的争霸之外,政局稳定,中左政治势力占上风,再加上资源丰富,人口负担不重,国民经济稳步发展。在20世纪70年代以前,瑞典经济一直是欧洲的佼佼者。但是,由于长期的高福利也产生不少弊病,庞大的财政支出使瑞典政府的财政赤字不断上升,通货膨胀越来越严重,福利支出挤占了投资,经济活力下降。自20世纪80年代以来,瑞典政府也在积极寻求改革,对福利制度进行修改,以求支出既能最大限度体现公平，又能最大限度提高效率的新路子。

（三）德国的社会市场经济模式

德国实行的是社会市场经济。通俗地说，社会市场经济是：竞争的市场机制 + 广泛的政府调节 + 充分的社会保障，在市场经济的框架之内，寻求效率与公正、个人积极性与社会平等之间的平衡。

德国政府明确表示，国民收入的分配是分两个层次完成的。首先是按照效率高低，通过市场机制来完成国民收入初次分配。其次是按公平原则，由国家行使公共权力来对收入进行再分配。国家进行二次分配的手段是累进的个人所得税。德国最高个人所得税为53%，起征点根据经济发展情况不断调整。1988 年薪金收入者平均工资与失业救济金的比例是 1. 6∶1，最高收入者与普遍雇员收入之比为 3. 1∶1。据 1983 年的统计资料，初次分配后，每月收入少于 1 000 马克的家庭占总户数的 28%，经二次分配后，这一比例减至 7%。同样，每月收入高于 10 000 马克的户数占总户数的 7%，分配后下降为 2%。由此可见，德国政府利用税收来调整收入差距的力度是很大的。

德国的社会保障虽然不及瑞典等福利国家完善，但也十分充实。第二次世界大战以后，德国建立养老保险、失业保险、工伤保险、社会救济等制度。德国的养老保险鲜明地反映了跨代分配理论，明文规定下一代人要承担起上一代人的养老费用。养老金额相当于退休前工资的 63%—68%。失业保险是强制性的义务保险。失业者可在规定期限内领得失业前工资的 63%—68%。医疗保险也是强制性的，凡有工资收入者必须参加医疗保险，凡参加医疗保险者，其家属也可享受免费的医疗服务。在德国约 90% 的人受到社会保障体系的严密保护。为此付出的代价是，德国近三分之一的国民生产总值是用于社会保障支出的。

除了直接的社会保障之外，德国政府还从保障就业、提供教育等方面作了不少努力。德国的法律规定在劳资纠纷和就业方面，职工有权共同参与决策。不仅在职的工人受到劳动保护政策的保护，失业者亦可享受免费职业介绍服务和技能培训，政府支付寻找职业所需费用。

德国的社会市场经济对社会保障的重视和强调，虽然在一定程度上对经济发展有消极影响，但总体上是成功的。分配公平对稳定社会不无益处，只要把握得当,并不一定会影响效率的提高。但是,德国的社会经济也面临新的挑战。挑战来自两方面:一是来自于欧洲统一进程。欧洲大市场启动之后,欧盟内部的劳动力可以自由流动,在外来劳动力大量涌入的情况下,德国能否继续维持较高福利水平还需要进一步观察。二是两德的统一。东西德合并之后,原东德地区的经济改革进展缓慢,失业者大量增加,拖了整个德国经济的后腿。高福利是靠高产出来维持的。如原东德地区经济改革迟迟不能有大进展的话,也将影响德国对社会保障的支出水平。

五、中国的收入再分配

观察中国的收入分配必须立足两个基本点:(1)中国是社会主义国家;(2)中国正处于计划经济向市场经济过渡之中。这两个基本点决定了观察中国收入分配的两个层次。第一层次是分析国家、企业和个人三者之间分配格局的变化,看一看中国是否摆脱以及在多大程度上摆脱了"一大二公"的集权计划经济模式。第二个层次是分析所得分配的差距和不平衡,看一看中国是怎么处理效率与公平两者关系的。

(一)国家、企业、个人三者收入分配格局的变化

中国经济体制改革是以建立社会主义市场经济体制为目标,强调充分发挥市场机制在资源配置和收入分配领域中的基础作用,不断提高整个经济活动的市场化程度。

事实表明,中国的收入分配格局变化是基本上朝上述方向演变的。在时间上分为两段:一是1978—1994年,国民收入格局剧烈变化,国家份额急剧下降。二是20世纪90年代中期以后,国民收入分配趋于稳定,国家所占份额有所回升。表8-6显示了1978—1994年16年间国民生产总值最终分配格局的变化。国民生产总值最终分配格局是指经过按要素进行的初次分配和国家行使公共权力进行的再分配后形成的。初次分配是按付给各生产要素的报酬进行的。再次分配是初次分配的各收入主体经过国家税收及财政转移支出的调节后形成的,可以用于最终消费支出和投资支出的收入。最终分配结果也可

称为可支配收入。居民在获得工资、租金、利息等初次分配收入后，经缴纳个人所得税、社会保险金以及取得各种转移支出之后形成居民个人可支配收入。国家在获得最初收入基础上，经过社会转移收入和社会转移支出的调节后形成国家的最终可支配收入。国民生产总值中扣除个人最终收入和国家最终收入后便是企业的最终可支配收入。国民生产总值最终分配格局体现了国家、企业和个人的相互分配关系。具体来说，国家最终收入 = 各项税费收入 + 地方财政预算外收入；个人最终所得 = 劳动报酬收入 + 财产收入 + 财政拨付的转移收入；企业最终收入 = 企业税后收入 − 福利、奖金开支。

表 8 − 6　国民生产总值最终分配格局(%)

年　份	1978	1979	1980	1981	1982	1983	1984	1985	1986
国家所得	31.6	27.2	23.7	21.7	20.5	20.6	20.9	20.9	19.3
企业所得	17.9	19.2	19.6	17.9	19.9	19.2	18.2	17.7	17.9
个人所得	50.5	53.6	56.7	60.4	59.6	60.2	60.9	61.4	62.8
城　镇	20.1	20.5	22.0	21.8	21.7	21.3	21.9	23.4	25.7
农　村	30.4	33.1	34.7	38.6	37.9	38.9	39.0	38.0	37.1
年　份	1987	1988	1989	1990	1991	1992	1993	1994	
国家所得	16.9	14.5	14.4	14.5	13.7	11.6	11.5	10.9	
企业所得	19.4	20.9	21.5	21.5	21.9	20.1	20.7	19.5	
个人所得	63.7	64.6	64.0	64.0	64.4	67.8	67.8	69.6	
城　镇	26.8	27.3	29.1	29.1	30.6	36.7	36.7	38.0	
农　村	36.9	37.3	34.9	34.9	33.8	31.1	31.1	31.6	

注：1994 年为初步测算数。

资料来源：尹艳林：《中国宏观收入分配问题研究》，中国计划出版社 2000 年 4 月第 1 版，第 117 页。

从表 8 − 6 中可见，1978 年以来，国民收入分配格局演变的总体特征是：(1) 国家所得占的比重不断下降，由 1978 年 31.6% 下降为 1994 年的 10.9%，16 年中下降了 20.7 个百分点。(2) 企业所得略有上升，从 1978 年的 17.9% 上升为 1994 年的 19.5%，16 年中提高了 1.6 个百分点。(3) 城乡居民个人所得大幅度上升,由1978年的50.5%上升为1994年的69.6%,16年中上升了19.1个百分点。

1978—1994年中国国民收入分配格局出现显著变化是分配体制和经济结构变化的结果,与改革开放的进程相吻合。在16年中,先后有四个转折点如下图8-3所示,1978年是改革首先在农村展开,家庭联产经营承包制和国家大幅度提高农副产品收购价格,国家与农民的分配关系出现了大调整。1984年国家所得比重为20.9%,与1978年相比下降了10.7个百分点,个人所得比重为60.9%,提高10.4个百分点,其中农村个人所得提高了8.6个百分点,占个人所得增额的80%以上。1985年是第二个转折点。1985年以后改革重点从农村转入城市,在企业普遍实行了经营承包和工资与工效挂钩等新政策的同时,国家允许私人经商办企业,城镇居民收入多样化。在城镇居民收入增加的带动下,个人所得所占份额从1984年的60.9%上升到1988年的64.6%,4年中上升了3.7个百分点。1989年是第三个转折点,在1989—1991年之间,个人所得份额开始稳定,国家所得份额继续下降,而企业所得份额则略有上升。当时的背景是在“八九”风波之后,国家开始经济调整,实行紧缩政策,以尽快消除经济过热和通货膨胀,同时开始规范各种经济活动,国家、企业和个人的收入分配朝规范化、法制化方向发展。1992年是第四个转折点。1992年邓小平南方讲话之后,中国经济出现两大变化。一是经济再次出现高涨,二是市场化进程明显加快。其结果是分配格局再次向个人倾斜。与1991年相比,国家所占份额降到了10.9%,下降了2.8个百分点,企业下降到19.5%,减少了2.4个百分点。个人所得份额则上升了5.2个百分点,为69.6%,达历史最高水平(见图8-3)。

1994年国家对财税体制进行重大改革,随着分税制的不断完善,中国的国民收入分配格局再次出现新变化。一直下降的国家所得份额有所回升,企业和个人所得份额比例基本稳定。国家所得份额的回升主要是通过税收的增加和社会保障制度的建立而获得的。新的财税体制的目的之一就是要通过税收和其他转移收入把财力相应集中于中央政府,以使中央政府有能力对宏观经济实行间接调控。表8-7是1997年国民收入最终分配格局。从中可见,国家、企业和个人各自所占份额是:政府占16.1%,企业占15.8%,个人占68.1%。国家所占份额的增加主要来自经常净转移,即收入税和社会保障付款的1 048亿元人民币。

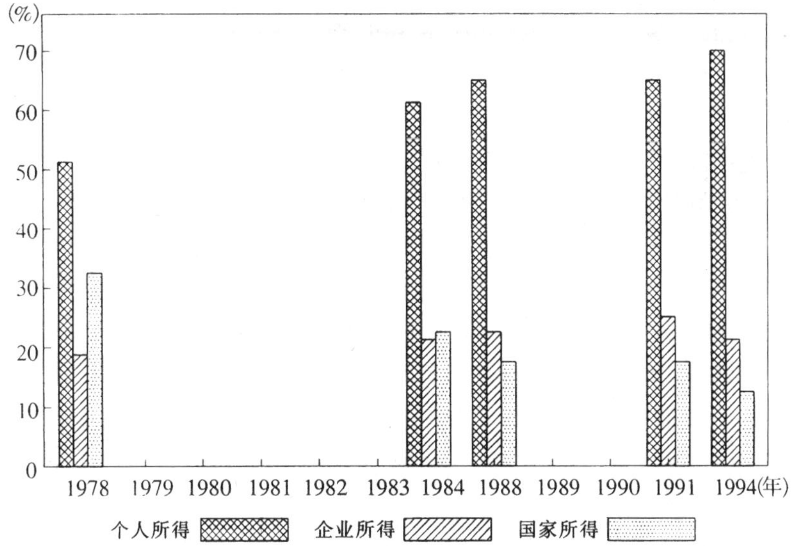

图 8－3　1978—1994 年国民生产总值分配格局演变

表 8－7　1997 年国民可支配收入的再分配

	初次分配收入	经常转移净收入	可支配收入
国民总收入	73 143	426	73 569
居　　民	48 061	2 060	50 121
企　　业	14 315	－2 682	11 633
政　　府	10 766	1 048	11 814

资料来源：同表 8－6，第 287 页。

从 20 世纪 90 年代中后期起，国家、企业和个人三者之间的分配格局又出现了新的发展趋势。由于分税制的确定和施行，国家在宏观分配格局中所占的份额重新上升。其集中地表现在以下两个方面。

第一，税收，特别是归中央政府所有的税收不断增加。据统计从 1995 年到 2004 年中国税收收入年平均增长率高达 17.7%，其中，国税年平均增长率为 17.1%，地税年平均增长率则高达 19.6%，两者均远高于同期 GDP

增长率和城乡居民收入增长率。另据国家税务总局提供的数据,2005 年全国税收总收入高达 30 866 亿元(不包括关税和农业税),比 2004 年增长 20%,增收 5 148 亿元①。与此相适应,2000 年中国国家财政收入是 1.3 万亿元,2003 年突破 2 万亿元,2004 年上升到 2.6 万亿元,4 年之间国家财政收入整整增长了一倍,2005 年已经接近 3.1 万亿元。在财政蛋糕飞速做大过程中,中国财政收入占 GDP 的比重由 1998 年的 12.6% 提高到 2004 年的 19.3%。与此对应的是,美国作为世界头号经济大国,2003 财年联邦政府税收收入为 1.78 万亿美元,占 GDP 的 16.6%;2004 年美国财政收入总计为 1.88 万亿美元,相当于其 11.67 万亿美元 GDP 的 16.1%。显而易见,就 GDP 份额而言,中国政府在宏观分配中所占的比率已经远远超过美国。

第二,收入增加大大刺激了政府开支,政府消费严重挤压私人消费。在税收不断增加的同时,中国政府还逐年发行巨额国债,从而大大刺激了政府的消费。自 2000 年以来,政府消费增速则逐年加快,占总消费的比重不断提高。仅以 2001—2004 年为例,政府消费在整个消费中占的比重即由 20.6% 上升到 22%,居民消费比重则由 79.4% 下降到 78%。这一现象与行政体制改革不到位,缺乏有效的社会监督和制约,以及由此必然发生的行政管理费用高速增长密切相关。2000—2003 年,中国行政管理费由 1 787.59 亿元高速增长到 3 437.68 亿元,占政府消费的比重由 15.2% 上升到 23.2%。其中,一些部门管理不善、冗员增多是主要原因。在 2000—2004 年的 5 年中,每年财政供养人口增加 100 多万,仅此项每年新增工资性支出就占国家新增财力的 60% 以上。不少地方政府新增财力的 80% 以上用于人员经费,而投入于教科文艺的经费则少得可怜。与此相对照,美国州和市县镇政府 2002 财年的总支出中,用于教育卫生、各种社保和社会管理的支出比例高达 70% 多,政府本身行政公务费用只占 16%;美国联邦政府 2004 财年支出的 45% 用于社会保障和医疗卫生等方面的公共服务,用于行政公务的费用只占总支出的 10%;2003 年,美国在行政公务方面的支出占财政总支出的比例为12.5%,而中国这一数字高达 37.6%。

在上述因素影响下,中国的政府消费率已经与国际水平大体相当,但私人消费率大大低于世界平均水平。以 2001 年为例,中国的政府消费率为 13.2%,美国为 15.1%,相差约 2 个百分点,差距较小(目前已经超越之);

① 李健:"中国消费率持续下降的主要原因:国民收入分配失衡",《经济研究信息》2006 年第 2 期。

但中国的私人消费率为47.6%，美国为69.3%，则相差约23个百分点①。

（二）个人收入分配的公平化

改革开放以来，过去只有工资形式的单一分配制度被逐步打破，与公有制为主体的多种所有制并存相对应，分配形式也在多样化。目前中国的主要分配形式除了工资形式所体现的按劳分配以外，还有：

1. 个体劳动收入。个体劳动者依靠投入直接的劳动和某种合法经营活动而取得收入。

2. 按经营成果分配。这是承包经营者和租赁经营者等参与分配的形式。

3. 按资金分配收入。人们把资金存银行，可获得利息收入，把资金用于股票和债券可以获得红利和股息。这些从经济实质上都是货币资金所有者因让渡货币资金使用权而获得的报酬。

4. 租金收入。个人将拥有的房产、交通工具和其他物质资料租给他人使用也能取得收入。

5. 按资本分配。私营企业者和三资企业外方资本所有者的收入。

6. 按劳动力价值分配。这特指私营企业和三资企业中职工的收入。这部分收入具有按劳分配和按劳动力价值分配的双重性。

7. 农村联产承包收入。家庭联产承包制既是一种经营方式，又是一种分配方式。在这种分配方式之下，承包户归自己的收入既有劳动报酬收入、经营收入，也有生产投入的报酬收入。

上述分配形式，体现了在社会主义市场经济条件下分配主要是通过市场来实现的。在市场机制的作用下，各种生产要素成分报酬额都取决于其市场价格，受市场上各生产要素供求关系的支配，这是改革开放政策在功能分配领域中取得的巨大成果。个人收入呈现跳跃性大幅度增长。据调查，1985年人均年收入为749元人民币，1990年上升为1 523元人民币，1995年上升为4 288元人民币，1999年又上升为5 889元人民币②。

但是，政府在规模分配的再调节上明显落后于对功能分配的推动。

① 李健："中国消费率持续下降的主要原因：国民收入分配失衡"，《经济研究信息》2006年第2期。
② 国家统计局编：《中国统计摘要》，中国统计出版社2000年5月第1版，第85页。

首先,中国政府用于对国民收入进行再分配的个人所得税没有充分发挥作用。以1993年为例,当年中国居民收入总额为23 760亿元人民币,其中只有333亿元人民币的税费(不含农业税),从个人收入转到其他部门,约占收入总额的1.4%。而且在333亿元税费中,直接通过税收形式转到国家部门的只有36亿元人民币,占税费总额的10.8%,占居民收入总额的0.15%。中国1993年个人缴纳的税金,包括个人所得税、关税、车船牌照税等总计36亿元人民币,人均只有3元人民币①。这同西方市场经济有很大的不同。如前所述,美国等主要发达国家个人收入的20%—30%是用于支付个人所得税。1994年以后,中国实行了分税制,严格了各项税收的征管。但是数据显示,税收对个人收入的调节作用仍不明显。相对上文的人均个人年收入而言,人均个人全年可支配收入,即在缴纳各项应缴税费之后,人均年可支配收入与纳税前人均年收入差别并不大。表8-8就是这两项数据的对照。从中可见,所得税对个人收入的影响不大,税前收入和税后收入只相差数十元人民币,很难达到调节收入的目的。

表8-8　人均年收入与人均年可支配收入对照表　　单位:元人民币

	1985年	1990年	1995年	1998年	1999年
人均年收入	748.92	1 522.79	4 288.09	5 458.34	5 888.77
人均年可支配收入	739.08	1 510.16	4 282.95	5 425.05	5 854.02
差　　额	9.84	12.63	5.04	33.29	34.75

人均可支配收入是指居民家庭在支付了个人所得税之后,所余下的实际收入。计算公式是:可支配收入=实际收入-个人所得税-家庭副业生产-记账补贴。
资料来源:国家统计局编:《中国统计摘要》,中国统计出版社2000年5月第1版,第85页。

由于国家调节不到位,再加上其他种种原因,20世纪90年代中期起中国的收入分配中不平等现象已经有所露头,收入差距正在扩大。据世界银行估计,中国的基尼系数1978年农村为0.29,城镇为0.16,城乡合计在1984年为0.3,但1988年这一指标上升为0.35,到1995年达到0.415。另据中国人民大学一项

① 尹艳林主编:《中国宏观经济收入分配问题研究》,中国计划出版社2000年4月第1版,第247页。

研究认为，中国的基尼系数1988年为0.38，1995年为0.45①。然而，美国1991年的基尼系数为0.428，英国1989年为0.3，澳大利亚1990年为0.32，德国为0.27，荷兰1989年为0.296，新西兰1994年为0.34。从这一系列数据可见，中国只用了20年就在收入差距上达到或超过发达国家的状况。这不能不引起注意。与此相印证的是中国与日本、美国的财富分布状况。据《中国市场经济报》1995年7月26日的资料，日本最富有20%家庭的收入与最贫穷20%家庭的收入差为4倍，美国为11倍，然而中国竟达11.8倍。表8-9是根据世界银行1994年发表的关于世界各国收入不平等的调查报告排列的一张表。表是按最平等到最不平等自上而下排列的。它把日本列为世界上收入分配最为平等的国家，把巴西列为最不平等的国家，美国居中。中国被排在第三位，次于日本、韩国，好于美国、英国、墨西哥和巴西。要注意的是，该表所显示的是税前收入的不平等，如果考虑到美国等市场经济国家个人所得税的调节作用，它们的收入分配不平等将有若干纠正。然而，在中国，税收对个人收入不平等几乎没有大的调节作用。因此，该表显示的中国初次分配中的不平等状况将直接延伸到收入再分配之中。西方发达国家的国民收入再分配不平等状况会有所纠正，而中国则因税收调节作用不明显而使初次分配中形成的不平等状况延续到国民收入再分配之中去。

表8-9　世界各国的收入不平等

国　别	最低五分之一	第二个五分之一	中间五分之一	第四个五分之一	最高五分之一
日　本	8.7	13.2	17.5	23.1	37.5
韩　国	7.4	12.3	16.3	21.8	42.2
中　国	6.4	11.0	16.4	24.4	41.8
美　国	4.7	11.0	17.4	25.0	41.9
英　国	4.6	10.0	16.8	24.3	44.3
墨西哥	4.1	7.8	12.3	19.9	55.9
巴　西	2.1	4.9	8.9	16.8	67.5

这个表说明每个五分之一家庭在收入分配中得到的税前收入的百分比。
资料来源：*World Development Report*：*1994*，pp. 220—221。

① 吴敬琏著：《当代中国经济改革战略与实施》，上海远东出版社1999年1月第1版，第418页。何振一、阎坤、雷爱先著：《构造有中国特色的市场经济财政体系》，江苏人民出版社1999年8月第1版，第189—190页。

进入21世纪后,上述现象并没有得到有效遏制,在一些地区反而呈现出愈演愈烈的趋势。中国财富及收入分布不均程度逐年升高并达到危险水平已是不争的事实。中国国家统计局也正式发表预测称,中国1996年的基尼系数是0.424,1997年是0.425,1998年是0.456。另据中国国家统计局城市调查总队所进行的城镇居民财产调查,2003年城镇最高收入户的人均可支配收入是困难户的10倍。在城镇人口中,占总数10%的最低收入家庭财产总额只占全部城镇居民财产的1.4%,占总数10%的最高收入的富裕家庭财产总额占全部城镇居民财产的45%,另外80%的家庭仅占有全部城镇居民财产总额的53.6%。城市居民家庭财产基尼系数达到0.51,远超过国际警戒线。美国波士顿咨询公司(BCG)2005年12月发布的调研报告,中国"不到0.5%的家庭拥有全国个人财富的60%以上。即使在这些富有的群体内部,也有大约70%的财富掌握在资产超过50万美元的家庭手中"①。

为了打破计划经济体制的桎梏,调动各方面的积极性,邓小平曾经提出让一部分人先富起来的口号。但是邓小平同时强调中国的社会主义市场的本质特征是共同富裕。邓小平十分强调地说:"如果富的愈来愈富,穷的愈来愈穷,两极分化就会产生。而社会主义制度就应该而且能够避免两极分化。"中共十五大报告在分配问题上"坚持效率优先,兼顾平等"的提法。2005年中共中央总书记胡锦涛又提出建设"和谐社会"的目标,强调国家应该运用公共权力,运用税收、财政转移收支等手段切实地对国民收入的初次分配结果进行调节,把效率优先兼顾公平原则落到实处,在打破平均主义的同时,防止贫富差距过于悬殊。

六、中国的社会保障制度

建立多层次的社会保障体系是中国收入再分配政策的重要一环,也是经济体制改革的主要目标之一。

① 李健:"中国消费率持续下降的主要原因:国民收入分配失衡",《经济研究信息》2006年第2期。

（一）中国社会保障改革的目标和原则

在改革开放以前，中国社会保障的核心是由国家统筹，由企业实施的对职工及其家属的养老保险、医疗保险、失业保险和工伤保险等全面的劳动保险。其基本特征是受益基准制，政府从其当期收入中偿付各项社会保障，由企业具体实施。企业实施的办法是按工资总额的一定比例提取附加工资，用以支付各种劳动保险费用。1969年以后，因人口老龄化和财力不足，企业不再按工资总额的一定比例提取用于劳动保险的附加工资，而是把退休金、公费（劳保）医疗和其他劳动保险费用一律改为企业营业外收支中列支。这样，社会保障成了企业保障。这种制度严重地损伤了劳动者的积极性，造成了企业之间不平等，造成了一方面是社会保障费用严重浪费，另一方面是职工的基本保障因所属单位资金不足而得不到保证。

改革开放以后，在经济体制改革，国有企业改革，人口老化等因素的推动下，社会保障问题很快被提上了议事日程。1984年开始实行国有企业退休金社会统筹，1986年开始医疗保障制度改革试点。1993年中共十四届三中全会通过的《关于建立社会主义市场经济体制若干问题的决定》，确定了中国社会保障制度改革的基本目标和基本原则。这个决定指出：

1. 社会保障制度的选择应当从中国的实际出发。中国的人均GDP水平还很低，经济发展则处于起飞阶段。社会保障水平要与中国社会生产力发展水平以及各方面承受能力相适应。社会保障制度的改革要遵循效率优先，兼顾公平的原则，在让人们获得基本安全保障的同时，还要强调“多劳多得”的激励机制，避免“吃大锅饭”。

2. 建立多层次社会保障体系。社会保障政策要统一，管理要法制化，城乡居民的保障办法应有区别，提倡社会互助。发展商业性保险作为政府社会保险的补充。

3. 以缴款基准制为主重新构筑社会保障体系。按照社会保障的不同类型确定其资金来源和保障方式。重点完善养老和失业保障制度，强化社会服务功能以减轻企业负担。城镇职工养老和医疗保险由单位与个人共同负担。普遍建立工伤保障制度。农民养老以家庭保障为主，社会扶持相结合。

4. 社会保障行政管理与社会保障资金经营要分开。成立由政府有关部门和公众代表参加的社会保障基金监督组织,监督社保基金的收支和管理。社保基金经办机构在保证正常支付和安全流动性的前提下,可把社保基金用于购买国家债务,确保社保基金的保值增值。

5. 重视社会保障制度改革与其他社会经济制度改革的相互配套,社会保障制度改革应促进国有企业改革和资本市场的形成。

(二) 社会保障体系改革的具体进展

目前,中国的社会保障体系大致上由三大块构成。第一块是国家财政支持的保障项目,主要有社会救济、社会福利、优抚安置、社区服务等。第二块是由法律强制,国家与个人共同支撑的保障项目,主要有养老保险、失业保险、医疗保险、工伤保险、生育保险和住房保障等。第三块是遵循自愿原则,以盈利为目的的各种商业保险。这是对上述两块的补充。

在上述三块之中,第二块是现阶段中国社会保障体系的主体,也是改革的重点和难点。自20世纪90年代中期以来中国的养老保险、医疗保险和失业保险的改革有了很大成果。下面分述之。

1. 养老保险。养老保险是各项社会保障制度改革中进展最快的一个。经过一段时间的试点以后,1997年8月,国务院颁布了《关于建立统一的企业职工基本养老保险制度的决定》。养老保险改革的核心是养老基金的筹集由企业缴费与个人账户相结合。企业缴费是企业按企业工资总额的20%划入养老保险基金。个人账户部分,按职工工资的11%为每个职工建立个人养老保险账户,其中个人缴费8%,企业缴费划入3%。养老金支付也分两个部分,一是由企业缴费划入的资金用于发放基础养老金,标准一般不超过当地职工平均工资的25%,并根据缴费年限划分若干档次。二是由个人账户部分支出的个人账户养老金发放,标准为个人账户累计储存额的1/120,按月发放。职工和离退休人员死亡,个人账户不实行继承,而用于抚恤遗属。个人缴费比例和基础养老金水平将随经济发展而逐步提高。养老保险的社会统筹由企业所在地的省级人民政府社保机构统一管理。

目前,养老保险的筹措和发放面临两个问题。一是养老保险基金收缴困难,入不敷出。企业的养老保险费收缴费率1992年为94%,1993年为

86%，有的省不到80%[①]。一些困难企业缴不起，一些效益好的企业感到多缴吃亏，尽可能想方设法少缴或不缴。二是老职工的“空账户”问题。所谓“空账户”问题是指已经退休和即将离退休的老职工个人账户是空的和几近空的。这是计划经济的遗物。在计划经济下，实行的低工资低福利，职工所创造的财富除领到极低的工资之外，各项社会保障基金都以利税形式被国家拿走，被用于经济建设。换而言之，老职工个人账户本来应有的那一部分钱已经被凝固在国有资产之中。因此，曾有人建议国家从国有资产或土地批租中出让一块资金或由财政部发行专款债券用以补充老职工“空账户”。但因种种原因未得到采纳。现在仍是以社会统筹的办法来为离退休老职工支付养老金。这进一步加剧了社会统筹的难度。

2. 医疗保险。1993年中共十四届三中全会以后，江苏镇江和江西九江两地即开始了医疗保险改革的试点，而后又扩大到全国56个城市试点。1998年12月国务院下发《国务院关于建立城镇职工基本医疗保险制度的决定》，在全国范围内全面推进职工医疗保险改革，计划花3—5年的时间建立起一个覆盖全部城镇的基本医疗保险制度。新的医疗保险制度的核心也是社会统筹与个人账户相结合。医保基金的筹措由企业与个人共同缴纳。企业缴费率为在职职工工资总额的6%左右，个人缴纳比率为工资的2%。随经济发展，企业和个人缴纳比率逐步调整。

2006年5月，劳动和社会保障部又下发通知，要求以省会城市和大中城市为重点把进城务工的农民也逐步纳入职工医疗保险。

基本医疗保险的特点是“低水平，广覆盖”。低水平的含义有两个：一是把企业缴费比率控制在低水平；二是仅仅提供最基本的医疗保险。广覆盖也是两个含义：一是扩大受益范围，凡是城镇职工均可享受；二是扩大受益内容，不仅是医疗，而且包括医药和相应服务。在构筑“低水平，广覆盖”的基本医疗保障体制的同时，中国还将致力于建立多层次的医疗保障制度，即大力发展企业的补充医疗保险和商业性医疗保险，为政府的基本医疗保险作补充。

2005年以来，许多学者批评中国的医疗保险改革过于市场化，有人甚至认为迄今为止的医疗保险改革是不成功的。许多人主张政府应该承担更多的责任，为包括农民在内的全体国民提供一个可靠而完善的医疗保险。

① 徐滇庆、尹尊声、郑玉歆主编：《中国社会保障体制改革》，经济科学出版社1999年4月第1版，第18页。

3. 失业保险。失业问题已是影响中国经济发展的重要因素。改革开放后,长期积累的经济结构矛盾和体制性矛盾逐渐表面化,失业人口急剧增加。如将城镇国有企业下岗人员也计入的话,按最保守估计,1997年城镇失业率至少为13%—15%。此外,还有近1亿多的农村剩余劳动力。1993年4月国务院就发布了《国有企业职工待业保险规定》(当时用待业来替代失业的概念),提出要建立失业保险基金。原来失业保险基金全部由企业承担,1998年改为由企业和职工共同承担。目前,失业保险基金的缴费率为职工工资总额的3%,其中个人负担比率为工资的1%。失业救济金支付期一律为2年,第一年按本人原工资的60%—70%标准给付,第二年降为50%。到2003年6月,中国国有企业下岗人员是370万,城镇登记失业人口近800万,登记失业率为4.1%。2006年中国的城镇登记失业率控制在4.6%以内。

(三)"三条保障线"

中国的社会保障体制改革虽然已经取得很大成绩,但仍不能适应经济转型的需要,也没有形成一个比较严密的社会保障安全网。作为过渡的应急措施,在加紧社会保障制度改革的同时,从1997年起中国建立了由国有企业下岗职工基本生活保障制度、失业保险制度和城市居民最低生活保障制度组成的"三条保障线"。

"三条保障线"的保障范围既包括传统意义上的社会救济对象,又包括经济转轨过程中产生的低收入居民。具体对象是:(1)无依无靠、无劳动能力、无生活来源的孤老残幼;(2)20世纪60年代精简退职的老职工;(3)特殊救济对象,如宽大释放的国民党军政人员,生活无依靠的台胞和归侨;(4)生活困难户居民,包括下岗、失业、退休人员和在职人员中的生活困难者。

从享受"三条保障线"保障的实际人员构成来看,主要还是第四类,即生活困难户居民。

国有企业下岗职工基本生活保障制度是指企业通过再就业服务中心或类似机构,为下岗职工发放基本生活费,为他们缴纳养老、医疗和失业等社会保险费用,以保障他们的基本生活。其资金来源是"三三制",即政府财政出资三分之一,企业负担三分之一,社会筹集人从失业保险基金等调剂三分之一。享受国有企业下岗职工基本生活保障制度提供的基本生活保障时间最长不超过3年。

关于失业保险前面已作全面介绍，以下不再重复。

城市居民最低生活保障是指国家对家庭人均收入低于当地最低生活保障标准的城市居民给予必要资助的制度。最低生活保障标准由各地人民政府确定，由 70—250 元人民币不等，大部分在 100 元人民币上下。所需资金由所在地的政府的财政列支。据统计，到 2003 年底，全国有 2 246.8 万城镇居民，930 万户家庭拿到了最低生活保障。全年各级政府为此支出 151 亿元人民币，其中中央政府投入 92 亿元。2003 年全年城市最低生活保障人均保障水平为 58 元人民币。但是上海、天津等相关发达地区的人均最低生活保障金大都在 100 元以上。

“三条保障线”是一个整体，相互补充，相互衔接。首先，下岗职工进入再就业服务中心。按规定领取基本生活费。其次，下岗 3 年仍未能再就业者，转变为失业救济金领取对象。第三，领取失业救济金满 2 年者仍未能就业人员中家庭人均收入低于当地城市居民最低生活保障费者，便可申请领取最低生活保障金。对于前两类人员中家庭人均收入低于最低生活保障金的也可申请领取最低生活保障金。

思考题

1. 什么叫收入？影响收入的要素是什么？
2. 功能分配和规模分配的含义是什么？结合中国工资制度改革来谈谈功能分配和规模分配的作用与意义。
3. 功利主义的最大利益理论的内容和意义是什么？
4. 罗尔斯正义论的含义和社会意义是什么？
5. 自由意志主义的机会平等论强调的重点是什么？
6. 库兹涅茨的倒 U 形理论的内容是什么？结合发展中国家经济社会发展来说明其意义和局限性。
7. 结合中国的实际情况来说明效率与公平的相互关系。
8. 政府进行国民收入再分配的手段和途径是什么？
9. 应如何建立完整的社会保障体系？其基本原则是什么？
10. 评判政府收入分配政策有效性的标准是什么？
11. 美国、德国和瑞典的收入分配与社会保障的特点是什么？
12. 中国现阶段收入分配政策的特点和不足是什么？
13. 中国现阶段社会保障体系的特点和不足是什么？

第九章　公共经济与国民经济调节

本章要点

1. 财政政策指一个国家的政府为了达到特定目标，对财政收支所作出的调整。
2. 政府可以通过调整支出和税收，实施需求管理政策，从而影响国民收入决定。其机制可用乘数理论来加以说明。
3. 运用财政政策促进总供给，从而促进经济增长是宏观财政政策的重要组成部分，其政策效果主要是通过对劳动投入以及储蓄和投资的影响来实现的。
4. 绝大多数财政政策措施都直接导致财政赤字的增长。发行国债是政府弥补财政赤字的重要手段。国债的发行与偿还是公共经济政策影响国民经济的重要手段和途径。

一、财政与国民经济总需求

直至第二次世界大战之前，西方国家基本上奉行以亚当·斯密为代表的古典学派经济学家倡导的“自由放任”政策。1929—1933 年的世界经济危机标志着资本主义的发展进入新的历史阶段。“凯恩斯革命”应运而生，凯恩斯在《通论》中论证说明失业的原因在于有效需求不足，即投资需求加上消费需求的不足，主张赤字财政，用政府投资弥补私人投资的不足以消除非自愿失业。虽然凯恩斯以后又涌现出了众多的宏观经济学学派，他们的观点各有不同，有时甚至针锋相对，但政府应对宏观经济进行有效的干预却是普遍公认的准则。“二战”后，所有市场经济国家无一例外地推行始自凯恩斯的宏观经济政策，财政政策是其中必不可少的政策手段。但是，20 世纪 70 年代，凯恩斯主义的负面影响开始显露，西方国家陷入失业居高不下，通胀持续上升的泥潭之中。以此为背景，西方国家普遍对凯恩斯主义进行反省，宏观经济管理的指导思想由有效需求管理转为促进供给的增加。弗里德曼的供应学派开始居主流地位。

尽管如此，政府对宏观经济的调控并没有停止，而是对调控的手段、目标作了大幅度的调整。目前，政府宏观调控的目标已从战后初期的减少失业发展到包括充分就业、经济增长、物价稳定和国际收支平衡等四项。然而其中的充分就业和物价稳定对社会成员经济福利的影响更为直接和广泛，尤其为决策者和社会公众所关注。根据奥肯定律，就业水平和产出有着稳定的关系，换言之，就业水平决定于社会产出水平，从而总产出和价格水平就成为政策调节的主要目标。

社会总产出水平和价格水平是由社会总需求和总供给的均衡点决定的。从动态角度讲，社会需求总量与供给能力都不是静止的，只是在一定时期内，需求量的变动要比供给能力的变动更为活跃，更具弹性。因此，财政政策既可以影响总需求，将需求控制在与充分利用现有资源的产出能力相一致，也可以从供给方面着手，运用财政政策措施促进产出能力的增长，使之满足不断变化的需求，以下首先讨论财政的需求管理政策，也就是从社会总需求的角度探讨宏观财政问题。

（一）社会总供给与财政需求管理政策的效果

如前所述，宏观经济政策的目标是影响总产出和价格水平，社会总产出和价格水平是由社会总需求与总供给的均衡点决定的，对于总需求曲线 *AD*，经济学家们一般同意它与微观经济学中的需求曲线一样，也是一条向下倾斜的曲线，如图 9－1，这表示总需求数量随价格总水平的下降而增加。

其原因首先在于家庭的消费支出,价格下降时,货币的实际购买力增加,于是实际消费支出亦可能要增加。甚至在低价格水平进一步发生作用从而(通过降低工资等途径)减少了收入以后,由于货币财富(现金、债券、银行账户)的价值并没有像价格水平那样下跌得那么多,因此,较低的价格总水平仍导致较高的实际消费和较高的总需求。

此外,价格的下降还意味着货币实际余额的增加,从而促使利率下降,投资上升,进而导致总需求水平的提高。

但是,对于总供给曲线 AS 的形状,经济学家之间存在较大分歧,这使得在变动需求对产出(就业)和价格水平的影响,也就是财政政策的效果的问题上也有着不同看法。若社会总供给线是一条平行于横轴的直线,即价格水平是固定的,增加社会总需求的宏观经济政策可以导致产出的增长,而不会同时促使价格水平上升;若总供给线向右上方延伸,扩张需求在短期内是能够促使产出增加的,只是物价水平也随之上升了;若社会总供给线是一条垂直于横轴的直线,产出固定在充分就业产出水平 Y_F,这表明现有的资源已得到充分利用,则社会总需求的增加只能导致价格水平的上升而无产出的增长。图 9-1 中的总供给曲线依次呈现上述三种情况。

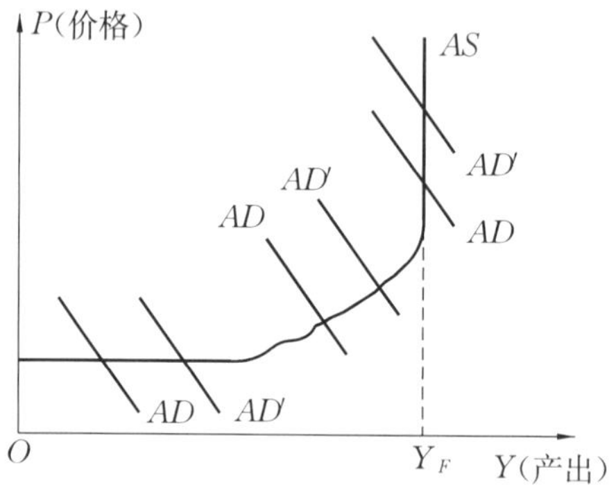

图 9-1 总需求和总供给曲线

凯恩斯学派的经济学家倾向于认为短期内价格水平是固定的或调整缓慢的,因而政府的需求管理政策是有效的,而古典学派认为总供给曲线始终是一条垂直于横轴的直线,任何人为的增加总需求的措施只能使价格水平上升,而不能带来产出的增长。

虽然经济学家对于总供给曲线的形状有着不同的看法,但显然大多数经济学家都认为,在非常长的时期内,AS 曲线是垂直的,对于短期和中期的情况,他们则日益倾向于同意一种折中的意见,认为 AS 曲线是从左下方向右上方倾斜的,只不过对于倾斜的程度看法不同。

为了集中探讨财政需求管理政策的效应,以下的论述假定价格水平不变。价格水平变化时需求管理政策的效应可由图 9-1 推论得出。

（二）财政政策乘数

政府可以通过变动本身的支出和调整税收，对总需求进行宏观调控。乘数理论则具体指出了财政政策影响国民收入决定的机制。所谓财政政策乘数是指因政府支出的增加（减少）所引起的国民生产总值增加（减少）的倍数。

在没有政府介入的经济中，国民收入 Y 由消费和投资构成，即

$$Y = C + I, \quad ①$$

$$\text{其中}\quad C = a + cY, \quad ②$$

这里 a 是常数，表示基本消费，c 为边际消费倾向，将以上两式合并整理，得

$$Y = [1/(1 - c)] \cdot (a + I) \quad ③$$

可见，若 I 由于某种原因而增长 ΔI，则 Y 的增长不仅限于 ΔI 的水平。因为第一轮增长 ΔY 以后，消费 C 会随之扩大，从而产出将进一步扩大，这个过程持续下去，结果是

$$\Delta Y = [1/(1 - c)] \cdot \Delta I \quad ④$$

这就是所谓的乘数效应，$[1/(1 - c)]$ 即为乘数。

1. 政府购买对产出的影响。

在考虑政府购买支出的经济中，

$$Y = C + I + G, \quad ⑤$$

将⑤式与②式合并整理，得

$$Y = [1/(1 - c)] \cdot (a + I + G) \quad ⑥$$

$$从而\ \Delta Y = [1/(1-c)]\Delta G \qquad ⑦$$

这表示,政府购买支出的增加,将导致与投资支出的增加相似的效应,使均衡产出多倍扩张,$[1/(1-c)]$ 为政府支出乘数。

2. 政府税收对产出的影响。

1）总额税。在考虑总额税的体制中,

$$Y = a + c(Y - T) + I + G \qquad ⑧$$

$$从而\ Y = [1/(1-c)] \cdot (a + I + G - cT) \qquad ⑨$$

可推导得出,$\Delta Y = [-c/(1-c)]\Delta T$,

这说明政府税收减少亦将导致产出的扩张,乘数为 $-c/(1-c)$。

政府支出中的转移性支出可视为负税收,其增加对总产出的影响与减税相同。

2）所得税。在考虑所得税的体制中,

$$Y = a + c(1-t)Y + I + G \qquad ⑩$$

将上式对 t 求导,则

$$\mathrm{d}Y/\mathrm{d}t = c[(1-t)\cdot \mathrm{d}Y/\mathrm{d}t + Y\cdot \mathrm{d}(1-t)\mathrm{d}t]$$

从而

$$\mathrm{d}Y/\mathrm{d}t[1 - c(1-t)] = -cY$$

所以

$$\mathrm{d}Y = -cY/[1-c(1-t)]\cdot \mathrm{d}t \qquad ⑪$$

其中所得税的乘数为 $-c/[1-c(1-t)]$。

若政府的转移支付按收入的一定比例发放，则转移支付乘数与所得税乘数的符号恰好相反，为 $c/[1-c(1-t)]$，t 为转移支付额占收入额的比率。

3. 考虑所得税、变动政府支出的影响。

由⑩式，得

$$\Delta Y = 1/[1-c(1-t)]\Delta G \tag{⑫}$$

即所得税率不变时的支出乘数为 $1/[1-c(1-t)]$。

4. 平衡预算乘数。

若等量变动政府支出与税收，即保持预算收支平衡变化，则

$$\begin{aligned}\Delta Y &= [1/(1-c)]\Delta G + [-c/(1-c)]\Delta T \\ &= [1/(1-c)]\Delta G + [-c/(1-c)]\Delta G \\ &= [(1-c)/(1-c)]\Delta G = \Delta G = \Delta T\end{aligned} \tag{⑬}$$

这表示在投资不变的情况下，平衡预算的乘数为1，即预算规模平衡扩大对产出仍具有扩张效应，$\Delta Y = \Delta G = \Delta T$。这其中的原因可解释为：当税收增加时，若非政府部门可支配收入减少1元，消费支出的减少必然小于1元，其余的部分表现为储蓄的减少，但此时政府的支出却实实在在地增加了1元，两者相抵，仍使总需求产生了净增加额。

5. 两种财政变量的对比分析。

上述分析说明财政支出的变动与税收的变动对产出可产生类似的影响，但两者亦存在着差异。主要表现在两方面。首先是两种财政政策措施对于新的均衡产出的组合结构会产生不同的影响。增加政府支出会使总产出中归于政府的部分上升，而减税的结果是使产出中归于消费者的部分增加。因此，如何在两种财政政策措施之间进行选择，取决于某种关于社会福利的价值判断，即希望资源更多地被用于个人消费支出，还是更多地被用于公共产品的提供？其次，政府支出的改变对总产出的影响是肯定而直接的，而税收的变动却需要通过对消费支出的影响才能影响到产出和就业。减税后，人们的可支配收入增加了，但

有一部分会用于储蓄。从而,与政府支出的增加相比,减税对产出的扩张影响要小。

(三) IS－LM 曲线分析

以上分析假定投资是一个固定的量,不受财政变量变动的影响。若将投资作为一个变量考虑,则对财政变量的乘数效应的分析需要修正。人们一般运用静态的 IS－LM 模型来说明财政变量对投资进而对产出的影响。

由投资是利率 r 的减函数,即

$$I = I - br \quad ⑭$$

则

$$Y = C + I + G = a + c(1 - t)Y + I - br + G \quad ⑮$$

这就是 IS 曲线。

当货币市场均衡时

$$\overline{M}/\overline{P} = L(r) + K(Y), \quad ⑯$$

这就是 LM 曲线,式中 $\overline{M}/\overline{P}$ 表示实际货币余额,$L(r)$表示投机性的货币需求,它是利率 r 的减函数,$K(Y)$表示交易性的货币需求,它是产出的增函数,故 LM 线亦可表示为

$$\overline{M}/\overline{P} = kY - hr \quad ⑰$$

IS 曲线反映了商品市场达到均衡(即投资等于储蓄)时的产出和利率水平。LM 曲线反映货币市场达到均衡(即货币需求等于货币供给)时的产出和利率水平。

如图9－2，IS 曲线向下倾斜，表明利率提高，投资下降，从而产出下降；另一方面，较高的产出产生较高的储蓄愿望，从而导致能使商品市场供求平衡的利率下降。以上讨论的财政扩张政策的乘数作用，在 IS 框架下仍可得到反映。政府购买支出变化是促使 IS 曲线移动的主要因素，在产出既定的情况下，国民储蓄 $S = Y - C - G$，增加政府支出 G，C 不变，直接导致 S 减少，商品市场利率上升，从而 IS 曲线外移，而乘数决定移动的幅度。

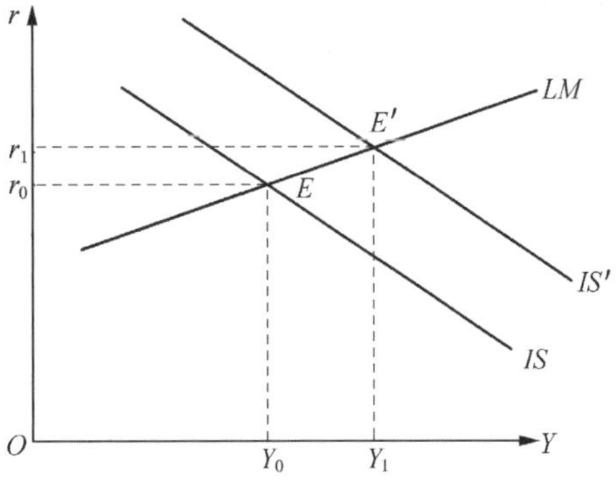

图9－2　IS－LM 曲线

LM 曲线向右上方延伸，因为产出的增加将增加对货币的需求量（交易需求上升），如果货币供给不变，则利率必然上升，因为需要有较高的利率使货币市场出清。另一方面，产出既定的情况下，任何相对于货币需求而言的货币供给的减少，都将使货币市场的均衡利率上升，LM 曲线上移；反之，曲线向下移动。中央银行货币供给量的变化是促使 LM 曲线移动的重要因素。若货币供给增加，价格不变，LM 线将外移。

可见，IS 与 LM 线概括了使商品和货币市场均衡的条件，IS 与 LM 曲线的交点 E 决定能同时使商品市场和货币市场平衡的产出和利率水平 r_0、Y_0。

政府扩大购买支出时，IS 曲线向右上方移动，从 IS 移至 IS'，如果此时中央银行的货币供给保持不变，即 LM 曲线维持原状，则新的均衡点为 E'。因此，尽管扩张性财政政策促使产出从 Y_0 增至 Y_1，但利率也从 r_0 上升为 r_1，由于投资 I 是利率 r 的减函数，因此利率上升排挤了部分对利率敏感的非政府部门的投资，产生了所谓的挤出效应，致使扩张性财政政策的乘数效应受到影响，比前述由简单乘数效应决定的产出的扩张要少。

关于其中利率上升的原因可进一步解释为扩张性财政政策使产出 Y 增加，从而扩大了交易需求的货币量，在货币供给量不变的情况下，就意味着可用于投机的货币量相对于投机需求而言减少了，从而导致利率上升，以出清货币市场。

因此，在考虑投资变动因素的情况下，可以发现仅仅采用扩张性财政政策扩大产出或就业,会因挤出效应而使原有的财政乘数缩小。新的财政乘数取决于 *LM* 曲线的斜率,若 *LM* 是垂直的,则全部挤出,若 *LM* 是水平的,则与投资固定时的结果一样。

(四) 财政政策工具

据上述论述可知,政府的财政收支及其变动,对宏观经济的运行有着直接间接的重大作用,“二战”以后,发达国家周期性经济危机仍然存在,但同战前比较,特别是同20世纪30年代大危机相比,波动幅度大为减小,衰退持续时间大为缩短,这主要是两种力量作用的结果:一是财政制度本身有着自动地缓和经济波动,促进经济稳定发展的作用,即自动稳定器(Automatic Stablizer)作用;二是政府有意识地实行所谓反周期的相机抉择(Discretionary)的积极的财政政策。

所谓自动稳定器主要指以下三个含义:

第一,税收的自动变化。在经济扩张阶段,随着生产扩大就业增加,收入增加,政府税收相应增加,特别是在实行累进税的情况下,税收的增长快于国民收入增长,税收增加意味着居民可支配收入减少,因而具有抑制总需求扩张和经济过热的作用。当经济处于萧条阶段时,国民生产总值下降,个人收入和公司利润普遍下降,税收相应减少,因此,由于税率给定不变条件下,税收随经济周期自动同方向变化,因而税收在经济扩张阶段有抑制经济过热的作用,在萧条阶段发挥缓解经济紧缩的作用。

第二,政府的转移支付。同税收的作用一样,政府转移支付有助于稳定可支配收入,从而有助于稳定在总支出中占很大比重的消费需求。在萧条阶段,随着失业增加,社会福利支出增加;反之,在经济扩张阶段转移支付减少。

第三,积极的财政政策。积极的财政政策意指政府密切注视经济的变动趋势,预测未来的经济发展,在税收和政府开支方面采取有效的对策,以实现一定的宏观调控的目标。例如,为了阻止可能出现的经济衰退,政府采取在其年度预算中增加政府开支或(和)减税的措施,反之,为了防止经济过热和通货膨胀,采取紧缩政府开支或(和)增税的政策。

（五）货币政策与财政政策的配合

1. 概述。对货币政策与财政政策的配合，各国普遍重视。这两种政策的共同点在于通过影响总需求进而影响总产出。货币政策是通过利率调节货币需求，进而影响总需求，财政政策是政府对其收入和支出进行控制进而影响总需求。但两者也有明显的区别。在实现扩张的目标时，财政政策更为直接。比如降低税率可鼓励消费和投资，扩大支出则直接导致有效需求的增加，而且时滞较短。至于货币政策，要在萧条的环境下通过调低利率来实现扩张的目标比较困难，因为投资的积极性在这种条件下往往并非低的利率所能调动起来。20 世纪 30 年代西方国家摆脱长期萧条的困难，也主要靠的是财政政策。在实行紧缩的目标时，两者的作用效果恰好相反。对于抑制过热的需求，货币政策有很多工具可以利用，实施起来比较及时，也比较灵活。而财政政策则不然，要改变税收和支出政策，对许多国家来说，均需立法机构的讨论，而且增税和减少福利支出这类措施是尤其难以获准通过的。此外，财政政策对供给的作用也比较直接、有力，而货币政策则没有这样的功能。

由于它们的共同点和不同点，各国往往寄希望于两种政策的协调配合。为了扭转严重的经济过热或衰退，两种政策可采取同方向的方针，同时紧缩或扩张，在并非极端的情况下，两种政策也可以采取不同方向的方针，比如若总的方向是紧缩，可以紧缩的货币政策为主，而财政政策适当扩张，以中和货币政策紧缩过强可能产生的消极影响。

2. 挤出效应与政策配合。货币政策和财政政策配合之必要性的又一重要理论依据是财政政策挤出效应的存在。

如图 9－3，当政府执行扩张性的财政政策增加政府支出时，与每一利率水平相对应的总需求都增长了，于是 *IS* 曲线右移至 *IS′*，在 *E″* 点出现了对商品的超额需求。于是产出上升，而由于收入增加导致货币

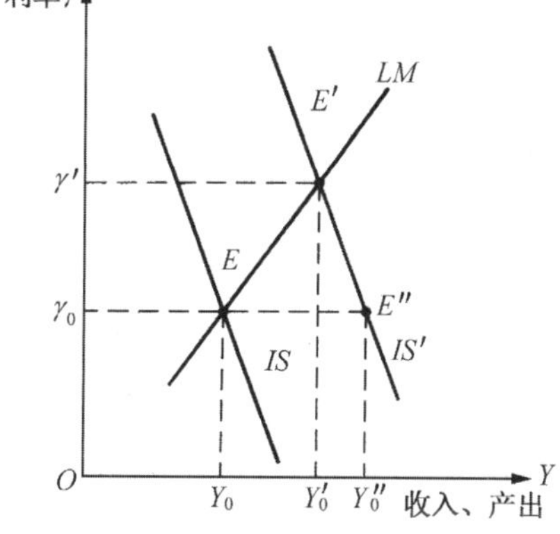

图 9－3　政府支出增长的效应

需求增加,利率也会同时上升。新的均衡点在 E' 点。最终收入的增长额 $(Y_0' - Y_0)$ 小于由简单的支出乘数决定的增长额 $(Y_0'' - Y_0)$,因为利率上升挤出了部分私人投资支出。

挤出效应作用的程度取决于 *LM* 和 *IS* 曲线的斜率。下面以两种极端情况为例对此加以说明:

第一,流动性陷阱。如果经济处于流动性陷阱状态,*LM* 曲线是水平的。则财政支出的增长可以取得其对均衡收入的完全的乘数效果。因为此时利率不会随着收入的增长而提高,所以不会有私人投资被挤出。当然,如此极端的情况是比较少见的,但由此可以发现,货币需求对利率越是敏感,从而 *LM* 曲线越是接近于水平,则财政政策的效果越是显著。

第二,古典的情况。如果 *LM* 曲线是垂直的,则财政政策对均衡产出不会产生任何效果而只会带来利率的上扬,也就是说这时将发生财政政策效果的全部挤出。同样可以推出,货币需求对利率越不敏感,从而 *LM* 曲线越是接近于垂直,则财政政策的效果越不显著。

当挤出效应发生时,为了达到预期的政策的目标,则需要货币政策给予配合,也就是需要货币当局在扩张性的财政政策执行的同时执行适应性的货币政策,扩大货币的发行量。

二、财政与国民经济总供给

(一)财政与劳动供给

运用财政政策促进总供给,从而促进经济增长是宏观财政政策的重要组成部分,也是当前西方各国调控经济的主流。

决定总供给或者说总产出能力的因素主要是要素投入与科学技术水平。要素包括土地(自然资源)、劳动力和资本。由于土地和自然资源是一国先天具有的,因此本节讨论的主要是财政政策对劳动投入以及储蓄和投资的影响。

1. 税收对劳动和休闲选择的影响。劳动和休闲的选择是人们最基本的选择。收入与闲暇都会增进人们的福利水平,然而要取得收入就必须劳动,即放弃休闲,于是人们必须在既定的约束之下选择收入与闲暇的最佳组合,也就是劳动和休闲的最佳组合。

若征收以劳动收入为课税对象的个人所得税,它对劳动供给的影响可分解为两部分:收入效应和替代效应。一方面,政府征税会直接降低消费者的可支配收入,那么在收入效应的作用下,征税会使个人减少对闲暇的享受,提供更多的劳动,以挣得更多收入维持以往的收入或消费水平。另一方面,个人所得税还会降低工资率,在替代效应的作用下,人们会以休闲替代劳动,从而减少劳动供给。

显然,收入效应和替代效应的作用方向是相反的,综合两种效应的影响,个人所得税对劳动供给的净效应既可能是使劳动供给减少,也可能是使劳动供给增加。这决定于收入效应和替代效应哪一方面更强。可以证明,收入效应和替代效应的强度,以及个人所得税对劳动供给的影响,归根到底取决于消费者对收入的需求弹性ε,若$\varepsilon > 1$,消费者对收入的需求富有弹性,则征税会削弱其劳动投入愿望,税收对劳动供给起到反激励作用(此时劳动的供给曲线向右上方倾斜);若$\varepsilon < 1$,消费者对收入的需求缺乏弹性,则征税后劳动者会增加劳动投入,税收对劳动供给是一种激励作用(此时劳动的供给曲线向后弯曲)。因此,问题的关键在于现实社会中人们对收入的需求弹性究竟如何,经济学家在这个问题上意见并不一致。所以,税收对于劳动供给究竟起到激励还是反激励作用,没有确定的答案。现有的经验研究表明,征收个人所得税对劳动投入的影响可能是一种反激励,但效应不大。

2. 所得税制的设计及其对劳动供给的影响。虽然所得税对劳动投入的影响并不显著,仍可以将不同所得税制模式对劳动供给的效应进行比较。

第一,人头税(总额税)、比例税、累进税。由于不产生替代效应,人头税或总额税较之比例税有更多的激励纳税人增加劳动投入的效应。累进所得税由于导致更大的替代效应,对劳动投入将起到较少的激励作用或较大的阻碍作用。而具有累退性质的商品税较之同额累进或比例所得税则对劳动投入有更大的激励作用。对非劳动收入比如资本收入的课税由于收入效应的作用,会引起劳动供给的增加。

第二,边际税率与平均税率的不同影响。边际税率与平均税率对于人们在收入和闲暇之间的选择的效应不同,平均税率的变动产生收入效应,而边际税率的变动产生替代效应。设平均税率为t,收入为Y,则税额为tY,税

后收入为 $Y - tY$,平均税率的上升将使纳税人的税后收入下降,产生收入效应。边际税率的变动则改变纳税人的实际工资率,例如,某人税前小时工资率为 20 元,在边际税率为 25% 时,他每多工作 1 小时,将多挣 15 元,若边际税率升为 40%,他每多工作 1 小时,只能多挣 12 元,这就会产生替代效应,使纳税人以闲暇替代劳动,减少劳动供给。

在累进税制下,边际税率呈阶梯式上升,平均税率也随纳税人的收入而上升,若在边际税率变动时,配之以税法中的某些变动,如增加免征额,使平均税率保持不变,从而使纳税人的税后收入不变,则变动边际税率只产生替代效应。例如,假设个人所得税的免征额为 1 000 元,对 1 000 元以上的收入按 25% 的税率征收个人所得税,则收入为 1 800 元的纳税人税额为 200 元,平均税率为 11.1%。若边际税率从 25% 上升至 40%,而同时免征额从 1 000元上升为 1 300 元,则收入为 1 800 元的纳税人应纳税额仍为 200 元,平均税率仍为 11.1%。

由于保持平均税率不变时,变动边际税率只产生替代效应,即增加边际税率将减少劳动供给,减少边际税率将增加劳动供给,目前世界上许多国家的政府在通过减税来刺激劳动供给时,采用在扩大税基、保持平均税率的同时降低边际税率的做法,这既有利于更好地发挥减税政策的效果,又能减少对财政收入的不利影响。

(二) 财政与储蓄

1. 消费和储蓄的消费者均衡。为了研究税收对消费和储蓄的影响,首先假定消费者的一生可分为现在和将来两个时期,这两个时期消费者分别拥有 Y_p 和 Y_f 的收入,而市场上的利率为 r(假定储蓄和贷款的利率相同)。设现期消费为 C_p,将来消费为 C_f,现时储蓄为 S,则税前两期的消费公式应为:

$$C_p = Y_p - S; \quad C_f = Y_f + S(1 + r)$$

将两式合并整理,得:

$$C_p + C_f/(1+r) = Y_p + Y_f/(1+r)$$

从而，

$$C_f = [Y_f + (1+r)Y_p] - (1+r)C_p,$$

此式即为个人的期际预算约束，表示在定值 Y_f、Y_p、r 之下的 C_p 与 C_f 的各种组合。若消费者把所有收入都放到第二年消费，即 $C_p=0$，则 $C_f = Y_f + (1+r)Y_p$，即他将来可以消费现时储蓄的本息合计数 $(1+r)Y_p$，加上将来收入 Y_f。如果消费者把将来收入全部预支到现时消费，即 $C_f=0$，则 $C_p = Y_p + Y_f/(1+r)$，也就是说，为了保证他将来的收入能够还本付息，他最多能借 $Y_f/(1+r)$，再加上他现时的收入 Y_p，他现时一共可消费 $Y_p + Y_f/(1+r)$。容易看出，即期消费相对于未来消费的价格为 $(1+r)$，即利率加上 1。消费者将在现时消费与将来消费之间进行选择，使其效用在既定的预算约束下达到最大。

2. 税收对消费和储蓄的影响。既然现时消费的相对价格是 $1+r$，若政府征收税率为 t 的利息所得税，则相当于利率降为 $r(1-t)$，即期消费的价格变为 $1+r(1-t)$，那么消费者的选择必然发生相应的变化，这一过程亦可分解为收入效应和替代效应。从收入效应方面看，税收使消费者个人可支配收入减少，从而即期消费和未来消费都减少，储蓄增加；从替代效应方面看，利息所得税使未来消费的收益即现期消费的代价降低，于是消费者将增加当期消费，减少储蓄。

显然，这里收入效应和替代效应对当期消费和储蓄的作用方向也是相反的，从而难以肯定利息所得税是否有刺激消费的作用。利息所得税对消费和储蓄的净效应，最终取决于消费者的时间偏好，若消费者的边际储蓄倾向较高，利息税的净效应则可能表现为增加当期消费，减少储蓄；反之，则表现为减少当期消费，增加储蓄。一般说来，高收入者的边际储蓄倾向较高，利息税对高收入者储蓄的抑制作用比对低收入者大。与对劳动收入征税的道理相同，利息税的替代效应（即增加当期消费减少当期储蓄的效应）与边际税率的变动方向相同。累进税制较之比例税制，对私人储蓄将有更大的阻碍作用；累进程度越高对储蓄的阻碍作用和对消费的刺激作用越大。

3. 生命周期假说与利息税的效应。以上论述假定消费者将利用资本市场将总收入在现在和将来消费之间进行配置,以实现效用极大化。而依据莫迪利安尼的生命周期假说,消费者将努力在生命周期内保持平稳的消费水平,从而利息税对家庭储蓄的影响与前述结论有所不同。

该假说有以下几点假设:(1)消费者的一生可分为两个阶段,第一阶段参加工作,获得收入,第二阶段纯粹消费而无收入,第一阶段的储蓄用于第二阶段的消费;(2)预期寿命和工作年限具有确定性;(3)不考虑储蓄的利息因素和价格的变动因素;(4)全部收入都用于消费且平稳消费,不留遗产。

那么在年龄为 T 时消费者的消费水平将为

$$C = \frac{WL - T}{NL - T} \cdot YL \qquad ①$$

上式中 NL 为预期寿命,WL 为工作年限(退休年龄),YL 为工作时的年收入,由上式又可得年储蓄

$$S = YL - C = \frac{NL - WL}{NL - T} \cdot YL \qquad ②$$

式②说明人们的储蓄倾向取决于年收入水平、工作年限相对于预期寿命的长短等因素,与储蓄利息不相关。这是由前面的假设 C“不考虑储蓄的利息因素和价格的变动因素”引起的。有必要对该模型进行适当的修正,以便分析利息税对储蓄的效应。

将上述模型中的假设 C 改为:不考虑价格变动,令储蓄利息率为 R,不计复利。首先考察总储蓄量 $S_{总}$ 随时间推移的变化情况。如图9-4,随着 T 的增大,$S_{总}$ 呈线性增长,当 T 等于 WL 时 $S_{总}$ 达到最大 S_{max}。接着不再有工资收入,$S_{总}$ 逐渐减少,在生命结束时等于零。所以 $S_{总}$ 的平均值为$\frac{S_{max}}{2}$,故消费者一生获得的总收入是 $WL \cdot YL + \frac{S_{max}}{2} \cdot R$,其中 $S_{max} = (YL - C) \cdot WL$,于是可得到下面的方程:

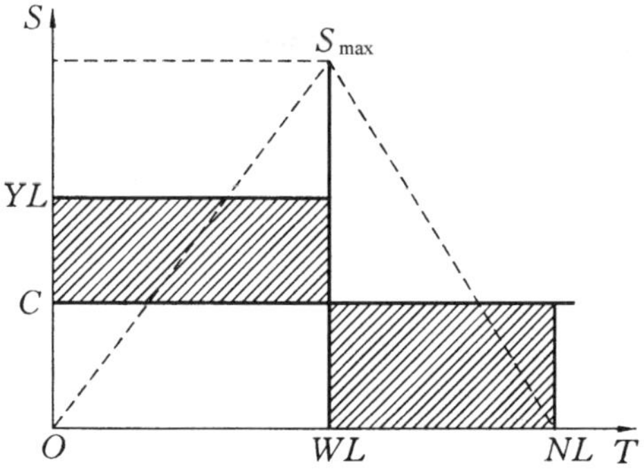

图 9－4　基于生命周期假说的消费和储蓄

$$C \cdot NL = WL \cdot YL + \frac{WL(YL - C)}{2} \cdot R \qquad ③$$

整理得

$$C = \frac{2WL + WL \cdot R}{2NL + WL \cdot R} \cdot YL \qquad ④$$

于是年储蓄量

$$S = YL - C = \frac{2NL - 2WL}{2NL + WL \cdot R} \cdot YL, \qquad ⑤$$

现在政府对利息所得征税，税率为 t，则消费者实际总收入变为 $WL \cdot YL + \frac{S_{max}}{2} \cdot R \cdot (1 - t)$，年储蓄量亦应修正为

$$S = YL - C = \frac{2NL - 2WL}{2NL + WL \cdot R \cdot (1 - t)} \cdot YL \qquad ⑥$$

比较式⑤、⑥可以明显看出,政府征收利息税后,消费者的边际储蓄倾向要高于征税前的储蓄倾向。这是因为假设消费者平稳消费,即他将其工作收入均匀地用于其一生的消费,征税后其预期收入水平降低,为维持退休后的消费水平,必须在工作期间增加储蓄。由此可见,消费者若是平稳消费,利息税将对储蓄倾向产生正效应,也就是说,税率越高,消费者的储蓄欲望越强烈。

综合以上所述,理论上利息所得税对刺激消费的作用是不确定的。从国外的实证分析来看,美国斯坦福大学教授博斯金(Michael Boskin)采用美国1929—1969年的数据证明储蓄水平与储蓄回报率之间的弹性高达0.4,即利息税也许是导致美国低储蓄率的原因。然而其他学者采用1952—1980年的数据得出的弹性值只有约0.067,因此很难得出确定的结论。就目前来说,认为利息税对储蓄水平影响不大的观点相当流行。

(三) 财政与投资

1. 私人投资的决定因素。投资一方面是总需求中最易波动的组成部分,另一方面又促进着一国的资本形成,成为长期经济增长的主要推动力,因此一直是经济学家关注的焦点之一,关于投资的理论可谓层出不穷,其中较有代表性的是哈佛大学的戴尔·乔根森(Dale Jogenson)提出的投资模型。

根据乔根森的理论,投资是企业在某一时期为达到其意愿资本存量(Desired Capital Stock)而对上一期的实际资本存量进行的增量调整,以公式表示为:

$$I = \lambda(K^{*} - K_{-1})$$

式中 K^{*} 为意愿资本存量,K_{-1} 为上一期的实际资本存量,λ 为系数,反映调整的速度。显然意愿资本存量是决定企业当期投资额的重要因素,如果意愿资本存量上升,企业的投资额也将随之上升。

企业的意愿资本存量将是使资本的边际收益(即资本的边际产出 MPK)与其边际成本(即资本的租用或使用成本 rc)相等的资本存量。

原则上,资本租用成本由实际利率和折旧率共同决定,即

$$rc = r + d$$

其中折旧率 d 为资本设备的购买价格分摊到每年的价值，实际利率 r 反映了融资成本。

根据著名的柯布-道格拉斯生产函数，可推出 $K^* = \frac{\gamma Y}{rc}$。

此式反映出了意愿资本存量与产出和资本租用成本的一般关系，如图9-5。根据资本边际收益递减规律，MPK 线应为一条向下倾斜的曲线，它表明在劳动等其他要素的投入既定的情况下，资本的边际产出随资本投入的增加而递减。资本租用成本不随资本规模的变化而变化，因而 rc 线平行于横轴。企业的意愿资本存量由 rc 线与 MPK 线的交点决定。当生产规模扩大时，即若产出由 Y_1 上升到 Y_2，因为需增加更多的劳动，资本的边际产出亦将上升，由 MPK_1 线移至 MPK_2 线，企业的意愿资本存量亦将上升，由 K_1^* 上升到 K_2^*。另一方面，若产出不变，资本租用成本由 rc_1 上升至 rc_2，意愿资本存量将下降，由 K_1^* 降至 K_3^*。

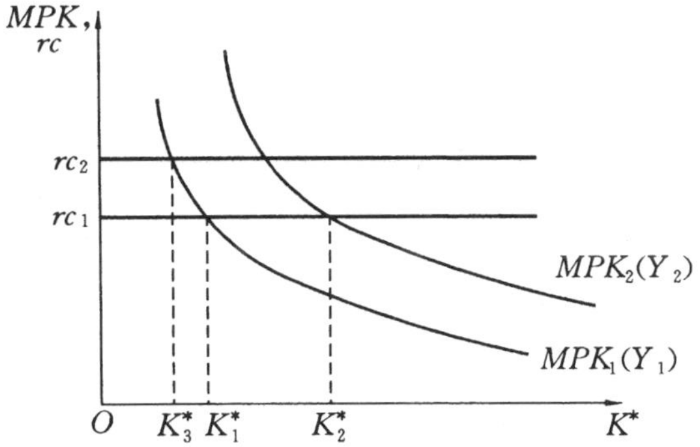

图9-5　资本边际收益、资本租用成本和意愿资本存量

2. 政府税收对私人投资的影响。政府税收主要通过两种途径影响投资：企业（公司）所得税和投资税收抵免。

投资税收抵免是指允许企业从每年所得税的应纳税额中减去当年投资

额的一定比例。例如,若企业某年实现100万美元的投资,投资税收抵免为10%,则可从当年的应纳所得税额中扣除10万美元。显然,投资税收抵免直接降低了企业购进资本品的成本,乃至于“资本租用成本”rc,将起到刺激投资的作用。

企业所得税对意愿资本存量以至于投资的影响则相对复杂一些。首先进行初步的分析,可以发现企业所得税对意愿资本存量没有影响。因为存在企业所得税时,企业将使其“税后的”资本边际产出与“税后的”资本租用成本相等。集中分析资本租用成本中的利息部分。在计算企业所得税时利息是一个可以从利润中扣除的项目。假定没有企业所得税,没有通货膨胀,没有折旧,利息率为10%,意愿资本存量为K_0^*,这时资本的边际产出亦为10%。现在若征收34%的企业所得税,利率不变,在资本存量仍为K_0^*时,税后的资本边际产出降为6.6%(=10% - 10% ×34%)。但如果利率为10%,企业从利润中扣除税率的34%,税后的资本租用成本亦降为6.6%,这样意愿资本存量不会因企业所得税的征收而受到影响。

但是,实际的税收制度要复杂得多,这使得企业所得税对意愿资本存量的影响是模糊的。当考虑到企业所得税对折旧和通货膨胀的处理以及对发行股票融资等其他筹资方式的差别待遇时就更能了解这一点。

税法中一般将折旧作为企业费用的一部分,准许在计算所得税时从企业利润中扣除。但折旧提取的规则是相当复杂的,往往税法准予扣除的折旧并不等于固定资产的真实经济折旧。如果税法中允许扣除的折旧高于真实经济折旧,例如允许企业采用加速折旧法,则相当于降低了资本租用成本,将刺激企业的意愿资本存量和投资的增加;反之,则会抑制企业的投资。

在实际经济运行中,投资有时不是通过借款而是通过发行股票来融资的,企业给予股票持有者的收益采用红利的形式,但红利支出在计算企业所得税时不允许从利润中扣除。这样,上文针对借款筹资进行分析得出的公司所得税并不影响意愿资本存量的结论,亦需重新考虑。

(四)供给学派的财政主张

供给学派经济理论是在20世纪70年代兴起的。当时发达国家陷入了战后最严重的经济危机,高失业率与高通货膨胀率并存,风行达半个世纪之久的凯恩斯经济学趋于破产。

供给学派财政政策工具的基本目标是扩大总供给以提高经济增长率。这种财政政策主要建立在长期基础上。它反对凯恩斯学派主张的“相机抉择的财政政策”，即利用税收和支出的变化调节总需求以谋求经济稳定的理论，认为这种理论是短期的和静态的。他们认为，只通过提高政府支出等措施提高总需求而不相应地增加总供给，不能克服经济衰退，反而会助长通货膨胀。从历史的观点看，供给学派的财政政策不是什么新东西，可以说是根据古典学派萨伊定律的“供给能创造自身的需求”而来的，因为总供给增加，价格下跌，可促进产品的销售。而凯恩斯学派认为“需求能创造它自己的供给”。在20世纪30年代经济大恐慌时期直到“二战”之后几乎整个时代，需求学派财政政策取代了供给学派的理论。

供给学派的主要政策主张是减税。他们认为假如边际税率降低尤其是个人所得税的边际税率降低，则税后实际工资增加，从而可以刺激人们的工作热情，增加工作量，结果总供给将增加。总供给的增加还会有效地抑制通货膨胀。在政府支出方面，供给学派主张削减政府支出，减少转移性开支，谋求预算平衡，以降低通货膨胀率。

供给学派的重要代表人物阿瑟·拉弗还提出了著名的拉弗曲线（见本书第七章图7－3所示）。

一般认为，当税率为零时，税收额也将是零。税率提高，税收额将增加。而当税率提高到100%时，没有人愿意工作，也就没有产出，税收额将降为零。因此，必然存在一个最佳税率，税率超过这点，税收将对经济活动起较大的阻碍作用，这时税率提高，税收额反而减少。拉弗及其他供给学派经济学家并未指出最佳税率是多少，从图7－3上看，最佳税率在r点。据认为，美国当时的税率太高，其最佳税率应在35%—45%之间。于是供给学派主张美国应大幅度减税，以刺激经济增加税收，使联邦预算趋于平衡。

然而减税能扩大总供给的观点受到理论和实践上的双重挑战。有的经济学家认为人们可能想要维持固定的实际收入和一定的生活水平，那么降低税率增加税后实际工资，只会导致工作量减少而不是增加。如果税率的降低不能使人们的工作量增加从而增加总供给，那么，减税的结果必然是税收成比例的减少。美国20世纪80年代减税的实际结果也没有给供给学派提供有力的事实支持。减税并没有有力地刺激经济增长；由于美国政府在减税的同时支出没有得到有效的压缩，最终财政赤字反而迅速攀升，一度成为制约美国经济发展的一个沉重负担。

三、财政赤字与国债

“二战”后大部分西方发达国家政府都采纳凯恩斯等经济学家的政策主张,采取积极的宏观经济政策,进行需求管理,其中绝大多数政策措施都直接导致财政赤字的增长。

(一)财政赤字的各种衡量及其经济含义

财政赤字通常被简单地定义为政府预算收入和支出的差额。然而由于财政收支包括不同的内容,使得财政赤字有了许多种衡量方法,不同口径的财政赤字不仅有不同的经济含义,而且往往还会令人们对一国的财政状况产生迥然不同的看法。

按照国际惯例,财政收入只包括税收收入、非税收收入如规费、管理费、政府提供劳务的工本费、公产收入以及国内外援赠收入等。而财政支出也只包括行政管理费、社会保障支出、文教科研卫生事业费支出、政府投资性支出以及债务利息支出等。收支项目中一般不包括政府对内对外发行债券或借款获得的所谓“债务收入”以及偿付债务本金的“债务支出”。所谓的债务收入和债务支出并非政府经常性行为的结果,因此不能看成财政赤字或盈余的组成部分,而只能视作弥补赤字的手段。每年政府债务净变化额,即当年发行债券的收入减去当年偿还债务本金支出的差额,是对当年财政赤字的一种弥补。

另一种观点认为,对债务的利息支付是过去的赤字而不是政府现时的行为造成的。准确衡量政府财政现时状况的指标应该是排除所有债务支付的所谓的基本赤字(Primary Deficits),它反映了现时的政府活动如何引起公共部门净负债情况变化。

中国在习惯上还有硬赤字和软赤字的口径。硬赤字即财政一般收入加上债务收入减去财政一般支出与债务支出之和后的差额,事实上这些赤字是必须由货币发行弥补的财政收支缺口。软赤字即是在财政赤字基础上再加上债务支出。

总结以上所述,各种口径财政赤字的计算公式分别为:

财政赤字(按国际惯例)= 财政一般收入 - 财政一般支出

基本赤字 = 财政一般收入 - 财政一般支出 - 债务利息支出

硬赤字 =(财政一般收入 + 财政债务收入)-

(财政一般支出 + 财政债务支出)

软赤字 =(财政一般收入 - 财政一般支出)- 财政债务支出

(二) 财政赤字的弥补与其宏观经济效应

理论上,财政赤字总是要靠其他部门的盈余来弥补的,因为任何一个经济都有一个资源约束。根据宏观总收入总支出恒等式:

总支出　$Y = C + I + G + (X - M)$

总收入　$Y = C + S + T$

可以得出:

$$G - T = (S - I) + (M - X)$$

等式左边是财政赤字,右边第一项是私人储蓄与投资差额,第二项是经常项目逆差。因此,财政赤字的出现和增加必然会导致以下三项中的某一项或某几项的组合:(1) 国内储蓄上升(即私人消费下降);(2) 私人投资减少;(3) 经常项目逆差出现或扩大(在国际收支平衡表中,这一项往往对应资本项目盈余,即外资净流入或者说是外国人在本国储蓄增加)。

而财政赤字可能产生的经济效应在很大程度上取决于其具体的弥补方式。财政赤字的弥补方式主要有以下几种:(1) 国内债务弥补;(2) 货币发行弥补;(3) 国外债务弥补;(4) 出售国家资产。这其中后两种方式在世界各国应用得较少。出售国家资产来弥补赤字,一方面国家资产存量会下降,更重要的是会令公众对国家失去信心。而且可供出售的国家资产也是有限的。以对外借款来弥补赤字更是普遍遭到反对,因为它对 国经济产生的负面影响相当显著。对外借款首先会导致本币升值,从而既不利于出口又鼓励进口,最终导致经常项目逆差,而且过分依赖对外借款还容易引发对外债务的危机,20 世纪 80 年代拉美国家的债务危机就是很好的证明。因此,世界各国尤其是发达国家主要采取前两种方式弥补财政赤字,其宏观经济效应也是相当复杂的。

1. 国内债务弥补赤字。这主要指以下两种情况:(1) 政府财政部门向私人部门出售债券(不包括商业银行和中央银行);(2) 当商业银行没有超额存款储备时,财政部向商业银行出售债券。

以这种方式弥补赤字,扩张性最小。因为向个人或企业出售债券,减少了与赤字相等的私人购买力,不能创造货币,无乘数作用;当商业银行无超额存款储备时向其出售债券,则商业银行为了筹款购买,必然减少其向个人或企业的贷款,从而削弱了总需求,抵消了扩张性财政政策的乘数作用。

也就是说政府通过发行债券融资,最终不会带来总体需求的变化,但会使经济资源在公共部门和私人部门之间重新分配。

2. 货币发行弥补赤字。这主要有以下三种情况:(1) 当商业银行有超额存款准备金时,财政部向商业银行出售债券;(2) 财政部向中央银行出售债券;(3) 财政部直接发行货币。

以货币发行弥补赤字会带来货币供应的增长,因而具有扩张性的效应。当商业银行有实质的超额存款准备金时,购买政府债券不会限制其向其他私人经济部门的贷款,于是货币供应量增加,这相当于公债货币化了;向中央银行出售债券更具有公债货币化作用,因为央行购买政府债券的同时释放出等额基础货币,这意味着私人经济部门流通中货币供应量的增长,并在货币乘数的作用下进一步多倍扩大。由财政部直接发行货币是更为明显的货币发行弥补赤字,其效应也是扩张性的。上述这三种情况中更经常被提到的是第二种,第一种情况虽然肯定会带来货币供应量的增长,但商业银行的经营情况属于私人经济部门的行为,政府很难清楚的了解,从而很难控制向其发行债券的时机,因此实际上其宏观经济效应也很难肯定;另外,由于大部分国家的货币发行权掌握在中央银行手中,所以第三种情况事实上是很少发生的。

公债货币化会增强原有财政赤字的扩张效应,并由于引起货币的超经济发行而容易引发或加剧通货膨胀。在投资方面,货币供应量的增加意味着市场利率将降低或资金的可获得性增强,因此以货币发行方式弥补赤字不会挤出私人投资。

(三) 国债运行机制

国债的产生与增长

1. 公债的产生。公债是政府以信用形式从社会上吸收资金,以弥补财政赤字或满足其他财政需要的一种手段。公债的产生有两个基本条件:一是国家财政支出的需要,当政府职能日益扩大,仅凭税收不能满足开支以致出现赤字时,它就必须举债;二是社会上要有充足的闲置资金,可供政府借贷。

公债与税收同为政府财政收入的一种形式,公债的出现是在中世纪时期,比税收晚。事实上,公债与税收并无本质区别,公债还本付息的资金最终总是来源于税收,因此公债只不过是延期的税收,变相的税收。

2. 西方国家公债的增长。第一,20 世纪 30 年代以前。以亚当·斯密为代表的古典学派的经济学家,反对国家用举债的办法来筹集财政资金。他们认为国家举债是把生产性资本用于非生产性的用途,大量举债的结果,必然引起经济发展停滞,工人大批失业,甚至国家逐步衰落下去。与这种理论相适应,这一时期西方国家发行公债是比较有节制的,主要是用以弥补因战争引起的财政赤字,一般都能用以后年度的预算盈余来偿还。公债增长呈周期变动趋势,有时上升(多为战时),有时回降。

第二,20 世纪 30 年代以后。30 年代大危机以来,现代凯恩斯学派的经济学家批驳了公债非生产性的观点,认为公债是政府稳定经济、提高就业水平的有效措施。当时的公债,主要不是用以弥补非生产性的财政开支,而用以发展生产、扩大就业,所以具有生产性。凯恩斯学派的代表人物之一汉森甚至说:“政府发行公债是使人民致富的最简便的办法。”在这些理论的推动下,西方国家纷纷实行赤字政策,大量发行公债,公债的增长于是扶摇直上。

然而自 20 世纪 70 年代西方国家普遍发生滞胀以来,凯恩斯学派的以扩张性财政政策实现充分就业的主张受到了越来越多的批评,相应地出现了重新重视市场机制作用的思潮,货币学派、供给学派、理性预期学派等都是其中的代表。强调政府财政赤字及公债发行对经济的负面影响的呼声日渐高涨。美国克林顿政府大力削减财政支出,并通过鼓励技术创新的手段促进经济发展,政府收入增加,财政赤字得到了有效抑制,1999 年甚至出现了财政盈余,国债发行量相应逐年下降。其他西方主要发达国家财政赤字和国债发行状况呈现类似的趋势。

公债的种类

1. 国家借款和发行债券。国家借款是最原始的举债形式,它具有手续简便、成本费用较低等优点,因而现代国家在举借外债和向本国中央银行借债时仍主要采用这一方式。但借款通常只能在应债主体较少的条件下进行,不具有普遍性。而发行债券具有普遍性、法律保证性以及持久性等优点,应用范围较广,效能较高,所以,对公众和企业的借债主要采用发行债券的方式。发行债券的主要缺陷是成本较高,需要有发达的信用体系。

2. 自由公债和强制公债。自由公债指政府发行的公债,由人民根据公债的条件,自由决定购买与否,不加任何限制,现代世界各国的公债,多为这种形式。强制公债是指当政府财政状况异常困难时,凭借政府权力向人民强行推销的公债。其推销方法有根据公民的财产或所得按比例分摊,以公债的形式支付薪金等。英国在第二次世界大战时,曾在所得税外加征一定金额,作为纳税人贷给政府的贷款,战后分期偿还,这种随所得税附征的金额也是强制公债的一种形式,这种方法现在很少使用了。

3. 国内公债和国外公债。国内公债指在国内发行的公债,债权人为本国公民或机构。内债的还本付息都以本国货币支付,不影响国际收支,对国家总体来说,资金无增无减,只是财产权的转移。国外公债指在国外发行的公债,债权人为外国政府、金融机构、企业或个人。举借外债要谨慎从事,这是因为:(1) 外债的还本付息通常以外币支付,要影响债务国的国际收支;(2) 偿还债务本息的资金都是国内的资源,这一方面会增加本国人民的负担,另一方面还会妨碍本国经济的发展;(3) 政治上容易受到债权国控制。但是,举借外债也可以利用外资,弥补本国经济发展中的资金不足,关键在于要利用外债创造效益。

4. 长期、中期和短期公债。短期公债多指 1 年以内到期的公债,如美国的国库券等,其特点是周转期短,流动性强,"近似货币"。短期公债在当前西方国家的公债中占有重要地位。长期公债指到期时间在 10 年以上的公债。中期公债为到期时间介于以上两者之间的公债。18 世纪时,英国还发行过一种统一公债(Consols),又称无期公债或永久公债。它不规定到期时间,持有人无权要求清偿,但可按期取得利息。政府在财力允许和愿意偿还公债的时候,可以按照市场价格购回公债券,以清偿债务。

5. 可转让公债和不可转让公债。可转让公债是指可以在金融市场上自由流通买卖的公债,大多数的公债属这种形式;不可转让公债是指不能在金融市场上自由流通买卖的公债。不可转让公债一般是为了满足政府的某种特定的政治和经济方面的目的,往往规定较长的期限,给予利息较高或发行价格低于票面额等优惠条件,以记名发行为主。对于可转让公债的持有者来说,重要的往往不是期限和利息率的规定,而是债券的行市。因为他可以随时出售债券,所以期限长短对他关系不大;而债券的行市可高于或低于票面额,所以法定利息率对他也无关紧要。

国债的发行

1. 国债的发行方式。国债的发行方式主要有:

第一,公募法。它又可分为两种情况:一种情况是国家财政部门(或委托其他部门)向社会直接公开发行国债,取得资金,其发行费用与损失皆由国家承担,这种发行方式的好处是发行面比较广,能普遍地吸收社会上的闲置资金,缺点是推销时间长,发行成本较高。另一种情况也被称为公募拍卖方式。这是指在金融市场上通过公开招标发行国债,具体的拍卖方法包括价格拍卖和收益(利率)拍卖。为防止投标价格或利率过高或过低,发行机构常常规定最低标价和最高标价等限制性条件。认购者可采取竞争性出价和非竞争性出价两种形式,竞争性出价是指认购者根据国家公布的债券发行量,自报愿接受的利率和价格,非竞争性出价是指一般小额认购者可只报拟购债券数量,发行机构对其按当天竞争性出价成交的平均价格出售。

第二,公卖法。政府将要发行的国债委托经纪人在证券市场上代为销售。国债价格可由财政部或其代销机构根据证券市场的行情相机决定。这种方法的好处是政府可以根据需要,随时向证券市场发行国债筹集资金,能吸收大量的社会游资,并能调节货币流通,缺点是国债价格在证券市场时涨时落,国债收入不稳定。

第三,承购包销。国家将发行国债的数额、费用等条件,经过协商统一由金融机构承购,金融机构再向社会推销。如果在承销期内,无法把国债全部推销出去,其差额部分由金融机构承担。这种发行方式的好处是,手续简便,发行时间较短,有利于资金及时入库。不足之处是,如果金融机构难以全部将国债推销出去,自身承担差额过多,会助长信用膨胀。

2. 国债的发行价格。国债的发行价格是指政府债券的出售价格或购买价格,政府债券的出售价格不一定就是票面值,可以低于票面值发行,少数情况下也可以高于票面值发行。按照国债发行价格与其票面值的关系,可以分为平价发行、折价发行和溢价发行三种情况。

第一,平价发行就是政府债券按票面值出售,到期亦按票面值还本。平价发行必须有两个前提条件:一是市场利率要与国债发行利率大体一致,如市场利率高于国债利率,按票面值出售便无法找到认购者或承购者,市场利率低于国债利率,按票面值出售,财政将遭受不应有的损失。二是政府的信用必须良好,唯有在政府信用良好的条件下,人们才会乐于按票面值认购。

第二,折价发行就是政府债券以低于票面值的价格出售,到期仍按票面值还本。政府债券价格低于票面值的原因亦主要有两方面:一是政府出于鼓励投资者踊跃认购的目的而用减价的方式给予额外的利益;二是市场利率上升,政府必须降低发行价格,债券才能找到认购者或承购者,压低发行价格与提高市场利率相比,前者更不至于引起市场利率随之上升而影响经济的正常发展。

第三,溢价发行是政府债券以高于票面值的价格出售,到期仍按票面值还本。政府债券能按高于票面值的价格出售,必然是由于市场利率低于国债利率以至认购者有利可图。

国债的偿还

可选择使用的国债偿还方式主要有以下几种:(1)分期逐步偿还法。即对一种债券规定几个还本期,每期偿还一定比例,直至债券到期时,本金全部偿清;(2)抽签轮次偿还法。即在国债偿还期内,通过定期按债券号码抽签对号以确定偿还一定比例债券,直至偿还期结束,全部债券皆中签偿清为止;(3)到期一次偿还法。即实行在债券到期日按票面额一次全部偿清。这是一种传统的偿还方式;(4)市场购销偿还法。即在债券期限内,定期或不定期地从证券市场上赎回一定比例债券,赎回后不再卖出,以至在这种债券期满时,已全部或绝大部分被政府所持有,从而债券的偿还实际上已变成一个政府内部的账务处理问题;(5)以新债代旧债。即通过发行新债券来兑换到期的旧债券,以达到偿还国债的目的。也就是说到期债券的持有者可以用到期债券直接兑换相应数额的新发行债券,从而延长持有债券的时间。

国债市场

国债市场是政府通过证券市场进行的国债交易活动,是证券市场的重要组成部分。按国债交易的层次或阶段可将国债市场划分为国债发行市场和国债流通市场。

国债发行市场是国债发行的场所,又称国债一级市场或初级市场,是国债交易的初始环节。一般是政府与证券承销机构如银行和证券经纪人之间的交易,通常由证券承销机构一次全部买下发行的国债。国债流通市场又称国债二级市场,是国债交易的第二阶段。一般是国债承销机构和认购者之间的交易,也包括国债持有者与政府或国债认购者之间的交易。它又分为证券交易所交易和场外交易两类。前者是指在指定的证券交易所营业厅内进行的交易,后者指不在指定的证券交易所营业厅内进行的交易。

国债市场一般具有两个方面的功能:一是实现国债的发行和偿还;二是调节社会资金的运行。在现代社会,主要发达国家的国债大都是通过国债市场发行的,并有相当部分是通过国债市场偿还的。近年来,随着国债规模扩大和对社会资金进行调节的必要性增强,发展中国家也开始重视国债市场的作用,并逐步建立适合本国国情的证券市场和国债市场。

四、中国的财政政策与宏观调控

(一)改革开放以来中国的财政政策实施状况

1978 年以来,中国财政始终处于赤字状态中,从政策的效应来看,实行的主要是扩张性的财政政策。按照财政政策的作用原理,这种扩张性的财政政策是反衰退和治理有效需求不足的对策。然而,面对 1978 年以来中国宏观经济运行中的波动,无论是“过热”或是“过冷”,财政都采取赤字政策,这实际已表明,中国财政政策在总量调节方面没有多少选择余地,这种赤字不能视为政府有目的有意识地运用财政政策工具的结果,它在很大程度上是一种被动的接受。中国财政赤字与 GDP 增长率、通货膨胀率等宏观经济指标的变动情况如图 9－6 所示。不难发现,中国改革开放以来经历了几次较大幅度的经济波动,但财政赤字并未呈现出明显的反周期变动。

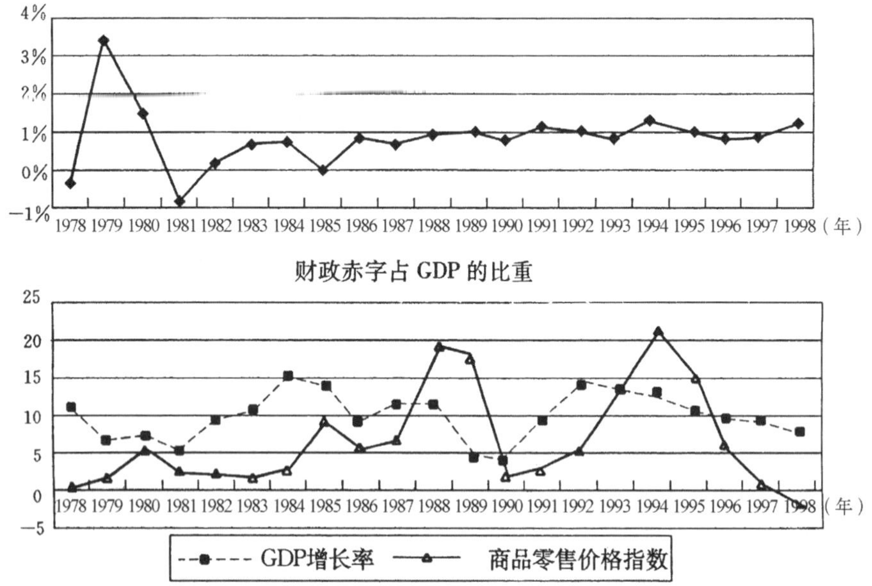

图 9－6　中国财政赤字占 GDP 的比重与主要宏观经济指标的变动情况

(二) 中国实施宏观财政政策的制约因素

长期以来,中国宏观财政政策的实施不能达到预期的效果,主要是受到多种制约因素的影响:

1. 财政包干制对宏观调控政策的影响。在规范的市场经济中,中央财政可以通过预算的赤字或盈余,对总需求产生扩张或紧缩性影响。而在财政包干制下,中国的中央政府对经济稳定的作用却不大。

在包干制下,中央与地方之间的收入划分是由承包合同确定的,即地方每年将固定的金额或地方收入的一定比例上交给中央政府(部分省、市上交的比例逐年加成)。包干合同是根据订立时各省、市的财政收支情况以名义的形式制定的,为了给地方相对的稳定性以调动其积极性,合同一旦订立,在几年内保持稳定。因此,经济增长所带来的财政收入增长,大部分成为地方财政收入的增长,虽然一些地方政府每年上交的比例必须加成,但增长加成的比例远远小于经济增长的速度,因而中央政府的财政收入占 GNP 以及财政总收入的比重自实行包干制以来至1994年实施分税制改革以前是呈下降趋势的，见图9－7。分税制改革后，中央财政组织的收入大幅度上升，但扣除税收返还等向地方的转移支付，中央可支配财力并没有显著上升。中央财力的不足，大大削弱了中央政府宏观调控的能力。

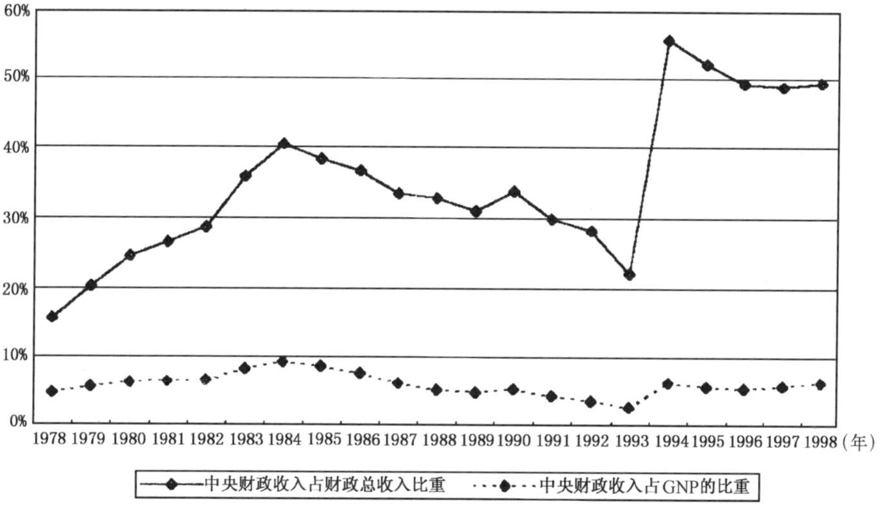

图9－7 中国中央财政收入占GNP及财政总收入的比重

中央政府稳定经济的重要政策工具为税收，税收杠杆作为调节经济的工具有两层含义：一是税收能起到自动稳定器的作用；二是政府能通过有意识的税收政策调整来调节经济。1994年分税制改革以前，中国的税收管理体制的特点为：中央政府掌握了所有税种的立法权、开征停征权、减免税权以及税法的解释权；但地方政府负责具体的征管工作，并有权在中央规定的范围内对企业实行税收的减免及优惠政策，对实际税率有很大的影响，中央税收的大部分是靠地方上解而实现的。在财政包干制下，一方面包干合同的形成具有很大的随意性，是中央和地方一对一商讨的结果；另一方面，合同一旦确立也并不一定执行，当中央财政出现困难就会以各种方式向有盈余的地方政府要回一部分资金，而地方有困难时，又会拖欠上解款项，形成所谓“包而不干”的现象，使收入分配体系存在着很大的不确定性。

因此，地方在税收征管过程中追求的并不是征管效率的极大化，而是以一个固定的税收额为目标。当税收收入达到这个数额,就会放松征管,给企业更多的优惠;而当税收征集不足时,则会严格各种优惠措施。这样,在经济繁荣时,地方政府较容易得到足够的收入,因而会放松征管工作,藏富于企业,企业由此可以保留更多的利润,增强了扩大再生产的能力,从而进一步刺激了经济的扩张。而经济衰退时情形恰好相反,严格的征管和优惠政策,使得本已处于困境的企业留利进一步下降,影响了再投资的能力。因此,税收并未起到自动稳定器的作用,相反却使经济的周期性波动进一步恶化。而中央政府的有意识税收调节也会由于地方政府在实际执行中实际税率的改变,失去了一定的效力甚至是适得其反。

2. 财政税收及支出的伸缩空间有限。长期以来,国家财政尤其是中央财政的紧张局面一直未得到有效的缓解,一度甚至发展到要军队的企业去“创收”,政法部门也要去办“三产”。这就使得税收很难随宏观经济形势的变化去增减,相反,大幅度地增加国家税收收入的必要性一直很迫切。另外,中央财政的债务依存度越来越高,且有加速发展的趋势,继续发行国债的空间也越来越小。这些都使得政府难以实施相机抉择的财政政策。

3. 财政机制运作效率低下,使得财政政策的预计成效大打折扣。北京大学中国经济研究中心宏观组曾经指出:“按权威说法,中国财政投资的记录大概是有效益、零效益和血本无归者各占三分之一。现在每年几百亿呆坏账的核销,相当部分就是政府投资交的‘学费’。”①这种状况的出现一方面和财政经济机制的特性有关,世界各国的财政运行中多少都隐含着这样一个问题,也正因为如此,一般发达国家采用财政政策时都比较谨慎。另一方面则和中国决策民主机制尚待进一步完善,财政控制和制度机制还未理顺有关。

(三) 1997 年以来的积极财政政策

中国宏观经济形势自 1997 年开始发生了质的变化,即从过去长期存在的需求过旺、通货膨胀严重并难以控制转变为需求不足、物价水平不断下降,甚至出现了通货紧缩。这其中固然与 1993 年以来实施的紧缩性宏观经

① 北京大学中国经济研究中心宏观组:“货币政策乎?财政政策乎?——中国宏观经济政策评析及建议”,载《经济研究》1998 年第 10 期。

济政策，特别是货币政策有关，但更深刻的原因在于：随体制改革的深化，国有企业与国有商业银行预算约束不断硬化；各地长期重复投资导致的供求结构失调矛盾的显现；以及东南亚金融危机的影响。

尽管政府在1996年就已觉察宏观经济中的紧缩现象，并开始松动货币政策，连续六次降息，但由于货币政策在扩张需求方面固有的局限，以及形成中国需求不足的特定原因，其政策效果并不理想，拉动需求的力度远远不够。因此，1998年下半年政府决定启用在扩张需求方面具有优势的扩张性财政政策。实施积极的财政政策7年来，到2005年底中国共发行了9 100亿元长期建设国债。这9 100亿元长期建设国债主要有六大投资方向：(1)农林水利建设；(2)交通通信建设；(3)城市基础设施；(4)城乡电网改造；(5)国家直属粮库；(6)经济适用房建设。

积极财政政策有效地扩大了投资需求，促进了经济发展，对于GDP增幅的贡献率，1998年为1.5个百分点，1999年为2个百分点，2000—2002年也在1.5—2个百分点的区间；建成了一批重大基础设施项目，办成了一些多年想办而未办成的大事；技改贴息取得了良好效果，加快了企业技术进步，促进了产业升级；增加了就业机会，据测算，1998—2002年，积极财政政策促进中国非农就业分别增长0.57%、0.73%、0.71%，每年均可提供200万个以上的非农就业机会。但与此同时，财政风险也在累积与加大。因此在肯定中国实行积极财政政策成效的同时，必须明确这不是一项长期不变的政策。特别是2004年初以来，中国经济出现了投资过快，局部过热，通货膨胀压力加大的新情况。政府要想防止经济过热，保持平稳发展，改变高投入低产出，经济粗放增长的局面，必然会变积极为稳健。2004年5月，财政部部长金人庆明确表示中国已走出通货紧缩阴影，今后将采取稳健的财政政策。他说："根据中国宏观经济形势的发展变化和巩固宏观调控成果的要求，明年要实行稳健的财政政策和货币政策，加强各项宏观调控政策措施的协调配合，合理调控总量，着力调整结构，促进经济平衡较快增长。"在2005年年初的预算安排中，长期国债的发行金额从每年2 500亿元被减少到1 100亿元，以后逐年继续调减。同时，中国政府已采取了一些措施防范财政风险，如调整国债期限结构，降低筹资成本，统一管理政府内外债务；加强对国债项目资金使用的监督管理，对部分国债项目资金实行国库集中支付；建立债务预警系统和偿债基金制度，控制债务规模的过快增长。对一些因历史原因形成并长期积累的潜在财政风险，如银行系统的不良资产、社会保障基金支付缺口等,中国政府也十分重视,正在采取相关措施逐步加以消化。经过治理通货紧缩趋势的实践,中国政府已经积累了丰富的经验,经济实力明显增强,完全有能力防范和化解财政风险。根据财政部提供的情况,并经全国人大常委会预算工作委员会核实,截至2004年底,中国的国债余额为29 631亿元,其中内债28 803亿元,外债828亿元。2004年底中国国债余额占国内生产总值的比重,即国债负担率为21.6%,远低于由欧盟规定国际公认的60%的警戒线。

思考题

1. 试析社会总供给曲线的形状对财政需求管理政策效果的影响。
2. 试析增加政府支出和减税政策对宏观经济影响效应的异同。
3. 货币政策和财政政策为什么需要协调配合?
4. 试析所得税对劳动供给的影响。
5. 利息所得税对消费和储蓄的影响如何?
6. 财政赤字的不同弥补方式分别将产生怎样的宏观经济效应?
7. 试析中国实施宏观财政政策的主要成果和消极因素。

第十章　地方公共经济

本章要点

1. 资源配置是地方政府的主要职能。地方政府通过提供地方公共产品来谋求本地区的资源有效配置。
2. 地方性公共产品是指一些具有非竞争性和非排他性的,但受益范围限于一定空间的公共产品和服务。
3. 蒂博特的“用脚投票”说揭示了各地方政府在公共产品提供上是相互竞争的本质。
4. 地方税收的原则是:不应征收高额累进税;不应征收税基流动性较大的税;不应征收可转嫁给非本地居民的税;不应征收不直接为本地居民所受益的税。
5. 中央政府的转移性支付是地方政府的重要收入来源,是纠正地方公共产品的外部性,纠正横向和纵向财政不平衡,实现最低服务标准和政策诱导所必需的。
6. 进一步完善分税制,建立科学的政府间补助体系,规范地方政府的投资行为,是中国地方公共经济改革的主要任务。

一、地方政府的职能

到第九章为止所讨论的公共经济学都是以中央政府为中心而展开的。然而,实际上,每个国家都有若干层次的政府,除中央政府之外,通常都存在两级或多级地方政府。中国地域广阔,人口众多,又是多民族国家,地方政府的职能尤为重要。为此,在本章中重点讨论地方公共经济。

本章所讨论的主要内容是地方政府的职能是什么,支持地方政府活动的公共收支是如何运行的。

在第一章已经论述过,政府的基本经济职能是资源配置、收入分配和经济稳定三方面。公共经济学的创始人马斯格雷夫在《公共财政学的理论》一书中,从财政联邦制的角度对中央政府和地方政府的职能划分作了论述。他指出:"财政联邦制的核心在于如下命题:有关配置职能的政策应当允许在各州之间有所不同,这取决于各州居民的偏好。而分配职能和稳定职能的目标实现,主要是中央政府的职责。"①马斯格雷夫的这段话十分明确地为中央政府和地方政府之间的职能分配和划分作了规定。收入再分配和经济稳定职能主要由中央政府来承担,而资源配置则主要由地方政府来承担。众所周知,政府的资源配置功能主要是通过对公共产品的提供来实现。这一点将在下一节关于地方公共产品作用详细论述。本节着重论述为什么稳定职能和收入再分配职能应该由中央政府而不是由地方政府来承担。

(一)地方政府与稳定经济

宏观经济学的一般原理已经告诉我们,实现经济稳定的主要手段是货币政策和财政政策。货币政策是以货币铸造权与货币政策工具为载体的。毋庸置疑,这都必须控制在中央政府手中。

货币铸造权,也即货币的制造、发行和销毁权。货币铸造权是国家主权

① 转引自〔英〕彼德·M·杰克逊主编:《公共部门经济学前沿问题》,郭庆旺、刘立群、杨越译,中国税务出版社、北京腾图电子出版社2000年1月第1版,第190页。

的象征,是中央政府专有权力。如果排除了内战等因素,除极其个别的例外之外(如中国的香港特别行政区),没有一个国家的地方政府是能够制造、发行货币的。一旦地方政府拥有了货币权,就意味该地方政府不仅对本地区,同时也对其他所有地区的资源拥有无限追求的权力。地方政府将放弃诸如征税等其他一切努力,只是通过创造新的货币来不断扩大其对商品和劳务的购买,从而会使全国经济陷于无限制的通货膨胀之中。

对利率和汇率进行调节是货币政策的主要工具。中央银行制度不仅保证了必须由中央政府行使利率和汇率的升降权力,而且通过中央银行的派出机构来监督各地方政府严格遵守中央的决策,保证全国统一的利率和统一的汇率。当然,地方政府可以通过自身努力,促进就业,减少失业,增加供给,保证物价的稳定,使本地区内的失业率和通货膨胀率处于国内较低水平。这确实是稳定经济的重要方面。但是这又都是在全国统一的利率、汇率下进行的,只是对中央政府稳定经济职能的支持和补充。

从今后发展趋势而言,行使经济稳定职能的层次只会提高,而不会下降。全球化的进程已经孕育了超国家的经济稳定机制。人们从欧盟货币一体化的进程中看到,欧元的诞生和流通,对利率、汇率的控制和调节的部分权力将由欧洲各国中央银行集中到超国家的欧洲中央银行。欧洲一体化进程的前景是明朗的。它从另一个角度告诉人们,地方政府在经济稳定上的职能非常有限,地方政府既无能力也无手段承担这一职能。

财政政策的核心是通过扩大或减少政府开支和提高或降低税收来实现反经济周期的目的。资本主义经济的内在矛盾决定了经济危机周期性的出现。因此,政府将在经济高涨时期减少政府开支,增加税收,形成财政盈余,而在经济萧条时期扩大政府开支,减少税收以形成财政赤字,以此来熨平或缩小经济周期的峰顶和谷底,从而达到国民经济运行的相对稳定。实行财政政策是以民族国家的存在为前提的,即劳动力、商品和资本等要素是有国籍的,其流动是有国界限制的。在三者之内,商品和资本的流动相对自由,而劳动力的流动则较少自由,或者基本不自由。尽管全球化的进展使商品、资本和技术的跨国流动自由程度大大提高,但是劳动力的流动仍然有许多限制。即使是一体化程度最高的欧盟,只是成员国之内劳动力自由流动,而对非成员国的劳动力则严拒门外。简言之,财政政策只能在本国主权范围内有效。

财政政策是谋求经济稳定的另一重要手段。在市场经济条件下,一国国内各地之间却是高度统一和全面开放的,不存在任何贸易壁垒,商品、劳务、资本及其他要素在国内各地区高度自由流动。这种高度的开放性和流动性严重地限制了地方政府反周期财政政策的效果。首先,在高度开放和自由流动的情况下,全国各地区经济周期是基本同步的。萧条时人家都萧条,高涨时大家都高涨,最多有些时间差,但基本上同步。因此也就失去了各地方政府使用财政政策率先走出萧条或克服过热的内在动机。其次,即使个别地区实行了财政政策也成效不大。因为商品、劳务、资本要素的高度开放和自由流动,某一地方政府为率先克服萧条而单独使用扩张性财政政策,若没有其他地方政府的配合则是一事无成。该地方政府通过扩大公共开支和减税形成的新增购买力马上为其他地区的商品和劳务所吸收,从而形成大量的“漏损”,大量的政府开支只为本地区创造少量的就业,形成少量新增国民收入。这种成本与收益之间的差距会使地方政府理智地放弃财政政策的努力。第三,资本市场的制约。以各发达国家地方政府财政收支状况而言,绝大部分的地方政府是力求收支平衡的。其原因是地方政府进入和利用资本市场相对较难。由于利率的统一,国内资本市场也是统一的。中央政府因扩大公共开支而形成的财政赤字可以轻而易举地通过发行国债来解决。国债大部分为本国居民所有,对政府来说是债务,对国民来说是资产。在国家层面上可以求得对立的统一。对地方政府而言,其发行的债券除非明令规定,则有相当部分是为本地区以外的人所有,这就形成地方政府的外债,无法形成像中央政府国债的对立统一格局。

由此可见,地方政府在经济稳定方面,无论从能力还是从手段上来讲,都难有作为。

(二) 地方政府与收入再分配

同稳定职能一样,地方政府的收入再分配职能也极其有限。

收入再分配有两层含义:一是个人之间所得再分配,二是一国各地区之间的财富再分配。

先看个人之间的再分配。在考虑个人之间的再分配是由中央政府还是地方政府进行时,必须要对个人所得再分配的三个特点作分析。这三个特点是:个人所得再分配的外部性,个人所得再分配的规模性和个人所得再分配的流动性。

个人所得再分配的外部性,也就是对具体的个人或某一区域内的个人所得再分配引起的外部影响。从表面上看,人们只关心自己周围的人,也即邻居的贫困问题,而不关心较远地方人们的贫困问题。因此主张个人所得再分配应该由地方政府来进行。其实不然,因为帮助一个地区的穷人可能给其他地方关心穷人的人带来利益,会引发连锁反应。因此,人们不仅要关心周围的穷人,也要关心其他地区的穷人。收入再分配的公平只能是一种全国性目标,收入再分配应有一个全国统一的标准。

个人所得再分配的规模性是指收入再分配政策中的规模经济,也即是在所有资源均充分使用情况下的收入再分配政策才是最有效的。纯粹的地区性再分配政策只能是在本地区社会经济发展的局限之内的个人所得再分配,而无法将全国的国民收入及由此而形成的转移支付能力考虑进去,从而造成资源使用的不充分。因此,从规模经济角度而言,要使个人所得在再分配效率最大化,合适的个人所得再分配政策的承担者是中央政府而非地方政府。

个人所得再分配的流动性是指必须在人员高度自由流动的情况下来考虑所得的行政性调整。市场经济的必要条件是全国范围内的要素自由流动。如果由地方政府来实现收入再分配的公平目标,则会引起不同地区之间差异的增大,富人排斥穷人的现象公开化、表面化。这是一般政府所最不愿意看到的后果。且不说一个地区单独对高收入者征收高额累进税引起的社会经济后果,只需以教育为例即可说明问题。一般来说,公共教育服务有着较大的再分配意义。作为地方政府来说,它只能向本地区内所有儿童提供同一水平的教育服务,而不问其父母的财富多少。如果其费用是通过比例所得税来筹集的话,富人希望以较高的税收来获取子女较好的公共教育服务,穷人则希望以较低的税收来得到基本公共教育服务。如果费用以高额累进税来征收,对富人来说则是地方政府将其财富强迫性转移给穷人。对穷人来说,是政府强制富人与他们分享了用于教育的费用。其结果是两个:一是富人迁出,到其他社区去;另一个是富人通过投票来谋求提高税率来赶走穷人。如果因人少等因素达不到这个目标,富人将迁居到其他社区去,或放弃地方政府提供的公共教育服务,转向购买私人物品,把子女送入私立学校去。以此类推,不只是教育,环境、公共设施等无不如此。这就是富人区和贫民窟形成的经济原因。

因此,可以认为,流动性的存在打消了地方政府进行收入再分配意欲,限制了其进行收入再分配的能力。只有在国家层次上流动性才不会成为干扰再分配政策有效性的因素。

接下来再看一下地区财富的再分配。居民构成、自然资源禀赋、社会经济发展水平等各种因素的作用,使得各地区的财政供给和财政需求有很大差异。即使是提供同一水平的公共产品,其成本也不尽相同。例如,高寒地带和热带地区对消防的需求不一样,为此付出的成本也不一样。也就是说,不同地区之间,为提供同样的公共产品而征收的税赋也是不同的。因此造成两个条件完全相同的人在享受同样的公共产品时会因所在地区不同而承担不同的税赋。这就违反了公平的原则,不符合“同样情况同样对待”的原则。因此有必要在各地区之间进行收入再调整。无疑,这种实际的利益冲突不是可以通过各地区之间的协商来解决的。地区之间的收入再分配职能只能由中央政府来承担。

个人之间的收入再分配和区域之间的收入再分配是同时并存的,不可相互替代的。因为再穷的地区也有高收入者,向这一地区的转移支付只能是在保证公平原则下进行。穷人由此可部分受益,如教育改善、居住环境改善等,但不会从根本上改变穷人的低收入状态。同样道理,再富的地区也有穷人,区域之间的再分配几乎与富人区的穷人没有什么直接联系。

二、地方公共产品

上一节是用排除法把收入分配和经济稳定从地方政府的职能中排除了出去。地方政府所剩的经济职能只剩下一项:即通过提供公共产品来实现资源的有效配置。这里要注意的是这里所指的公共产品是指地方公共产品。迄今论及的公共产品,都是指全国性公共产品而言的。本章所讨论的是地方公共产品与全国性公共产品之间的联系与区别。

(一)地方公共产品的空间限制

非排他性、非竞争性是公共产品的基本特征,全国性公共产品与地方性公共产品均是如此。但是,两者的区别又是十分明显的。主要体现在空间限制上。

所谓空间限制是指受益范围界限的限制。国防、外交的受益范围不受地区的限制,只要是本国居民都能享受,其提供者也只能是中央政府。这些是全国性公共产品。然而,如交通安全、环境保护等只能是就近的居民才能享受。受益者有着明显的地理空间限制。

进而言之,地方性公共产品和全国性公共产品之间最大的、最主要的区别在于前者受到地理空间的限制,后者则在主权范围内不受地理空间限制。从这个意义出发,大部分地方公共产品相对全国公共产品而言,是准公共产品。

地方公共产品必须相应地处在某个特定的地理位置,其成本与收益基本上局限于一个社区之中。地方公共产品的消费者只有确定了自身的地理位置之后才能对该区所提供的公共产品进行选择。当然,这并不否定地方公共产品的外部性或外溢性。如某一地区的围海造堤不仅使本地区免受海潮和风浪袭击,同时也使周边地区居民受益。又如,电视转播。由于技术条件的限制,某一地区建设的电视转播设施不仅使本地区的居民看到图像清晰的电视,而且也使相距不远的其他地区居民受益。上文所提到的环境保护问题也一样,地方政府为治山治水付出的努力不仅大大改善本地区居民的生活环境,也给虽不在同一地区却在同一条河流下游居民的防洪抗旱作了贡献。尽管有外部性,但是就提供来说是着眼于本地区居民受益,其成本由本地区居民负担。

(二)公共产品的层次性

上文所说的地方公共产品空间限制实际上是公共产品层次性的具体表现,是公共产品理论的延伸。

非排他性和非竞争性是公共产品的一般特征。但是,在现实生活中,同时具有两个特征并不多,即使同时具备这两个特征,其强弱程度也不一样。公共产品特性的强弱之分,使公共产品具有了明显的层次性。

全国性公共产品和地方性公共产品之分就是层次性在地理范畴内的表现。其标准是受益范围的大小。国防外交使全体国民都受益,是毫无疑问的全国性公共产品。公安、消防、下水道、路灯等等受益范围只限于某一区域,是地方性公共产品。即使是地方性公共产品也是有层次的,最典型的例子是路灯,其受益往往局限于城镇,或城镇的某一个街区。从这个意义上来说,地方公共产品的层次性更为明显。

因受益范围不同而得出的公共产品层次性的理论概括是十分重要的。这直接关系到中央政府与地方政府,地方各级政府间的事权、财权的划分及其相互关系,是讨论集权与分权孰优孰劣的理论基础。中央政府要理所当然地承担起全国性公共产品的提供。地方公共产品要根据谁受益谁负担的原则,依照受益范围的区别,由各级地方政府去负责提供。中央和地方政府的行为目标、职责范围和相互之间在财政收支上的划分原则也就由此而来。公共产品的层次性是分析地方公共经济的重要理论支柱。

(三) 地方公共产品的供给

关于公共产品层次性的理论决定了地方公共产品必须由地方政府来负责提供。图 10-1 从另外一个角度,即经济学中关于效率问题的角度,论证了地方公共产品由地方政府而不是由中央政府来供应的必要性。

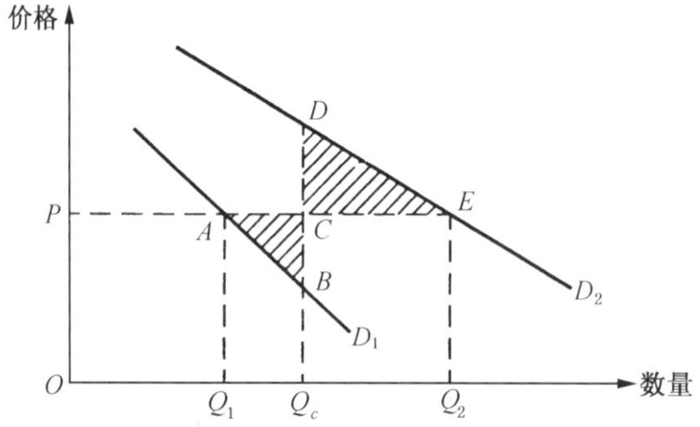

图 10-1　由中央政府提供地方公共产品造成的福利损失

图 10-1 要表明的是,地方公共产品的供应不只是与受益范围有关,而且与各地区居民的不同偏好有关。由于一国之内各地区社会经济发展水平不可能一致,各地居民对地方公共产品的偏好是不同的,对同一公共产品的需求量也不一样。为了简便起见,图 10-1 假设一个国家仅有两个地区,两个地区的居民对公共产品的偏好是不同的,但同一地区内的居民对公共产品的偏好是相同的。D_1 和 D_2 两根曲线分别代表这两个地区居民对公共产品的需求。其中第二个地区居民对公共产品的需求大于第一个地区居民。

再假定公共产品的人均成本(税赋)是不变的,为 OP。则第一个地区居民的公共产品需求量为 Q_1,第二个地区居民的需求量为 Q_2。如果由中央政府统一提供公共产品,只可能存在一个供应量即 Q_c。中央政府为了公平起见,只能在两个地区居民的需求量中取一个折中水平来提供公共产品。这样,对第一个地区居民来说中央政府的公共产品供给超过了其需求。然而,对第二个地区居民来说,中央政府对公共产品供给小于其需求。再因为人均成本是同样的,对第一个地区居民来说是成本超出收益,其福利损失为阴影部分的△ABC 的面积;对第二个地区居民来说,其需求得不到满足,福利损失为阴影部分的△CDE 的面积。从中可见,由中央政府统一提供公共产品是不可取的,会造成各地区的福利损失。

对图 10 - 1 作进一步研究还可以看出,△ABC 和△CDE 的面积大小与 Q_1、Q_2 之间的距离及 D_1、D_2 的斜率有关。其由中央政府统一提供公共产品造成的福利损失大小与不同地区居民需求差异及价格弹性有关。Q_1 与 Q_2 之间距离越大,福利损失也就越大。需求曲线 D_1 和 D_2 的斜率越大,也即需求的价格弹性越小,则福利损失也就越大。这一分析表明,一国境内各地区因历史文化和社会经济发展水平的差异,各地居民对公共产品需求的差别是很大的。应该采取分权方式,让各地区自行提供公共产品,以减少居民的福利损失,提高资源的配置效率。如果一国之内地方公共产品的价格弹性不大,则更应该放弃中央政府统一提供的方式,采取分权体制。因此,只要地区之间社会经济发展不平衡规律在起作用,地方公共产品由各地方政府提供要比中央政府统一提供有效。

在明确了地方公共产品由谁提供的问题之后,接下来应该要研究地方公共产品提供水平问题,即应该对地方公共产品的需求量作一计量分析。

对此,西方学者有许多积极的探索,其中较为有影响的是世界银行在 1994 年《世界发展报告》中提出来的一个计量模型。其表达式为:

$$\lg G = \beta_1 + \beta_2 \lg Y + \beta_3 \lg P_G + \beta_4 \lg N + \beta_5 \lg Z + \varepsilon$$

其中,G 为地方公共产品的供给水平,Y 为居民的个人货币收入;P_G 为居民所愿意为该水平的公共产品所付出的税赋;N 为地区内人口;Z 为不同居民的偏好差异;ε 为随机变量。

这个式子有两个必要条件:(1) 以居民通过投票来显示其真实的公共

产品需求为前提;(2)以地区内中等收入水平的居民为中位投票人,也即是他们的需求代表全体居民的平均需求。在这两项条件的制约下,上式中的 G 只是地方公共产品的实际需求,而未考虑价格水平的变动,如果将 G 再加上公共产品的价格指数,才能得出符合统计要求的公共产品提供水平。

再要说明的是,这仅是需求预测,至于地方政府拥有多大供给能力则是另外一回事。

世界银行在提出这一公式的同时还提出另外一种简便计算方法。即以公共产品投资与地区国内生产总值之间的比例来确定地方公共产品的需求和供给水平。这种方法要求从大量统计资料中收集各国地方政府的社会基础设施投资额在地区国内生产总值中的比例。然后,按人口规模相同地区的这一比例为参照,计算出本地区应该有的社会基础设施投资水平。据世界银行测算,社会基础设施投资一般占国内生产总值的2%—8%,平均水平为4%。要注意的是,这仅仅是以社会基础设施为限,还不包括公安、消防等因素。同时,也未考虑社会体制、历史文化等因素①。

三、俱乐部理论与蒂博特模型

俱乐部理论是由公共选择理论的创立者J·布坎南和经济学家M·麦圭尔(Martin McGuire)提出的,是西方学术界研究地方政府最佳规模的代表性观点。蒂博特模型(Tiebout Model)是公共经济学家C·M·蒂博特提出的居民用脚投票来选择地方政府以实现地方公共产品完全竞争的理论。这两种理论都是关于地方政府是地方公共产品的提供者而展开的。

(一)俱乐部理论

布坎南对地方政府最佳规模研究是从一个游泳俱乐部开始的。他假定

① 请参阅张中华著:《中国市场化过程中的地方政府投资行为研究》,湖南人民出版社1997年8月第1版,第302页。

游泳池的总成本(F)是固定的,而且游泳俱乐部成员的偏好和收入也是一样的。要解决的问题只是游泳俱乐部人员(N)多少的问题。图 10－2 描述了原有成员看到的新增加一名成员所形成的边际效益和边际成本。俱乐部的第 2 名成员给第 1 名成员带来的边际收益是他所负担的游泳池成本 F 减少一半。第 3 名成员给前 2 名成员带来的边际收益是节约了成本的三分之一。新成员的增加使原有成员不断从分摊固定成本中获益,每人为维持游泳池所花费的成本随着俱乐部成员增加而不断下降。因成员增加而带来的边际收益用 MB 来表示。在成本下降的同时,不能不注意到因成员增加而带来的拥挤程度上升。这就是俱乐部成员增加带来的边际成本。在起初阶段拥挤成本可能很低或者是负值,然而随着人数的增加,拥挤成本不断上升,使游泳池秩序混乱,成员们无法尽兴而游,最终使游泳池不堪负担而造成俱乐部解体。游泳池的拥挤成本用 MC 曲线表示。

图 10－2 中 MB 和 MC 相交于一点。这是一个均衡点,此时,游泳俱乐部的边际收益和边际成本正好处于均衡,即因人员增加带来的分摊成本下降的收益与因人员增加带来拥挤程度的成本正好相互抵消,收益正好等于成本。布坎南指出,按照一般均衡原则,此时的游泳俱乐部的人数(N_0)是最佳规模。

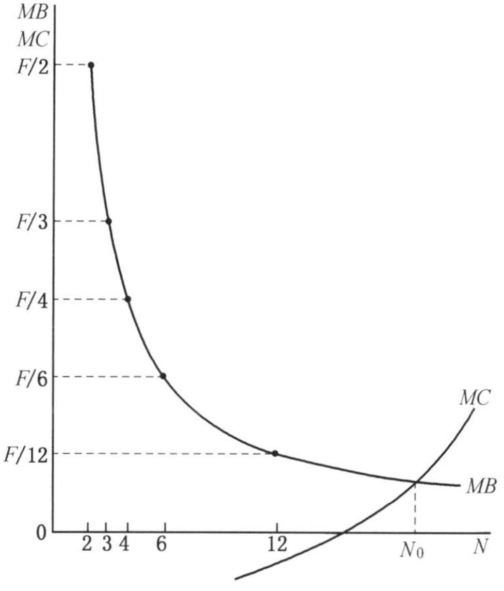

图 10－2　最优俱乐部规模的确定

经济学家麦圭尔在布坎南的基础上,进一步具体论证了最优地方政府规模问题。在地方政府的管理范围之内,人口的最佳数量和该地区所提供的公共产品的最优水平应该同时被决定。每一个地方政府都应该遵循公共产品提供原则,使人均分担的公共产品成本正好等于新加入成员所引起的边际成本。每一个地方政府也即是一个俱乐部,人们按照一定的要求形成一个集团,或一个社区,按照上述游泳俱乐部的原则自觉或不自觉地组成一个又一个符合自己偏好的社区。

图 10－3 是地方政府最佳规模示意图。它表明,按照成本与收益一致的原则,在既定的公共产品供给水平之下,地方政府的规模是有一定限度的。图中 *MC* 曲线表示新增一个居民给某地区带来的边际拥挤成本,它随着人口增加而不断上升,因而是一条向右上方倾斜的曲线。*MR* 曲线表示新增一个居民给地区带来的边际利益。新来者在增加拥挤程度的同时,也为地方政府纳税从而使该地区人均公共产品成本不断下降。因此它是一条向右下方倾斜的曲线。*MC* 和 *MR* 相交于 *E*。由 *E* 点决定的人口规模也即是地方政府最佳规模。在 *E* 点时,新增的居民带来的边际拥挤成本正好等于边际收益(人均公共产品成本下降)。如果继续有人进入该地区,他给地区带来的拥挤成本超过了因他进入而给原有成员人均公共产品成本产生的收益。

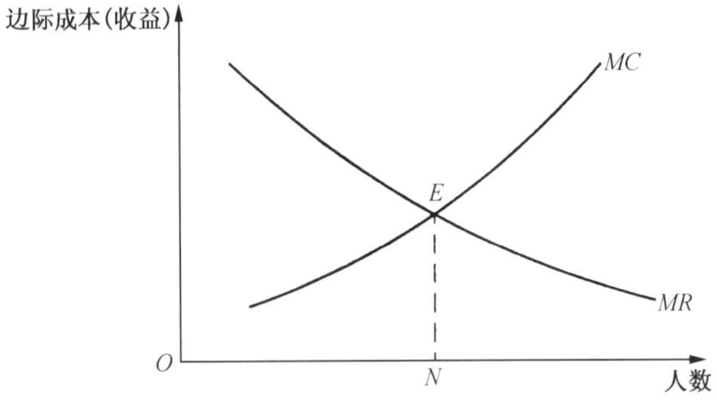

图 10－3　地方政府的最佳规模

要说明的是,地方政府最佳规模示意图不是对地方政府机构规模大小和地方政府公务人员多少的直接描述,它只是从人口的角度给出了地方政府的最优管辖范围。

(二) 蒂博特模型

蒂博特模型以著名的“用脚投票”理论来论证了地方公共产品的有效供应。

蒂博特模型的理论内容主要有两个:一是边际成本为零推动了各地方

政府在地方公共产品供应上的相互竞争；二是以自由迁徙为前提的“用脚投票”。每个居民从个人效用最大化出发，不断迁移，只有当其个人迁移的边际成本与边际收益相一致时才会停止寻找最佳地方政府的努力而定居下来。

公共产品的非竞争性包括两方面，即边际生产成本为零和边际拥挤成本为零。从地方政府来说，向一个新来者提供已有水平的公共产品，如地方的广播节目、地方所有道路、地方图书馆和博物馆，其边际成本为零。因此，在存在着一定数量的地方政府时，为了使自己对外界更有吸引力，每个地方政府都具有确保公共产品有效供给的内在动机，从而形成地方政府之间在供应公共产品上的相互竞争态势。

市场经济保障了一国国民在国内自由迁徙的权利。从个人效用最大化出发，蒂博特认为，只要存在足够的可供选择的社区（地区），消费者们便像选择私人产品一样，可以按自己的偏好自由选择居住地区。这样，就必然会使有相同偏好，或相近偏好的人选择同一社区（地区）。他们通过投票行动来选择地方政府，让地方政府按自己的偏好来供应一定水平的公共产品，使地方政府所提供的公共产品水平与其所征收的税收达到平衡。这样，从偏好出发的地理选择便形成各个社区（地区）公共产品的最佳供应水平。

蒂博特认为：在地方政府之间提供公共产品的竞争和以自由迁徙为前提的“用脚投票”的相互作用下，地方公共产品的供应可以达到帕累托效率。居民的迁徙推动了各地方政府之间的竞争。各地方政府在竞争中不断实现帕累托改进，以达到资源的有效配置。蒂博特写道：“正如我们可将（地方公共产品）消费者看作是走到一个私人市场上购买物品一样……我们将他置于走向一个社区的位置上，社区服务价格（税收）是在这种社区确定的。这两种途径都将消费者带到市场上。消费者不可能回避显示其在一个空间经济中的偏好。”①

蒂博特“用脚投票”理论提出后，麦圭尔又对其作了补充。麦圭尔对居民迁移的原因和停止迁移的条件作了更为详细的分析。

麦圭尔认为居民迁徙的原因在于寻找公共产品提供水平与税收之间的差异。一个人在决定是否迁移时首先要对迁移利益和成本进行比较。所谓

① Teibout, C. M.: A Pure Theory of Local Expenditures, *Journal of Political Economy*, Vol. 64, p. 422, 1956.

迁移利益即是两个社区在公共产品提供上的差异,成本是社区之间税收上的差异。迁移后将支付不同的税收成本获得不同数量的公共产品。因为税收是要从个人货币收入中扣除的,所以迁移的根本目的是在公共产品与货币收入中进行选择。

麦圭尔认为停止迁移的条件是公共产品与税收达到最佳组合状态。按个人效用最大化原则,成本高(税收高)社区的居民会不断流向成本低的社区,直到这种成本差异因为迁居给现存社区成员所带来的利益完全消失为止。也即是到了社区内人们分担的公共产品成本与新迁来者所引起的边际成本相等为止。此时,迁移者的迁移收益与迁移成本也趋于相等,再迁移也不会引起任何收益的增加,所以人们也就停止了迁移活动。

(三)斯蒂格里茨的批判

蒂博特是在1956年发表的一篇题为《地方支出的纯正理论》(*A Pure Theory of Local Expenditures*, *Journal of Political Economy*, Vol. 64, 1956)中提出上述"用脚投票"理论模型的。长期以来,"用脚投票"一直被奉为地方公共经济学的圭臬,受到人们的重视。但是当代著名公共经济学家,美国的约瑟夫·斯蒂格里茨和英国的安东尼·阿特金森(A. B. Atkinson)在1980年合写的《公共经济学讲义》(*Lectures on Public Economics*, McGrall-Hill Book Company, New York, 1980)一书中对蒂博特模型提出质疑和批评。

斯蒂格里茨等人认为蒂博特模型的假设太多,以致在现实中无法形成蒂博特为实现地方公共产品有效供应所需的必要条件。

斯蒂格里茨批评蒂博特模型的第一个理由是社区内的人数。私人产品和公共产品的有效供应是与人口联系在一起的。就私人产品而言,只有当消费者数量为无穷小时,其人均效益才能达到最大化。然而,公共产品则相反,只有当消费者人口数量为最大时,其人均效益才有可能实现最大化。如果是公共产品消费者人口数量最大时,人们只有一种选择,即让所有人居住在同一个社区。然而,当一个国家的所有人居住于同一个社区时,也就失去了讨论地方公共产品的意义。

斯蒂格里茨批评蒂博特模型的第二个理由是对社区内公共产品供应水平和种类的选择方法。他们引用了F·韦斯特夫(F. Westhoff)在其论文《地方公共产品中经济平等的存在》(*Existence of Equilibria in Economics with a*

Local Public Good, *Journal of Economic Theory*, Vol. 14, 1977, pp. 84 – 112)中提出的地区内无远见投票行动导致地方公共产品无效供应的看法。韦斯特夫假设在某一地区境内只有一个电视频道。由于当时的技术条件的限制,这个电视频道要么播放体育节目,要么播放音乐,或者播放新闻。维持这个电视频道的成本是固定的,与上述三种选择无关,是通过人头税筹资予以维持。这样就需要地区内具有不同偏好的人来投票作出决定,从三种选择中选择一个。这个决定又必须是由多数投票所决定。投票者在投票时,谁都是根据自己的偏好而行动,几乎没有人会去考虑移居问题。然而事实是,当一个人付出了成本(人头税)而未能得到收益时,它便会移居另一个可能会使其偏好得到实现的地区。如果多数人投票行动不忽略少数人离去可能性的话,他们会寻找一个折中的办法。然而,实际情况并非如此,无远见的投票造成了地方公共产品供应的无效率。

斯蒂格里茨否定蒂博特模型的第三个和第四个理由是地区的数目和社区内居民的组合。他们提出,在一国疆域固定的情况下,地区的数目是有限的,不可能使每种偏好的人都能找到自己的同类和近似。由于地区的数目有限,每个地区的居民构成必然是混合型的,是各种偏好的人同居一处。但是偏好的存在,又使他们对公共产品的意见不可能一致。因此,地方公共产品的无效均衡有两个表现,一是地方公共产品供应上的无效率和一是将各种人组合在各个地区之内的无效率。

如果对地方公共产品的供应作更深的研究,还可以发现以下四方面问题。

1. 外部性导致的地方公共产品供应不足或过剩。空间限制是地方公共产品的特性。然而,地方公共产品又必然有其外部性或外溢性。两者之间的矛盾是显而易见的。一个省、市或村的边界往往是历史政治因素造成的,而不是依据经济效益划定的。因此,一个地方政府提供的公共产品所产生的效益和成本往往会外溢到其他地区去。上文提到的海堤、广播电视是具有利益外溢的公共产品,而垃圾处理、河道整治等往往是具有成本外溢的公共产品。出于效率的考虑,地方政府在决定公共产品供应量时,考虑的只是使辖区内的边际成本等于边际效益。因此,在有利益外溢的公共产品上提供往往不足,然而在有成本外溢的公共产品上则往往过量。

2. 规模经济不足导致成本与效率的不对称。公共产品虽然在使用上和受益上局限于一地之内，但它的生产和维护却具有规模经济的特征，大规模生产可以大幅度降低成本。由于地区的幅员和人口的限制，最佳成本的产出往往低于本地区的需求量，相当一部分的供给能力由此而被空耗。因此，地方公共产品的生产和提供上往往因达不到一定的规模而增加了成本，降低了效率。

3. 净财政收益抵消了自由移居带来的竞争效果。所谓净财政收益是指居民从公共产品中得到的收益减去他所负担的税收成本之后的净收益。由于各个地方政府财政收入能力和财政支出需求能力不相同，同一级别的不同地方政府会向其居民提供不同的净财政收入。例如日本东京都府中市因设有日本最大的跑马场，该市的财政从跑马场中得到大量税收，因此有能力只向居民征收较低税收的同时，还可以向居民提供较好的道路、公共交通和环境保护。相对其他地区来说，府中市的居民得了巨大的净财政收益。各地方政府之间净财政收益差异的存在，就使居民的迁移活动有了新的意义，即居民的迁徙动机不只是为了收入增加，而且还为了得到净财政收入等其他收益。然而，按资源配置的效率原则，生产要素总是从边际产出效率较低的地方流向边际产出效率高的地方。就收入而言，应是从低收入地区流向高收入地区，以使市场竞争机制发挥作用。净财政收益差异的存在，使居民的迁居脱离了劳动生产率高低的标准，从而违反了效率原则。

4. 富人驱赶穷人的意欲限制了地方公共产品的非竞争性和非排他性。在分析地方政府职能时，已经从再分配的角度以教育为例作了说明。此处不再展开。

综上所述，斯蒂格里茨认为蒂博特模型是一个假设过多，非现实的理论。地方公共产品的有效供应一方面是地方政府的最主要职能，另一方面，在种种条件限制下地方公共产品的供应又无法达到充分有效。

四、中央集权与地方分权

是中央集权好，还是地方分权好，是公共经济学中的一个重要问题。实际上这个问题已经在第二节关于地方公共产品的提供中，从提高效率和增进社会福利两方面作了初步的论述，本节对此再进一步作理论分析。

（一）西方地方分权理论

第一，乔治·施蒂格勒（Gcorge Stigler）的最优分权模式。施蒂格勒从中央与地方的分工合作角度详细论述了地方政府存在的必要性与合理性。他认为：（1）与中央政府相比，地方政府更接近公众，因此地方政府比中央政府更了解辖区内的选民需求和偏好；（2）各地区居民有权通过投票对公共产品供应的水平和数量进行选择。既然由中央政府统一提供公共产品是不经济的，那么各地方应该自行确定本地公共产品的数量和种类。至于中央政府，施蒂格勒认为，在解决分配不公问题上，以及中央与地方，地方与地方之间的竞争和摩擦上，中央政府的调控不可替代。因此，施蒂格勒主张为实现资源配置的有效性，决策应该在低层次的政府中进行，中央政府的作用主要在解决分配不平等和地区之间竞争摩擦上。

第二，奥茨（Wallace E. Oates）的分权定理。奥茨通过自由配置和社会福利最大化一般均衡分析发现，在提供等量的公共产品前提条件下，相当一部分公共产品由地方提供优于由中央政府提供。他认为：既然公共产品的成本是同样的，那么“让地方政府将一个帕累托有效的产出量提供给他们各自的选民，则总是要比由中央政府向全体选民提供任何特定的并且一致的产出量有效得多”①。

第三，特里西（Richard W. Tresch）的偏好误识论。特里西从信息角度论述了地方政府的优越性和地方分权的必要性。特里西认为，如果信息是完全的、准确的，那么由中央政府或由地方政府提供公共产品是一回事，没有差异。但是，现实生活中并非如此。社会经济生活中的信息并不完全，也非确定。因此，接近于选民的地方政府则能较好地了解掌握居民的偏好，而中央政府所掌握的关于选民偏好的信息则带有随机性和片面性。中央政府因此在提供公共产品时必然会受到失真信息的误导，提供的公共产品或者太多造成浪费，或者太少满足不了需要，从而不能达到资源配置优化与社会福利最大化。如果由地方政府来提供公共产品情形就不一样，就不会发生偏差。偏好误识理论所提供的不确定性是西方国家实行地方自治制度的主要理论依据。

① 转引自刘玲玲编著：《公共财政学》，清华大学出版社 2000 年 4 月第 1 版，第 252 页。

(二)地方分权的好处

纵观西方有关中央与地方关系的文献,地方分权的好处可以归纳为以下四点。

1. 有利于地区居民的偏好在地方政府的政策中得到显示。在类似国防、外交等全国性公共产品的提供上,个人虽然可以通过投票来表达自己的意见,但是影响相对不大。因此,大多数选民常常是对此不甚关心,“随大流”。这就是大多数西方国家国会大选中外交政策不是争取选民的主要焦点之一的原因。然而,在地方事务上,尤其是基层地方政府的政策取向与家家户户直接相关,居民也便于了解。因此,居民对地方事务参与的热心是显而易见的。因此,应该让居民通过对地方事务的参与把自己的偏好化为地方政府的政策。就地方政府官员来说也可因此更深切直接感受到自己是居民的“守夜人”,有责任重视和听取本地居民的意见,把他们的意向反映于政策中。

2. 有利于发挥地方政府的信息优势。在地方事务上,地方政府因得地利人和之便,比中央政府掌握着更多更详细的具体信息。许多事例表明,在中央集权情况下,要么是地方政府掌握的信息上达不了中央政府,也无法反映于中央政策,要么是地方政府利用手中信息误导中央政府,争取更多的利益。在分权体制下,地方政府更多的是要对本地区选民负责,有利于他们充分运用手中信息制定和实行能满足本地居民偏好的政策。

3. 有利于制度创新,增加更多的选择。在集权体制下,政策制定大权操之于中央政府,地方政府只是中央政府的延伸和派出机构,只能执行政策而不能决定政策。分权体制则可使政策按其目的在中央和地方多层次地制定和执行,从而使各地方政府有机会根据自己的特点进行制度创新和开展政策试验,形成各地区相互竞争局面。这就有利于新制度的推出、传播。就居民而言,因各地方政府的竞争而获得了更广泛的选择,根据自己的偏好,用脚投票,以实现自身价值。

4. 有利于缩小政府规模。一般而言,越是集权,权力越容易失去控制,政府也就越来越膨胀。政府干预的广度和深度与集权程度成正比而上升。随之而来的问题是政府机构重复臃肿,行政官员比比皆是,政府开支在国民生产总值中的比重越来越大,许多财富往往消耗于公文旅行之中。反之,分权带来各地方的竞争，竞争的结果又必然是效率的提高和政府机构的精简。这就是近年来小政府主义流行于西方，地方分权成为西方发达国家行政改革基本潮流的主要原因。

当然，要从分权中得到以上四个好处，有三个前提是必须的：

第一，分权的单位必须足够小。在大范围内解决地方公共产品供应问题与由国家统一提供地方公共产品并无多大差异。虽然地区的数目永远不可能与居民偏好相匹配，但是必须存在一定数量的分权单位。

第二，居民必须真正拥有"用脚投票"的权利。民主制度和投票机制的健全是居民选择和显示偏好的关键。没有投票选举为主要形式的民主监督，地方垄断的恶果甚于中央集权。

第三，居民必须有迁徙的自由。这与"用脚投票"密切相关。有了一定数量的分权单位存在，也不缺乏完善的民主制度，但是不允许老百姓自由迁徙，一切也就无从谈起。

五、地方政府的收入

地方政府为了提供公共产品必然要筹集资金，这就是地方政府的收入问题。按照公共产品谁受益谁负担的原则，征税是地方政府筹集公共产品成本的基本收入来源。但是因为种种原因，税收并不能完全与为提供公共产品而花费的支出相抵，地方政府还不得不通过借贷、收费和接受补助等方式来解决收入问题。

（一）地方税收的"四不原则"和六条标准

要强调的是，在税收问题上，相对中央政府而言，地方政府不是一个有效率的税收管理者。税收的原则是公平与效率。而且，税收的征管具有显著的规模经济，中央政府的集中征管比地方政府的分散征管更能降低成本。因此，对地方政府税收的讨论实际上是对分税制，即中央与地方税收划分的讨论。为了实现公平与效率原则和提高征税能力，在理论上应该弄清哪些税归中央政府，那些税归地方政府更为合适。

英国学者大卫·金(David King)是知名的地方财政专家,曾担任过英国政府地方税制改革的经济顾问。他还参加过经合组织(OECD)关于东欧国家地方财政的研究小组。大卫·金在《财政层次性:多级政府经济学》(*Fiscal Tiers: The Economics of Multilevel Government*, London, Allen & Unwin 1984)等著作中提出地方政府收税的"四不原则":

第一,地方政府不应征收高额累进税。他引用马斯格雷夫的理论指出,高额累进税制是具有再分配功能的税收制度。再分配恰恰不是地方政府的职能,而是中央政府的职能。如果地方政府硬性要征收高额累进税将会促使居民按自己的偏好选择居住点,从而形成了富人排斥穷人,各地区贫富差距急剧扩大。

第二,地方政府不应征税基流动性很大的税。如果一个地方为了提高公共产品提供水平而开征税率很高的公司税,这无疑会促使资本离开本地区。同样,某个地区把消费税定得很高,该地的政府将会发现许多人跑到其他地区购买商品和劳务。

第三,地方政府不应征收可将大部分归宿转嫁给非本地居民的税种。任何一家企业可以轻而易举地把所在地政府向它征收的税收的部分乃至大部分归宿通过产品的销售等手段转嫁给非本地的资本所有者、工人和顾客。这样,该地区较高的公共产品提供水平实际上是靠非本地居民的补贴而维持的,明显违反公平原则。

第四,地方政府不应征收不直接为本地居民所察觉的税。受益人负担是公共产品的基本属性。为了使公共产品的支出与成本达到均衡,一定要让受益者,也即本地区的居民来分担成本。这样才会使所有居民有了参与地方事务的内在动力①。

大卫·金的"四不原则"是立足于地方政府而言的。如果换一个角度,从中央和地方之间税收划分来看,以下6条标准应该得到确定:

第一,具有再分配性质、以支付能力为基础的税种征收权归中央政府所有。有差别的地方累进税率会同时引起低收入家庭和高收入家庭在地区间的流动,形成居住地选择上的扭曲。富人区的形成和贫民窟的出现不仅妨碍了一个国家政治经济的和谐与统一,而且大大地制约了中央政府再分配

① 参见〔英〕彼德·M·杰克逊主编:《公共部门经济学前沿问题》,郭庆旺、刘立群、杨越译,中国税务出版社,北京腾图电子出版社2000年1月第1版,第7章"多级政府问题"。

职能的行使。在各种具有再分配性质的税收中，个人所得税最为突出，它是累进的，以支付能力为基础，应由中央政府在全国集中征收，实行统一的税率，从而使其成为调节收入分配缩小贫富差距的有力手段。

第二，流动性税基的税收应由中央政府征收。如果由地方政府征收此类税收，地区之间的税收差异会使流动税基从高税地区流向低税地区，而不是根据效率的要求，从边际产出低的地区流向边际产出高的地区，从而引起资源配置的扭曲。如同向企业征收重税引起企业逃离本地区一样，对企业税收的过度减免也同样是不可取的。为了吸引更多的企业和个人进入本地区，各地方政府将会纷纷降低税率来相互竞争。其结果有两个：一是各地税收竞争使大量应该有的收入流失；另一个是压低了所有地区的税收水平，最终造成地方政府收入水平下降，财政支出，即地方公共产品提供水平的下降。因此，从地区均衡发展和维持必要水平的地方公共产品供应这两个方面来看，必须将流动性税基的税收交给中央政府征收。

第三，税基分布不平衡的税应为中央税。有些税收，如资源税和法人税强烈地受到各个地区资源禀赋、社会经济发展水平的制约。一个国家尤其是幅员广阔的国家之内，各地区的自然资源不可能完全相同，企业也较多地集中于大城市周围。因此，这类税收由各地方政府来征收，势必造成各地财政收入的极大差异，苦乐不均。所以，必须由中央政府统一征收，以缩小地区差距，加强中央政府对各地区财政平衡能力。

第四，易发生周期性波动的税收也应由中央政府征收。这是与中央政府所具有的经济稳定职能联系在一起。经济周期波动是市场经济不可避免的，因此中央政府要尽可能地熨平周期、实现国民经济稳定发展。中央政府只能在经济上升时期通过税收来积累资金，从而有能力在经济萧条时通过扩大公共开支来刺激经济尽快回升。个人所得税、法人所得税都有明显的周期性，都是中央政府的征收对象。

第五，归宿易转嫁型税收也应由中央政府征收。税负归宿的转移有多种形式，通常有三种。压低利润，使损失由出资者承担；提高售价，让消费者负担；降低工资，由从事生产的工人负担。在市场经济体制下，国内市场相互高度开放，所有者、工人和消费者并不一定是同一各地区的人。公平原则和受益者负担原则不允许企业把某一地方政府对其征收的税负通过上述途径转嫁给别人。税收是地方政府用于向居民提供公共产品的成本。因此，易转嫁型税收只能由中央政府征收。

第六,在税收体系中占主要地位,收入比重较大的税种应归中央政府来征收。这不仅是中央政府为提供国防、外交等公共产品以及为履行再分配和经济稳定职能而开支浩大所决定的,同时也是为了有能力对地方政府进行补助所必需的。关于中央对地方的补助将在下文中详细说明。

大卫·金的四不原则和上述六条标准均是来源于马斯格雷夫所提出的中央与地方政府税收划分的原则标准,只不过角度不同,表述不同而已,其精神都是一致的。马斯格雷夫的原则标准是:(1)事关经济稳定的税种应由中央政府负责;(2)再分配潜力大的税种应由中央政府负责;(3)分布不均衡的税种应由中央政府负责;(4)对可动因素和货物应由中央政府负责;(5)对不可动或几乎不可动因素和货物应由地方政府负责。

按照上述原则和标准,中央政府应该征收下列税收:(1)个人所得税和法人税。这两个税收或是累进的,或是比例性的,都具有再分配性质,又都是具有周期性、不稳定性,而且税基分布不平衡;(2)增值税。增值税是对产品和劳务的增值额收取的,是典型的流动性税种,而且分布不平衡;(3)资源税。其分布不平衡性极为鲜明;(4)关税。关税是国家主权的象征之一,是中央政府专有的。

同样,根据上述原则和标准,地方政府征税原则应是地方公共产品受益者公平负担。也就是说在地方政府的职能范围之内应该依照本地居民从公园、下水道、消防和治安等地方公共产品中获得利益的大小来公平地征税。征收对象应是非再分配性的,非流动性的,不可转嫁性的,非周期性和税基分布均衡性的税种。具体来说,下列税种是地方政府的税收来源:(1)土地税、房产税、人头税全国各地分布相对均匀。既不可转嫁,也与经济周期无直接关联;(2)选择性货物及零售税。这属于终点型产品税,不易转嫁。

要指出的是,对于某些流动性税收,地方政府并非完全不可涉及。如增值税,任何产品和劳务的消费者,是不分本地区居民和外地居民的。但如它在某一地区生产,那么提供这一产品或劳务的厂商必然是享用了本地的公共产品和劳务,理应为当地政府提供收入。具再分配功能的税收也一样,所得者的所在地和居住地很可能是不一样的,所得者也应分别为居住地和所在地政府提供收入。因此,地方政府通常采取三种办法从流动性和再分配性税种中取得收入:一是税基只设一种,但收入在中央与地方之间按比例分享;二是税基分设中央税和地方税;三是地方税收采取中央税收附征或附加。

除此以外,还有一个需要注意的问题是,税收要考虑到征收管理的方便和效率，也即是税收的便利性。如房产税自古以来一直由地方政府来收是因为地方政府，尤其是市、镇基层政府了解税源，便于核实房价地价，纳税人一般具有定所，不易偷漏税。反之，由中央政府直接征收，其难度可想而知。同样，从整体效率出发，如果流动性的税收由地方政府出面征收，不难想象，一个国家之内将会出现关卡林立的经济割据的局面。

（二）地方政府的收费与举债

从上述对地方政府税收的分析可知，地方政府的收入是极为有限的。为了维持一定水平的公共产品提供水平，地方政府必须还要另辟财源。行政性收费和举借地方债便成了人们经常提出的办法。

行政性收费是对享受特定行政服务的人收取的费用。符合受益者负担的原则，收费对象是少数人，比较分散，而且易于操作。因此，行政性收费是各地方政府最为广泛采纳的非税收收入来源之一。

以行政性收费来扩大地方政府财源时必须注意以下两个问题：

第一，收费要合理。所谓合理与不合理，其标准是：会不会引起资源配置的扭曲。这需要在确定行政性收费时必须要根据每一种公共行政服务或同一种服务中的各部分来确定。比如，在公立学校对午餐收费是合理的，而对课程收费就不合理。再如对停车场管理，对市中心的停车场收费是合理的，而对乡村停车场和公益场所的停车场收费就不合理。

第二，收费要兼顾公平与效率。从公平角度来看，公路收费是针对使用公路最多的人，垃圾收费是针对排出垃圾最多的厂商。当然，行政性收费会对穷人不利。特别是在一些零成本服务领域里的行政性收费会给穷人以很不好的影响。穷人因此而无法去参观博物馆，使用公共图书馆。但是，这种消极影响可以通过地方政府对特定阶层（穷人）的特殊许可（如一定收入水平之下的人可免费参观博物馆和使用公共文化设施）和现金补贴来消除。从效率原则来说，行政性收费不能太多太滥。如前所述，地方公共产品都具有共用性，外部性和零边际成本的特性，如仅仅靠行政性收费来筹资支付成本，那将使地方公共产品变质为私人产品，并且出现严重的市场失灵。

举借地方债务是地方政府筹集资金的重要途径。除了德国以外，美国、日本、法国、英国等主要西方国家的地方政府的财源都不太丰厚，以致经常要举借债务度日。问题是要不要对因举债而筹来的资金的用途加以控制，这在理论上有两种看法。

古典派经济学家认为没有必要对资金用途进行控制。他们引用大卫·李嘉图的等价原理来证明。如果人们都是理性的,那么借债和税收的效果是同样的。假如某地方政府的新增年支出为1 000万美元,当时利率为10%。如果该地方政府通过增税取得1 000万美元收入,那么这行动的结果对本地居民来说,他们用于个人消费和私人储蓄的钱比原来的少了1 000万美元。如果政府采取发行无期限债务的办法来筹集同额经费,按利率计,每年要有100万美元的利息需要偿还。政府将不得不增加100万美元的税收来支付利息。居民在得知这个消息之后,便会理智地把原本用于私人消费和私人储蓄1 000万美元的资金存入一个"特别基金",以使每年有100万美元的利息来向政府纳税。由此看来,无论增税,还是借债都会产生使居民将1 000万美元的资金退出个人消费和私人储蓄的效果。按此"等价原理",税收和借债是殊途同归,因此也就没有必要对借来的1 000万美元资金的用途进行任何的管制。

反对派则认为,对地方政府的借贷活动必须严加控制,不得把借贷资金用于日常性开支。他们的理由是:地方政府通过借债筹资所产生的宏观经济影响比其通过税收筹资所产生的宏观经济影响要大得多。当地方政府通过借贷来增加支出时,将导致本地区总需求上升。然而,税收的增加几乎是导致了私人消费的等量下降,从而形成总需求水平的下降。因此,只要中央政府认真执行稳定经济的职能,它必然会关注地方政府的借贷活动。反对派还进一步指出:即使李嘉图的等价原理成立,居民们明智地等量资金存入"特别基金"账户,政府仍要对其借贷而来的资金的用途加以控制。那就是不能用于经常性开支。如果借贷资金用于日常性开支,那么就意味着地方政府本期的支出超过收入,形成支出水平的边际收益低于边际成本。由于居民是流动的,可以自由迁徙。一旦有地方政府将借贷资金来用于经常性支出,那么将使原有的和新来的居民享受所有的支出利益,而用不着付出过多的成本。也就是说,在本期之内,他们的真实成本远远低于真实收益。于是,原有的居民会投票赞成政府继续这样做下去。许多人将会迁入这个地区。问题是将来由谁来承担更多的税负以偿还过去的借款利息。但是,如果地方政府不是把借贷资金用于经常性支出而是用于社会资本,即社会基础设施整治的话,情形少许有些变化。社会基础设施的整治会使生活环境改善房地产升值从而吸引了一大批人宁愿承担高额税负也要在此安家落户。

从实践上看，李嘉图的等价原理并没有得到事实的证明，几乎所有国家都对地方政府的借贷有控制，并监督借贷资金的用途。几乎所有通过借债而筹来的资金都是用于特定的社会基础整治项目上。这将在下文中关于发达国家地方政府经济行为的论述中有所涉及。

六、地方政府的补助

中央政府对地方政府的补助也是地方政府的重要收入来源，本应在上一节关于地方政府收入中一并讲完，但是，政府间的补助是一个极其复杂而在实践中又十分重要的问题，因此专门辟一节讲一下有关补助问题的基本理论。

中央政府对地方政府的补助，从理论上讲叫作一国国内政府间财政转移支付制度（Fiscal Transfer System）。财政转移支付制度是将中央政府财政收入的一部分转作地方政府的收入来源，以满足地方政府支出需要的一种财政制度。

（一）补助地方政府的必要性

本章的前几节分别从不同的角度对地方分权的必要性作了分析。但是，地方分权并非十全十美。由于地方政府的一切出发点是地方利益的最大化，经常会与中央政府的全局利益产生矛盾。为使局部利益统一到中央全局利益上，还需要中央政府对分权模式的地方公共经济活动进行统一领导和调控，并设定一套政府间财力再分配的制度予以保证。中央政府对地方政府进行财政补助的必要性主要体现于以下五方面：

1. 纠正外部性。这也可称为成本与效益对等原则（The Principle of Equivalence Between Benefit and Cost）。前面在分析地方公共产品及其有效供给时，外部性作为一个重要问题被提出过。由地方政府提供公共产品的外部性体现为两个方面：一是利益外溢，二是成本外溢。当利益外溢时，地方政府往往只是根据本地区居民受益作出支出的决策。但从全社会来看，该地方政府的公共财政支出收益就被低估，该地区居民以税赋形式支付的成本超过应该支付的成本。同样,当成本外溢时,该地方的公共财政支出效益被高估了,当地居民以税负形式支付的成本少于应该支付的成本。如果利益(成本)外溢仅涉及少数地区,有关地区可以通过自由协商来解决,以求公平合理负担。但是,一旦外溢涉及面广,自愿协商就难以进行,此时就需中央政府出面调解,通过辅助手段以使各个地方政府的成本与收益取得一致,从而达到资源的有效配置。特别是对利益外溢的地方公共产品,中央政府有必要按溢出程度大小对地方政府提供财政补助。

2. 纠正横向财政不平衡。这也叫资源配置区位中性原则(The Principle of Location Neutrality for Resource Allocation)。上文曾提出过财政净利益概念。由于各地区的自然资源、人口和经济发展水平不同,必然会使各地方政府的财政能力及财政需求不相同,产生各地区之间财政净利益的差异。这种差异的存在,首先不符合公平原则。它使生活在不同地区的人即使经济状况是一样,但享有的地方公共产品却是不同的。其次是财政净利益的差异影响人们的经济行为决策,会造成资源配置的扭曲。投资者不仅要考虑当地是否有市场,而且还要考虑能享受多大的财政净利益。在市场前景同样的情况下,投资者总是倾向于选择财政净利益大的地方设厂开店。不仅投资者,一般居民也是如此,从个人效用最大化出发总是朝财政净利益较大的地区迁移。这对企业和个人来说是一个理性行为,而对全社会来说是扭曲了市场的区位,有可能造成资源从效率较高的地方流到效率较低的地方,形不成资源的最优配置。为了纠正这种横向之间不平衡,只能由中央政府出面通过补助来减少或消除地区间的财政净利益差异。

对此,也有不同看法,有的研究表明,横向不平衡的纠正并不需要中央的补助。其理由是房地产的价格差异会自动抵消财政净利益差异。如果某一地区在财政净利益上处于劣势,投资者和居民纷纷离开,当地的住房和地产价格就会下降。与此相对,在财政净利益上具有吸引力的地区则因迁来者增多而出现房地产价格上升。这种房地产价格的变化,最终将使每个地区的投资总成本和生活成本趋于一致,从而保持了各地区之间的平衡[①]。这种说法在理论上是可行的,但忽略了各地区之间经济社会发展水平不一

① 参见〔英〕大卫·金在《多级政府问题》一文中的关于"平衡性补助的理由"一节。彼德·M·杰克逊主编:《公共部门经济学前沿问题》,郭庆旺、刘立群、杨越译,中国税务出版社、北京腾图电子出版社 2000 年 1 月第 1 版,第 213—214 页。

致所产生的巨大影响。这种说法在地区差别较小的欧洲国家或许得以成立，在发展中国家则很难得到事实的支持。地区差别是客观的、巨大的，没有中央政府的协调，光靠某一市场因素是解决不了这个问题的。

3. 纠正纵向不平衡。这也可称为弥合地方财政缺口（To Fill the Local Fiscal Gap）。从第五节对分税制的理论分析就可以看到，以税收形式取得的收入大部分被中央政府收走，地方只留有非流动性税收一块，税基比较小。地方政府虽然还可以通过借贷，行政性收费等手段增加收入，但是并不能改变财政收入不足的局面。地方政府为了提供一定水平的公共产品，常常出现支出大于收入的局面。然而，中央政府则掌握了大部分税收并只负责提供全国性公共产品，常常出现本级财政支出小于收入的局面。地方上支出大于收入和中央的支出小于收入的局面被称为纵向财政缺口。纵向财政缺口的填平只能靠中央向地方提供补助，把归于中央的一部分税收以补助形式同地方分享。这种分享应该是无条件，地方应该掌握以补助形式从中央转移来的财政资源的使用权，以弥补分税制的内在缺陷。

4. 最低服务标准，或称最低服务标准原则（The Principle of Mininum Standards of Services）。这是公平与效率原则的延伸。社会保险、卫生保健、教育和社会福利等都是以实物、货币和劳务形式出现的，具有强烈再分配因素的公共产品。中央政府出于社会公平的目的把按统一标准向全体国民提供这些公共产品视为己任。比如，以统一标准向所有国民提供九年制义务教育，对所有国民提供最低水平的医疗保健服务等等。在存在着中央政府以下级别地方政府的国家里，也即是在地方分权体制下，这些公共产品又都是由地方政府来提供的。但是，各地方政府在本地区居民的偏好和地方利益最大化驱动下，各自提供这些公共产品的数量和种类却又是不同的。这就造成了在全国范围内难以实现社会公平目标。因此，中央必须从财政上采取措施保证全国各地区都有能力提供最低限度的此类公共产品。当然，最低服务标准也有效率上的考虑，因为实现最低水平的服务标准有助于减少阻碍地区间要素与商品流通的壁垒。比如设立社会基础设施最低服务标准将会促进投资者去相对落后的地方开发，从而提高了全国资源配置的合理性。

5. 政策诱导。这也可称之为地方公共产品全国优效品化原则（The Principle of Local Public Goods as National Merit Goods）。也就是说，通过财政补贴来鼓励地方更多地供应被中央认为是有效投入的公共产品。由于中央和地方的立场不同,偏好不同,对地方公共产品的评价也必然不同。当中央对某一地方公共产品的评价高于该地区政府的评价时,此项地方公共产品便成了全国优效品。如对污染的治理,中央政府的评价必然高于地方。但受财政限制,或者因外部性缘故,地方虽然在认真进行污染治理,但其劲头不大,步子不快。为鼓励此类全国优效品的提供,中央就不得不通过财政补助来矫正地方政府不积极的行为偏差。反之,对有些公共产品,中央的评价低于地方的评价,它便被视为全国劣效品,需要抑制其提供和消费,但地方政府出于对本地居民偏好和地方利益的考虑却不肯放弃这种努力。此时,中央也有必要使用财政手段来改变地方决策。这种例子不多,极端地讲,某一处于河流上游的地方政府为了满足本地区居民偏好,过量抽取河流的水,从而造成中下游地区的缺水。此时中央为了使中下游地区都能合理用水,除行政上进行干预之外,还要在财政上想办法,出资补助地方政府另开水源,建立合理用水保障体系。全国优效品原则实际上是用财政补助手段来诱导地方政府按照中央的意图和政策取向来办事。

此外,处于经济稳定的需要,中央政府也需要对地方进行补贴。虽然宏观经济稳定是主要通过中央政府对利率、汇率的调控来实现的,但是,各地方的投资活动兴旺与否也事关经济全局。因此,在经济萧条时,中央政府补贴地方政府,通过扩大各地方政府采购所引起的乘数效应来加速经济回升也是一个十分可取的办法。

(二)补贴的手段与效益

一般而言,如图 10－4 所示,中央政府的财政补贴可分为有条件补助和无条件补助两大类。有条件补助中又分为专项补助和配套补助。

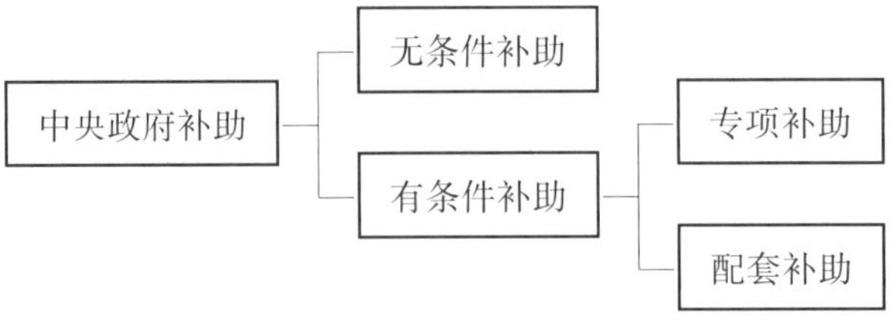

图 10－4　中央政府财政补助示意图

1. 无条件补助，也称一般性补助（General Grant）或无条件的不配套拨款（Unconditional Nonmatching Grant），是指对补助款项用途不加任何条件，也不需要地方政府配套的由中央政府拨给地方的一次性固定数额财政资金。无条件补助一般是为了纠正纵向不平衡而由中央下拨的，是为了弥补中央和地方之间财政缺口而从中央转移来的财政资源。因此，地方政府如何使用这笔来自中央的拨款是不受任何约束的。这笔款项既可以被地方政府用来增加地方公共产品的供应，也可以用来为居民减免税收。从结果来看，无条件补助既有公共支出扩张效应，也有私人消费扩张效应。但是大量研究表明，在扩大公共支出上，中央政府的无条件补助比地方自有收入的增加更为有效。

2. 有条件补助也称选择性补助（Selected Grant）。这种补助在发放时都附带一定的条件，只有地方政府满足了这些条件才能获得补助。根据补助条件的不同又分为专项补助（Categorical Grant）和配套补助（Matching Grant）。

第一，专项补助是指规定了资金使用途径的补助。有人称之为有条件的不配套拨款，意为用于中央政府指定的特殊用途的无需地方资金配套的一次性固定数额的中央补助。专项补助一般用于促进诸如教育、卫生、农业、社区发展等在中央看来十分重要的事业发展，带有明显的社会公平性质。专项补助对于促使各地达到最低服务标准，实行社会财富再分配，提高资源配置优化程度具有重大意义，是纠正横向不平衡的重要手段。专项补助的目的是为了平衡各地区的财力，而不是以刺激公共支出的扩张为目的的。因此，专项补助发放的标准是各地区公共产品需求与税基之间的差异。对税基小收入少的地区提供较多的专项补助以使其有能力提供最低限度的公共产品。

第二，配套补助也称有条件不封顶配套拨款（Conditional Open-end Matching Grant），是指规定了资金用途并需要地方政府拿出一定配套资金的中央补助。地方政府在使用配套补助时不仅要按中央指定的用途开支而且要拿出一定比例的自有资金与中央补助金共同使用。配套补助主要用来纠正外部性，通过中央的补助和地方自助，双管齐下来矫正公共产品因效益外溢造成的低效率，补偿因成本外溢给其他地区造成的损失。中央在提供配套补贴时，其拨款多少应根据外溢程度的大小。换而言之，利益（成本）外溢程度决定了地方自有配套资金的比例。要注意的是，虽然配套补助有矫正公共产品外溢的功能,但是它必须依赖于地方财力。如果地方政府因财力限制和无法拿出相应配套资金的话,中央的配套补贴也就无法实施。

配套补助中地方财力问题从侧面提醒人们,虽然中央对地方财政补贴有多种手段,但起决定性作用的还是地方政府本身。地方政府通过发展地区经济增强财力是从根本上解决问题的办法,只靠中央政府,指望各种补助过日子是行不通的。从中央政府来说,要增加对地方的各种补贴,它必须同时增加其税收来作为提供补贴的财源。因此,在一部分地区得到补助的同时,其他地区会发现,自己的处境并没有任何改善,因为中央的新税收使地方财源减少,无力提供新的或更多的公共产品。出于同样道理,有些地方甚至会发现它们的处境会变得更糟。即使接受补助的地区也不一定会感到明显的改善,因为任何补助只是按最低标准,是向其他地区求相对平衡,而并非让被补助者的公共产品提供水平超过其他地区。

出于这一种考虑,中央政府在提供补助时常常要求地方政府作出自助努力。除了更经常地使用配套手段,减少一般性补助和专项补助之外,还要求地方政府按照各自税收努力程度来确定补助的金额。地方政府征税努力越大,获得中央政府的补助也就可能越多。补助与征税呈正相关关系。

按地方政府征税成绩进行补助称之为税收努力补助(Tax Effect Grant)。假设对每一种地方税都按规定的税率征收,那么每个地方政府的税收额为R。同时设定每一种地方公共产品的最低提供水平,按此水平,每个地方政府的公共开支为E。由于税收不足需要中央政府补助,中央政府的补助额应为$E-R$。再假定有两个地区,分别为A地区和B地区。在A地区和B地区税收努力为1时,中央把通过对地方补助而达到的地方公共支出水平设定为$1E$时,A地区的$R=0.25E$,即从地方税收所得收支只够支付维持一定水平公共产品供应的四分之一。根据$E-R$的计算方式,中央政府应该补助A地区$0.75E$的经费,即四分之三的共同开支由中央政府补贴。B地区的地方税收为$0.75E$,相应的中央补助额为$0.25E$。

如果A地区和B地区税收努力为2时,中央政府把通过对地方补助而达到的地方公共支出水平相应提高到$1.6E$。那么,A地区的地方税收入将上升为$0.5E$,那么中央对它的补助也就从原先的$0.75E$上升为$1.1E$。对B地区来说其地方税收相应上升为$1.5E$,中央对其补助从原来的$0.25E$下降到 0.1E。从结果来看,A 地区因税收的增加而使其支出得到了更多的中央补贴。但对 B 地区来说是税收上升带来的中央补贴的减少。

有人据此认为,按照税收努力提供补助是隐含了对基础好、税收增长快地区的征税。从地方利益出发,税收努力补助不如一次性的无条件补助来得平等。但是,从全局看,显然是税收努力补助有利于资源配置优化。无论原来基础好坏,只要地方认真去增加税收,会给地方经济带来不同的利益。税收努力型补助有利于调动地方的积极性。从中央政府来说也可集中财力多多扶持经济落后的地区。

七、发达国家的地方公共经济

美国和日本是发达国家中两个不同类型的国家。

美国是联邦制国家,实行的是完全分税制。其特点是:(1)中央与地方均拥有独立自主的财政立法权;(2)税收分为中央税与地方税,不设中央与地方分享税;(3)中央与地方享有各自独立的税收立法权、调整权和减免权;(4)中央与地方各自设立税收征管机构,各自独立行事;(5)地方财政的最后平衡通过中央转移支付解决。

日本是单一制国家,实行的是适度分税制。与美国分税制不同之处是:(1)税收立法权在中央,中央统一制定税收法律和征管办法,地方据此制定本地具体实施办法;(2)在分设中央税和地方税的同时还设有中央与地方分享税。美日两国的具体做法分述如下。

(一)美国的完全分税制

美国的政权结构是由联邦政府(即中央政府)、州政府和地方政府构成的,地方上则由 50 个州政府、哥伦比亚特区及近 8 000 个地方政府(市、县)组成。各级政府之间没有上下隶属关系。各自均按三权分立原则设有立法、行政和司法三大部门。与此政权结构相适应,美国的公共部门经济也是分为联邦、州和地方三级。地方公共经济是指州和地方两级。各州和各地方政府均有自主的财政立法权和独立的财政收支管理机构。

从职能上看,美国法律规定,联邦政府只负责国防、国际市场、空间科学技术、大型公共工程、州际高速公路、农业补贴和社会保障。州政府及地方政府负责治安、消防、环境、教育、公共福利、州内高速公路、港口、医疗卫生等。为此联邦政府和州、地方政府各自独立征税,以满足履行上述各自职能所需的支出。这在表10-1、表10-2中得到显示。

表10-1 美国联邦政府收入及支出

A 联邦政府的收入:1995年

税 收	数量(10亿美元)	人均量(美元)	收入中的百分比(%)
个人所得税	590	2 243	44
社会保障税	485	1 842	36
公司所得税	157	597	12
销售税	58	219	4
其 他	61	233	4
总 计	1 351	5 134	100

B 联邦政府支出:1995年

项 目	数量(10亿美元)	人均量(美元)	支出中的百分比(%)
社会保障	336	1 277	22
国 防	272	1 035	18
净利息	232	883	15
收入保障	220	837	14
医 疗	160	608	11
保 健	115	436	8
其 他	179	682	12
总 计	1 514	5 757	100

资料来源:*Economic Report of the President*, 1996, Table B77。

表 10－2　美国地方政府收入与支出

A　州与地方政府收入：1992 年

税	金额(10 亿美元)	人均金额(美元)	收入中的百分比(%)
销售税	196	769	20
财产税	178	698	18
个人所得税	116	453	12
公司所得税	24	93	2
从联邦政府获得	179	702	18
其　他	280	1 096	29
总　计	973	3 811	100

B　州与地方政府支出：1992 年

项　目	金额(10 亿美元)	人均金额(美元)	支出中的百分比(%)
教　育	326	1 278	33
公共福利	158	619	16
高速公路	67	261	7
其　他	425	1 663	44
总　计	976	3 820	100

资料来源：*Economic Report of the President*, 1996, Table B82。

从收入来看,中央与地方各有自己的主体税种。联邦政府的主体税种为个人所得税、法人所得税、社会保险税和关税等。其中个人所得税、法人所得税和社会保险税占到联邦税收总额的 90%。州政府的主体税种是销售税、州个人所得税、州法人所得税及消费税。州个人所得税率要低于联邦个人所得税率。市、县两级地方政府的主体税是财产税、地方销售税和地方个人所得税。县、市政府不向公司征收法人所得税。财产税是按土地和建筑物估算价值的百分比征收。销售税和财产税两项占到地方政府税收的 40%。据统计,1995 年联邦政府税收总额为13 510亿美元,当年美国人口为2.63亿人,即平均每个美国人为联邦政府的开支承担了5 134美元的税负。至于州和县、市的税收,1992年的地方政府税收总额为9 730亿美元,同年美国人口为2.55亿人,人均税负为3 810亿美元①。

美国的联邦、州和县、市地方政府都有各自独立的税收立法和征管体系。联邦的课税权来自宪法,主要税法由国会制定,财政部颁布实施细则,并由财政部的国内收入局来解释和执行。州政府的课税权来自州宪法,县、市政府的课税权来自州政府。联邦宪法虽然对州和县、市政府的课税权没有直接规定,但是联邦宪法可以通过一些特殊条款和与税务有关的条文对地方政府的课税进行约束。在一些税种,如个人所得税上,联邦政府对地方政府有限制和约束。联邦政府对州政府的税率有最高限额,在限额范围之内,州政府自行调整税率。联邦的课税机构为国内收入局,州、地方政府课税机构分别是州税务局和县、市税务局,分别负责各自税收的征收与管理。

健全的财政补助制度是美国分税制的特点。联邦政府税收一直占所有税收的大头。据测算,联邦政府的税收约占所有政府税收的五分之三,1990年为58.3%。地方政府税收约占五分之二。在表10-2中可见,在1992年的地方政府的收入中有1 790亿美元是从联邦政府手中获得的。联邦政府的补助约占地方政府收入总额的18.4%,所占份额与州政府的主体税销售税和县、市政府主体税财产税不相上下。联邦政府的补助是地方政府收入的重要来源之一。美国联邦政府对地方政府的补助主要有两种形式:一是无条件补助。无条件补助金额是参考了各地区的人口,人均所得和政府税收努力各种因素来核定。二是有条件的补助。对各项补助都规定了具体的用途,有的补助需要地方政府有相应资金配套。在两种补助中,有条件补助占联邦政府补助总额的70%—80%。如表10-3所示,自1950年以来美国联邦政府向下级政府的拨款不仅绝对额上升,而且占联邦总支出的比重也在上升,联邦拨款占地方政府支出的比重也在上升。

① 〔美〕曼昆著:《经济学原理》,梁小民译,生活·读书·新知三联书店、北京大学出版社1999年9月第1版,上册,第250—253页。文中对人均地方税额计算时未扣除联邦政府的转移收入。扣除后的人均地方税负为3 009美元。

表 10－3　美国联邦拨款及其占联邦、州及地方政府支出的比重(1950—1993 年)

年份	联邦总拨款(10 亿美元)	拨款占联邦支出的百分比	拨款占州及地方政府支出的百分比
1950	12.70	5.30	10.40
1960	30.00	7.70	14.70
1970	75.70	12.30	20.00
1980	141.50	15.90	28.00
1990	135.40	10.90	20.00
1993	176.70	14.00	22.00

资料来源：马骏：《论转移支付》,中国财政经济出版社。转引自丛树海主编：《公共支出分析》,上海财经大学出版社 1999 年 7 月第 1 版,第 388 页。

(二) 日本的适度分税制

日本是西方发达国家中较为典型的中央集权国家,在中央与地方关系上虽然实行地方自治制度,各级地方政府均称地方自治体。但是中央政府对地方事务干预很深,向有"三分自治,七分集权"之说。近年来有所改变,比较强调地方分权。1999 年 7 月通过,于 2000 年 4 月 1 日生效的《地方分权一揽子法》给出了划分中央政府与地方职能的基本思路。中央政府的职能权限被局限于：(1) 事关国家在国际社会中的生存发展；(2) 有利于国家统一；(3) 非全国范围内统一开展不可。除此以外的事务,均归地方管辖。

日本的政权结构由中央政府、47 个都、道、府、县政府和 3 253 个市、町、村政府构成。按《地方分权一揽子法》规定,所有政务被划分为中央直接施行事务、法定委托事务和地方自治事务三类。中央直接施行事务是中央政府专有的事务,主要是外交、国防(自卫队)、司法、货币发行、国际收支和物价控制。法定委托事务和地方自治事务由地方政府承担,主要有治安、消防、防灾救灾、教育和文化、环境保护、社会福利、医药卫生和辖区社会基础设施整治等。这些事务中需要按全国统一标准或跨地区实施的则属于法定委托事务,由中央政府通过法律程序委托给地方实行,在执行中地方要接受中央政府的干预和监督。其余的均为地方自治事务,由地方独自施行,只要不违反宪法,中央政府不加干涉。

日本实行的也是分税制,各种税种划分得比较清楚,每一级政府都有自己的主体税。日本共有48个税种,属于中央管辖的国税有20种,其中个人所得税、法人所得税和酒税3个税种就占总税收的75%。地方税有28种,为都、道、府、县管的有15种,归市、町、村管的有13种(参见表10-4、表10-5、表10-6)。在都、道、府、县管的15种税收中,都、道、府、县民税(居民税)和固定资产税就占了63%。

表10-4 日本税种一览

分类		直接税	间接税等
国税		所得税、法人税、遗产税、赠予税、(地价税)	消费税、酒税、烟税、燃油税、地方道路税、石油税、航空燃油税、汽车重量税、关税、吨位税、特别吨位税、印纸税、登录免许税、电源开发促进税、香烟特别税
地方税	(都、道、府、县税)	都、道、府、县民税、事业税、汽车税、狩猎者登记税、固定资产税(特例分)、入猎税、水利地益税	地方消费税、不动产取得税、都、道、府、县烟税、高尔夫球场利用税、特别地方消费税、汽车取得税、汽油交易税
地方税	(市、町、村税)	市、町、村民税、固定资产税、汽车税、特别土地保有税、都市计划税、事业所税、水利地益税、共同设施税、宅地开发税、国民健康保险	市、町、村烟税、沐浴税

表10-5 日本的国税收入(1998和1999)

分类	1998年度		1999年度		增长率(%)
	亿日元	构成比(%)	亿日元	构成比(%)	
个人所得税	171 647	28.2	156 150	27.1	9.0
消费税及地方消费税	122 061	20.1	139 759	24.2	14.5
法人税	149 862	24.6	129 249	22.4	13.8

（续　表）

分　类	1998 年度		1999 年度		增长率(%)
	亿日元	构成比(%)	亿日元	构成比(%)	
申告所得税	48 353	8.0	42 960	7.5	11.2
遗 产 税	43 260	7.1	38 009	6.6	12.1
燃油税及地方道路税	31 082	5.1	32 053	5.6	3.1
酒　税	18 994	3.1	18 432	3.2	3.0
其　他	22 806	3.8	19 861	3.4	12.9
共　计	608 065	100.0	576 472	100.0	5.2

表 10－6　日本地方政府财政支出(1998 年度)

	支出额合计	人均支出额
警察、消防费	5 兆 3 031 亿日元	约 42 000 日元
市、町、村垃圾处理费	2 兆 4 794 亿日元	约 19 700 日元
国民医疗费公费支出	9 兆 3 645 亿日元	约 74 200 日元

让与税是日本税收制度的特色，是一种中央与地方共享税，先由国税厅统一征收，然后由中央与地方分享。让与税主要有地方道路税、特别吨位税、航空燃油税、石油气税和汽车重量税 5 种。地方道路税、石油气税和汽车重量税由国税厅作为国税征收，然后将这一部分税款全部分配给地方政府用于修路架桥之用，其分配办法是按各自的道路总长度和面积来计算。特别吨位税和航空燃油税也同样，先作为国税征收，然后全部让与征收所在地的市、町、村，对其用途不加指定。

相对美国而言，日本的地方政府在税收上权限较小。虽然，日本也是实行中央政府、都、道、府、县和市、町、村三级独立预算制度。但是，税法是由国会制定，中央政府(内阁)颁布税法实施细则和政令，都、道、府、县和市、町、村根据内阁的政令制定和实施各辖区内的具体条例。中央政府的税务由大藏省主管。大藏省的主税局分管税务政策,国税厅负责税收征管。国税厅下设11个国税局、冲绳国税事务所和524个税务署分别驻于全国各地,征收属于中央政府收入的税项。地方税由各地方政府自行直接征收。日本地方政府不拥有自主立法权,只能在中央制定的税法许可范围内进行税收调整或减免,无权变动税法和税率。如某一地方政府出于特殊情况或长期收不抵支,可以开征新的税种,但必须经中央严格而复杂的审批。

虽然《地方分权一揽子法》重新划分了中央与地方职能,但是在财政上对地方的放权并不大,没有什么新的大举措。

据测算,日本的中央政府掌握了全部公共收入的三分之二以上,而地方政府却要承担全部公共支出的三分之二以上。为了克服这种收支倒挂的现象,保证地方政府正常运转,日本的中央政府通过三种办法向地方提供补助:

第一是已经提到的让与税,不再重复。

第二是地方交付税。其实际是指为了纠正纵向和横向财政不平衡的无条件补助。具体做法是每年将中央税(国税)中的个人所得税、法人所得税和酒税收入的32%和消费税的29.5%以及烟税的25%作为地方交付税拨给地方。拨付的办法是按大藏省测定的各地方政府的基准财政需要额和基准财政收入额之间差额的大小进行分配。要注意的是基准财政需要额和基准财政收入额的计算方法,前者并不包括地方政府所有支出需要,后者也按都、道、府、县理论税收总额的75%,市、町、村的80%来计算。这就从支出和收入两方面为地方政府留了余地,既可满足地方政府特殊的支出需要,又使基准收入大于基准支出的地方政府不必将余额上解,保护了地方的征税积极性。

第三是国库支出金。其实际上是为了实现一定政策目标而进行的专项补助。补助对象主要有三类:(1)国库负担金,用于法定委托事务的开支。这种支出所支持的事务原本由国家承担,但考虑到效率而通过法律程序委托给地方去办。支出发生在地方,但财源应由国家拨给,如义务教育费用、救灾及善后安置费等。(2)国库委托金。用于支出由地方施行但纯属国家事务的部分,如国会议员的选举费、国情调查统计等。(3)国库补助金。用于中央政府根据自己判断而交给地方使用,只能用于国家施政所需的特别需要和地方政府的特别需要之处。这类似于政策诱导型的专项补助。国库支出金在地方政府收入中占有

表 10－7 日本政府间税收收入初次分配与再分配

单位：亿日元，%

年份	租税总额 A	租税内容				国家对地方的补助额				地方上交中央金额 J	再分配结果		构成比			
		国税 B	地方税			国家交付税 F	国家让与税 G	国库支出金 H	合计 I		国家 $B-I+J$ K	地方 $E+I-J$ L	分配前		分配后	
			都、道、府、县税 C	市、町、村税 D	合计 E								B/A	E/A	K/A	L/A
1975	226 591	145 043	38 692	42 856	81 548	33 511	2 482	58 823	94 816	2 668	52 895	173 696	64. 01	36. 00	23. 30	76. 70
1980	442 626	283 688	73 903	85 035	158 938	75 809	4 401	105 782	185 992	4 601	102 297	340 329	64. 10	35. 90	23. 10	76. 90
1985	624 667	391 502	102 040	131 125	233 165	98 193	4 615	105 074	207 882	6 579	190 199	434 468	62. 70	37. 30	30. 40	69. 60
1990	962 302	627 798	156 463	178 041	334 504	159 311	16 627	107 311	283 249	11 319	355 868	606 434	65. 20	34. 80	37. 00	63. 00
1995	865 398	540 007	136 080	189 311	325 391	120 687	19 050	138 168	277 905	11 079	273 181	592 217	62. 40	37. 60	31. 60	68. 40
1996	911 034	568 128	142 468	200 438	342 906	132 154	19 863	128 017	280 034	10 289	298 383	612 651	62. 40	37. 60	32. 80	67. 20
1997	887 916	544 808	139 929	203 179	343 108	136 038	19 986	130 662	286 686	10 286	268 408	619 508	61. 40	38. 60	30. 20	69. 80

资料来源：摘自日本《地方财政》1997 年第 4 期。

重要地位,居第二位,仅次于地方税。国库支出金主要用于社会基础设施整治、义务教育和生活保护。1999 年度地方交付税和国库支出金占地方现有财政收入的 32.8%。

除了税收之外,日本允许地方政府发行债券来筹资。地方债主要是指地方政府的中长期借款,不包括为了弥补临时性资金不足的临时借款。举债原则是可望在将来产生偿还财源的项目,以及泽及后世的可在短期内完成的大项目。神户市政府曾经成功地借用外债来建设神户港人工岛,被称为地方政府借债搞建设的成功典范(见表 10-7)。

八、中国的地方公共经济

中国是单一制国家。宪法总纲规定“中央和地方的国家机构的职能划分,遵循在中央的统一领导下,充分发挥地方的主动性、积极性原则”。中国是一个多民族国家,幅员广阔,人口众多,各地区社会经济水平差异较大,地方政府起着十分重要的作用。按社会主义市场经济的要求规范中国各级地方政府是深化改革开放的重要任务。

中国的地方政府主要有四个层次。一是由省、民族自治区和直辖市构成的省级层次,共计 34 个(含中国台湾省、中国香港和中国澳门特别行政区);二是由较大的市、民族自治州等构成的地区级层次,计 331 个;三是由县、县级市和民族自治县构成的县级层次,计 2 109 个;四是由乡、镇构成的乡级层次,约 6 万个(地区级以下的地方政府数不含中国台湾省,省以下各级政府数字均以 1999 年底为准)。本节所讨论的主要是中国省级政府公共经济(不含港、澳、台地区)。

(一)改革开放以来地方政府职能的转变

省是中国地方最高一级行政区划。中国一个较大的省,面积往往不亚于欧洲的一个大国。如四川省面积为 58 万平方公里,人口为 1.1 亿,法国的面积为 55 万平方公里,人口为 5 700 万,德国的面积为 36 万平方公里,人口为 8 000 万。同时由于政治体制原因,中国的地方政府,特别是省级人民政府承担着的职能是任何外国的地方政府不可同日而语的。

改革开放以来中国地方政府的改革大体上可以分为两个阶段。第一阶段是1979年到1993年为止,以中央向地方分权让利为标志。第二阶段从1994年开始,延续至今,以重新划分中央与地方事权为标志。

1979—1993年的中央向地方放权让利。在改革开放以前,中国实行的是高度集中的计划经济体制,当时除个别零星税收以外,地方和企业的一切收入统一上缴国家,由国家统一安排各项支出。虽然财政体制时有变动,也强调过发挥中央和地方的两个积极性,但是就其本质而言并未脱离"统收统支"的框框。政府全面包揽了本由市场来进行的一切事务,而诸如社会保障,教育卫生等应当由政府来做的事却由企业来做。改革开放前总的格局是"大政府小社会"和"企业办社会"两种模式并存。人、财、物各项权力均为政府所有,主要是中央政府所控制,地方政府作为中央政府的派出机构一切听命于中央。

1978年中共十一届三中全会以后,党和政府的工作重心开始转移到经济建设上。地方政府职能随之发生转变,这种转变是由中央政府不断向地方下放权力和经济利益为途径来实现的。

1980年起实行的"划分收支,分级包干"是中央向地方放权让利的第一步。划分收支是指按企事业的隶属关系,划分中央预算和地方预算收支范围。分级包干是指各地财政按1979年的收支数字经过调整后确定一个收入和支出的包干基数实行包干。包干基数一经核定原则上5年不变。这样,地方政府可以在一段时间内按划定的包干范围自主地统筹安排地方收入与支出。

1983年国务院决定在全国实行国有企业利改税的办法,借此开始了政企分离的进程。企业向政府纳税,政府依靠税收来行使职能的格局开始形成。

在利改税的带动下,上述"划分收支,分级包干"办法自1985年起演变为"划分税种,核定收支,分级包干"。三句话中,划分税种是关键。因为企业向财政上交的收入已经全部转化为税收,划分收支也就成了划分税种。划分税种是把税收按种类划分为中央固定收入、地方固定收入和中央地方共享收入三类。核定收支和分级包干基本上与1980年实行的划分收支分级包干的内容一样,只是收支基数由1979年的数字改成1983年的数字。

1988年起,又对上述做法作了改进,对全国各省、市、自治区实行了六种不同形式的财政大包干。六种包干形式是收入递增包干、总额分成、总额分成加增长分成、上解递增包干、定额上解、定额补助。除总额分成以外,其余五种办法的共同特点是实行"边际递增分成",即地方可以从增收或超收中多留。总额分成是根据前两年收支情况,核定收支基数,以地方支出占总支出的比重,确立地方分成和上解中央的比例。

财政包干虽然调动了地方积极性,但是并没有向规范地方政府经济行为迈出实质性步伐。它打破了集权的计划经济体制的统收统支格局,对调动地方政府理财积极性有很大作用。但是,财政包干的弊端也是十分明显的。它助长了所谓"诸侯经济"和重复建设,影响了全国统一市场的形成和产业结构的优化。它使国家财力趋于分散,中央财政收入比重不断下降,1980年到1993年国家财政收入占国内生产总值的比重由25.7%下降到12.6%,中央财政收入占全国财政收入的比重由27.5%下降到22%①。这两个指标大大低于国际平均水平,严重弱化了中央政府的宏观调控。而且财政包干种类较多,几乎一个省就有一个样,使本来就不规范的地方政府经济行为更加混乱。

以此为背景,1994年1月1日,中国开始实行分税制,进入转变地方政府职能的第二阶段。

分税制在表面上看来是将国家的全部税种在中央政府和地方政府之间进行划分,以此确定中央财政和地方财政的收入范围。实际上,分税制包含着分事、分税、分管三层含义。

分事是按照建设社会主义市场经济的需要,在中央政府和地方政府,以及地方各级政府之间划分社会管理和经济管理权限和事务。

分税是依照分事划定的各自职权,确定各级政府的预算支出范围,按照事权与财权统一的原则,在中央和地方之间划分税种,分配各自财政收入来源,并配以政府间转移支付制度,最终实行事权与财权的平衡。

分管是在分事和分税的基础上进行分级财政管理及设立相应执行机构。

(二)进一步完善分税制,理顺中央与地方的事权和财权

根据1994年的分税制,中央政府和地方政府的收入和支出首次有了明确划分。

1994年分税制根据事权与财权相结合的原则,按税种划分中央与地方的收入。将维护国家权益,实施宏观调控所必需的税种划分为中央税;将同经济发展直接相关的主要税种划分为中央与地方共享税;将适合地方征管的税种划分为地方税,充实地方税税种,增加地方税收入。分设国家税务局

① 项怀诚主编:《领导干部财政知识读本》,经济科学出版社1999年9月第1版,第243页。

和地方税务局两套税务机构，国家税务局征收中央税和中央与地方共享税，地方税务局征收地方税。中央和地方收入具体划分如下。

中央固定收入包括：关税，海关代征的消费税和增值税，消费税，中央企业所得税，非银行金融企业所得税，铁道、各银行总行、保险总公司等部门集中缴纳的收入（包括营业税、所得税、利润和城市维护建设税），中央企业上缴利润等收入。

地方固定收入包括：营业税（不含各银行总行、铁道、各保险总公司集中缴纳的营业税），地方企业所得税（不含上述地方银行和外资银行及非银行金融企业所得税），地方企业上缴利润，个人所得税，城镇土地使用税，固定资产投资方向调节税，城市维护建设税（不含铁道部门、各银行总行、各保险总公司集中缴纳的部分），房产税，车船使用税，印花税，屠宰税，农牧业税，农业特产税，耕地占用税，契税，国有土地有偿使用收入等。

中央与地方共享收入包括：增值税，资源税，证券交易（印花）税。增值税中央分享75%，地方分享25%。资源税按不同的资源品种划分，海洋石油资源税作为中央收入，其他资源税作为地方收入。

1994年分税制划定的中央政府的支出是：国防费用、武警经费、外交和援外支出、中央机关行政经费、中央统管的基本建设经费、中央直属企业的技术改造和新产品试制费、地质勘探费、中央财政安排的支农支出、中央政府负担的国内外债务还本付息支出、中央负担的公检法支出和文化、教育、卫生、科学等各项支出。

同样，地方政府的支出是：地方行政管理费、地方负担的公检法支出、地方统筹的基本建设投资、地方企业的技术改造和新产品试制费、支农支出、城市维护和建设费用、地方文化、教育、卫生等支出、价格补贴及其他支出。

近年来，根据分税制运行情况和宏观调控的需要，对收入划分又作了一些调整。1997年1月1日起，将证券交易（印花）税分享比例由原来中央与地方各占50%，调整为中央占80%，地方占20%，1998年6月12日又调整为中央占88%，地方占12%。1997年4月，将金融保险业营业税作为中央与地方共享税，并把税率由5%提高到8%，提高税率增加的收入归中央财政。为了严格控制土地使用，对国有土地有偿使用收入分配作必要调整，将其中新批转为非农业建设用地的部分收入上交中央财政。

实行分税制以后，建立了稳定的中央与地方财政收入渠道，实现了财政收入的稳定增长。如表10－8所示，自1994年起，中国财政收入连年增长，扭转了前几年财政收入占国内生产总值比重连年下降局面。1994 年这一比重为 11.2%,1999 年已上升为 13.9%。在中央财政收入增长的同时,地方政府理财积极性空前增大,促进了地方政府资源配置职能的强化。

表 10－8　中国财政收入占国内生产总值的比重

年　份	财政收入（亿元）	国内生产总值（亿元）	财政收入占国内生产总值的比重(%)
1978	1 132.3	3 624.1	31.2
1979	1 146.4	4 038.2	28.4
1980	1 159.9	4 517.8	25.7
1981	1 175.8	4 862.4	24.2
1982	1 212.3	5 294.7	22.9
1983	1 367.0	5 934.5	23.0
1984	1 642.9	7 171.0	22.9
1985	2 004.8	8 964.4	22.4
1986	2 122.0	10 202.2	20.8
1987	2 199.4	11 962.5	18.4
1988	2 357.2	14 928.3	15.8
1989	2 664.9	16 909.2	15.8
1990	2 937.1	18 547.9	15.8
1991	3 149.5	21 617.8	14.6
1992	3 483.4	26 638.1	13.1
1993	4 349.0	34 634.4	12.6
1994	5 218.1	46 759.4	11.2
1995	6 242.2	58 478.1	10.7
1996	7 408.0	67 884.6	10.9
1997	8 651.1	74 772.6	11.6
1998	9 876.0	78 345.1	12.6
1999	11 377.0	82 054.3	13.9
“六五”时期	7 402.8	32 227.0	23.0
“七五”时期	12 280.6	72 550.1	16.9
“八五”时期	22 442.2	188 127.8	11.9

注：财政收入不包括债务收入。

资料来源：国家统计局编：《中国统计摘要》,中国统计出版社 2000 年 5 月第 1 版,第62 页。

但是,分税制只是走向规范的公共经济的第一步,中央与地方政府职能转变问题并未真正解决。

第一,财力过度向中央集中。据统计,1993—2004 年,地方政府的财政收入从 78% 下降到 42.7%,而地方政府的财政支出的比重却一直在 70% 左右。这样地方政府只能用 43% 左右的财政收入支撑 70% 的财政支出责任。地方政府为了提供地方性的公共物品只能通过非规范途径,造成"乱收费、乱罚款"现象有增无减。据调查:目前一些县、乡开支的 40%,甚至 60% 只能靠预算外收费和罚款来维持。而有些市、地、县经济中大量的个体户、微型和中小企业因政府的税收外罚款、收费行为而倒闭。2005 年中央已集中 52.3% 的财力,但中央一级的支出只有 25.9%。地方政府财政收入仅占 47.7%,却要支出全国财政总收入的 74.1%。为此中共十六届六中全会指出,要进一步明确中央和地方的事权,健全财力与事权相匹配的财税体制。以此来增强地方政府提供公共服务的能力。

第二,省级以下政府间的财权与事权划分不明确。中国 1993 年的分税制改革,主要侧重于中央政府与省级地方政府的财权划分,对于省级以下各级地方政府职能的界定、收入的来源却没有明确的规定。在实际操作中,省、市级政府参照分税制模式处理与下级政府之间的关系,形成了财力层层集中、事权逐级下放、财权与事权严重失衡的局面。特别是县、乡两级政府履行事权所需要的财力,同其可支配财力之间存在严重的不对称。

第三,没有建立规范的财政转移支付制度。许多地方政府为了从中央和上级政府获得更多的财政支持,只好"跑部钱进",这又成为滋生政府腐败的温床。从理论上讲,全国性公共产品应由中央政府提供,地方性公共产品应由地方政府来提供。但面对县、乡财政普遍是"吃饭"财政的事实,如果再让基层政府提供全国性公共产品(农村基础教育)和超越基层政府职能范围的地区性公共产品(农村基础设施建设等),其结果只能是画饼充饥,不符合实际。所以,目前应通过中央对省级财政的转移支付,再以省级政府为主提供农村的基础教育,至于乡村道路建设等,应通过省级政府对县级政府的转移支付来解决。中央和省级财政对农村的转移支付应通过一般补助金和专项补助金的立法形式来实现。一般补助金应按该地区居民的人数和人均收入水平来确定,由地方政府统筹;专项补助金必须明确规定用途,专款专用。

要解决以上问题,仅靠对现行的制度作小修小补,是行不通的,还是要回到问题的起点,即科学、明确地划分中央与地方的事权和支出职责范围。

1994 年分税制改革以来,中央、地方关系基本上是按照现代市场经济的要求进行调整。但问题在于,在公共服务责任从上向下转移的同时,并没有伴随足够的财政转移支付,由此形成基层政府公共服务职责和能力的严重不对称。下一步的中央与地方关系应当按照建立公共服务体制的基本要求做进一步的调整。依据公共产品公益性涉及的范围,中央政府原则上应当负责公益性覆盖全国范围的公共产品的供给,以城乡和区域基本公共服务均等化为重点,强化再分配职能。各级地方政府主要负责各自辖区内公共产品的供给,应当重点关注各自辖区内居民的实际需求,强化公共产品的供给效率。

据此,中央政府的事权和支出责任主要是:管理全国性公共事务,如外交、国防、环保、跨地区贸易管理、宏观经济调控、全国性教育、文化、卫生、体育和社会保障等事业,所支出的费用由中央财政来承担。地方政府的事权和支出责任主要是:管理与本地区经济与社会发展相关的公共事务和公益性事业,如地方文化、教育、卫生、科学事业,地方固定资产投资、各种区域性补贴和支农支出、维护地方治安等,所支出的费用由地方财政来承担。对于涉及环境保护、交通等跨地区性的准全国性公共产品是中央政府与地方政府的共同职责,由中央和地方政府共同安排财政支出,具体事权和支出职责划分可采取法律列举的方法加以规定。

事权和职责划分清楚之后,要彻底解决各职能部门对口设置双重领导问题。改革开放以后,中国"条块"管理的政府体制虽然有所松动,但实践中的自上而下的"条"的管理和"块"的对口领导关系给原本高度集权的政府体制带来了很大的分散性,这不仅造成行政效能低下,而且已严重地制约了地方经济的发展。例如,在现行"条块"结合的管理体制中,几乎所有的上级有关部门都可以行政执法的名义对地方上的企事业的同一种商品或劳务重复检验、评比,造成企业难以承担的制度成本和交易费用。就政府部门之间的关系而言,作为县政府职能部门的县水利局不但要服从县政府,还要服从省水利厅。近几年来,县乡关系中的矛盾增多,主要表现为"块块管不住条条"所带来的利益冲突。为了维护中央的权威,提高行政效率,中央政府应在自己的事权范围内,在各地方设立由中央单一的垂直领导的办事机构,直接经办,不再和地方政府发生联系。与此相适应,地方政府则应根据本地经济和社会发展需要自行决定机构设置和人员编制,中央各大部委也不再对地方政府及其设立的机构发号施令。这样，就不会出现中央财政与地方财政以及上下级财政之间讨价还价、相互扯皮的现象。以此理顺政府间体制上的“条块”关系，实现中央与地方权限关系的合理化、科学化与法治化。

总而言之，与整个经济体制改革的进程相比，地方政府经济行为的规范还只是一个开始，离规范的公共经济还有很大的距离。用公共经济原则来规范地方政府的经济行为是深化改革的迫切课题。

（三）建立科学的政府间补助体系

公共经济学中所说的政府间补助体系，在中国被称之为财政转移支付。

从横向来说，中国各地区之间的财政差距是十分明显的。中国幅员广阔，不同的文化、不同的自然环境和人口以及不同的发展历史，造成了各地区经济结构差距很大。改革开放以后，沿海和内地，东部和中西部差距进一步扩大。从表 10－9 可见，中国东部沿海地区的人均 GDP 水平要远远高出中西部地区。1996 年上海的人均 GDP 为 20 452 元人民币，而贵州则仅为 2 025元人民币，上下相差 9 倍多。联合国在 1994 年就将中国列为世界上四个地区差距最大的国家之一。

表 10－9　中国东、中西部部分地区人均 GDP（1996）

单位：元／人

地　　区	东　　部					中　西　部				
	北京	上海	浙江	山东	广东	贵州	云南	甘肃	青海	西藏
人均 GDP	12 833	20 452	9 547	6 821	9 365	2 025	3 690	2 895	3 762	2 654

资料来源：《中国统计年鉴 1997》，中国统计出版社 1998 年，根据第 43、70 页数据计算整理。

有研究表明，地区间差距扩大不仅没有停止，反而呈现继续扩大的趋势。其理由：一是东西部地区的 GDP 增长率差距呈逐年扩大趋势（详见表 10－10），由 2.54 个百分点扩大到 6.81 个百分点、8.26 个百分点、8.39 个百分点。二是人均 GDP 增速差距拉大，西部人均 GDP 从 1998 年的 498 美元增加到 2002 年的 663 美元，增长 33%；而同期东部人均 GDP 由 1998 年的1 212美元增加到 2002 年的 1 704 美元，增长 41%，东部增长高于西部 8

个百分点。三是从西部与东部人均 GDP 差距比值看,以西部为 1,1998 年的差距比值是 1:2.43,2002 年扩大到 1:2.57。

表 10-10 1998—2002 年东西部 GDP 增长率 (%)

	1998 年	1999 年	2000 年	2001 年	2002 年
东部地区	100	7.36	20.51	32.85	44.59
西部地区	100	4.82	13.70	24.59	36.20

资料来源:林凌:《东西部差距继续扩大》,《中国经济时报》2004 年 7 月 6 日。

出于纠正上述不平衡的需要,中央政府一直把对地方的补助作为重要支出项目。从表 10-11 中可见,在 1990—1993 年,中央对地方的转移支付的比重基本上稳定在中央支出总额的三分之一左右。分税制以后,中央集中了较多的财力,从而有条件加大转移支付的力度,从 1994 年起中央对地方转移支出的比重达到了中央全部支出的一半以上。1993 年对地方的补助额为 545 亿元人民币,1994 年猛增为 2 389 亿元人民币,以后连年保持着增加趋势。统计资料表明,1989—1992 年之间中央对地方净转移在中央本级财政支出比重的平均值的 8.6%,1994—1996 年这一平均值上升为 59.9%。与此相应,1989—1992 年中央对地方净转移占地方净收入的比重平均为3.7%,1994—1996 年上升为 39.8%①。

表 10-11 补助地方(地方上解)后的中央财政收支

单位:亿元人民币

项目 \ 年份	1990	1991	1992	1993	1994	1995	1996
全国财政收入	2 937.10	3 149.48	3 483.37	4 348.95	5 218.10	6 242.20	7 407.99
中央收入合计	1 474.61	1 428.55	1 538.15	1 557.82	3 476.55	3 866.63	4 264.95
中央本级收入	992.42	938.25	979.51	957.51	2 906.50	3 256.62	3 661.07

① 丛树海主编:《公共支出分析》,上海财经大学出版社 1999 年 7 月第 1 版,第 380 页。

（续　表）

项目＼年份	1990	1991	1992	1993	1994	1995	1996
地方上解收入	482.19	490.30	558.64	600.31	570.05	610.01	603.88
全国财政支出	3 083.59	3 386.62	3 742.20	4 642.30	5 792.62	6 823.72	7 937.55
中央支出合计	1 589.75	1 645.56	1 766.94	1 856.69	4 143.52	4 022.64	4 837.79
中央本级支出	1 004.47	1 090.81	1 170.44	1 312.06	1 754.43	1 995.39	2 151.27
补助地方支出	585.28	554.75	596.50	544.63	2 389.09	2 027.25	2 722.52

说明：本表收入中不包括国内外债务收入，支出中不包括国内外债务还本付息支出和用国外借款安排的基本建设支出。

资料来源：《财政统计年鉴 1997》，中国统计出版社 1998 年，第 460 页。

1994 年实行“分税制”以后，中国政府间财政关系加快了沿着中央集权向分权化改革的总体方向推进的步伐，以期尽快建立与国际上市场经济国家通行做法的中央（或联邦）政府控制下的各级政府适当分权的财政关系。

但是，由于各种原因，这一改革进程，离预定的初衷尚有一段距离，同时又暴露出了一些新的问题。

1994 年的分税制改革，奠定了适应社会主义市场经济体制的政府间财政关系的基本框架。由于难以打破地方政府原有的利益格局等原因，1994 年的改革没能对此前各个地区的财政支出基数进行调整，同时建立起科学、规范的政府间财政转移支付制度。而是选择采取“存量不动，增量调整”的方针，旨在通过渐进性改革，逐步加大中央财政所控制的增量，用增量部分进行以公共服务水平均等化为目标的地区间财力再分配，以求逐步建立起科学、规范的财政转移支付制度。实施政府间财政转移支付的渐进性改革，重要的条件是不断扩大中央财政收入的增量。1994 年至 1997 年这部分增量的扩大比较缓慢。1998 年以后至今，中央财政收入每年的增长速度大多超过地方财政收入的增长速度，中央财政收入的增量明显扩大。

采取的主要措施有四个方面：一是强化税收征收管理，运用的高新技术手段，将流失的税收征收上来。实施强化税收征管措施后，作为中央财政收入主要来源的增值税、消费税，保持了强劲增长。海关打击走私，使中央财政的关税收入和代征增值税和消费税大幅度增长。二是将恢复开征的税种直接作为中央财政收入,如1999年恢复开征的利息所得税直接作为了中央收入。三是调整某些共享税种的中央与地方分享比例,提高中央分享份额,如证券交易税。四是在2002年实施了所得税分享改革,企业所得税由按照企业隶属关系划分中央与地方收入改为中央和地方共享税,个人所得税由地方税收改为中央和地方共享税。

上述措施的效果是明显的。自1998年以后,作为反映中央财力增长的相对指标——中央财政收入占全部财政收入的比重逐年提高,中央财政向地方财政的返还和补助(包括税收返还、专项补助和一般性转移支付等形式)数量也逐年增加(详见表10-12)。

表10-12　1994年以来中央财政收入占全部财政收入比重及向地方政府转移财力数量表

	全国财政总收入(亿元)	中央财政本级收入(亿元)	中央财政收入占财政总收入比重(%)	中央财政对地方财政的补助支出(亿元)
1994年	5 218.1	2 906.4	55.7	2 389.1
1995年	6 242.2	3 256.6	52.2	2 534.1
1996年	7 408.0	3 661.1	49.4	2 722.5
1997年	8 651.1	4 226.9	48.9	2 856.7
1998年	9 876.0	4 892.0	49.5	3 323.0
1999年	11 444.1	5 849.2	51.1	4 095.3
2000年	13 380.1	6 986.1	52.2	4 665.0
2001年	16 371.0	8 578.0	52.4	6 015.0
2002年	18 914.0	10 390.0	54.9	7 362.0

资料来源:《2003年财政年鉴》和公开发表的财政部长的年度预决算报告。

为了建立规范的转移支付制度,1995年财政部开始制定和实施过渡期转移支付办法,该办法是在借鉴国外经验的基础上,充分考虑中国国情制定的。过渡期转移支付制度包括一般性转移支付和民族优惠政策转移支付两部分。一般性转移支付额根据各地区标准支出、财力、收入努力不足额以及一般性转移支付系数计算确定；民族政策优惠转移支付是对民族地区在享受一般性转移支付后额外实施的照顾性转移支付。1996 年以后，每年财政部都要对这个过渡期转移支付制度做一些修改和补充，使其不断完善。2002 年过渡期转移支付办法改为一般性转移支付。其基本做法是：参考国际经验，按照规范和公正的原则，根据客观因素计算确定各地区的标准财政收入和标准财政支出，将其作为财政转移支付的分配依据。一般性转移支付的数量逐年增加，由 1995 年的 21 亿元增加到 2002 年的 279 亿元。

另外，为了配合工资政策调整、农村税费制度改革、西部大开发战略以及生态保护，中央财政安排了对部分地方政府的转移支付，这些转移支付与一般性转移支付一起，被称为中央财政对地方财政的财力转移支付，国际上通常称为均衡性转移支付。这部分转移支付的规模 2002 年为 1 340 亿元。

为配合中央宏观政策的实施，设立了专项转移支付，用于对地方基础设施建设、天然林保护工程、贫困地区义务教育工程等专项拨款。这部分转移支付规模由 1993 年的 360 亿元增加到 2002 年 2 400 亿元。

近年来由于县、乡基层政府财政困难、矛盾突出，2002 年国务院转发财政部《关于完善省以下财政管理体制有关问题的意见》，要求各地方政府结合所得税收入分享改革，调整和完善省以下财政管理体制，总的来说，调整后的地区内财力分配不平衡的状况有所缓解。

上述措施的综合结果是，中央财政以达到地区间公共服务横向均衡为目的转移支付规模和力度逐步扩大，适合中国国情的科学、规范的政府间转移支付制度的雏形基本形成，并逐步扩展和完善。

为了建立中国政府间科学规范的转移支付制度，目前面临着如下的两种选择：一种选择是转移支付制度的建立和完善仍只能坚持渐进性推进战略；另一种选择是，将转移支付制度的改革进行实质性的推进。为了使下一步的改革方向更为明确，并使已经确定的合理制度避免出现反复，需要着眼于完整而全面的制度设计、目标的明确和把握，以及法制的建立与实施①。

① 上述关于政府间财政关系的观点和材料均取自于以魏加宁、孟春为课题组长的国务院发展研究中心课题组的文章："中国政府间财政转移支付制度的现状、问题与完善"原载《经济要参》2005 年第 28 期。

九、中国地方政府的投资行为

地方政府的投资行为是中国从计划经济向社会主义市场经济转变过程中的特殊现象,是现阶段中国地方政府的重要经济行为。因此不能不从规范地方公共经济的角度对其作分析。

在不同政治制度之下,地方政府承担的职能是不同的,在同一国家的不同历史发展阶段上,地方政府的职能也是不同的。在现阶段,中国的地方政府既是国家政权的组成部分,其权力来自中央政府的授予。同时,中国地方政府又是一个经济主体,在以直接或间接方式进行投资的同时,又对其辖区内其他投资活动进行管理。地方政府实际上是其辖区内一切投资活动的主宰。

(一) 地方政府投资活动的内容及后果

地方政府投资的方式很多,如独资兴办企业;与国内外企业合资兴办企业;购买企业发行的原始股票和债券;收购现有企业全部或部分产权;运用财政信贷和补助经费资助企业进行投资或是支持企业进行投资。地方政府从事直接或间接投资的资金来源是:(1)地方政府凭借财产权力(作为辖区内国有资产所有人)从其所投资的企业获得纯经济收入;(2)地方政府凭借政治权力所获得的收入,主要有地方税收、中央财政补助;(3)地方政府凭借行政权威取自于企业和金融机构的收入。在向社会主义市场经济过渡中,企业和银行尚未摆脱对政府的依赖,地方政府必然以种种形式要求企业和银行作出种种经济回报。在上述三种资金来源中,前两种是主要的,并有增加之势,后一种是次要的,有逐步减少之势。因此,从整体上来说,地方政府从事的直接或间接投资活动是地方财政组成部分,必然影响着地方公共产品的供应。实践也表明,凡是经济实力强的地区,其政府的投资活动也就比较活泼,当地的道路、交通等社会基础设施,乃至于社会保障等也就比较完善、充实。

地方政府的投资管理行为是指它对辖区内所有投资活动的规划、组织、调节、监督以及提供的相应服务。主要有：制定本地投资立法、政策和中长期规划；土地批租，政府采购，特许经营，工资、价格和利润限制，税收减免；银行信贷担保，提供投资信息，介绍中外投资合伙人；审批投资企业投资项目，任免企业经营管理人员以及合同审计和仲裁等。地方政府的投资管理主要是以其政治权力为依据的，其投资管理又是同其投资行为相互交叉的。政府投资的对象、资金来源的相当部分就是在对其他投资主体的管理中，凭借政治权力和影响而得来的。地方政府的投资管理使其有可能超出其直接掌握的地方财政预算约束而开展其经济行为。

1979 年以来的改革开放，就其实质而言是改变政府在经济中无所不包的垄断作用，让市场发挥基础性调节作用，正确处理政府、市场、企业和居民之间的关系。改革取得了巨大成功，市场已经在多个经济领域决定性地取代了政府。但是，地方政府处于中央政府与企业、居民的中间。中央政府的一切政策措施都必须经过这个中间环节才能流向企业和居民。在改革进程中，中央政府逐步从微观经济活动中退出，而地方政府却逐步增强了其在经济中的作用，投资是其突出表现。地方政府投资活动的增加，不仅直接影响了地方公共产品的供给水平，而且使地方政府的权力空间大大扩大。

大规模的地方投资不仅在宏观上增强了国家的整体经济实力，而且极大地加快了地方经济的发展。深圳特区的白手起家，上海市的“三年大变样”以及东南沿海一大批城市的崛起，无不是通过大量地方投资取得的，是地方经济发展的结果。

地方投资的大量增长对于增加经济总量无疑是有利的。但是，由于地方政府同时又是辖区内一切投资活动的管理者，这种既为运动员又为裁判员的双重身份，带来了许多问题。主要表现有：(1) 中央政府实施宏观调控难度增大，有些地方投资活动偏离了中央政府宏观经济目标。1992 年以来中央政府年年喊紧缩，但是一直紧缩不下来。(2) 市场分割严重，各地区经济趋同。有些地方为了阻止外地产品进入本省，层层设卡，一再发起蚕茧大战、水泥大战等，国内市场不是走向统一而是被人为割裂。与此同时，各地竞相发展价高税厚产品，一些国家要淘汰、限制的产业受到某些地方政府的保护，许多地区都把汽车、家电作为支柱产业发展，各地产业结构严重雷同。(3) 经济体制改革受干扰。政企分开是经济体制改革的主要内容，但是，地方政府把中央下放给企业的经营自主权截留在手中，作为凭借政府权威筹集投资资金的手段，政企分开在地方政府层次受阻。(4) 滋长了地方腐败。胡长清、成克杰等人无一不是从地方政府投资中贪污受贿、搞权钱交易的。

(二)当前地方政府投资的突出问题

当前地方政府投资的突出问题是在大规模城市化进程中地方政府的隐形债务的急剧增加。1998 年至 2003 年,中国工业生产总值和投资的年平均增长率一直维持着 9.0% 和 14.4% 以上的高水平。同期之内,中国的城市化率从 1998 年的 30.42% 提高到 2003 年的 40.5% 。在如此高速的城市化工业化经济增长中,各级地方政府的盲目投资冲动是主要推动力量。

以地生财、借债建楼是当前地方政府投资冲动的基本特点。大量事实表明,众多的地方政府通过其设立的各种地方性官办投资公司直接介入城市基础设施建设和房地产开发。由于社会基础设施建设和房地产开发所具有的对钢铁、水泥、家电、纺织等产业巨大的拉动作用,以地方政府为主导的城市化已经成为中国经济高增长中各个产业链条的总牵动和总引擎。地方政府的这一投资冲动对整体经济运行造成的危害是十分明显的。从经济周期看,引领经济增长的主导产业如钢材、汽车、重化工、能源等行业陆续出现不同程度的产能过剩,行业效益下滑,市场疲乏。从经济指标来看,各省的"十一五"发展指标均高于中央政府的 7.5% 。如果到市、县上扬的幅度就更大了。作为每一个单独的地方政府,从其经济发展角度来看,都不会认为其投资过热,但千百个地方政府形成投资"大合唱"之后,宏观经济运行就会出大问题。

根据国务院发展研究中心的调查,在 2004 年以前,东部沿海一些县、市土地出让金收入少则 10 多亿元,多则近 20 亿元,土地出让金收入占预算外收入的比重高达 60% 以上。在 2003 年,东部某县土地出让收益 19.2 亿元,占预算外收入的 69.3% ;另一个地级市的土地出让金收入为 20 亿元,占预算外收入的 58% ;一个以小商品集散地闻名的县级市的土地出让金收入为 15 亿元,占预算外收入的 60% ;在一些县、市,除了难以准确统计的土地收费,土地直接税收及由城市扩张带来的间接税收就占地方预算内收入的 40% ,而出让金净收入又占政府预算外收入的 60% 以上。几项加总,从土地上产生的收入占到地方财政收入的一半以上,发达地区的地方财政成为名副其实的"土地财政"。国务院发展研究中心的调查还显示:土地增值部分的收益分配，只有20%到30%留在乡以下，其中，农民的补偿款占5%到10%；上级政府拿走土地增值的20%到30%；开发商拿走土地增值收益的大头，占40%到50%。

因此，尽管有巨大的土地出让收入为城市建设提供资金，仍远远不能满足城市建设资金的需求，其资金缺口就只能依靠土地融资。为了从银行融资，地方政府成立政府性公司作为融资的载体。这些政府性公司虽然名称各异，但基本使命却完全相同：通过土地抵押等途径，给城市的基础设施投资进行融资贷款。另一种融资途径是政府赋予土地储备中心抵押贷款的权力。在东部各县，一般由土地管理部门根据规划确定的储备土地的供应用途、年限等，向本地土地储备中心发放土地使用权证，以此作为向银行申请土地抵押贷款的凭证。大量事实证明，政府主导的投资拉动，以及银行和政府之间的合作，是地方政府新增债务的重要推动力。有资料表明，各级地方政府已经形成了数以万亿计的巨额债务。仅仅是中国银行，在2005年的头6个月内与各地政府签署的贷款授信总额就超过了1万亿元。这些债务都是由地方财政做担保的，地方政府承担最终还款责任。向银行借债几乎都是地方首长拍板决定。一般还款期限是15年，但一届政府任期5年，并且"通行"的做法是"新官不理旧账"，大量的地方债务事实上没有真正的债务人。

（三）深化地方政府投资改革

地方政府作为中国社会主义市场经济中的一个相对比较特殊的市场经济行为主体，其投资冲动具有客观必然性。

首先是以GDP作为最主要的考核指标的现行考核制度导致了地方政府非理性投资冲动。由于政绩考核是以GDP增长为主要考核标准，地方政府对GDP增长的强烈渴望形成了地方政府的投资冲动，当地方政府在GDP增长为中心的指导下选择"见效快"的项目时，也就不可避免地有非理性的盲目投资。

其次是地方利益的独立化导致地方政府非理性投资冲动。在传统的计划经济体制下，地方政府不具有独立的利益主体地位，其政绩主要体现在中央计划的执行完成程度上。行政性事权下放和经济利益格局的调整使地方政府在资源配置上的控制权逐渐扩大，尤其是中央给予各级地方政府相应的投资审批权,以及技术引进、外贸进出口等方面的管理权限,使地方政府逐步演变为相对独立的经济利益主体。在获得越来越大的资源配置权的同时,地方政府也承担起发展地方经济的责任。一些地方政府便将发展地方经济的强烈愿望演变为盲目的投资冲动。

第三,地方政府在投资风险承受上的"搭便车"效应导致地方政府非理性投资冲动。国家按产权性质将金融机构划分为国有、股份制和地方中小金融机构,其实质上是给国有银行提供国家信用担保,即由中央政府来对公民在国有银行中的储蓄存款提供储蓄保险。所以,地方政府干预国有银行经营而产生的银行流动性风险将首先由中央政府来承担责任,迫使中央银行充当最后贷款人,而地方政府责任相对较小或基本上没有,这种"搭便车"机制,造成了地方政府投资风险软约束,从而更加加剧了地方政府的非理性投资冲动。

为了规范地方政府的投资行为,有人设想将现行的中央、省(市区)、地区(市)、县(市)、乡五级财政改成中央、省、县三级财政。在中国基本的经济制度和政治制度下,中央政府对地方政府的控制力是很强的。同时也不容忽视,尽管中央和地方并不存在根本利益的冲突,但也确实存在局部利益的差别,因而事实上存在以这种利益差别为基础的博弈关系。目前,中央政府面对博弈的对象是由 31 个省(区、市)、333 个地区(市)、2 862 个县(市)组成的庞大的地方政府群体。在这种情况下,中央政府要取得理想的博弈均衡,实现体现全国经济利益的宏观经济调控目标,是很艰难的。由此,除了推行上述各项经济改革外,改五级财政为三级财政,也是从根本上解决问题的一个重要方面。这样做,有利于加强中央的集中统一领导和对宏观经济的调控,消除某些地方政府的无序竞争和某些地方经济管理的无政府状态;同时也有利于降低行政成本,提高行政效率。

与此同时,要在科学发展观与和谐社会的理念指导下对地方政府的投资行为进行规范。科学划分中央政府和地方政府的投资职能和管理范围。在这方面,必须用公共产品的有效供给理论的一般原则来科学划分中央政府和地方政府投资范围:

1. 受益原则,即按公共产品和服务的受益范围来划分投资权限。如果政府行使某项投资职能,其受益范围遍及全国所有地区,受益对象为全体社会成员,则该项投资应由中央政府负责;如果受益范围基本上被限定在某一个区域内,受益者主要是本辖区的居民,则由地方政府负责。

2. 比较效率原则。一项公共投资,如果效率较地方政府高,则应由中央政府负责,反之则由地方政府负责。

中央政府和地方政府投资范围可以具体确定为:

中央政府投资范围	为全国公民提供,而且受益在整个国家的范围内分布较为均匀的公共产品的投资,如国防方面的投资
	全国性的能源、交通运输、邮电、科教文卫等基础设施投资
	关系国计民生的重大生产建设项目投资。这主要包括农业、基础工业和高新技术产业等重点产业投资
	对具有"正外部效益"开放性特点的地方性公共产品和服务,中央政府要给予一定的投资补助
	为稳定经济而进行的投资
地方政府投资范围	投资兴建辖区内的基础设施
	地方性文化教育、社会治安、卫生保健、就业培训等投资
	与其他地区合作举办一些跨区的基础设施投资

3. 改革政府投融资体制。政府的财政性投资将被划为政府公共事业投资和政府产业开发投资。今后,在中央和地方政府之间,将明确划分事权,根据事权划分确定各级政府的投资范围;政府的财政性投资,将被划分为政府公共事业投资和政府产业开发投资。其中,"政府公共事业投资",仅限于政府用于行政机构、公检法司、文化卫生、基础教育、基础科学、环境保护、国防等非经营性公益事业建设的拨款投资;"政府产业开发投资",指的是政府用于具有经营性质的公共基础设施和需要扶持的支柱产业、新兴产业的投资,主要用于国家重点建设项目。上述两种投资的不同性质,将采用不同的投资方式,比例关系则根据经济与社会发展的客观需要确定。

(四) 用公共经济基本原则规范地方政府投资

当然,在短期之内,把无所不包的地方政府投资行为严格地局限到公共产品的提供之中来是不现实的。地方政府投资职能如何演变主要取决于两方面因素：

首先是市场发育的程度。市场体系越完备，市场功能也就越健全，包括投资行为和投资管理在内的政府作用就会越小。地方政府的投资将随着市场经济的扩展而逐步减少。

其次是工业化的进程。国际经验表明，在工业化初期或因战争等引起大规模破坏的恢复中，政府的投资是不可缺少的，20 世纪 30 年代美国罗斯福政权的新政和“二战”后日本经济的崛起均证明了这一点。目前，中国处于工业化初期，需要大量的投入，又是处于经济转型之中。市场力量还不足以强大到能承担所有的投入。据世界银行估算从 1995—2004 年的 10 年中，除已经动工的三峡工程等大型项目之外，中国大中城镇基础设施投资需求量约为 7 500 亿美元，相当于人民币 6 万亿元。然而，1999 年中国国内生产总值(GDP)为 8.2 万亿元人民币。如此巨大的投入，仅靠市场力量是不够的，还需要政府承担一部分。

简言之，就中国改革和经济发展而言，地方政府的投资会逐步缩小，但不可能马上消失，需要按照公共经济的要求加以规范。其规范的主要原则应该是：

1. 把地方政府投资逐步纳入公共产品和准公共产品的提供中去。地方公共产品本来就因受空间限制的约束而具有准公共产品的性质。而且，在现实生活中，公安、消防等纯地方公共产品并不多，大量的是既具有公共产品基本特点，又具有私人产品性质的准地方公共产品，如地方公共交通、电讯、水、电、煤供应等。因此，地方政府完全可以将投资活动与公共产品的供应结合起来。其方式有：

第一，政府直接投资经营。主要用于城市道路、卫生设施、下水道和环保设施等难以直接对受益者收费，且外部性较明显的项目。

第二，政府出资法人经营。主要用于自然垄断性强、投资大的项目，如电讯、地铁、轮渡、隧道等。政府出资方式可以是直接出资，也可以是财政信贷，发行政府担保的专项债券等。

第三，政府资助私人经营。对医院、学校、公共交通等，政府可以通过投资参股、提供低价或无偿土地、提供借债担保等方式与私人合伙或资助其经营，以影响这些项目的公益性。

2. 用政府投资来解决外部性问题。对于辖区内的外部性问题，当地政府有义务为居民投资建造有关设施。在现实生活中，地方公共产品的受益范围及由此而来的外部性问题所涉及的范围往往不是省与省之间,而主要是省内市县之间。省、地政府在开展行政性调解的同时还可以采用投资手段来消除外部性。如在解决河道污染中,可由流域内地方政府出资建造有关设施,消除成本(利益)外溢问题。

3. 用政府投资打破自然垄断。自然垄断行业的基本特征是报酬与规模递增,先期进入的企业规模越来越大,成本越来越低,以致后来者无法与之竞争,结果形成垄断。电力、通讯、煤气等很容易成为自然垄断部门。过去一直认为自然垄断应由政府投资经营,并把它视为准公共产品。现在看来,并非如此,政府只需对其进行管制就可以防止垄断。管制的办法有两种:一是价格管制,二是进入管制,即特许经营。当企业和个人无力或不愿投资这些行业时,政府可以直接投资经营,也可采取参股和提供优惠的办法来带动民间投资,消除垄断。

4. 制定中长期发展规划,引导和支持民间投资。市场经济并不排斥计划管理,市场经济条件下的计划管理主要通过中长期发展计划来提供信息,诱导市场,为居民和企业投资决策作参考。这种中长期计划只能是预测性和指导性的,也不需要各级地方政府都去制定,只需高层次的地方政府制定。在中国主要应该是省、地(即省府派出机构)政府的事。通过中长期发展规划把民间资金引导到政府所希望的领域和项目上,以保持辖区内经济可持续的均衡发展。各级地方政府可以按照规划的需要,有针对性地动用手中经济资源,通过出资、参股、增股、提供政府信贷,提供低偿或无偿土地来把民间资金调动起来,投向有利于全局的领域和方向。

地方公共经济是中国深化改革开放的新课题,是对地方政府的职能及其经济行为作大规模的调整和规范。各级地方政府必须要转变思想,树立有所不为才能有所为的思想,才能把地方政府的一切政务和经济活动的基点放到为辖区内居民提供高水平的、完整的地方公共产品和公共服务上来。这是建设社会主义市场经济伟大任务对地方政府提出的新要求、新课题。

思考题

1. 什么是地方公共产品?它与全国性公共产品有何区别?
2. 地方政府的基本职能是什么?它与地方公共产品的供给是什么关系?
3. 什么叫"用脚投票"理论?其长处和缺陷是什么?

4. 地方公共产品供给是否能做到有效均衡供给?
5. 地方分权有什么好处? 其理论依据何在?
6. 地方政府的主要收入来源是什么?
7. 地方政府征收地方税的原则是什么?
8. 中央政府为什么要补助地方政府? 其理论依据是什么? 补助的方式是什么?
9. 请用本章后所附的统计资料来分析中国地方政府的收入与支出与规范的公共经济有何区别,并说明其原因(见本章后所附12页统计表)。

附表 1　中国各地区财政收入(2005 年)①

单位：万元

地　区	收入合计	增值税	营业税	企业所得税	企业所得税退税	个人所得税	资源税
地方合计	**148 842 198**	**26 442 211**	**41 028 163**	**17 459 018**	**－7 612**	**8 379 693**	**1 421 990**
北　京	9 192 098	975 976	3 837 623	1 647 615		845 232	2 855
天　津	3 318 507	642 377	964 545	414 157	－3 026	188 224	4 679
河　北	5 157 017	1 210 346	1 052 792	533 681		282 403	110 338
山　西	3 683 437	1 026 952	606 999	369 947	－2	136 805	181 699
内蒙古	2 774 553	484 469	782 709	193 550	－4	100 684	66 395
辽　宁	6 752 768	1 130 567	1 646 848	721 990	－114	328 052	120 494
吉　林	2 071 520	395 328	475 904	139 160	－298	111 221	18 136
黑龙江	3 182 056	850 156	595 595	185 764	－97	155 623	111 357
上　海	14 173 976	2 261 236	5 129 265	2 491 494		1 119 241	
江　苏	13 226 753	2 655 705	3 428 176	1 776 961		661 954	28 336
浙　江	10 665 964	2 042 343	3 243 348	1 679 185	－170	661 194	33 668
安　徽	3 340 170	577 244	781 042	300 808		124 964	45 691
福　建	4 326 003	731 267	1 246 076	542 646		274 137	21 436
江　西	2 529 236	338 739	628 395	174 115	－149	112 649	22 884
山　东	10 731 250	1 930 040	2 177 928	1 108 282		388 938	182 437
河　南	5 376 514	879 692	1 115 960	515 639	－57	220 453	87 137
湖　北	3 755 217	659 098	913 346	390 641		174 623	32 889
湖　南	3 952 651	589 327	942 450	218 340	－488	167 566	12 247
广　东	18 072 044	3 235 854	5 557 670	2 364 478		1 324 252	24 270
广　西	2 830 359	393 267	683 811	185 408	－343	145 763	19 683
海　南	686 802	97 395	236 794	45 265		35 689	5 730
重　庆	2 568 072	336 548	702 018	139 817		106 662	29 945
四　川	4 796 635	710 737	1 347 643	399 414	－100	220 842	39 009
贵　州	1 824 963	313 700	463 060	160 814	－2 078	88 973	19 754
云　南	3 126 490	560 191	676 429	333 481	－6	119 435	31 904
西　藏	120 312	11 824	48 721	8 879		4 475	2 399
陕　西	2 753 183	553 438	692 717	205 939	－435	102 237	68 213
甘　肃	1 235 026	253 337	315 890	84 320	－235	51 793	21 100
青　海	338 222	78 378	100 177	25 396		10 289	14 205
宁　夏	477 216	87 318	157 580	26 077		22 199	2 290
新　疆	1 803 184	429 362	476 652	75 755	－10	93 121	60 810

注：2005 年中央本级出口退税增列 216.54 亿元，增加地方财政本级收入中增值税 216.54亿元，这一增加额未在本表中反映。

① 本书末所附统计表的资料来源：《中国统计年鉴》(2006)，中国统计出版社。本书在引用时有改动。

续表 1

单位：万元

地　区	固定资产投资方向调节税	城市维护建设税	房产税	印花税	城镇土地使用税	土地增值税	车船使用和牌照税
地方合计	**16 816**	**7 910 187**	**4 359 577**	**1 614 651**	**1 373 444**	**1 403 140**	**388 975**
北　京	6	388 336	352 058	108 870	32 986	23 831	31 744
天　津	51	158 763	103 040	38 301	10 124	3 555	8 791
河　北	208	292 508	110 806	51 500	44 924	8 539	9 128
山　西	40	213 095	65 997	32 805	44 980	1 530	2 922
内蒙古	3 031	142 453	72 100	32 516	62 537	12 422	9 362
辽　宁	2 001	399 204	248 284	75 072	97 590	59 491	16 836
吉　林	59	131 567	76 606	16 084	23 881	6 927	5 610
黑龙江	5	276 040	112 187	22 985	36 485	6 149	8 643
上　海	1 927	497 914	341 042	260 311	20 865	246 277	14 160
江　苏		706 573	401 319	164 700	67 111	227 335	23 638
浙　江	208	616 358	306 006	119 864	66 906	154 734	21 535
安　徽		204 860	73 518	29 979	43 533	30 049	10 874
福　建	103	185 544	169 576	55 267	29 400	40 785	12 662
江　西	44	112 715	46 618	17 435	23 083	20 895	6 847
山　东	5 376	659 514	327 950	92 515	294 438	143 916	56 022
河　南	1	291 771	117 917	35 940	72 363	28 387	7 626
湖　北		240 276	107 289	40 502	50 634	15 834	11 076
湖　南		250 221	92 390	32 638	29 098	5 796	8 079
广　东	133	643 373	619 228	205 723	86 288	188 995	71 681
广　西	778	129 157	75 414	14 113	29 218	47 896	4 704
海　南		37 005	29 702	6 232	7 007	18 340	2 691
重　庆		131 586	57 507	24 646	20 740	29 273	3 913
四　川	213	280 858	132 234	44 559	57 787	51 374	11 052
贵　州	17	129 134	42 836	8 443	17 573	8 724	2 849
云　南	2 251	295 727	79 107	26 762	29 899	5 567	13 441
西　藏		4 114		654		296	
陕　西	197	207 660	69 411	22 562	35 153	8 070	8 277
甘　肃		93 582	41 993	12 475	13 880	55	2 225
青　海	11	23 195	9 468	2 905	984	5	512
宁　夏		30 388	13 553	4 304	4 939	1 783	845
新　疆	156	136 696	64 421	13 989	19 038	6 310	1 230

续表 2

单位：万元

地　区	屠宰税	筵席税	农业税	农业特产税	牧业税	耕地占用税	契 税
地方合计	**49**	**16**	**127 959**	**466 042**	**87**	**1 418 490**	**7 351 400**
北　京						7 405	606 775
天　津						8 255	163 175
河　北	7		47 204	558		27 780	148 178
山　西	30		2	308		11 477	31 881
内蒙古		16	527	1 531		60 179	45 345
辽　宁			5 346	6 321		36 925	389 349
吉　林	2		996	5 024		19 660	76 259
黑龙江			675	9 308		14 344	86 716
上　海						33 916	1 110 419
江　苏			438			121 566	808 849
浙　江			837			122 793	691 432
安　徽			3 048			41 695	178 145
福　建				22 021		32 003	209 093
江　西				4 615		48 703	149 640
山　东			54 376	11 199		310 785	520 896
河　南			74	36 016		53 544	194 269
湖　北			200	17 648		32 745	150 295
湖　南				52 831		83 729	194 456
广　东	10		291	7 562		121 258	818 646
广　西			2 669	6 167		57 559	111 791
海　南			488	30		3 078	19 703
重　庆			791	13 697		31 325	141 390
四　川			287	21 780		59 798	239 008
贵　州			103	66 828		17 211	35 059
云　南			5 834	172 260		25 930	83 277
西　藏						96	
陕　西				8 085		25 694	59 015
甘　肃			395	2 236		4 286	22 283
青　海			21			2 707	5 788
宁　夏			333			698	15 712
新　疆			3 024	17	87	1 346	44 556

续表 3

单位:万元

地　区	国有资产经营收益	国有企业计划亏损补贴	行政性收费收入	罚没收入	海域场地矿区使用费收入	专项收入	其他收入
地方合计	**3 947 475**	**－1 665 673**	**10 736 983**	**6 171 631**	**63 201**	**6 487 539**	**1 946 746**
北　京	15 442	－502 900	245 235	188 420	11 090	329 862	43 637
天　津	82	－25 000	458 474	67 835	3 026	89 995	19 084
河　北	108 702	－13 901	384 858	346 513	4 050	328 512	67 383
山　西	31 929	－18 243	246 150	187 501	2	480 872	27 759
内蒙古	147 758	－2 479	170 942	113 281		240 019	35 210
辽　宁	244 525	－30 478	630 022	271 868	8 532	288 998	55 045
吉　林	159 719	－55 890	201 239	115 997	207	109 115	39 007
黑龙江	158 829	－21 019	202 661	115 254		225 915	28 481
上　海	7	－179 869	340 636	162 068		290 350	32 717
江　苏	371 646	－100 212	815 291	530 529	1 651	486 895	48 292
浙　江	12 918	－424 666	265 531	584 372	743	418 430	48 395
安　徽	46 640	－51 917	510 006	159 997		182 499	47 495
福　建	77 751	－2 477	290 876	213 993	4 897	120 693	48 254
江　西	128 975	－2 025	309 246	193 782		96 294	95 736
山　东	390 287	－42 741	1 080 665	424 524	15 227	497 050	101 626
河　南	364 102	－8 807	634 921	298 045	186	303 300	128 035
湖　北	70 763	－20 073	419 491	248 581	803	117 526	81 030
湖　南	146 547	－37 725	469 569	276 875		229 895	188 810
广　东	310 727	－17 660	1 034 117	603 254	7 244	524 155	340 495
广　西	267 677	－6 926	275 233	193 485	4 056	106 123	83 656
海　南	24 816		53 947	28 458	1 297	21 133	12 002
重　庆	96 751	－22 477	480 942	90 923	3	123 271	28 801
四　川	198 651	－21 932	505 568	212 321	1	227 695	57 836
贵　州	43 352	－3 761	137 595	100 969		103 746	70 062
云　南	86 476	－18 405	153 927	158 018		167 894	117 091
西　藏	1 683	－9 149	16 289	5 841		3 469	20 721
陕　西	291 985	－12 082	130 873	126 338	186	119 655	29 995
甘　肃	80 741	－12 769	98 309	44 641		84 942	19 547
青　海	3 287	－40	14 249	7 985		24 273	14 427
宁　夏	22 073		33 512	19 466		26 914	7 232
新　疆	42 634	－50	126 609	80 497		118 049	8 885

附表2 中国各地区财政支出(2005年)

单位：万元

地 区	支出合计	基本建设	企业挖潜改造资金	地质勘探费	科技三项费用	流动资金
地方合计	**251 543 091**	**26 757 770**	**8 693 287**	**927 540**	**2 873 706**	**10 653**
北 京	10 583 114	844 269	443 307	12 900	96 094	
天 津	4 421 207	732 323	291 198	14 637	108 550	
河 北	9 791 635	735 846	211 320	26 123	74 044	
山 西	6 687 508	505 365	16 551	22 577	43 607	896
内蒙古	6 818 772	1 106 816	291 274	35 164	43 463	
辽 宁	12 043 636	1 268 402	377 461	34 620	233 698	
吉 林	6 311 212	504 908	217 276	45 643	45 681	
黑龙江	7 877 854	603 916	322 273	20 735	83 400	
上 海	16 462 550	3 692 060	2 370 026	1 646	29 114	
江 苏	16 733 965	1 537 082	633 343	27 978	271 295	
浙 江	12 655 345	924 118	572 882	30 829	340 822	
安 徽	7 130 633	641 160	232 987	47 007	37 659	
福 建	5 930 663	489 241	217 375	14 443	83 179	268
江 西	5 639 525	417 475	162 393	66 392	25 103	
山 东	14 662 271	704 835	573 010	27 743	194 199	3 129
河 南	11 160 412	1 083 689	293 900	27 797	92 275	
湖 北	7 787 159	452 024	124 474	15 787	79 312	2 934
湖 南	8 734 181	749 789	168 894	58 816	81 570	
广 东	22 890 691	2 644 339	265 978	34 768	526 901	2 181
广 西	6 114 806	699 528	143 801	31 900	36 362	
海 南	1 512 421	174 881	4 969	3 724	7 497	
重 庆	4 873 543	733 446	97 882	7 192	48 959	
四 川	10 821 769	1 142 259	240 878	57 059	71 804	1 245
贵 州	5 207 261	412 285	50 171	39 356	33 615	
云 南	7 663 115	878 316	141 045	26 928	57 536	
西 藏	1 854 502	563 995	3 292	15 829	4 437	
陕 西	6 389 627	580 587	96 165	49 248	43 788	
甘 肃	4 293 479	452 723	45 308	52 082	23 136	
青 海	1 697 547	265 122	13 711	15 851	8 249	
宁 夏	1 602 509	384 608	33 440	13 393	12 658	
新 疆	5 190 179	832 363	36 703	49 373	35 699	

续表 1

单位：万元

地　区	农业支出	林业支出	农林水利气象等部门事业费	工业交通部门事业费	流通部门事业费	文体广播事业费
地方合计	**8 673 075**	**4 730 652**	**3 045 016**	**3 099 048**	**428 683**	**6 308 710**
北　京	276 401	86 443	63 576	73 253	2 588	250 827
天　津	87 498	12 578	28 427	19 120	254	107 471
河　北	322 693	217 046	92 937	156 451	16 204	252 154
山　西	228 410	165 376	67 897	99 872	11 866	176 686
内蒙古	242 095	402 720	75 403	72 843	7 373	148 984
辽　宁	434 798	140 428	129 528	235 629	18 609	217 638
吉　林	213 980	169 801	42 224	80 881	16 128	148 802
黑龙江	295 465	247 210	69 143	105 351	41 300	171 198
上　海	246 078	16 569	88 560	73 701	1 928	264 465
江　苏	662 191	40 973	272 520	192 629	11 723	429 236
浙　江	578 958	88 438	194 086	242 202	14 374	374 539
安　徽	289 279	112 115	75 099	85 704	10 309	166 755
福　建	203 307	47 881	80 618	110 708	11 545	193 357
江　西	268 330	118 979	69 504	97 737	16 572	144 340
山　东	641 754	90 511	163 582	168 799	22 258	449 415
河　南	353 795	151 824	135 794	97 770	17 882	368 004
湖　北	322 293	159 185	93 080	105 162	30 603	191 783
湖　南	402 771	226 576	89 791	125 274	29 893	219 200
广　东	451 444	143 189	523 179	205 998	54 763	508 356
广　西	231 545	150 800	92 498	51 795	7 499	177 727
海　南	57 985	27 698	37 268	8 399	1 223	34 663
重　庆	130 318	149 771	30 816	30 032	3 916	104 379
四　川	416 192	426 012	108 429	181 229	22 260	281 067
贵　州	245 928	212 683	74 244	70 315	13 263	180 923
云　南	336 445	270 602	127 945	103 670	17 354	205 342
西　藏	59 904	23 658	12 812	42 847	525	37 946
陕　西	217 540	322 987	79 430	133 808	20 243	169 811
甘　肃	136 613	233 924	54 014	40 955	3 064	128 598
青　海	62 651	71 648	14 966	18 768	388	35 564
宁　夏	65 865	93 249	16 574	19 490	1 639	36 337
新　疆	190 549	109 778	41 072	48 656	1 137	133 143

续表 2

单位：万元

地　区	教育事业费	科学事业费	卫生经费	其他部门的事业费	抚恤和社会福利救济费	行政事业单位离退休经费
地方合计	**37 299 753**	**1 401 120**	**10 155 520**	**11 662 495**	**7 110 549**	**10 659 759**
北　京	1 458 723	157 439	656 229	409 578	320 515	538 247
天　津	672 034	27 989	189 803	107 850	87 061	11 609
河　北	1 705 374	35 192	450 870	639 754	283 309	470 734
山　西	1 020 914	20 905	281 735	317 121	196 674	363 628
内蒙古	786 645	19 037	208 768	371 663	147 111	401 923
辽　宁	1 421 954	46 142	343 526	580 493	449 995	533 460
吉　林	741 472	27 113	207 022	298 027	231 563	361 541
黑龙江	1 065 721	33 565	280 124	434 990	238 472	227 118
上　海	1 829 415	159 199	521 464	633 179	248 436	69 060
江　苏	2 582 399	79 492	750 563	737 656	431 081	502 468
浙　江	2 315 489	105 657	648 767	878 414	309 056	89 046
安　徽	1 174 312	25 687	250 223	221 585	255 928	422 244
福　建	1 115 121	46 787	259 305	315 885	171 429	361 597
江　西	879 253	22 053	218 381	325 369	251 831	200 756
山　东	2 487 484	76 471	544 085	706 013	406 910	646 793
河　南	1 873 208	42 928	418 057	544 269	353 006	647 891
湖　北	1 188 461	25 760	311 597	289 669	341 746	281 259
湖　南	1 230 010	26 129	244 520	444 684	317 127	450 120
广　东	3 292 088	160 063	823 633	1 221 592	417 445	1 051 043
广　西	1 052 608	40 725	259 931	348 461	160 274	242 239
海　南	242 088	5 402	65 191	87 570	48 268	62 623
重　庆	606 598	10 855	151 757	112 232	172 664	316 635
四　川	1 405 260	48 974	495 641	354 632	377 908	593 177
贵　州	933 707	30 452	258 160	184 890	152 226	36 304
云　南	1 222 810	44 405	448 073	313 012	202 968	626 054
西　藏	203 794	2 800	71 090	7 123	26 916	20 474
陕　西	993 134	24 048	217 038	325 534	195 293	255 028
甘　肃	674 831	19 916	178 431	153 022	115 760	236 013
青　海	203 132	4 810	88 611	52 633	50 659	161 040
宁　夏	195 197	7 513	54 008	53 523	35 847	68 903
新　疆	726 517	23 612	258 917	192 072	113 071	410 732

续表 3

单位：万元

地　区	社会保障补助支出	国防支出	行政管理费	外文外事支出	武装警察部队支出	公检法司支出
地方合计	**15 809 341**	**279 337**	**24 192 313**	**123 543**	**410 708**	**17 640 557**
北　京	250 954	3 041	691 634	1 597	2 296	843 905
天　津	372 050	2 631	259 918	6 260	2 708	318 590
河　北	725 068	11 700	974 398	8 429	4 937	688 198
山　西	560 873	8 877	691 631	1 456	7 227	399 587
内蒙古	324 628	5 679	714 427	2 358	17 528	318 539
辽　宁	1 650 379	20 848	919 584	18 811	13 588	755 499
吉　林	1 048 895	7 640	451 254	3 241	15 468	358 850
黑龙江	1 098 148	5 816	695 575	2 673	19 722	477 651
上　海	720 825	4 996	689 946	10 410		880 928
江　苏	637 112	19 687	1 821 131	6 762	25 848	1 302 032
浙　江	289 424	13 113	1 419 044	8 049	30 681	1 157 530
安　徽	484 508	7 222	737 823	4 957	6 407	429 256
福　建	102 766	17 354	493 542	1 791	19 473	455 897
江　西	393 028	6 111	509 527	1 065	6 973	405 794
山　东	587 856	12 614	1 629 489	4 639	14 300	1 021 718
河　南	679 660	7 540	1 209 591	1 396		697 993
湖　北	711 377	5 465	947 952	1 767	26 600	657 104
湖　南	839 972	13 346	872 580	3 070	16 312	561 809
广　东	393 745	25 971	2 225 707	6 826	70 775	2 313 302
广　西	309 193	11 756	614 387	8 929	9 122	461 043
海　南	117 149	4 851	149 745	1 731	6 219	102 942
重　庆	431 288	5 316	516 304	616	14 548	332 896
四　川	804 604	18 631	1 353 259	3 627	24 080	742 809
贵　州	253 478	5 173	651 549	1 483	4 420	358 349
云　南	290 334	17 433	781 218	3 680	24 068	517 079
西　藏	48 352	423	279 559	675	2 502	81 914
陕　西	765 679	4 679	624 333	1 345	6 096	345 306
甘　肃	475 215	1 358	425 038	2 372	3 571	204 504
青　海	136 332	1 890	156 724	1 025	3 607	81 170
宁　夏	70 364	1 679	106 901	1 226	3 437	80 944
新　疆	236 085	6 497	578 543	1 277	8 195	287 419

续表 4

单位：万元

地　区	城市维护费	政策性补贴支出	支援不发达地区支出	海域开发建设和场地使用费支出	车辆税费支出	债务利息支出	专项支出	其他支出
地方合计	**12 606 413**	**4 070 345**	**1 887 617**	**29 776**	**1 524 608**	**298 146**	**5 788 732**	**23 044 319**
北　京	527 159	46 158			7 161		325 194	2 193 626
天　津	520 168	30 072	50	3 166	4 637	2 000	90 989	309 566
河　北	460 698	210 332	61 418	2 231	45 332	234	263 773	644 836
山　西	288 666	93 004	57 348	225	48 679	473	548 733	440 649
内蒙古	378 206	158 001	67 105	49	79 250	12 053	190 406	189 261
辽　宁	793 637	259 728	43 531	5 679	29 801	108 941	264 696	692 533
吉　林	206 841	482 906	35 905	85	21 323	45 459	80 774	200 509
黑龙江	323 133	435 750	46 490	210	58 246		219 016	255 443
上　海	864 610	14 229			2 657		298 953	2 730 096
江　苏	1 565 236	142 100	14 312	591	46 139	11 584	436 149	1 542 653
浙　江	764 081	63 683	45 030	449	18 190	374 712	763 682	
安　徽	217 674	306 798	57 490	92	32 105	1 807	156 451	639 990
福　建	166 059	63 207	42 714	2 667	19 878	12 443	104 792	706 034
江　西	280 059	116 081	58 894	75	60 918		86 726	429 806
山　东	1 179 667	201 713	21 612	6 210	39 116	3 830	452 000	1 580 516
河　南	366 284	326 166	92 653	132	76 491	25 829	293 993	880 595
湖　北	266 545	159 085	59 211	643	67 595	3 445	103 073	762 168
湖　南	384 270	140 534	75 300	186	89 190	5 334	176 591	690 523
广　东	1 061 969	137 951	141 351	4 469	7 730	834	461 588	3 711 513
广　西	237 157	54 736	93 234	1 140	67 691	5 047	93 922	419 756
海　南	55 480	11 385	25 504	803	9 234	579	17 558	139 792
重　庆	375 711	63 957	45 145		66 936	2 404	100 104	210 866
四　川	310 157	159 060	123 912	82	107 179	38 767	181 799	729 777
贵　州	129 292	34 223	131 371	58	103 984	7 513	78 803	519 043
云　南	269 366	52 194	166 080	110	76 350	661	106 804	335 233
西　藏	4 329	18 997	42 145		76 788		4 041	197 335
陕　西	244 267	92 081	86 645	37	84 866	286	67 485	342 840
甘　肃	112 309	52 429	101 781	91	63 353	1 260	74 145	227 663
青　海	19 197	12 486	43 667	86	56 772	7 363	20 244	89 181
宁　夏	59 852	16 485	37 181	60	13 036		24 108	94 992
新　疆	174 334	114 814	70 538	150	43 981		91 110	373 842

附表3　中国的国家财政债务发行情况

单位：万元

年　份	合　计	国内债务	国外借款	国内其他债务
1985	89.85	60.61	29.24	
1986	138.25	62.51	75.74	
1987	223.55	63.07	106.48	54.00
1988	270.78	92.17	138.61	40.00
1989	407.97	56.07	144.06	207.84
1990	375.45	93.46	178.21	103.78
1991	461.40	199.30	180.13	81.97
1992	669.68	395.64	208.91	65.13
1993	739.22	314.78	357.90	66.54
1994	1 175.25	1 028.57	146.68	
1995	1 549.76	1 510.86	38.90	
1996	1 967.28	1 847.77	119.51	
1997	2 476.82	2 412.03	64.79	
1998	3 310.93	3 228.77	82.16	
1999	3 715.03	3 702.13		12.90
2000	4 180.10	4 153.59	23.10	3.41
2001	4 604.00	4 483.53	120.47	
2002	5 679.00	5 660.00		19.00
2003	6 153.53	6 029.24	120.68	3.61
2004	6 879.34	6 726.28	145.07	7.99
2005	6 922.87	6 922.87		

注：从1999年开始,国内其他债务项目为债务收入大于支出部分增列的偿债基金。

附表4　中国的国家财政债务还本付息支出

单位：万元

年　份	合　计	国内债务还本付息	国外债务还本付息	归还向人民银行借款的利息	债务收入大于支出部分增列偿债基金
1980	28.58		24.40	4.18	
1985	39.56		32.59	6.97	
1989	72.37	19.30	45.84	7.23	
1990	190.07	113.42	68.21	8.44	
1991	246.80	156.69	80.22	9.89	
1992	438.57	342.42	80.26	15.89	
1993	336.22	224.30	89.22	22.70	
1994	499.36	364.96	107.17	27.23	
1995	882.96	784.06	71.69	27.21	
1996	1 355.03	1 266.29	60.76	27.98	
1997	1 918.37	1 820.40	70.76	27.21	
1998	2 352.92	2 245.79	76.60	30.53	
1999	1 910.53	1 792.33	90.99	27.21	
2000	1 579.82	1 552.21	27.61		
2001	2 007.73	1 923.42	84.31		
2002	2 563.13	2 467.71	95.42		
2003	2 952.24	2 876.58	75.66		
2004	3 671.59	3 542.42	129.17		
2005	3 923.37	3 878.51	44.86		

注：从2000年开始，表中数据均为债务还本支出。

附表 5　中国的外债余额

债务类型	1999	2000	2001	2002	2003	2004	2005
总计(亿美元)	**1 518.30**	**1 457.30**	**1 701.10**	**1 713.60**	**1 936.34**	**2 285.96**	**2 810.45**
按债务类型分							
外国政府贷款	265.60	246.10	237.00	244.23	254.20	322.08	271.95
国际金融组织贷款	251.39	263.50	275.70	277.02	264.67	251.01	267.88
国际商业贷款	653.80	947.70	972.30	929.10	1 051.73	1 247.83	1 362.62
贸易信贷			216.10	263.23	365.74	465.04	908.00
按偿还期限分							
长期债务余额	1 366.50	1 326.50	1 195.30	1 155.60	1 165.90	1 242.87	1 249.02
短期债务余额	151.80	130.80	505.80	558.00	770.44	1 043.09	1 561.43
构成(%)	**100.0**	**100.0**	**100.0**	**100.0**	**100.0**	**100.0**	**100.0**
按债务类型分							
外国政府贷款	17.5	16.9	13.9	14.5	13.1	14.1	9.7
国际金融组织贷款	16.5	18.1	16.2	16.4	13.7	11.0	9.5
国际商业贷款	43.1	65.0	57.2	53.5	54.3	54.6	48.5
贸易信贷			12.7	15.6	18.9	20.3	32.3
按偿还期限分							
长期债务余额	90.0	91.0	70.3	67.4	60.2	54.4	44.4
短期债务余额	10.0	9.0	29.7	32.6	39.8	45.6	55.6

注：2001 年及以后外债余额按新口径统计，比 2000 年及以前的登记债务余额增加了 3 个月以内贸易项下的对外融资余额。

第二版后记

当在书斋里为本书的修订写下最后一个句号时，心情陡然轻松。一件酝酿已久的事终于顺利完成。

回想在2000年受命编写此书时，公共经济学在中国只是在极少数人书斋里的学问。当时对大多数人来说，公共产品还只是一个十分陌生的词，连相当多的学者也为“public goods”一词如何翻译而犯难，有人译为公益物品，有人译为公共物品等等不一而足。然而，仅隔五六年，公共产品一词已经广为人知，成为体制改革和政府职能转变的一种理念。公共经济学不仅成了中国MPA教学中的一门极其重要的核心课程，而且也成了公务员培训中极受欢迎的课目。这些都从不同的角度折射出中国政治和社会经济的巨大发展，反映出中国在改革开放中取得的巨大进展。

我和杜莉老师编著的《公共经济学》(第一版)自出版以来已经整整6年了。在6年的教学中，我们不断发现第一版中在结构安排上的缺陷和许多具体理论观点表述和介绍上的不足，早就有心对这本书作一全面修改。以此为背景，本人在2003年6月编写出版了《公共经济学导引与案例》，通过整理授课提纲的形式对第一版的结构作了许多调整。同时，通过列举案例和给出思考提示来引导MPA学员对现实生活中的问题和改革开放的新进展予以更多的关注，以此来弥补第一版中的不足。

今天终于实现了夙愿。虽然为了保持连续性，修订后的《公共经济学》(第二版)仍然保持了原有的框架体系，但是对第一版中的许多观点和内容都作了重大调整和补充，同时根据形势的发展增添了许多学术界的新成果。

我真诚地希望，广大MPA学员和行政管理专业的在校学生能通过本书对公共经济学的基本理论和基本观点有全面的了解和掌握。同时，我也真诚地希望学界的前辈和同仁、从事公共管理实务和公务员培训的同志对本书提出批评，以利教材质量的提高。

我十分感谢杜莉老师。自2000年以来杜莉老师一直无私地给予我学术上的支持和帮助。本书修订的分工如下:

第一章　樊勇明

第二章　樊勇明

第三章　樊勇明

第四章　樊勇明

第五章　杜莉

第六章　杜莉

第七章　杜莉

第八章　樊勇明

第九章　樊勇明

第十章　樊勇明

全书由樊勇明统稿和定稿。魏全平同志参加了部分统稿工作。王元颖同志参加了本书校样的审定工作。在此向魏全平和王元颖两位同志表示感谢。

我十分感谢复旦大学出版社的邬红伟同志,他为此书的出版修订花了巨大的心血。

最后我要特别提一下奥村惠子女士。她是中国政府资助的来复旦大学国际关系与公共事务学院攻读行政管理专业硕士的日本留学生。奥村惠子为此书的修订做了许多技术性工作,我在此真诚地感谢她。

樊勇明

2006年12月

图书在版编目(CIP)数据

公共经济学/樊勇明等编著. —2 版. —上海：复旦大学出版社，2007. 8(2024. 11 重印)
(复旦博学·MPA 系列)
ISBN 978-7-309-05703-4

Ⅰ. 公…　Ⅱ. 樊…　Ⅲ. 公共经济学-研究生-教材　Ⅳ. F062. 6

中国版本图书馆 CIP 数据核字(2007)第 127110 号

公共经济学(第二版)
樊勇明　杜　莉　等编著
责任编辑/邬红伟

复旦大学出版社有限公司出版发行
上海市国权路 579 号　邮编：200433
网址：fupnet@fudanpress. com　http://www. fudanpress. com
门市零售：86-21-65102580　团体订购：86-21-65104505
出版部电话：86-21-65642845
上海华教印务有限公司

开本 787 毫米×960 毫米　1/16　印张 23. 25　字数 385 千字
2024 年 11 月第 2 版第 20 次印刷
印数 99 701—101 800

ISBN 978-7-309-05703-4/F·1294
定价：52. 00 元
